全国高等职业教育“十二五”规划教材·经济管理基础课

经济法基础

（第3版）

冯丽华　杨晓林　主编

電子工業出版社
Publishing House of Electronics Industry
北京·BEIJING

内 容 简 介

本书共14章，具体内容包括：经济法的基础理论、公司法律制度、企业法律制度（合伙企业法、个人独资企业法、外商投资企业法）、工业产权法律制度、市场规范法律制度、合同法律制度、担保法律制度、票据法律制度、税收法律制度、劳动法律制度、经济仲裁与民事诉讼法律制度、保险法律制度。

本书适用于高职高专院校与大中专院校经济类、管理类等专业法律基础课程的教学，适用于企事业单位员工普及经济法律知识的培训，对经济管理干部掌握和运用经济法知识也有较大的参考价值，可供社会培训班使用或作为自学用书。

图书在版编目（CIP）数据

经济法基础/冯丽华，杨晓林主编. —3版. —北京：电子工业出版社，2014.6
全国高等职业教育"十二五"规划教材. 经济管理基础课
ISBN 978-7-121-23250-3

Ⅰ. ①经… Ⅱ. ①冯… ②杨… Ⅲ. ①经济法－中国－高等职业教育－教材 Ⅳ. ①D922.29

中国版本图书馆CIP数据核字（2014）第102492号

策划编辑：刘元婷
责任编辑：郝黎明　　特约编辑：安家宁
印　　刷：北京虎彩文化传播有限公司
装　　订：北京虎彩文化传播有限公司
出版发行：电子工业出版社
　　　　　北京市海淀区万寿路173信箱　邮编 100036
开　　本：787×1 092　1/16　印张：20.25　字数：518.4千字
版　　次：2005年7月第1版
　　　　　2014年6月第3版
印　　次：2019年7月第7次印刷
定　　价：39.80元

凡所购买电子工业出版社图书有缺损问题，请向购买书店调换。若书店售缺，请与本社发行部联系，联系及邮购电话：（010）88254888，88258888。

质量投诉请发邮件至 zlts@phei.com.cn，盗版侵权举报请发邮件至 dbqq@phei.com.cn。

本书咨询联系方式：（010）88254565，liuyt@phei.com.cn。

出 版 说 明

高等职业教育是我国高等教育和职业教育的重要组成部分，在我国现代化建设中具有重要的战略地位。近年来，我国高等职业教育发展迅速，为社会培养了大批高等应用型专门人才，满足了社会和经济发展的需要。

为了适应我国职业教育改革的要求，满足高等职业院校对新型教材的需要，电子工业出版社于2005年8月出版了高等职业教育“市场营销专业”主干教材和“经济管理基础课”教材共17种，并自2008年起对部分教材进行了改版修订。由于这两套教材的主编多是所在院校的领导和业务骨干，其中不乏国家级和省、市级科研或教研项目的负责人和参与者，全国性或地区性专业学会会员以及既有丰富教学经验又有丰富实践经验的“双师型”教师，且全部教材均配备了方便教学的教学资源，因此这两套教材一经推出，就受到了相关院校师生的欢迎，其中多种教材被评为“普通高等教育‘十一五’国家级规划教材”。

为了反映近年来我国高等职业教育改革的成果和经验，电子工业出版社于2012年再次对“经济管理基础课”教材进行新一轮的改版修订工作。本次修订以服务为宗旨，以就业为导向，以提高学生的实践能力、创造能力、就业能力和创业能力为目标，对旧版教材进行全面修订，充实资格认证、案例教学和技能训练等方面的内容。与旧版教材相比，新版教材主要具有以下特点。

（1）教材内容和体系突出教学过程的实践性、开放性和职业性，强化对高职学生职业能力的培养。

（2）教材内容兼顾学历课程与职业资格应试要求，融“教、学、做”为一体，以“工学交替”、“任务驱动”、“项目导向”的形式，按岗位工作流程和需要进行编写，以便有职业资格证书需求的毕业生在毕业时顺利取得“双证书”。

（3）教材中适当引用与教材内容贴切的实际案例，通过案例教学和实训操作，缩短学生校内学习与实际工作的距离，提升高职学生的岗位竞争能力。

（4）教材配有丰富的教学资源，为高职师生的教和学提供方便和帮助。教学资源主要包括教学所必需的电子教案、课程教学建议和习题参考答案等。利用教学资源，可为课程教学安排提出指导性意见，减轻教师的备课负担，解决教师在组织教学资料方面遇到的困难；精美、形象的电子教案也有利于学生更好地理解教材内容，提高学生的学习兴趣。

我们相信，修订教材的出版对于高等职业教育的改革与发展以及高等职业专业人才的培养将起到积极的推动作用。对于教材中所存在的不尽如人意之处，将通过今后的教学实践不断修订、完善和充实，以便我们更好地服务于高等职业教育事业。

电子工业出版社　高等职业教育分社

2014年5月

前　言

由于我国市场经济进一步完善和全球经济一体化的发展，中国在世界经济舞台上扮演的角色愈加重要。一方面，有关机构加快了法律法规的制定和修改工作，相继颁布施行了大量的经济方面的法律、法规和规章；另一方面，依法办事、依法经营、依法治国、加强法制观念、优化内外部法治环境等观念日益深入人心，对我国经济发展产生越来越重要的作用，而且对于树立企业形象、提升企业竞争力、有效进行自我保护也具有积极的现实意义。

市场经济需要大批既懂经济又懂法律的管理人才。目前，经济法课程已成为各高校经济类和管理类专业普遍开设的法律基础课程之一，本书正是为适应这一要求而编写的。

经济法涉及面广、实践性强。它是由多层次、门类齐全的经济法律制度组成的有机联系的统一体。本书针对高职高专课程的教学要求和学生特点，采取了系统化、通俗化的写法，注重使全书知识宽泛、理论适中、贴近实际、操作性强，力求课堂教学与实际应用紧密结合，使学生真正学有所获。

本书适用于高职高专院校与大中专院校经济类、管理类等专业法律基础课程的教学，适用于企事业单位员工普及经济法律知识的培训，对经济管理干部掌握和运用经济法知识也有较大的参考价值，可供社会培训班使用或作为自学用书。

全书共 14 章，具体内容包括：经济法的基础理论、公司法律制度、企业法律制度（合伙企业法、个人独资企业法、外商投资企业法）、工业产权法律制度、市场规范法律制度、合同法律制度、担保法律制度、票据法律制度、税收法律制度、劳动法律制度、经济仲裁与民事诉讼法律制度、保险法律制度。各章配备了多种类型的习题和案例分析题等，更加突出了其实践性，帮助学生加深对理论知识的理解，并培养其分析问题和解决问题的能力。本书结合社会经济活动实际，吸收了经济法学理论界的最新研究成果和我国立法的最新规范。

为方便教师教学，本书还配有免费的电子课件和习题解答，请有需要的教师登录华信教育资源网（www.hxedu.com.cn）免费注册后进行下载。

本书由冯丽华和杨晓林担任主编。参加本书编写的有冯丽华（第 3 章、第 4 章、第 6 章、第 7 章、第 12 章、第 13 章）、杨晓林（第 1 章、第 5 章、第 8 章）、张格杨（第 9 章和第 10 章）、张坚志（第 2 章和第 11 章）、李天刚（第 14 章）。全书由冯丽华、杨晓林统稿，由张捷灏主审。

在这里特别感谢支持我们完成本书编写工作的电子工业出版社的工作人员，感谢在第 2 版编写中提供帮助的阎实、张雪琴老师。本书在编写过程中参考了一些书籍和文献资料，主要参考资料、书籍目录附于书后。在此，向有关作者表示衷心的感谢。

书中粗疏与不足之处，敬祈广大读者批评指正。

编　者

2014 年 3 月

目 录

第 1 章　经济法概述

学习要点

- 经济法的产生与发展
- 经济法的调整对象与特征
- 经济法的基本原则及其运用
- 经济法律关系的概念与构成要素
- 经济法的守法、执法、司法与监督

案例导入

A 公司总经理甲某委托本公司职工乙去广州购买男士西装。乙到达目的地后通过自己的熟人关系在市场作了调查，与朋友一同分析认为西装销路不好，但有一新款女士套裙销路特别好，朋友建议他购买。乙向甲汇报，但电话一直打不通，乙害怕错失良机，就订购了 1 000 套女士套裙。但合同签订后，货拉回公司所在地时，甲却拒绝收货，乙无奈只好自己销售，可没想到销售情况非常好，当还剩 300 套的时候，甲委托丙告知乙，让其把剩余的 300 套让给公司。乙便将剩下的 300 套套裙拿回公司。但甲在组织销售的时候，销路很不好，甲想退给乙，乙却拒绝接收。

请分析：

（1）A 公司与职工乙是否存在法律关系？

（2）乙签订购买 1 000 套女士套裙合同的行为与 A 公司有何关系？

（3）针对甲委托丙告知乙，让乙把剩余的 300 套套裙拿回公司的行为，甲与乙之间是否又发生了法律关系？

1.1　经济法的产生与发展

1.1.1　经济法概念的出现与发展

“经济法”这个概念产生于 18 世纪，是法国著名的空想共产主义者摩莱里在 1755 年编写的《自然法典》一书中第一次提出的，这可以说是“经济法”最早的词源。但是摩莱里所指的经济法调整范围，仅限于分配领域。这是因为在他看来，社会产品分配上的弊端，是私有制产生的直接原因。所以，他力图从分配上确立社会经济生活的主要原则。对摩莱里提出的经济法或分配法草案的全部内容进行分析，可以发现其已包含了经济法最本质的特征，即国家对社会生活进行干预的意思。在其之后的1842年，法国的另一位著名的空想共产主义者德萨米在其编写的《公有法典》一书中也使用了“经济法”一词。德萨米不仅在很大程度上继承了摩莱里的经济法律思想，而且在许多方面提出了自己的见解。但是，这两位学者都只是使用了经济法这一概念，而没有对经济法的内涵进行明确的界定。同时，他们由于受到当时社会经济发展状况和自身以唯理论为基础的自然法思想的限制，其所言的经济法的调整范围仅仅局限于分配领域。因此，他们所提的经济法还没有真正具有经济法的内涵，还不是现代意义上的经济法。

“经济法”正式产生于第一次世界大战前后。那时，资本主义自由竞争走向垄断，其基本矛盾更加尖锐，经济危机猛烈冲击着资本主义制度。垄断资本各自为政，各行其是，传统的立法观念和契约自由、平等、等价等基本原则被破坏殆尽。于是，资本主义国家不得不通过立法手段直接制约经济关系，干预经济生活。进入20世纪后，1906年德国学者莱特在《世界经济年鉴》创刊中以“经济法”来说明有关世界经济的各种法规概况，现代经济法的概念和学科即由此产生。1916年，德国学者赫德曼在《经济学词典》中提到经济法的概念，他认为经济法是经济规律在法律上的反映，将有关经济法制和保护、监督卡特尔的法律称为经济法。到了1919年，德国更是直接以经济法命名颁布了《煤炭经济法》、《碳酸钾经济法》等。由于这些法律超越了传统的公法与私法的界限，当时的法学家为了从理论上分析和论述这些法律，掀起了经济法学研究的风潮。在1922—1924年期间，德国学者撰写了大量的经济法论著，对经济法的概念和其他理论问题进行了广泛的探讨。经济法概念就此率先在德国流行，之后又陆续传播到了国外。应当说，这个时候的经济法概念才有了较为完整的含义。1964年，捷克斯洛伐克又颁布了《捷克斯洛伐克社会主义共和国经济法典》，这是迄今为止世界上唯一的经济法法典。

我国自1979年以来，在全国人民代表大会的文件和中共中央、国务院文件中都使用了“经济法”这一名称。随后，在我国的法学著作、法律教材、论文、工具书和资料中，也越来越多地使用了“经济法”这一名称。

1.1.2 经济法产生和发展的原因与条件

1. 资本主义国家经济法产生和发展的原因与条件

经济法的产生不能理解为个别的经济法律规范的产生或者单一的经济法律的制定，因为一个或一些经济法律规范不等同于经济法，只有出现了成体系的经济法律规范才可以将其总称为经济法。经济法的产生如同其他法律的出现一样，都是在一定的历史条件下形成的。在以生产资料私有制为基础的商品经济高度发展的资本主义国家里，经济法产生的具体历史条件如下。

（1）在经济方面，资本主义的垄断与反垄断以及社会化大生产的高度发展是经济法产生的经济根源。从自由资本主义阶段发展到垄断资本主义阶段后，自由竞争所必然引发的生产集中与资本集中的后果——垄断——已经反过来开始限制竞争。其他市场主体却因为缔约能力的严重失衡而无法凭借“契约自由”与垄断者相抗衡，导致了传统的民法与商法无法遏制垄断的发展。此时就不得不需要一个新主体的介入来维持市场主体竞争能力的平衡，从而维护竞争，真正具备这个力量的主体只有国家。对国家介入经济运行的规范，不是民法、商法或者行政法所能解决的，此时客观上就需要产生一个新的法律制度来予以解决。

（2）在政治方面，垄断资产阶级与国家政权合二为一，致使国家直接介入经济政策措施的实施，促使国家在整个社会经济生活中的地位与作用得到了加强，是经济法产生的另一个根源。由于垄断资本与国家政权完全融合在一起，私人垄断资本以各种形式与国家政权完全结合起来，这时的国家不再只是以军队、警察、法庭、官吏的身份为垄断资产阶级服务，不再只是对社会再生产采取自由放任、完全由私人决定的政策，不再只是将企业生产过程的管理完全看做资本家内部的事务，而是以“理想的总资本家”的身份直接参与到社会再生产的过程中，全面介入社会经济生活，并在一定程度上担当起某些管理经济的职责，担负着运用国家权力的力量调整经济关系的任务。

2. 前苏联、东欧社会主义国家和我国经济法产生和发展的原因与条件

与资本主义国家为克服市场弊端而产生了经济法不同的是，社会主义国家经济法的诞生直接源于国家，而非市场本身。在社会主义国家，前苏联、东欧国家和 1992 年以前的中国，出于坚持和改革计划经济体制的需要，国家一直主动地介入国家经济运行。这种坚持和改革计划经济体制的指导理念，成为当时社会主义国家经济法发展的重要原因。

我国在 1992 年之后，明确了建设社会主义市场经济体制的前进方向。可以说，以往推动我国经济法得以发展的原因已经由坚持和改革计划经济体制转变为国家如何建立社会主义市场经济体制以及如何解决市场自我调节的弊端来完善社会主义市场经济体制。正是由于我国经济法的发展原因发生了重大变化，致使现在的经济法学研究同以往相比大为不同。

现在，国家更加重视经济立法工作，出台了一批符合市场经济规律的经济法律、法规，并对已经过时的经济法律、法规进行了清理。可以预见到，随着社会主义市场经济的完善，我国经济法也必将随之完善和成熟。

1.2 经济法的概念、调整对象与特征

1.2.1 经济法的概念

经济法自引进我国法学领域后，理论界就对其概念进行了激烈的、长时间的争论，至今尚未形成统一的认识。对此，我们认为，经济法是调整国家在经济管理和协调发展经济活动过程中所发生的经济关系的法律规范的总称。

依此理解，可从以下几方面来把握经济法这一概念。

1. 经济法是经济法律规范的总称

法律规范是指由国家制定或认可，反映统治阶级意志，并由国家强制力保证实施的一种行为规范。经济法作为一个独立的法律部门，是由一系列的经济法律规范按照其固有的特征所构成的一个整体。众多的经济法律规范构成了经济法，但经济法并不等同于经济法律规范。经济法是就一个法律部门而言，而经济法律规范则只是构成经济法的个体。

与此同时，虽然经济法是由经济法律规范组成的，但并不是一切经济法律规范都属于经济法的内容，其他法律部门也可以包含一定数量的经济法律规范。例如，行政法、民法中都包含一定数量的经济法律规范。

2. 经济法是调整经济关系的法律规范的总称

经济法调整的社会关系具有经济性质，即经济关系。经济关系是具有经济内容的物质利益关系，凡不属于经济关系的其他社会关系均不属于经济法调整的对象。例如，人身关系、行政关系等不是经济关系，也不属于经济法调整的对象。

3. 经济法调整的是一定范围内的经济关系

作为独立的法律部门，经济法有其特定的调整对象。经济法的调整对象有一定范围，那就是特定的经济关系，即国家在经济管理和协调发展经济活动过程中所发生的经济关系。例如，财物赠与关系、财产继承关系等虽是经济关系，但都不是经济法调整的对象。

1.2.2 经济法的调整对象

与经济法概念相联系的经济法的调整对象问题，在学术上也存在很大分歧。经济法学界较为通行的看法是，经济法的调整对象主要包括以下四个方面的经济关系。

1. 市场主体调控关系

所谓市场主体调控关系，是指国家从维护社会公共利益出发，在对市场主体的组织和行为进行必要干预过程中发生的社会关系。这一关系包括以下两个方面。

（1）国家作为外部力量，对市场主体进行宏观调控或者其他管理活动的过程中发生的经济关系，即国家从整体利益出发，在进行统筹规划、制定和实施政策、进行信息指导、组织协调、提供服务和检查监督等活动中与市场主体所发生的调控关系。其中包括因市场准入、企业形态的设立、设权、税收优惠、财政补贴、价格限制、利润分配、资产评估、租赁、承包、财务管理、审计、检查监督以及因法律责任等而发生的关系。

（2）国家对市场主体内部的管理过程中所发生的经济关系的调控，即国家对市场主体在进行计划、指挥、监督和调节等活动中与其组织机构和成员所发生的经济关系的调控。由于企业内部主体的弱势地位，这种调控可以更好地实现经济民主与经济公正。

2. 宏观经济调控关系

单一依靠市场经济进行自我调节，将导致盲目追求私利，致使资源配置无序化与严重浪费，所以必须依靠一种可以超越市场调节的力量——国家，来对市场进行规范。同时，随着经济全球化的发展，竞争已经跨越了国界，仅仅依靠本国经济的自然发展是无法适应这一趋势的，这也需要有一个能够超脱本国市场的主体——国家，来予以干预、促进、引导本国市场融合到全球市场之中。我们把国家引导和促进的经济关系称为宏观调控关系，它主要包括以下内容。

（1）计划关系、产业结构关系、财政税收关系、金融调控关系和价格关系。

（2）市场监管关系。

（3）国有资产参与关系，主要包括国有资产管理关系、国有资产投资管理关系、国有资产运营关系和国有资产收益管理关系等。

（4）涉外经济管制关系，主要涉及外商投资管制关系、对外投资管制关系、涉外金融关系、对外贸易关系和涉外税收关系等。

3. 市场秩序调控关系

市场秩序调控关系是指国家在培育和发展市场体系过程中，为了维护国家、生产经营者和消费者的合法权益而对市场主体的市场行为进行必要干预而发生的社会关系。经济法调整的市场关系主要有反垄断关系、反不正当竞争关系、产品质量关系、广告关系以及消费者权益保护关系等。

4. 社会保障关系

市场经济的发展，意味着市场主体在用工方面具备了更多的自主权，相应的，劳动者所遭遇的风险也随之增大。由于市场主体追求自我利益最大化，它们无内在动力去解决劳动者的基本生活保障问题，因此就需要国家的参与，从而建立起多层次的、强制实施、互济互助、社会化管理的社会保障制度。

1.2.3 经济法的特征

经济法除了具有法律的一般特征外，与其他法律相比，还具有以下几个方面的特征。

1. 国家干预性

国家对社会经济活动的干预是经济法产生的直接原因。市场经济的发展要求公平、平等和自由的经济秩序，但是干扰、影响甚至破坏市场经济秩序的行为却时有发生。对此，国家必须以经济立法的手段来调控和管理市场经济秩序，对违法经济行为进行惩治，以此实现国家的管理职能。

2. 经济性

调整经济关系往往具有一定的经济目的性。社会发展需要经济的发展和生活水平的提高，经济法调整经济关系，从而使社会整体达到较好的经济效益。经济法的宏观调控特性体现了效率的原则，指导市场主体合理地配置各种资源，做到以尽可能少的投入产生尽量大的经济效益。经济法的经济性特征主要体现在以下三个方面。

（1）经济法调整的社会关系是一定范围的经济关系，一定范围的经济关系的存在与发展直接决定着经济法律规范的内容和发展方向。

（2）经济法反映了经济生活的基本经济规律。

（3）经济法调整的手段主要是经济手段。

3. 综合性

经济法对经济关系的调整，采用的是综合的法律手段，即综合采用民事的、行政的甚至刑事的法律手段，来综合地调整经济关系。经济法的综合性特点，是由经济法所调整的经济关系的错综复杂性决定的。

1.3 经济法的基本原则

经济法的基本原则是指能够体现经济法本质和特征，适用于一切经济法律规范的具有高度概括性的指导思想，是经济立法、执法、司法和守法的根本准则。在法律无明文规定的情况下，经济法的基本原则可以成为执法和司法的重要依据。经济法的基本原则可归纳为以下五项。

1. 资源优化配置原则

资源是一个内涵广泛的概念，可以表述为人力资源、财力资源、物力资源、技术资源以及信息资源等。资源的优化配置是指资源在生产和再生产各个环节上的合理与有效的流动和配备。将资源优化配置作为经济法的基本原则是市场经济体制对经济法的基本要求。除了市场自发地对资源进行优化配置之外，国家也可以在资源配置中起到重要的作用：一是通过能够反映客观经济规律的宏观调控法律机制引导资源的合理配置；二是通过建立和执行市场规则，规范市场主体的资源配置行为；三是通过政府的职能行为，协调竞争性市场可能带来的市场矛盾；四是通过国家的强制，实现资源的优化配置，以解决资源浪费、公共产品的提供和外部性问题。这就决定了在经济立法中首先要保证市场在资源配置中的基本地位，其次要保证国家在资源配置中促进配置优化的作用。

2. 国家适度干预原则

国家适度干预原则体现了经济法的本质特征。所谓适度干预，就是要求国家授权政府在法律规定的范围内对经济进行干预，这种干预应当积极主动地进行，同时干预不能过多也不能过少。在不同的国家、不同的历史时期，国家干预经济的情况是不一样的。目前，我国正处在经济体制转轨时期，国家已经不再像过去那样对经济运行进行直接和全面的干预，但是还没有完全摆脱过多干预的状况。值得注意的是，适度干预的要求、范围和手段，来源于经济法，而不是来源于政府的行政行为。因此，国家适度干预应当成为经济法的纲领性原则。

3. 社会本位原则

社会本位原则又称社会公共利益至上原则，它是对经济法干预经济生活范围的定位，或者说是对经济法基本出发点的规定。每一个法律部门在确定调整范围时，都应以维护哪方面利益作为自己的基本出发点，也就是以什么为本位。行政法强调国家本位，注重保护国家利益；民法则强调个人本位，注重保护民事主体的利益。在市场经济中，市场的缺陷已经表明，个人利益只有与社会公共利益平衡发展才能得到实现。因此，经济法以保护社会公共利益作为自己的基本出发点，即强调社会本位。它要求个人利益与社会利益相协调，必要时为了社会的需要，个人利益应做出必要的牺牲。

4. 经济公平原则

民法和经济法都将公平作为自己的基本原则，但是两者的侧重点有所不同。民法更强调机会的公平，而经济法更注重结果意义上的公平，因而这一原则体现了人类对终极意义上的公平的追求。市场交易的过程由民法进行规范，经济法则主要对交易的结果进行干预和调整。有时经济法也会积极干预交易过程，但其目的是维护社会整体利益，并非纯粹维护公平交易。经济法中的许多法律制度都体现了这一原则，如税收法律制度、反垄断法律制度、劳动法律制度、社会保障法律制度、消费者权益保护法律制度、环境保护法律制度等。

5. 可持续发展（经济效益）原则

可持续发展是在人类面临文明加速进化、生态环境日益恶化背景下产生的一种新的发展模式和发展观。经济法在调整社会经济关系时应把可持续发展放在应有的高度，综合考虑制约可持续发展的各种因素，有意识地通过相应的经济法律、法规加以限制。

经济效益包括企业经济效益和社会经济效益，两者是互相联系的。企业经济效益应当符合社会经济效益，社会经济效益则是企业经济效益的总和。

以上五项基本原则是相互联系、彼此补充的，共同指导着我国经济立法、经济执法和经济司法等活动。

1.4 经济法律关系

1.4.1 经济法律关系的概念

经济法律关系是指在国家对经济管理和协调发展经济活动过程中根据经济法的规定而形成的权利和义务关系。

经济法律关系与经济关系是两个密切联系但又有所区别的概念。经济关系是在一定生产方式基础上产生的所有生产、交换、分配和消费诸种关系的总称。

经济关系是人类社会最基本的社会关系，是人类社会存在和发展的基础。因此，从法律产生之日起，统治阶级就将它作为法律调整的主要方向和主要内容，将其中主要的和重要的关系，经过筛选加工赋予其法律形式，并以国家强制力保障其存在和运行，这就形成了经济法律关系。

1.4.2 经济法律关系的构成要素

经济法律关系由经济法律关系的主体、内容和客体三大要素构成，缺少其中任何一个要素，都不能构成经济法律关系。

1. 经济法律关系的主体

经济法律关系的主体即经济法主体，是指参与经济法律关系并依法享有权利和承担义务的当事人。我国的经济法律关系主体包括以下几类。

1）国家机关

国家机关是行使国家职能的各种机关的通称，包括国家权力机关、国家行政机关和国家司法机关。

作为经济法律关系主体的国家机关，主要是指国家行政机关中的经济管理机关。目前，我国的经济行政管理机关可以分为以下几类。

（1）综合性经济管理机关，如计划管理机关、工商行政管理机关。

（2）职能性经济管理机关，如卫生行政管理机关、税收管理机关。

（3）行业性经济管理机关，如化工主管机关、农业主管机关。

（4）监督性经济管理机关，如审计机关。

上述这些国家经济管理机关是绝大部分经济法律关系的参加者，涉及国民经济的各个领域，对国民经济的发展和有序运行起着重要的管理、协调和保证作用。

2）社会组织

社会组织是指企事业单位、公司、农村经济组织、社会团体等。社会组织作为经济法律关系的主体，必须具有独立支配的财产，即属于享有权利并能够独立承担义务的经济实体。社会组织是经济法律关系主体体系中最广泛、最基本的一类。

3）企业内部组织

企业内部组织是指企业、公司和其他组织的内部单位。并非所有的企业内部组织都可以成为经济法律关系的主体，企业内部组织要成为经济法律关系的主体必须具备一定的前提条件，只有那些在企业内部实行经济责任制，即在企业中获得相对独立地位、独立利益的企业内部组织，因其获得了一定的相对独立的活动职能并能独立承担责任，才能成为经济法律关系的主体。

4）个体工商户、承包户、专业户和公民

个体工商户、承包户、专业户和公民属于个人主体一类。在他们参加经济活动的过程中，依法同国家机关、企事业单位、公司和社会团体发生经济权利和义务关系时，就成为经济法律关系主体。

2. 经济法律关系的内容

经济法律关系的内容是指经济法主体享有的经济权利和承担的经济义务，这是经济法律关系的核心要素。这种经济权利与经济义务直接由法律规范确定，并得到国家强制力的保护和监督。

1）经济权利

经济权利是指经济法主体在国家干预本国经济运行过程中，依法享有的自己为或者不为一定行为以及要求他人为或者不为一定行为的资格。经济权利的主要内容有以下四个方面。

（1）经济职权。经济职权是指国家机关依法行使领导和组织经济建设职能时所享有的一种具有命令与服从性质的权力，是国家干预社会经济生活的主要依据。经济职权的表现形式具有多样性，包括立法权、执法权、司法权等。

经济职权的法律特征：经济职权的产生基于法律的直接规定或国家有权机关的依法授予；经济职权具有命令与服从的性质；经济职权是一种专属性质的权力，享有经济职权的国家机关不可随意转让、放弃和抛弃经济职权。

（2）财产所有权。财产所有权即所有权，是指财产所有者对其财产依法享有的独立支配权。财产所有权包括四项权能：占有权、使用权、收益权和处分权。占有权是指对财产实际控制的权利，使用权是指对财产按其性能加以运用的权利，收益权是指取得财产所产生孳息（利益）的权利，处分权是指决定财产在事实上或法律上命运的权利。

（3）经营管理权。经营管理权是指企业进行生产经营活动时依法享有的权利。经营管理权可分为两大类：一是经营权，包括生产经营决策权、产品劳务定价权、产品销售权、物资采购权、进出口权、投资决策权、留用资金支配权、资产处置权等；二是管理权，包括工资奖金分配权、劳动用工自主权、内部机构设置权、人事管理权、拒绝摊派权和联营兼并权等。

不同类型的企业所享有的经营管理权并不相同。对于国有企业来说，经营管理权是企业对于国家授予其经营管理的财产享有的占有、使用和依法处分的权利。

（4）请求权。请求权是指经济法主体的合法权益受到侵犯时依法享有要求侵权人停止侵权行为和要求国家机关保护其合法权益的权利，主要包括要求赔偿权、请求调解权、申请仲裁权、经济诉讼权等。这是一种救济性的权利，通常是在一方主体不履行应尽的职责或义务时发生。

2）经济义务

经济义务是指经济法主体为满足特定的权利主体的权利，依法具有必须为一定行为或者不为一定行为的责任。经济义务的表现形式主要有以下五种。

（1）贯彻执行国家干预经济运行的方针、政策、法律和法规的义务。国家的方针和政策是经济法主体进行经济行为的指南，法律和法规是经济法主体进行经济行为的具体规则，它们都是我国经济法主体必须贯彻执行的。

（2）正确、合理地行使经济职权和经济权利。我国经济法赋予经济法主体以广泛的经济职权和经济权利，同样，经济法主体也必须正确、合理地行使这些经济职权和经济权利。在此，正确、合理地行使经济职权和经济权利包含四种情形：一是国家不得滥用经济职权，经济法主体不得滥用经济权利；二是国家不得超越经济职权行使权力；三是经济法主体不得随意放弃经济权利；四是经济法主体不得非法转让自己的经济权利。

（3）服从合法干预的义务。国家和企业对属于自己权限管辖范围的经济活动进行组织和领导，都是通过一系列干预行为来实现的。如果经济法主体对于相关的干预行为可以随意抵触，那么国家干预根本就不具备任何意义了。因此，经济法主体必须服从合法的干预，如果对干预有异议，可以通过合法程序寻求救济，但是不能拒绝履行。

（4）缴纳税金和其他合法费用的义务。税收是国家财政收入的重要来源，关系到国计民生。经济法主体必须依法、完全履行纳税义务。此外，对于国家出于干预经济运行目的而依法征收的其他费用，经济法主体也应当配合缴纳，不能以任何借口予以推卸。

（5）承担经济法责任的义务。经济法责任是国家对经济违法行为所做的一种否定性评价，国家通过让经济违法主体承担经济法责任，来恢复被破坏的经济法律秩序，维护经济的良性运行。

3）经济权利与经济义务的关系

经济权利与经济义务是相互依存的，具有相对性、对等性。在经济法律关系中，一个经济法主体享有一定权利，必定以其他经济法主体负有一定义务为前提，没有对应义务主体时，权利主体的权利便没有保障，是不可能实现的。同时，经济权利与经济义务具有对等性，没有无权利的义务，也没有无义务的权利。权利与义务是统一的，经济法主体不能只享受权利而不履行义务，也不能只尽义务而不享受权利。

3. 经济法律关系的客体

经济法律关系的客体是指经济法律关系主体享有的权利和承担的义务所共同指向的对象。目前，经济法律关系客体可分为以下三类。

（1）物。物是指可以为人们所控制的，具有价值和使用价值的物质。货币和有价证券虽然具有其特殊性，但仍然属于物的范畴。

（2）经济行为。经济行为是指经济法律关系主体通过进行一定的经济活动，实现一定的经济效益或达到一定的经济效用目的的行为，主要包括经济管理行为和劳务行为。

（3）智力成果。智力成果是指人们以脑力劳动所创造的财富，又称知识产品。它是文学艺术和科学作品、发明、实用新型、外观设计、商标以及创造性劳动成果的统称。

1.4.3 经济法律关系的运行

经济法律关系的构成要素是经济法律关系的静态构成。经济法律关系的运行是经济法律关系动态过程，即经济法律关系的运行过程即经济法律关系各个要素的发生、变更和终止的动态过程。

1. 经济法律关系的发生、变更和终止

经济法律关系的发生，是指在经济法律关系主体之间形成一定的经济权利和经济义务关系。

经济法律关系的变更，是指经济法律关系主体、内容或客体发生变化。

经济法律关系的终止，是指经济法律关系主体之间的经济权利和经济义务关系的终止。

2. 法律事实

经济法律关系的发生、变更和终止，都必须以一定的客观情况为依据。这种能够引起经济法律关系发生、变更和终止的客观情况称为法律事实。

经济法律关系的确立是有条件的，即需要有法律事实的存在。法律事实是法律关系发生、变更和终止的必要条件。法律事实可以按照其发生与当事人的意志有无关系为标准，分为法律行为和法律事件两类。

（1）法律行为。法律行为是指根据当事人的意志而做出的能够引起法律关系发生、变更和终止的有意识的活动，可分为合法行为和违法行为两种。

合法行为是指符合法律规范的行为，包括经济管理行为，如征税行为；经济法律行为，如企业承包和租赁合同；经济司法行为，如人民法院审理经济纠纷案件的行为。

违法行为是指违反法律规定的行为或者法律所禁止的行为，是行为人承担法律责任的依据。

（2）法律事件。法律事件是指不以当事人的主观意志为转移的客观事实，包括自然现象和社会现象引起的事件。

所谓自然现象是指自然灾害，如地震、洪水等。

社会现象虽然由人的行为引起，但其出现在特定的经济法律关系中并不以当事人的意志为转移，如因战争导致的合同违约等。

任何经济法律关系的发生、变更或终止，都离不开法律事实。有的经济法律关系的发生、变更或终止，只需要一个法律事实，有的需要几个法律事实。引起某一经济法律关系的发生、变更或终止的几个法律事实的总和，称为经济法律关系的“事实构成”。只有事实构成的几个法律事实全部具备，经济法律关系才能发生、变更或终止。

1.5 经济法的实施

1.5.1 经济法实施的概念

经济法的实施是指经济法主体实现经济法律规范的活动，又称经济法的实现或经济法的实行。它包括经济法的守法、执法和司法三个重要环节，三者密切联系。

经济法的实施具有十分重要的意义。社会主义法制的基本要求是“有法可依、有法必依、执法必严、违法必究”，只有切实做到“有法必依、执法必严、违法必究”，才能保证经济法的实施，发挥经济法的作用，维护社会主义经济秩序，促进社会主义市场经济体制的建立和完善，推动国民经济的发展。

1.5.2 经济法的守法

经济法的守法，是指经济法主体遵守经济法律规范的活动。经济法的守法是经济法实施的最重要、最基本的方式，也是最普遍实施的方式。经济法的守法包含两层含义：一是各主体依法享有经济法赋予的权利或职权；二是各主体依法承担经济法所规定的义务或职责。

1. 经济法的守法主体

一切经济法的主体，包括国家机关、社会组织、市场主体等，均是经济法的守法主体。对于社会组织和市场主体而言，守法就是依法行使权利和履行义务；而对于国家机关而言，守法就是依据法律的规定行使自己的职权、履行自己的职责。

2. 经济法的守法条件

经济法的守法是各经济法主体依照经济法的规定从事各种经济活动的自觉的、有意识的行为。因此，经济法的守法应当具备以下三个条件。

（1）经济法应当是一部良法。只有当经济法主体认为经济法是一部良法时，才会主动、自觉地遵守。

（2）应当培养经济法主体良好的社会意识和法律意识。只有经济法主体有了良好的社会意识，才会在社会公共利益与自身的利益相冲突的时候，自觉地以社会公共利益为重；也只有经济法主体有了良好的法律意识，才会自觉守法。

（3）有良好的法律环境。法律环境包括经济环境、政治环境、历史文化环境、道德环境、科技发展环境等。

1.5.3 经济法的执法

广义上的经济法的执法是指作为社会公共利益（主要指经济利益）的代表者，行政机关行使社会经济权利的过程。

需要说明的是，这里所说的“执法”与传统的行政“执法”不是一个概念。经济法的执法与传统的行政执法在执法依据上的不同决定了二者之间本质上的区别：前者不具有强制性，后者具有强制性。换句话说，行政执法具有公权力的性质，经济法的执法将公权力排除在外，只是社会经济权利的一种实现方式。但是任何一种权利的维护包括民商法中的权利的维护最终都是以强制力作为后盾的，即最终要借助于公权力才能得以实现。

例如，民法中的债权，当不能通过债务人主动履行或因债权人的请求而实现的时候，最终就要借助司法机关的审判权和执行权。同样，当社会经济权利通过行政机关的执法不能实现的时候，最终只有借助国家的公权力才能得以实现。

社会经济权利的最终实现不但可以借助司法权力，而且可以借助行政权力。即当行政机关在进行经济法的执法不能实现目的时，既可以通过向法院起诉借助司法权力最终得以实现，又可以借助传统的行政权力得以实现。当行政权力介入其中时，对行政权力在行使过程中国家行政机关与行政相对人的关系的规范就是行政法领域的事情，经济法与行政法正是在这里相互衔接。

行政机关在代表社会行使社会经济权利的时候，是应该借助传统的行政权力多一些还是应该借助司法途径多一些，应当视具体情况和各国的国情而定。一项原则是传统的行政由一个权威的命令链组成等级结构，处理问题统一而迅速，但容易导致权力的膨胀；司法则是由地位平等的双方当事人组成同等性结构，加之各种社会力量可以通过陪审制度和公共舆论参与到这一同等性结构之中，使得以司法的方式处理问题公平、合理，但容易导致冗长的辩论、观点的分裂，进而阻碍决策。

众所周知，美国司法部在处理微软公司案件的时候就是通过司法的途径使得社会公共利益最终得以保障的。而我国在处理这类事件时通常借助传统的行政手段。

需要特别指出的是，我国现行的各种单行的经济法律、法规在赋予行政机关维护社会公共利益的职权的时候，采取的是传统的行政执法手段，具有很强的刚性。例如，所收缴的罚款具有传统的行政惩罚性，而数额依据的也不是对社会公共利益损失的弥补。罚款直接上缴国库，作为国家财政收入的一部分，而不是将罚款专门用于对被损害的社会公共利益的弥补。

综上所述，经济法的执法与传统的行政执法具有以下区别。

（1）经济法的执法目的是维护社会公共利益（主要指经济利益），这一点区别于传统的行政执法以国家利益为目的。

（2）经济法的执法依据是社会经济权利，这一点区别于传统的行政执法的依据是国家的行政权力。

（3）以宏观调控为目的的经济法执法通常没有特定的相对人，而传统的行政法执法一般都有行政相对人。

（4）经济法的执法可以选择传统的行政和司法两种途径，使得其保护社会公共利益的目的最终实现，而传统的行政执法本身即具有国家强制性。

（5）经济法的执法具有一定的弹性，即只要最终能使社会公共利益得以保障，经济法的执法主体与相对人之间可以通过协商的办法解决，不一定非得借助公权力。例如，在处理微软公司的垄断案中，早在1990年，美国联邦贸易委员会就对微软公司是否把MS-DOS与应用软件捆绑在一起销售展开调查，后来，由司法部接手继续调查。这一时期正值微软公司开发Windows操作系统之际，许多软件厂商认为该软件将使微软公司更加具有不公平的竞争优势。在这种情况下，司法部把调查重点放在了视窗系统上。直至1995年，微软公司与司法部达成一项赞同协议，这一轮争斗才告终结。根据这项协议，微软公司在向个人计算机制造商发放Windows 95使用许可证时不能附加其他条件，但并没有阻止微软公司开发集成产品。传统的行政执法具有很强的刚性，这种刚性表现为无论是行政机关还是行政相对人都必须严格地执行法律，否则将承担不利的后果。

1.5.4 经济法的司法

经济法的司法，是指国家司法机关依据法定的职权和程序，具体应用经济法处理违反经济法律规范的案件的专门活动。规范应用经济法处理案件专门活动的程序的法律就是相应的诉讼法。

在我国，经济法的实施目前采取的方式是将对社会公共利益的侵害的维护分为两部分。一部分是与个人利益直接相关的私人利益部分，如不正当竞争者所直接侵害的受害者的私人利益。这一部分由个人依据民事诉讼法提起民事诉讼。在民事诉讼中，法院将经济法的实体规定作为其判案的依据。正因为如此，很多学者将这部分经济法的实体法归入民法之中。另一部分是除去直接受侵害者的私人利益的纯公共利益部分。这一部分由行政机关通过传统的行政手段解决，对行政处理不服的，可以依据行政法的规定申请行政复议或提起行政诉讼。法院在行政诉讼中将行政法和经济法同时作为其判案的依据。正因为如此，很多学者将这部分经济法的实体法归入行政法之中，称为经济行政法。

例如，《反不正当竞争法》第二十条规定："经营者违反本法规定，给被侵害的经营者造成损害的，应当承担损害赔偿责任，被侵害的经营者的损失难以计算的，赔偿额为侵权人在侵权期间因侵权所获得的利润；并应当承担被侵害的经营者因调查该经营者侵害其合法权益的不正当竞争行为所支付的合理费用。被侵害的经营者的合法权益受到不正当竞争行为损害的，可以向人民法院提起诉讼。"这里所涉及的就是一种典型的民事诉讼。

《反不正当竞争法》第二十三条规定："公用企业或者其他依法具有独占地位的经营者，限定他人购买其指定的经营者的商品，以排挤其他经营者的公平竞争的，省级或者设区的市的监督检查部门应当责令停止违法行为，可以根据情节处以 5 万元以上 20 万元以下的罚款。被指定的经营者借此销售质次价高商品或者滥收费用的，监督检查部门应当没收违法所得，可以根据情节处以违法所得 1 倍以上 3 倍以下的罚款。"这里所采用的又是一种典型的、传统的行政执法的方式。

1.5.5 经济法的监督

经济法的监督，广义上讲是指一切国家机关、社会组织和公民对各种经济法活动的合法性依法所进行的监察和督促。狭义的经济法的监督专指有关国家机关依法定职权和程序，对经济法的立法、执法和司法活动的合法性所进行的监察和督促。这里所说的经济法的监督是就其广义而言的。

1. 经济法的监督主体

经济法的监督主体主要有三大类：国家机关、社会组织和公民。作为经济法的监督主体的国家机关，一般是指国家权力机关、国家行政机关和国家司法机关。国家机关的监督权限和监督范围是由宪法和法律规定的，具有法定性和强制性。即对经济法活动的合法性监督是相应的国家机关的法定职责，同时国家机关所做出的监督结论和监督决定，作为被监督者必须接受。作为经济法的监督主体的社会组织一般包括各政党、政治团体、群众组织以及企事业组织。社会组织的监督不具有直接的法律强制性，但是社会组织可以通过社会舆论、投诉、举报等方式使得国家机关的法定监督得以启动。人民群众的监督在性质上与社会组织的监督具有相似性。

2. 经济法的监督客体

经济法的监督客体是指谁被监督的问题。从广义上说，一切承担经济法的实施责任的主体的行为都可以成为经济法的监督客体，包括承担经济法的执法和司法的行政机关、司法机关的执法、司法行为以及承担经济法的守法的市场主体的守法行为。狭义的经济法的监督客体只包括经济法的执法行为和经济法的司法行为。应当注意的是，经济法的监督客体是行为而不是行为的主体本身，行为的主体可以是经济法的监督对象。

3. 经济法的监督途径

经济法的监督途径有职权监督、投诉举报监督、诉讼监督、社会舆论监督。职权监督是指国家机关依法定的职权对相应的被监督对象的监督。例如，人民代表大会对其他国家机关的监督；上级国家机关对下级国家机关的监督；检察院对行政机关和法院的监督。投诉举报监督主要是指社会群众通过向有关职能部门投诉和举报的方式对国家行政机关、市场主体的监督。诉讼方式也可以看做广义上的监督。例如，对行政部门的不作为和违法行政的行为，有关行政相对人对其提起的行政诉讼；对市场主体违反经济法的行为提起的经济公益诉讼等。社会舆论是社会的直接行为方式，是以社会公共利益为价值追求的经济法监督的最活跃的因素。社会舆论可以通过一种弥散性的力量渗透到经济法的立法、执法、司法、守法的全过程。因此，通过法律和制度对社会舆论的培养并对其作用机制进行规范是经济法监督的重要课题。

本章小结

经济法是调整国家在经济管理和协调发展经济活动过程中所发生的经济关系的法律规范的总称。经济法的调整对象主要包括市场主体调控关系、宏观经济调控关系、市场秩序调控关系和社会保障关系。

经济法除了具有法律的一般特征外，还具有国家干预性、经济性、综合性等特征。

经济法的基本原则是指能够体现经济法本质和特征，适用于一切经济法律规范的具有高度概括性的指导思想，是经济立法、执法、司法和守法的根本准则。经济法的基本原则可归纳为五项：资源优化配置原则、国家适度干预原则、社会本位原则、经济公平原则、可持续发展（经济效益）原则。

经济法律关系是指在国家对经济管理和协调发展经济活动过程中根据经济法的规定而形成的权利和义务关系。经济法律关系由经济法律关系的主体、内容和客体三大要素构成。

能够引起经济法律关系发生、变更和终止的客观情况称为法律事实，其可分为法律行为和法律事件两类。

经济法的实施是指经济法主体实现经济法律规范的活动，包括经济法的守法、执法、司法和经济法的监督等活动。

思考与练习

一、名词解释

经济法　经济法律关系　经济权利　经济职权　经济义务　法律事实　法律行为　法律事件

二、判断题

1．在经济法律关系中承担义务的当事人或参加者是经济法律关系的客体。（　　）
2．经济法是调整所有经济关系的法律规范的总称。（　　）
3．企业即法人，法人即企业。（　　）
4．财产所有权的义务主体是特定的。（　　）
5. 所有经济法主体都享有经济权利，但不能说所有经济法主体都享有经济职权。（　　）

三、单项选择题

1．现代意义上的经济法以（　　）为主要标志。
A．平等对价　　B．自由放任主义
C．国家权力干预　　D．契约自由
2．现代意义的经济法是在（　　）形成的。
A．封建经济瓦解时期　　B．自由竞争时期
C．资本主义初期　　D．资本主义垄断时期
3．“经济法”一词，是于1755年由法国空想共产主义者（　　）在其著作《自然法典》中首次提出来的。
A．德萨米　　B．摩莱里　　C．蒲鲁东　　D．凯恩斯
4．在经济法律关系中，最广泛、数量最多、最普遍的主体是（　　）。
A．国家经济管理机关　　B．法人
C．自然人　　D．国家
5．经济法调整（　　）。
A．社会关系　　B．经济关系
C．特定范围的经济关系　　D．道德关系
6．在下列各项中，属于经济法律事实中事件范围的是（　　）。
A．经济管理行为　　B．签订合同
C．战争　　D．擅自发行股票

四、多项选择题

1．经济法的形式特征包括（　　）。
A．法律规范的政策性　　B．法律规范的稳定性
C．市场主体的义务本位性　　D．经济法没有统一、完整的经济法典
2．经济法的基本原则包括（　　）。
A．经济公平原则　　B．国家适度干预原则
C．经济安全原则　　D．社会本位原则
3．财产所有权包含的权能有（　　）。
A．占有权　　B．使用权　　C．收益权　　D．处分权
4．经济权利，具体表现为享有权利的人，有权（　　）。
A．为一定行为　　B．不为一定行为

C．要求他人为一定行为　　　　　　D．要求他人不为一定行为

五、简答题

1．试述经济法的调整对象。
2．经济法具有哪些特征？
3．经济法的基本原则有哪些？
4．试述经济法律关系及其构成要素。
5．试述经济法实施的概念及包含的具体内容。

案例分析

2010 年，某建筑公司承建某林业科学研究所办公楼。同年 7 月，该建筑公司法定代表人李某与某涂料厂厂长王某签订书面买卖合同约定：购买涂料厂涂料和 107 胶，质量按同行业的标准，货到付款。李某按协议交付了定金。该建筑公司在施工中因涂料质量不合格造成多次返工，经多次交涉，该涂料厂以建筑公司没按要求施工方造成返工为由拒绝赔偿损失。为此，双方发生争执。

案例讨论

（1）请指出本案的经济法律关系主体，分析其主体资格。
（2）李某和王某在本案中是否属于经济法律关系主体？为什么？

第2章　公　司　法

学习要点

- 有限责任公司、特殊有限责任公司、股份有限公司的相关法律规定
- 股份的发行与转让
- 公司的特征及公司的设立与解散
- 公司董事、监事、高级管理人员的资格与义务
- 公司的组织机构及运作

案例导入

2008年8月，甲、乙、丙三家国有企业决定共同投资设立海翔有限责任公司。投资人约定的部分内容如下。

（1）海翔公司的注册资本拟定为3 000万元，其中甲以现金200万元、厂房设备折价800万元出资，乙以现金460万元、非专利技术折价740万元出资，丙以现金180万元、注册商标折价620万元出资。

（2）各方必须在1个月内将认缴的出资缴纳完毕。2008年9月1日，海翔公司正式登记设立，9月3日发出了成立公告。公司成立后经营顺利，截至2008年年底，总司资产总额达到5 000万元，其中净资产为2 500万元。2010年1月，海翔公司召开了一次股东会，做出如下决议：①决定由甲股东代表张某来代替监事会成员王某的位置（王某是职工代表）；②决定公司董事会中不再设职工代表；③决定发行公司债券1 200万元，所募集资金用于扩大生产和改善职工福利。2011年，海翔公司因经营决策发生重大失误陷入亏损，同年8月股东会决定解散公司。

请分析：根据上述事实，指出不符合《公司法》规定的地方，并阐明理由。

2.1 公司法概述

2.1.1 公司的概念及分类

1. 公司的概念与特征

公司是一个历史概念，它是生产力发展到一定历史阶段而出现的一种企业组织形式，是商品生产与交换的必然产物，并随市场经济的发展而发展。由于世界各国的立法不同，对公司的定义也不尽相同。综观各国公司立法，对公司所下定义很不一致，而且往往规定得非常简单，常常只指出其基本标志性特征，如营利性、社团法人、依法成立等。我国对公司所下的最一般定义是，公司是依法定条件和程序成立的，以盈利为目的的企业法人。由此可见公司最一般的特征为法定性、营利性、法人性。

但是，这些特征并不是公司特有的，因为许多企业组织也都具有这些企业法人最一般的特征，由此而为公司所下的定义也不是一个准确的概念。为给公司定义一个较科学的概念，首先必须明确公司的范围。采用典型公司的概念，即一般公认的有限责任公司和股份有限公司，可确定公司的特征如下。

（1）公司以盈利为目的，具有营利性。公司以盈利为目的，是指设立公司的目的及公司的运作，都是为了谋求经济利益。公司只有以盈利为目的，实现公司利益最大化才能实现股东设立公司的目的。公司的营利性是公司区别于非营利性法人组织的重要特征。

（2）公司有自己独立的财产。独立财产是指公司作为一个以盈利为目的的法人，必须有其可控制、可支配的财产，以从事经营活动。公司的原始财产由股东出资构成，股东一经履行了出资义务，其出资标的的所有权即属于公司，构成公司的财产，公司对其享有“法人财产权”，股东则对公司享有“股权”。公司的财产与股东个人的财产相分离。

（3）公司以其财产承担有限责任。公司从内到外，均实行有限责任，即股东以其出资额或所持股份为限，对公司承担责任；公司以其全部资产为限，对公司债务承担责任。实行有限责任是公司区别于其他企业组织和非典型公司的基本标志。

（4）严格的法定性。公司无论是其外部形态还是内部结构，都必须严格按照《公司法》和其他有关法律法规规定的条件、形式、程序办理。其中有些量化规定十分严格，少了不可，多了也不行，如关于公司股东人数的规定，公司内部组织机构的地位、性质、职权、活动原则等，法律都一一予以了规范。当事人在这些方面没有多少“自主权”。

综上所述，公司的定义可表述为，公司是由两个或两个以上股东出资，严格依法组成的，以盈利为目的的企业法人。

2. 公司的分类

广义上讲，公司的种类很多，公司可依不同标准进行分类。从各国公司法的规定来看，公司通常可按以下标准进行分类。

（1）公司的财产责任。按公司的财产责任进行分类时，公司可分为无限公司、有限责任公司、两合公司、股份有限公司和股份两合公司。

（2）公司的财产所有制。按公司的财产所有制进行分类时，公司可分为国有公司、集体所有公司、私有公司和混合公司。

（3）公司的体制结构。按公司的体制结构进行分类时，公司可分为总公司与分公司、母公司与子公司。

（4）公司的信用基础。按公司的信用基础进行分类时，公司可分为人合公司、资合公司、人合兼资合公司。

（5）公司的股票发行方式。按公司的股票发行方式进行分类时，公司可分为封闭式公司（不上市公司）和开放式公司（上市公司）。

（6）公司所属国籍。按公司所属的国籍进行分类时，公司可分为本国公司、外国公司和跨国公司。

2.1.2 公司法简介

1993 年 12 月 29 日，我国颁布了新中国成立以来第一个公司法——《中华人民共和国公司法》（以下简称《公司法》），共 11 章 230 条。该法对我国公司的地位、性质、形式、权利、义务、活动原则以及有限责任公司和股份有限公司的设立和组织机构、公司的一般制度等，都全面、系统地做了规定，自 1994 年 7 月 1 日起施行。此后，全国人大常委会分别于 1999 年、2004 年对《公司法》进行了两次小的修改。2005 年 10 月 27 日，第十届全国人大常委会第十八次会议对《公司法》进行了较大规模的修订后重新颁布，自 2006 年 1 月 1 日起施行。

《公司法》是规定公司的投资设立、资产经营、组织管理、合并、分立、终止、清算以及调整其他对内、对外关系的法律规范的总称。

《公司法》是用于调整公司关系的，这种关系可分为以下两大类。

1. 组织管理关系

组织管理关系主要涉及以下两个方面。

（1）公司自身的组织管理关系，如公司类型、名称的选定；发起人与各方在制定公司章程、确立公司内部机构、人选、职责权限、议事规则等过程中发生的关系；公司设立后的日常组织管理关系；公司变更、终止时发生的关系。

（2）国家对公司的管理关系，如公司与有关国家机关在申请、审批、登记等过程中发生的关系。

2. 资本运营关系

资本运营关系主要涉及以下三个方面。

（1）公司设立时的资本关系，即在公司设立时的出资、认缴股份、公开募集股份、股票发行和交易等过程中发生的关系。

（2）公司成立后的资本关系，如股东取得红利，股票上市，股份转让，公司增资或减资，公司合并、分立中的财产交割，以及发行新股等关系。

（3）公司破产、解散时发生的资本关系，如清算、清缴税款和债务，剩余资产的分配关系等。

由此可见，公司法是调整以公司为中心所发生的有关公司的组织管理关系和资本运营关系的法律规范的总称。其定义可进一步表述为，《公司法》是调整公司在设立、变更和终止过程中所发生的，以及调整股东和公司在出资、集资和转资过程中所发生的组织管理关系和资本运营关系的法律规范的总称。

2.2 关于公司的一般规定

2.2.1 设立公司的一般条件

设立公司，需要符合法定条件。没有这些条件，公司的生产经营活动就不能开展。由于公司规模、所经营的事业不同，各种公司所需的条件千差万别。从法律上讲，其中任何公司都必不可少的条件称为公司构成的基本要素。这些基本要素就是资本、章程和机关。

1. 资本

公司的资本是投资者即股东投入公司作为经营基础的资金。公司章程上必须明确记载由全部股东出资构成的财产总额。股东投入公司的资金属于公司法人财产，股东在投资范围内承担有限责任，而公司则以此财产作为对外经营的担保。确定和维持公司一定数额的资本，并公之于众，使社会了解公司的信用状况，对于保护债权人的利益和维护社会交易的安全是十分必要的。

2. 章程

公司的章程是记载公司组织及行为的基本规则的文件。它向社会公众公开申明公司的宗旨、资本数额、股东的权利与义务以及一系列为公众了解公司所必需的内容。这些内容从根本上决定了公司组织的基本原则、业务活动的范围和方式以及公司发展的方向，因此它是公司极其需要的文件。

设立公司，必须依照法律制定公司章程。我国《公司法》明确规定了各种公司章程应当记载的事项。章程一经制定和登记，不仅对制定章程的当事人有约束力，对于以后参加公司的人也有约束力，在一定条件下对第三人也产生效力。

3. 机关

公司的机关是能就公司事务对外代表公司的法人管理机构。公司机关的概念不同于公司组织机构。组织机构可分为决策机构、执行机构和监督机构。这里所说的“公司机关”，并不包括所有的公司组织机构，而仅指公司执行机构和监督机构，具体地说，就是董事机构及其聘请的经理，还有监事机构。在公司的特别阶段，公司机关视情况有所变化。公司设立阶段，是发起人组成的临时机构；公司整顿阶段，是根据法律组成的整顿机构；公司清算阶段，则是清算机构。

公司机关是公司对外以法人名义进行活动的法定代表机构。它代表公司享有权利、承担义务、参加诉讼。在大多数情况下，董事机构是公司的机关。公司机关还须对内执行业务，它的职权是由法律或公司章程授予的。

公司机关是由公司负责人组成的。公司负责人主要指董事、经理和监事，特定情况下还包括发起人、参与整顿的人、清算人等。为了保证这些负责人正确地行使职权，我国《公司法》对他们任职的资格做了一系列的限定，同时规定了他们在执行职务中必须履行的一系列义务和需承担的责任。

上述三要素不仅是公司设立的三要件，也是公司开展合法经营活动的基础。没有足够的资本、完备的章程、健全的机关，公司要正常经营是不可能的。

2.2.2 公司的权利与义务

《公司法》在其总则中规定了公司的基本权利，也规定了公司一般的和主要的义务与责任。在以后的各章中，又做了更具体的规定。总则中也确立了有关保护公司权利实现、保证公司义务履行的若干基本规定。

1. 公司的权利

公司的基本权利是法人财产权利和经营自主权。《公司法》规定公司享有由股东投资形成的全部法人财产权，依法享有民事权利，承担民事责任，规定了“公司以其全部法人财产，依法自主经营，自负盈亏”，“在国家宏观调控下，按照市场需求自主组织生产经营”。《公司法》还规定了公司可以设立子公司、分公司；也可以向其他有限责任公司、股份有限公司投资，并以此为限承担责任。但累计投资额不得超过本公司净资产的 50%，唯投资后接受被投资公司以利润转增为资本的增加额不在此内。

2. 公司的义务

《公司法》在总则中全面规定了公司的主要责任和基本义务：公司以其全部资产承担公司债务责任、承担其他民事责任；公司应建立“权责分明、管理科学，激励和约束相结合的内部管理体制”；公司必须遵守法律，遵守职业道德，加强精神文明建设，接受政府和社会监督；公司必须保护职工合法权益，加强劳动保护，实现安全生产。

2.3 有限责任公司

有限责任公司又称有限公司，是指由一定数额的股东出资，股东以其出资额为限对公司承担责任，公司以其全部资产对公司债务承担责任的企业法人。公司本质上属于社团法人，一般要求投资者为两人以上，但《公司法》特别规定了投资者为单一主体的国有独资公司和一人有限责任公司。

2.3.1 一般有限责任公司

1. 有限责任公司的设立条件

《公司法》规定，设立有限责任公司，应当具备下列条件。

（1）股东符合法定人数。有限责任公司由50个以下股东出资设立；股东既可以是自然人，也可以是法人。

（2）股东出资达到法定资本总额。有限责任公司的注册资本为在公司登记机关登记的全体股东认缴的出资额。公司全体股东的首次出资额不得低于注册资本的20%，也不得低于法定注册资本的最低限额，其余部分由股东自公司成立之日起2年内缴足；其中，投资公司可以在5年内缴足。有限责任公司注册资本的最低限额为人民币3万元。法律、行政法规对有限责任公司注册资本的最低限额有较高规定的，从其规定。

（3）股东共同制定章程。设立公司必须依法制定公司章程，它是公司的自治规范，对公司、股东、董事、监事、经理等都具有约束力。

（4）有公司名称，建立符合有限责任公司要求的组织机构。

（5）有公司住所。

2. 有限责任公司的设立程序

根据《公司法》的规定，有限责任公司的设立程序包括以下四个步骤。

（1）制定公司章程。制定公司章程是有限责任公司设立的第一个步骤，公司章程应当由全体股东一致讨论通过。

（2）申请政府授权部门审批。并不是所有公司的设立都要经过审批。根据《公司法》的规定，设立有限责任公司，法律和行政法规规定需要有关部门审批的，应当在申请设立登记前，向政府有关部门办理审批手续。

（3）申请登记注册。公司章程通过以后，股东应当按照约定缴纳出资，股东的全部出资经法定的验资机构验资并出具证明后，由全体股东指定的代表或者共同委托的代理人依照有关规定，向公司所在地的工商行政管理机关申请登记注册。公司登记机关经审查，符合《公司法》规定的，予以登记注册，颁发《企业法人营业执照》，营业执照签发日期即有限责任公司成立日期。

（4）签发出资证明。有限责任公司成立后，应当向股东签发出资证明书。出资证明书是证明股东在有限责任公司所持股份的书面凭证。

3. 有限责任公司的组织机构

有限责任公司的组织机构主要包括股东会、董事会（或执行董事）、经理、监事会（或监事）。

1）股东会

（1）股东会的职权。股东会由有限责任公司的全体股东组成，是公司的最高权力机构。

根据《公司法》的规定，股东会主要行使下列职权。

① 决定公司的经营方针和投资计划。

② 选举和更换非由职工代表担任的董事、监事，决定有关董事、监事的报酬事项。

③ 审议批准董事会的报告。

④ 审议批准监事会或者监事的报告。

⑤ 审议批准公司的年度财务预算方案和决算方案。

⑥ 审议批准公司的利润分配方案和弥补亏损方案。

⑦ 对公司增加或者减少注册资本做出决议。

⑧ 对发行公司债券做出决议。

⑨ 对公司合并、分立、解散、清算或者变更公司形式做出决议。

⑩ 修改公司章程。

⑪ 公司章程规定的其他职权。

（2）股东会的会议。股东会会议分为定期会议和临时会议。定期会议应当按照公司章程的规定按时召开，临时会议因下列原因之一召开。

① 代表1/10以上表决权的股东提议。

② 1/3以上的董事提议。

③ 监事会或者不设监事会的公司的监事提议。

（3）股东会的表决。有限责任公司全体股东均有权参加股东会，并按出资比例行使表决权。股东会会议的表决程序由公司章程规定，但下列决议必须经代表2/3以上表决权的股东通过。

① 修改公司章程的决议。

② 增加或者减少公司注册资本的决议。

③ 对公司分立、合并、解散或者变更公司形式做出决议。

2）董事会（或执行董事）

董事会是有限责任公司的执行机构，负责处理公司的经营管理事宜。根据《公司法》的规定，有限责任公司可以设立董事会，其成员为3～13人。董事会设董事长1人。董事长是公司的法定代表人。

股东人数少或者规模较小的有限责任公司，可以不设立董事会，只设1名执行董事。执行董事为公司的法定代表人，可以兼任公司经理，其职权由公司章程规定。

有限责任公司的董事原则上由股东会选举产生。董事任期由公司章程规定，但每届任期不得超过3年。董事任期届满，可连选连任。董事在任期届满前，股东会不得无故解除其职务。

董事会对股东会负责，行使下列职权。

（1）召集股东会会议，并向股东会报告工作。

（2）执行股东会的决议。

（3）决定公司的经营计划和投资方案。

（4）制定公司的年度财务预算方案和决算方案。

（5）制定公司的利润分配方案和弥补亏损方案。

（6）制定公司增加或者减少注册资本以及发行公司债券的方案。

（7）制定公司合并、分立、解散或者变更公司形式的方案。

（8）决定公司内部管理机构的设置。

（9）决定聘任或者解聘公司经理及其报酬事项，并根据经理的提名决定聘任或者解聘公司副经理、财务负责人及其报酬事项。

（10）制定公司的基本管理制度。

（11）公司章程规定的其他职权。

3）经理

有限责任公司的经理，是主持公司日常经营管理工作的机构。经理由董事会聘任或解聘，对董事会负责，负责执行董事会的决定。经理行使下列职权。

（1）主持公司的生产经营管理工作，组织实施董事会决议。

（2）组织实施公司年度经营计划和投资方案。

（3）拟订公司内部管理机构设置方案。

（4）拟订公司的基本管理制度。

（5）制定公司的具体规章。

（6）提请聘任或者解聘公司副经理、财务负责人。

（7）决定聘任或者解聘除应由董事会决定聘任或者解聘以外的负责管理人员。

（8）董事会授予的其他职权。

公司章程对经理职权另有规定的，从其规定。经理列席董事会会议。

4）监事会（或监事）

监事会是有限责任公司内部设立的监督机构。根据《公司法》的规定，经营规模较大的有限责任公司，应当设立监事会，其成员不得少于3人，监事会应在其组成人员中推选1名召集人。监事会由股东代表和适当比例的公司职工代表组成，股东代表出任的监事会由股东会会议选举产生，职工代表由公司职工民主选举产生。股东人数较少或者规模较小的有限责任公司，可以设1～2名监事。《公司法》明确规定，董事及高级管理人员不得兼任监事。监事的任期每届为3年。监事任期届满，可以连选连任。

监事会、不设监事会的公司的监事行使下列职权。

（1）检查公司财务。

（2）对董事、高级管理人员执行公司职务的行为进行监督，对违反法律、行政法规、公司章程或者股东会决议的董事、高级管理人员提出罢免的建议。

（3）当董事、高级管理人员的行为损害公司的利益时，要求董事、高级管理人员予以纠正。

（4）提议召开临时股东会会议，在董事会不履行《公司法》规定的召集和主持股东会会议职责时召集和主持股东会会议。

（5）向股东会会议提出提案。

（6）依照《公司法》第一百五十二条的规定，对董事、高级管理人员提起诉讼。

（7）公司章程规定的其他职权。

监事可以列席董事会会议，并对董事会决议事项提出质询或者建议。

监事会、不设监事会的公司的监事发现公司经营情况异常，可以进行调查；必要时，可以聘请会计师事务所等协助其工作，费用由公司承担。

监事会每年度至少召开一次会议，监事可以提议召开临时监事会会议。

监事会的议事方式和表决程序，除《公司法》规定的外，由公司章程规定。

4. 有限责任公司的股权转让

有限责任公司的股权转让，包括股东之间转让股权、股东向股东以外的人转让股权和人民法院强制转让股东股权等几种情形。

（1）股东之间转让股权。《公司法》规定，有限责任公司的股东之间可以相互转让其全部或者部分股权。《公司法》对股东之间转让股权没有进行任何限制，这是因为股东向公司的其他股东转让股权，无论是转让全部股权还是转让部分股权，都不会有新股东产生，其他股东已有的伙伴关系不会受到影响，因此，也就没有必要对这种转让进行限制。

（2）股东向股东以外的人转让股权。《公司法》规定，股东向股东以外的人转让股权，应当经其他股东过半数同意。股东应就其股权转让事项书面通知其他股东征求同意，其他股东自接到书面通知之日起满30日未答复的，视为同意转让。其他股东半数以上不同意转让的，不同意的股东应当购买该转让的股权；不购买的，视为同意转让。

经股东同意转让的股权，在同等条件下，其他股东有优先购买权。2个以上股东主张行使优先购买权的，协商确定各自的购买比例；协商不成的，按照转让时各自的出资比例行使优先购买权。

但是，公司章程对股权转让另有规定的，从其规定，即公司章程可以对股东之间的股权转让以及股东向股东以外的人转让股权做出与《公司法》不同的规定。一旦公司章程对股权转让做出了不同的规定，就应当依照公司章程的规定执行。

有限责任公司的股东转让股权后，公司应当注销原股东的出资证明书，向新股东签发出资证明书，并相应修改公司章程和股东名册中有关股东及其出资额的记载。对公司章程的该项修改不需再由股东会表决。

2.3.2 特殊有限责任公司

1. 一人有限责任公司

1）一人有限责任公司的概念

一人有限责任公司，是指只有一个自然人股东或者一个法人股东的有限责任公司。一人有限责任公司是有限责任公司的一种特殊表现形式。

2）一人有限责任公司的特别规定

《公司法》规定，一人有限责任公司的设立和组织机构适用特别规定，没有特别规定的，适用有限责任公司的相关规定。这些特别规定，具体包括以下几个方面。

（1）一人有限责任公司的注册资本最低限额为人民币10万元。股东应当一次性足额缴纳公司章程规定的出资额，不允许分期缴付出资。一个自然人只能出资设立一个一人有限责任公司，该一人有限责任公司不能出资设立新的一人有限责任公司。

（2）一人有限责任公司应当在公司登记中注明自然人独资或者法人独资，并在公司营业执照中载明。

（3）一人有限责任公司章程由股东制定。

（4）一人有限责任公司不设股东会。法律规定的股东会职权由股东行使，当股东行使相应职权做出决定时，应当采用书面形式，并由股东签字后置备于公司。

（5）一人有限责任公司应当在每一会计年度终了时编制财务会计报告，并经会计师事务所审计。

（6）一人有限责任公司的股东不能证明公司财产独立于股东自己财产的，应当对公司债务承担连带责任。

2. 国有独资公司

1）国有独资公司的概念

国有独资公司是指国家单独出资、由国务院或者地方人民政府委托本级人民政府国有资产监督管理机构履行出资人职责的有限责任公司。

与一般意义上的有限责任公司相比，国有独资公司具有以下特征。

（1）公司股东的单一性：国有独资公司的股东仅有一个——国家。

（2）单一股东的特定性：国有独资公司的股东只能是国有资产监督管理机构。

2）国有独资公司的特别规定

《公司法》规定，国有独资公司的设立和组织机构适用特别规定，没有特别规定的，适用有限责任公司的相关规定。这些特别规定，具体包括以下几个方面。

（1）国有独资公司章程由国有资产监督管理机构制定，或者由董事会制定报国有资产监督管理机构批准。

（2）国有独资公司不设股东会，由国有资产监督管理机构行使股东会职权。国有资产监督管理机构可以授权公司董事会行使股东会的部分职权，决定公司的重大事项，但公司的合并、分立、解散、增减注册资本和发行公司债券，必须由国有资产监督管理机构决定；其中，重要的国有独资公司合并、分立、解散、申请破产的，应当由国有资产监督管理机构审核后，报本级人民政府批准。

（3）国有独资公司设立董事会，董事会依法行使职权。董事每届任期不得超过 3 年。董事会成员中应当有公司职工代表。董事会成员由国有资产监督管理机构委派；但是，董事会成员中的职工代表由公司职工大会选举产生。董事会设董事长 1 人，可以设副董事长。董事长、副董事长由国有资产监督管理机构从董事会成员中指定。

（4）国有独资公司设经理，由董事会聘任或者解聘。国有独资公司经理的职权与一般有限责任公司经理的职权相同。经国有资产监督管理机构同意，董事会成员可以兼任经理。

（5）国有独资公司的董事长、副董事长、董事、高级管理人员，未经国有资产监督管理机构同意，不得在其他有限责任公司、股份有限公司或者其他经济组织兼职。

（6）国有独资公司监事会成员不得少于 5 人，其中职工代表的比例不得低于 1/3，具体比例由公司章程规定。监事会成员由国有资产监督管理机构委派；但是，监事会中的职工代表由公司职工代表大会选举产生。监事会主席由国有资产监督管理机构从监事会成员中指定。监事会的职权包括：检查公司财务；对董事、高级管理人员执行公司职务的行为进行监督，对违反法律、行政法规、公司章程或股东会决议的董事、高级管理人员提出罢免的建议；当董事、高级管理人员的行为损害公司的利益时，要求董事、高级管理人员予以纠正；国务院规定的其他职权。

2.4 股份有限公司

股份有限公司又称股份公司，是指由一定人数的股东发起设立，其全部资本由等额股份构成，股东以其所持股份为限对公司承担责任，公司以其全部资产对公司债务承担责任的企业法人。

2.4.1 股份有限公司的设立

1. 股份有限公司的设立条件

《公司法》规定，设立股份有限公司应具备下列条件。

（1）发起人符合法定人数。设立股份有限公司，应当有2人以上200人以下为发起人，其中须有半数以上的发起人在中国境内有住所。发起人既可以是自然人，也可以是法人；既可以是中国公民，也可以是外国公民。

（2）发起人认购和募集的股本达到法定资本最低限额。股份有限公司采取发起设立方式设立的，注册资本为在公司登记机关登记的全体发起人认购的股本总额。公司全体发起人的首次出资额不得低于注册资本的20%，其余部分由发起人自公司成立之日起2年内缴足；其中，投资公司可以在5年内缴足。在缴足前，不得向他人募集股份。

股份有限公司采取募集方式设立的，注册资本为在公司登记机关登记的实收股本总额。

股份有限公司注册资本的最低限额为人民币500万元。法律、行政法规对股份有限公司注册资本的最低限额有较高规定的，从其规定。

发起人出资方式与有限责任公司股东出资方式的要求相同。

（3）股份发行、筹办事项符合法律规定。

（4）发起人制定公司章程，采用募集方式设立的须经创立大会通过。

（5）有公司名称，建立符合股份有限公司要求的组织机构。

（6）有公司住所。

2. 股份有限公司的设立程序

股份有限公司的设立，可以采取发起设立或募集设立方式。对两种不同的设立方式，《公司法》规定了不同的程序。

（1）发起设立，又称认股设立，是指发起人认购公司应发行的全部股份而设立的方式。其程序比较简单。法律主要要求发起人认足和缴足全部股款。发起人应书面认足公司章程规定其认购的股份，并缴纳全部股款。如果以实物、工业产权、非专利技术或土地使用权抵作股款，应评估作价，核实财产，依法办理财产权转移手续。发起人交付全部出资后，应选举董事会和监事会。由董事会向公司登记机关报送设立公司的批准文件和公司章程、验资证明等有关文件，申请设立登记。

（2）募集设立，又称招股设立，是指发起人认购公司应发行股份的一部分，其余部分向社会公开募集而设立的方式。这里所说的发起人认购部分股份，《公司法》要求不得少于公司股份总额的35%，其余部分应向社会公开募集。

向社会公开募集股份前，发起人应向国务院证券管理部门递交募股申请，并报送下列文件：批准设立公司的文件；公司章程；经营估算书；发起人姓名或名称及其认购的股份数；出资种类和验资证明；招股说明书；代收股款银行的名称及地址；承销机构的名称及有关的协议。经证券管理部门批准，即可向社会公开募集股份，未经批准则不得公开募集股份。

向社会公开募集股份必须公告招股说明书，并制作认股书。公开募集股份应与依法成立的证券经营机构签订承销协议，由其承销。还应同银行签订代收股款协议，银行负责代收和保存股款，向认股人出具收款单据。发行股份的股款缴足达到法定注册资本限额后，发起人应在30日内召开创立大会。应于创立大会召开前15日内通知认股人，同时予以公告。发起人如果在30日内未召开创立大会，认股人可要求发起人返还股款，并加算同期银行利息。

创立大会职权是通过公司章程，选举公司组织机构。董事会应于创立大会结束后30日内向公司登记机关申请设立登记。符合法定条件的，发给公司营业执照。

股份有限公司发起人承担公司筹办事务。发起人应当签订发起人协议，明确各自在公司设立过程中的权利和义务。

股份有限公司的发起人在公司不能成立时，对因设立行为而发生的债务、费用负连带责任；已缴股款，负责返还并加算银行同期利息。

2.4.2 股份有限公司的组织机构

根据《公司法》的规定，股份有限公司的组织机构包括股东大会、董事会、经理和监事会。

1. 股东大会

股东大会由股份有限公司的全体股东组成，是公司的最高权力机构，其职权规定与《公司法》规定的有限责任公司股东会职权相同，只是无须对向股东以外的转让出资（股份）做出决议。这一点是由股份有限公司的开放性和股份的自由流通性决定的。

股份有限公司的股东大会分为股东年会与临时股东大会两种。

（1）股东年会。股东年会是指依照法律和公司章程的规定每年按时召开的股东大会。《公司法》规定，股东大会应当每年召开1次年会。

（2）临时股东大会。临时股东大会是指股份有限公司在出现召开临时股东大会的法定的事由时，应当在法定期限2个月内召开的股东大会。

《公司法》规定，有下列情形之一的，应当在2个月内召开临时股东大会。

① 当董事人数不足《公司法》规定的人数或公司章程所定人数的 2/3 时。
② 当公司未弥补的亏损达股本总数的 1/3 时。
③ 当单独或合计持有公司股份 10%以上的股东请求时。
④ 董事会认为必要时。
⑤ 公司章程规定的其他情形。

股东大会由董事会召集，董事长主持。股东出席会议，所持每一股份有一表决权。股东大会的决议分为特别决议和一般决议。特别决议是指对有关公司合并、分立、解散或者修改公司章程等所做的决议，除此之外的决议为一般决议。特别决议须经出席会议的股东所持表决权的 2/3 以上通过，一般决议只需经出席会议的股东所持表决权的半数以上通过。

2. 董事会

股份有限公司的董事会是公司股东大会的执行机构，对股东大会负责。

股份有限公司设董事会，其成员为 5～19 人。董事会成员中可以有公司职工代表。董事中的职工代表由公司职工通过职工代表大会、职工大会或者其他形式民主选举产生。股份有限公司董事任期的规定和董事会职权的规定同有限责任公司。

股份有限公司的董事会任期由公司章程规定，但每届任期最长不得超过 3 年，可以连选连任。在任期届满前，股东大会不得无故解除其职务。

董事应对董事会的决议承担责任。董事会的决议如违反法律、行政法规或公司章程，致使公司遭受严重损失的，参加决议的董事对公司应负赔偿责任，但表决时持异议的可免除责任。

3. 经理

股份有限公司设经理，由董事会聘任或解聘，对董事会负责，其职权规定与有限责任公司经理的职权基本相同。

公司董事会可以决定由董事会成员兼任经理。

4. 监事会

股份有限公司设监事会，其成员不得少于 3 人。监事会应当包括股东代表和适当比例的职工代表，其中职工代表的比例不得低于 1/3，具体比例由公司章程规定。监事会中的职工代表由公司职工通过职工代表大会、职工大会或者其他形式民主选举产生。

监事会设主席 1 人，可以设副主席。监事会主席和副主席由全体监事过半数选举产生。监事会主席召集和主持监事会会议；监事会主席不能履行职务或者不履行职务的，由监事会副主席召集和主持监事会会议；监事会副主席不能履行职务或者不履行职务的，由半数以上监事共同推举 1 名监事召集和主持监事会会议。

董事、高级管理人员不得兼任监事。股份有限公司监事任期的规定、监事会职权的规定，适用于有限责任公司的监事和监事会。监事会行使职权所必需的费用，由公司承担。

监事会每 6 个月至少召开 1 次会议。监事可以提议召开临时监事会会议。

2.4.3 公司董事、监事、高级管理人员的资格与义务

公司董事、监事、高级管理人员在公司中处于重要的地位并具有法定的职权，因此需要对其任职资格进行一些限制性的规定，以保证其具有正确履行职责的能力和条件，我国《公司法》规定，有下列情形之一的，不得担任公司的董事、监事和高级管理人员。

（1）无民事行为能力或者限制民事行为能力。

（2）因贪污、贿赂、侵占财产、挪用财产或者破坏社会主义市场经济秩序，被判处刑罚，执行期满未逾5年，或者因犯罪被剥夺政治权利，执行期满未逾5年。

（3）担任破产清算的公司、企业的董事或者厂长、经理，对该公司、企业的破产负有个人责任的，自该公司、企业破产清算完结之日起未逾3年。

（4）担任因违法被吊销营业执照、责令关闭的公司、企业的法定代表人，并负有个人责任的，自该公司、企业被吊销营业执照之日起未逾3年。

（5）个人所负数额较大的债务到期未清偿。

董事、监事、高级管理人员应当遵守法律、行政法规和公司章程，对公司负有忠实义务和勤勉义务。

董事、监事、高级管理人员不得利用职权收受贿赂或者其他非法收入，不得侵占公司的财产。董事、监事、高级管理人员执行公司职务时违反法律、行政法规或者公司章程的规定，给公司造成损失的，应当承担赔偿责任。

董事、高级管理人员违反法律、行政法规或者公司章程的规定，损害股东利益的，股东可以向人民法院提起诉讼。

2.5 股份有限公司的股份发行与转让

2.5.1 股份发行

1. 股份和股票的概念

股份是指由股份有限公司发行的股东所持有的通过股票形式来表现的可以转让的资本的一部分，是公司资本的最小划分单位，是股东权利与义务的凭证。股份有限公司的股份具有平等性，公司每股金额相等，所表现出来的股东权利和义务是相等的，即只要所持有的股份相同，其股东可以享有的权益和应当履行的义务就相同。

股票是股份的表现形式，是股份有限公司签发的证明股东权利和义务的有价证券。股份与股票有密切联系，股份是股票的价值内容，股票是股份的存在形式。

2. 股票的形式和种类

股票必须以一定的形式表现出来，明示股份的价值、股票种类等事项。依据《公司法》

规定，股票采用纸面形式或国务院证券监督管理机构规定的其他形式。股票作为一种要式有价证券，应当载明下列有关事项。

（1）公司名称。

（2）公司成立日期。

（3）股票种类、票面金额及代表的股份数。

（4）股票编号。

（5）公司盖章和法定代表人签名。

依据《公司法》的规定，公司发行的股票，可以为记名股票，也可以为无记名股票。记名股票，是指代表股份的股票明确记载了股东姓名或名称；无记名股票，是指股东姓名或名称不记载于股票票面的股份，持有股票者即享有股东权，较记名股票易于流通。

公司向发起人、法人发行的股票，应当为记名股票，并应当记载该发起人、法人的姓名或名称，不得另立户名或者以代表人姓名记名。

3. 股份发行条件

（1）设立发行。设立发行即原始发行，指公司设立时的股份发行，其目的是募足公司得以成立的资本，使公司具备设立时的法定资本条件。在采取发起设立方式时，第一次发行的股份应由发起人全部认足，不得再向社会发行；在采取募集设立方式时，发起人可只认购公司全部资本的一部分（我国《公司法》规定为35%以上），其余向社会公开募集。

（2）新股发行。新股发行即增资发行，指股份有限公司成立后，依照法律规定和股东大会决议，为增加资本而再次和继续发行股份的行为。

公司发行新股，股东大会应当对下列事项做出决议。

① 新股种类及数额。

② 新股发行价格。

③ 新股发行的起止日期。

④ 向原有股东发行新股的种类及数额。

公司经国务院证券监督管理机构核准公开发行新股时，必须公告新股招股说明书和财务会计报告，并制作认股书。公司公开发行新股应当由依法设立的证券公司承销，签订承销协议，并与银行签订代收股款协议。公司发行新股，可以根据公司经营情况和财务状况，确定其作价方案。公司发行新股募足股款后，必须向公司登记管理机关办理变更登记，并公告。

4. 股份发行的原则和价格

股份发行要遵循公开、公平、公正的原则。公开原则是指公司发行股票应当面对所有投资者，不得有非法隐瞒、幕后交易活动。公平原则是指所有投资者地位一律平等，公司对所有投资者一视同仁，同股同权，同股同利；同次发行的股票，每股的发行条件和价格应当相同，任何单位和个人所认购的股份，每股均应支付相同价额。公正原则是指发行工作要公平合理，不得弄虚作假、徇私舞弊。公开是公平的前提，公正是公平、公开的目的和结果。

股份发行的价格，可以按票面金额，也可以超过票面金额，但不得低于票面金额。以超过票面金额发行（溢价发行）时，必须经国务院证券管理部门批准，所得溢价款应列入公司法定资本公积金。

2.5.2 股份转让

股份转让是指股份有限公司股份持有人依法定条件和程序自愿将其持有股份让与他人，从而使他人成为公司股东的行为。

我国《公司法》对股份有限公司的股份转让做出了以下规定。

（1）股东转让股份，必须在依法设立的证券交易所进行。

（2）记名股票的转让，必须由股票持有人以背书方式或者法律、行政法规规定的其他方式转让，公司将受让人的姓名或者名称及住所记载于股东名册。

（3）无记名股票的转让，只要股东在依法设立的证券交易所将股票交付给受让人后即发生转让法律效力，股票原持有人即丧失其相应的股份和股东权，股票受让人即获得相应的股份和股东权。

（4）发起人持有的本公司的股份，自公司成立之日起 1 年内不得转让。公司公开发行股份前已发行的股份，自公司股票在证券交易所上市交易之日起 1 年内不得转让。公司董事、监事、高级管理人员应当向公司申报所持有的本公司的股份及其变动情况，在任职期间内每年转让的股份不得超过其所持有本公司股份总数的 25%；所持本公司股份自公司股票上市交易之日起 1 年内不得转让。上述人员离职后半年内，不得转让其所持有的本公司股份。公司章程可以对公司董事、监事、高级管理人员转让其所持有的本公司股份做出其他限制性规定。

（5）公司不得收购本公司的股票，但有下列情形之一的除外。

① 减少公司注册资本。

② 与持有本公司股份的其他公司合并。

③ 将股份奖励给本公司职工。公司因此收购的本公司的股份，不得超过本公司已发行股份总额的 5%，用于收购的资金应当从公司的税后利润中支出；所收购的股份应当在 1 年内转让给职工。

④ 股东因对股东大会做出的公司合并、分立决议持异议，要求公司收购其股份的。

（6）公司不得接受本公司的股票作为质押权的标的。

2.5.3 上市公司

1. 上市公司的概念

上市公司是指所发行的股票经国务院或国务院授权的证券管理部门批准在证券交易所上市交易的股份有限公司。

上市公司上市交易的特点如下。

（1）上市交易的股票只能是上市公司已发行的股票。

（2）上市交易的地点只能是国家法定的交易场所，目前我国仅有深圳、上海两家证券交易所。

（3）上市交易要经国家证券管理部门批准和证券交易所的上市委员会决定上市才可进行。

2. 股票上市交易的条件

（1）股票经国务院证券管理部门批准已向社会公开发行。

（2）公司股本总额不少于人民币 5 000 万元。

（3）开业时间在 3 年以上，最近 3 年连续盈利，原国有企业依法改建而设立的股份有限公司，或在《公司法》实施后新组建成立、其主要发起人为国有大中型企业的股份有限公司，其开业或盈利的时间可连续计算。

（4）持有股票面值达人民币 1 000 元以上的股东人数不少于 1 000 人，向社会公开发行的股份达公司股份总数的 25%以上；公司股本总额超过人民币 4 亿元的，其向社会公开发行股份的比例为 15%以上。

（5）公司在最近 3 年内无重大违法行为，财务会计报告无虚假记载。

（6）国务院规定的其他条件。

3. 上市公司组织机构的特别规定

（1）上市公司重大事项决策制度。上市公司在一年内购买、出售重大资产或者担保金额超过公司资产总额 30%的，应当由股东大会做出决议，并经出席会议的所持表决权股东的 2/3 以上通过。

（2）独立董事制度。上市公司设立独立董事。所谓上市公司独立董事是指不在公司担任除董事外的其他职务，并与其任职的上市公司及其主要股东不存在可能妨碍其进行独立客观判断的关系的董事。

（3）董事会秘书制度。上市公司设董事会秘书，负责公司股东大会和董事会会议的筹备、文件保管以及公司股东资料的管理，办理信息披露事务等事宜。

（4）“关联董事”回避制度。上市公司董事与董事会会议决议事项所涉及的企业有关联关系的，不得对该项决议行使表决权，也不得代理其他董事行使表决权。该董事会会议由过半数的无关联关系董事出席即可举行，董事会会议所做决议须经无关联关系董事过半数通过。出席董事会的无关联关系董事人数不足 3 人的，应将该事项提交上市公司股东大会审议。

4. 上市公司的法定义务

上市公司除应依法经营、依法治理、维护股东合法权益外，其最主要的义务就是信息披露义务。《公司法》第一百四十六条规定：“上市公司必须依照法律、行政法规的规定，公开其财务状况、经营情况及重大诉讼，在每会计年度内半年公布一次财务会计报告。”

上市公司披露其信息，应遵循真实、全面、及时的原则，并按要求的内容和格式，通过指定的渠道披露。

上市公司不履行法定的信息披露义务，或者不按法定要求正确披露信息，或者故意披露虚假信息误导投资者的，除暂停或终止其上市资格外，有关部门或司法机关还可依照有关法律、法规追究公司及其主要责任人员的行政甚至刑事责任。

2.6 公 司 债 券

2.6.1 公司债券的概念及发行条件

《公司法》规定，股份有限公司、国有独资公司和两个以上的国有企业或者其他两个以上的国有投资主体投资设立的有限责任公司，为筹集生产经营资金，可依照《公司法》规定发行公司债券。

公司债券是指公司依照法定条件和程序发行的、约定在一定期限内还本付息的有价证券。

发行公司债券必须具备以下各项条件。

（1）股份有限公司的净资产额不低于人民币 3 000 万元，有限责任公司的净资产额不低于人民币 6 000 万元。

（2）累计债券总额不超过公司净资产额的 40%。

（3）最近 3 年平均可分配利润足以支付公司债券 1 年的利息。

（4）筹集的资金投向符合国家产业政策。

（5）债券的利率不得超过国务院限定的利率水平。

（6）国务院规定的其他条件。

但有下列情形之一的，不得再次发行公司债券。

（1）前一次发行的公司债券尚未募足的。

（2）对已发行的公司债券或者其债务有违约或者迟延支付本息的事实，且仍处于继续状态的。

公司债券筹集资金的用途：发行公司债券筹集的资金，必须用于审批机关批准的用途，不得用于弥补亏损和非生产性支出。

2.6.2 公司债券的发行程序

股份有限公司、有限责任公司发行公司债券，应由董事会制订方案，股东会做出决议；国有独资公司发行公司债券，应由国家授权投资的机构或国家授权的部门做出决议；上述决议做出后，公司应向国务院证券管理部门报请批准；国务院证券管理部门对公司的申请做出批准或不批准的决定。

公司债券的发行规模由国务院确定，国务院证券管理部门的审批不得超过此规模。

2.6.3 公司债券的转让

公司债券是一种有价证券，可以依法自由转让，转让价格也由转让人与受让人之间约定。进行转让时，则应依照法规规定，在依法设立的证券交易场所进行。公司债券的转让，依据债券种类的不同有两种不同的转让方法。

（1）记名债券须由债券持有人以背书方式或者法律、行政法规规定的其他方式转让。记名债券的转让，由公司将受让人的姓名或者名称及住所记载于公司债券存根簿上，以便公司备查。

（2）无记名公司债券的转让手续非常简便，只需由债券持有人在依法设立的证券交易场所，将要转让的债券交付给受让人即可。受让人一经持有该债券，即成为公司债权人。

2.7 公司的财务会计

2.7.1 公司财务会计制度

财务会计工作是任何企业在经营活动中的一项基础工作，对这一工作做出规范的要求，有利于保护投资者和债权人的利益，有利于吸收社会投资，也有利于政府的宏观管理。

我国法律对公司的财务会计制度有以下规定。

（1）公司应按照国家有关法律、行政法规和国务院财政主管部门的规定，建立本公司的财务会计制度。

（2）公司应在每一会计年度终了时编制年度财务会计报表，并须依法经审查验证。规定的财务会计报表主要有资产负债表、损益表、财务状况变动表、财务情况说明书、利润分配表和其他有关附表等。

（3）股份有限公司的财务会计报告应在召开股东会议年会 20 日之前置备于公司办公处所，供股东查阅。以募集设立方式成立的股份有限公司，还应按照有关规定公告其财务会计报告。有限责任公司应当按照公司章程规定的期限将财务会计报告送交各股东。

（4）公司除法定的会计账册外，不得另立会计账册。对公司资产，不得以任何个人名义开立账户存储。

2.7.2 公司的利润分配

公司利润是公司在一定时期内从事经营活动的财务成果，包括营业利润、投资净收益和营业外收支净额。

公司利润的分配顺序如下。

（1）弥补以前年度亏损，但不得超过税法规定的弥补年限。

（2）缴纳所得税。

（3）弥补在税前利润弥补亏损之后仍存在的亏损。

（4）提取法定公积金和法定公益金。

公积金是公司在资本之外所保留的资金额，又称附加资本或准备金。公司为增强自身财力，扩大营业范围和预防意外亏损，从利润中提取一定的资金，以用于扩大资本，或弥补亏损。提取公积金制度是国家规定的一项强制性制度，各国公司法一般都有规定。

公积金分为盈余公积金和资本公积金两类。盈余公积金又分为法定盈余公积金和任意盈余公积金两种。依法律规定，公司必须从每年的净利润（减去弥补亏损）中提取 10%作为公司的法定盈余公积金，当盈余公积金的累计金额已达公司注册资本的 50%以上时，可以不再提取；任意盈余公积金按照公司章程规定或股东会决议提取和使用。资本公积金是直接由资本原因形成的公积金，如超过票面价额发行股份所得的溢价款、法定财产重估增值、接受捐赠的资产价值等。

公益金是公司从税后利润中提取的用于集体福利的资金。国外公司法中一般都没有此项规定，我国《公司法》的规定反映了我国企业福利方面的特点。在我国，用于职工福利的资金来自两部分：一是从成本中按职工工资总额的 14%提取职工福利费，二是按税后利润的 5%～10%提取的用于职工集体福利的公益金，具体比例可由公司董事会或者执行董事提出方案，交股东会或全体股东审议批准。

（5）提取任意公积金。任意公积金是根据股东会决议，于法定公积金外特别提取的公积金。因为它并不受法律强制性限制，所以称为任意公积金。任意公积金和法定公积金虽然都用于公司的经营活动，但性质不同。前者的提取完全取决于公司自己，而后者是公司必须有的行为。法定公积金以外的任意公积金，应当依据股东会议的决议提取。由于任意公积金的提取势必影响股东利润的分配，所以，非经股东会会议决定，不能提取任意公积金。

（6）向股东分配利润。有限责任公司依股东出资比例进行分配，股份有限公司依股东持有的股份比例分配。一般来说，公司在纳税、弥补亏损和提取法定公积金和公益金前，不得分配利润，公司当年无利润时也不得分配。

2.8 公司的合并与分立

2.8.1 公司合并

公司合并是指两个或两个以上具有法人资格的公司依照法定程序，合并成为一个独立法人的法律行为。公司合并可以采取吸收合并和新设合并两种方式。吸收合并是指一个公司吸收其他公司，被吸收的公司解散。新设合并是指两个以上公司合并设立一个新公司，合并各方解散。公司合并，应当由合并各方签订合并协议。公司合并后，合并各方的债权、债务，应当由合并后存续的公司或者新设的公司承继。

2.8.2 公司分立

公司分立是指一个具有独立法人资格的公司依照法定程序，分立为两个或两个以上独立法人的法律行为。公司分立，其财产应做相应的分割。公司分立前的债务按所达成的协议由分立后的公司承担。

根据《公司法》的规定，公司的合并和分立，应当由股东（大）会做出决议；股份有限公司的合并和分立，还必须经国务院授权的部门或者省级人民政府批准。

公司合并和分立，应当编制资产负债表和财产清单。股东（大）会做出合并或分立的决议后，应当自做出决议之日起 10 日内通知债权人，并于 30 日内在报纸上至少公告 3 次。债权人自接到通知书之日起30日内，未接到通知书的自第一次公告之日起90日内，有权要求公司清偿债务或者提供相应的担保，不清偿债务或者不提供相应的担保的，公司不得合并和分立。

公司合并或者分立，登记事项发生变更的，应当依法向公司登记机关办理变更登记；公司解散的，应当依法办理公司注销登记；设立新公司的，应当依法办理公司设立登记。

2.8.3 公司增加和减少注册资本

公司增资，是指公司依法增加注册资本的行为。公司成立后，为了扩大经营规模、拓展市场，往往需要增加资本，各国立法一般都允许公司依法增加资本，我国亦如此。我国《公司法》对有限责任公司和股份有限公司增资条件做了不同的规定。

有限责任公司增加注册资本时，股东认缴新增资本的出资，按照设立有限责任公司缴纳出资的有关规定执行。

股份有限公司为增加注册资本而发行新股时，股东认购新股应当按照设立股份有限公司缴纳股款的有关规定执行。

公司需要减少注册资本时，必须编制资产负债表及财产清单。公司应当自做出减少注册资本决议之日起10日内通知债权人，并于30日内在报纸上至少公告3次。债权人自接到通知书之日起30日内，未接到通知书的自第一次公告之日起90日内，有权要求公司清偿债务或者提供相应的担保，不清偿债务或者不提供相应的担保的，公司不得减少注册资本。公司减少注册资本后的注册资本不得低于法定资本的最低限额。

公司增加或减少注册资本，应当依法向公司登记机关办理变更登记。

2.9 公司破产、解散与清算

2.9.1 公司的破产与解散

1. 公司破产

公司破产是指公司作为债务人不能清偿到期债务，为保护多数债权人的利益，使之能得到公平满足而设置的一种诉讼程序。

公司经营是有风险的，如果发生决策失误、市场变化、经营管理不善等原因，就有可能使公司陷入无法清偿到期债务的困境，这是市场竞争的规律。《企业破产法（试行）》第三条指出："企业因经营管理不善造成严重亏损，不能清偿到期债务的，依照本法规定宣告破产。"我国《公司法》对公司破产问题做了如下规定："公司财产不足清偿债务的，应当依法向人民法院申请宣告破产。"由此可见，公司破产的基本原因和界限如下。

（1）"公司财产不足清偿到期债务"，即必须是以债务公司现有全部资产都不能清偿已到期的全部财产债务。

（2）"经营管理不善造成严重亏损"。这一条指明不能清偿到期债务的内在原因，即必须是企业或公司经营不善造成亏损而招致的破产，因此政策性亏损不应按破产处理。

2. 公司解散

公司解散是公司法人资格消灭，并宣布公司不存在的法律行为。根据我国《公司法》第一百八十一条的规定，公司解散的原因有以下五种。

（1）公司章程规定的营业期限届满或者公司章程规定的其他解散事由出现。

（2）股东会或者股东大会决议解散。

（3）因公司合并或者分立需要解散。

（4）依法被吊销营业执照、责令关闭或者被撤销。

（5）公司经营管理发生严重困难，继续存续会使股东利益受到重大损失，通过其他途径不能解决的，持有公司全部股东表决权10%以上的股东，可以请求人民法院解散公司。

2.9.2 公司清算

公司解散时，应当依法进行清算。清算就是了结终止公司的各项财产关系。进行清算必须成立清算组。公司解散符合公司解散原因的（1）、（2）、（4）、（5）项的，应当在15日内成立清算组。有限责任公司的清算组由股东组成，股份有限公司的清算组由董事会或股东大会确定其人选。逾期不成立清算组进行清算的，债权人可以申请人民法院指定有关人员组成清算组进行清算。人民法院应当受理该申请，并及时组织清算组进行清算。

根据《公司法》的规定，清算组在清算期间行使下列职权。

（1）清理公司财产，分别编制资产负债表和财产清单。

（2）通知、公告债权人。

（3）处理与清算有关的公司未了结的业务。

（4）清缴所欠税款以及清算过程中产生的税款。

（5）清理债权、债务。

（6）处理公司清偿债务后的剩余财产。

（7）代表公司参与民事诉讼活动。

清算组在公司清算期间代表公司进行一系列民事活动，全权处理公司经济事务和民事诉讼活动，其地位是十分重要的。我国《公司法》规定，清算组成员应当忠于职守，依法履行清算义务，清算组成员不得利用职权收受贿赂或者其他非法收入，不得侵占公司财产。清算组成员因故意或者重大过失给公司或者债权人造成损失的，应当承担赔偿责任。

2.10 违反《公司法》的法律责任

1. 公司设立的违法责任

违反《公司法》规定，虚报注册资本、提交虚假材料或者采取其他欺诈手段隐瞒重要事实取得公司登记的，责令改正；对虚报注册资本的公司，处以虚报注册资本金额5%以上

15%以下的罚款；对提交虚假材料或者采取其他欺诈手段隐瞒重要事实的公司，处以5万元以上50万元以下的罚款；情节严重的，撤销公司登记或吊销营业执照；构成犯罪的，依法追究刑事责任。

2. 发起人、股东出资的违法责任

（1）公司的发起人、股东虚假出资，未交付或者未按期交付作为出资的货币或者非货币财产的，由公司登记机关责令改正，处以虚假出资金额5%以上15%以下的罚款；构成犯罪的，依法追究刑事责任。

（2）公司的发起人、股东在公司成立后，抽逃其出资的，由公司登记机关责令改正，处以所抽逃出资金额5%以上15%以下的罚款；构成犯罪的，依法追究刑事责任。

3. 违反公司财务会计管理制度的违法责任

（1）公司在法定的会计账簿以外另立会计账簿的，由县级以上人民政府财政部门责令改正，处以5万元以上50万元以下的罚款；构成犯罪的，依法追究刑事责任。

将公司资产以任何个人名义开立账户存储的，没收违法所得，并处以违法所得1倍以上5倍以下的罚款；构成犯罪的，依法追究刑事责任。

（2）公司在依法向有关主管部门提供的财务会计报告上作虚假记载或者隐瞒重要事实的，由有关主管部门对直接负责的主管人员和其他直接责任人员处以3万元以上30万元以下的罚款；构成犯罪的，依法追究刑事责任。

（3）公司不按法律规定提取法定公积金的，由县级以上人民政府财政部门责令如数补足应当提取的金额，并可对公司处以20万元以下的罚款。

4. 清算组在公司清算时的违法责任

清算组不依照《公司法》规定向公司登记机关报送清算报告，或者报送清算报告隐瞒重要事实或者有重大遗漏的，由公司登记机关责令改正。

清算组成员利用职权徇私舞弊、谋取非法收入或者侵占公司财产的，由公司登记机关责令退还公司财产，没收违法所得，并可处以违法所得1倍以上5倍以下的罚款。

5. 公司登记机关的违法责任

公司登记机关对不符合《公司法》规定条件的登记申请予以登记，或者对符合《公司法》规定条件的登记申请不予登记的，对直接负责的主管人员和其他责任人员，依法给予行政处分。

6. 董事、监事、经理的违法责任

（1）董事、监事、经理利用职权收受贿赂、其他非法收入或者侵占公司财产的，没收违法所得，责令退还公司财产；构成犯罪的，依法追究刑事责任。

董事、经理挪用公司资金或者将公司资金借贷给他人的，责令退还公司的资金，所得收入归公司所有；构成犯罪的，依法追究刑事责任。

董事、经理违反法律规定，以公司资产为本公司的股东或者其他个人债务提供担保的，责令取消担保，并依法承担赔偿责任，将违法提供担保取得的收入归公司所有。

（2）董事、经理违反法律规定，自营或者为他人经营与其所任职公司同类的营业的，所得收入归公司所有。

7. 公司变更、清算中的违法责任

（1）公司在合并、分立、减少注册资本或者进行清算时，不按照法律规定通知或者公告债权人的，由公司登记机关责令改正，对公司处以 1 万元以上 10 万元以下的罚款。

（2）公司在进行清算时，隐匿财产，对资产负债表或者财产清单做虚伪记载或者在未清偿债务前分配公司财产的，由公司登记机关责令改正，对公司处以隐匿财产或者未清偿债务前分配公司财产金额 5%以上 10%以下的罚款；对直接负责的主管人员和其他直接责任人员处以 1 万元以上 10 万元以下的罚款；构成犯罪的，依法追究刑事责任。

8. 资产评估、验资或者验证机构的违法责任

（1）承担资产评估、验资或者验证的机构提供虚假材料的，由公司登记机关没收违法所得，处以违法所得 1 倍以上 5 倍以下的罚款，并可由有关主管部门依法责令该机构停业、吊销直接责任人员的资格证书，吊销营业执照；构成犯罪的，依法追究刑事责任。

（2）承担资产评估、验资或者验证的机构因过失提供有重大遗漏的报告的，由公司登记机关责令改正，情节较重的，处以所得收入 1 倍以上 5 倍以下的罚款，并可由有关主管部门依法责令该机构停业、吊销直接责任人员的资格证书，吊销营业执照。

9. 其他有关法律责任

（1）未依法登记为有限责任公司或者股份有限公司，而冒用有限责任公司或者股份有限公司名义的，由公司登记机关责令改正或者予以取缔，并可处以 10 万元以下的罚款。

（2）公司成立后无正当理由超过 6 个月未开业的，或者开业后自行停业连续 6 个月以上的，由公司登记机关吊销其营业执照。

（3）公司登记事项发生变更时，未按照法律规定办理有关变更登记的，由公司登记机关责令限期登记，逾期不登记的，处以 1 万元以上 10 万元以下的罚款。

（4）外国公司违反法律规定，擅自在中国境内设立分支机构的，由公司登记机关责令改正或者关闭，并可处以 5 万元以上 20 万元以下的罚款。

（5）利用公司名义从事危害国家安全、社会公共利益的严重违法行为的，由公司登记机关吊销其营业执照。

本章小结

本章主要介绍了公司法的概念、特征和调整对象；我国公司的性质、特点；有限责任公司的概念及有限责任公司、股份有限公司设立的程序、条件及公司的组织机构及其职能；公司股票发行、上市条件、财务制度和公司发展中发生的合并、分立、公司解散和清算的法律规定。通过这一部分的学习，使学生在从事公司工作中能准确把握法律规定，规范自己的行为。

思考与练习

一、名词解释

有限责任公司　股份有限公司　上市公司　公司债券　股票

二、判断题

1．有限责任公司的合并或者分立，应当由公司的股东会做出决议。（　　）

2．根据《公司法》规定，凡是有限责任公司都可以发行公司债券。（　　）

3．股份有限公司的监事会成员不得少于5人，可以连选连任。（　　）

4．国有独资公司不设股东会，其股东会的职权由董事会行使。（　　）

5．有限责任公司的董事长可以兼任公司监事。（　　）

6．股份的发行价格可以按票面金额，也可以超过票面金额或低于票面金额。（　　）

7．甲公司主要经营医疗器械业务，该公司的总经理王某在任职期间代理乙公司从国外进口一批医疗器械销售给丙公司，获利2万元。甲公司得知上述情形后，除将王某获得的2万元收归公司所有外，还撤销了王某的职务。甲公司的上述做法不符合《公司法》的有关规定。（　　）

8．一个自然人只能投资设立一个一人有限责任公司，且该一人有限责任公司不能投资设立新的一人有限责任公司。（　　）

三、单项选择题

1．股份有限公司的股票上市交易必须具备一定的条件，其中条件之一是公司股本总额不少于人民币（　　）。

A．3 000万元　B．4 000万元　C．5 000万元　D．6 000万元

2．国有独资公司的责任形式是（　　）。

A．有限责任公司　B．合营企业

C．股份有限公司　D．两合公司

3．我国《公司法》规定，有限责任公司股东的最高人数为（　　）。

A．25人　B．50人　C．75人　D．100人

4．对股份有限公司生产经营业务活动进行监督和检查的常设机构是（　　）。

A．监事会　B．理事会　C．董事会　D．股东会

5．《公司法》规定，股份有限公司采取募集设立方式设立的，发起人认购部分不得少于公司股份总额的（　　）。

A．15%　B．25%　C．35%　D．45%

6．有限责任公司的净资产额不低于人民币（　　）及其他条件成熟时可发行公司债券。

A．1 000万元　B．2 000万元　C．5 000万元　D．6 000万元

7．修改有限责任公司章程的决议，必须经代表（　　）表决权的股东通过。

A．1/2　　B．1/3　　C．1/4　　D．2/3

8．以公司的信用基础为标准对公司进行分类，公司可以分为（　　）。

A．无限责任公司、有限责任公司、人合兼资合公司

B．封闭性公司、 开放性公司

C．总公司、分公司

D．人合公司、资合公司、人合兼资合公司

9．根据《公司法》的规定，公司章程对公司及公司内部特定人员具有约束力，该特定人员不包括（　　）。

A．股东　　B．董事　　C．职工　　D．监事

10．股份有限公司应在法定时间内将财务会计报告置于本公司，供股东查阅，该法定时间为召开股东大会年会的（　　）。

A．30日前　　B．20日前　　C．15日前　　D．10日前

四、多项选择题

1．有限责任公司股东出资的方式包括（　　）。

A．可以用货币出资　　B．可以用实物出资

C．可以用非专利技术作价出资　　D．可以用土地使用权作价出资

2．依照我国有关股票发行的规定，股票发行可以（　　）。

A．原价发行　　B．溢价发行　　C．折价发行　　D．降价发行

3．不得兼任有限责任公司监事会监事的人员包括（　　）。

A．股东代表　　B．全体董事　　C．经理　　D．财务负责人

4．股票和债券的相同之处在于（　　）。

A．都是有价证券　　B．都是股权凭证

C．都是债权凭证　　D．都是流通证券

5．公司的公积金用于（　　）。

A．上缴税款　　B．转增公司资本

C．弥补公司的亏损　　D．扩大公司生产经营

6．根据《公司法》的规定，下列人员中可以担任公司董事的有（　　）。

A．国家公务员　　B．本公司监事

C．本公司财务负责人　　D．本公司经理

7．根据《公司法》的规定，国有独资公司的下列事项中，必须由国有资产监督管理机构决定的有（　　）。

A．增加或者减少注册资本　　B．合并、分立、解散

C．发行公司债券　　D．修改公司章程

8．依照我国法律规定，股份有限公司合并或分立，必须经（　　）批准。

A．国务院授权的部门　　B．省级人民政府授权的部门

C．证监会　　D．省级人民政府

9．我国《公司法》规定，不得担任有限责任公司董事、监事、经理的情形包括（　　）。

A．无民事行为能力或限制行为能力

B．因犯罪被剥夺政治权利，执行期满未逾8年

C．因犯有挪用财产罪被判处刑罚，执行期满未逾5年

D．个人所负数额较大的债务到期未清偿

10．甲、乙、丙三个国有企业于2010年4月1日共同投资设立A有限责任公司，2011年1月31日，A公司召开股东会。根据我国《公司法》的规定，本次股东会通过的下列决议中，不符合法律规定的有（　　）。

A．选举和更换全部董事　　B．审议批准公司的弥补亏损方案

C．解聘公司经理　　D．决定公司内部管理机构的设置方案

五、简答题

1．试分析有限责任公司与股份有限公司的区别。

2．设立有限责任公司应具备哪些条件？

3．简述设立股份有限公司的方式与条件。

4．简述股份与股票的关系。

5．什么是上市公司？股份有限公司申请其股票上市必须符合哪些条件？

案例分析

案例1　北京A公司、B公司与海南C公司准备成立一个有限责任公司，从事建筑装饰材料的生产经营，其共建方案的要点如下：该公司的注册资本为人民币4 000万元，其中A公司以土地使用权（以出让方式取得）作价出资1 000万元；B公司以工业产权作价出资900万元，另出资人民币300万元；C公司出资人民币1 800万元。

案例讨论

（1）这家公司的股东人数是否符合《公司法》的规定？

（2）A公司以土地使用权作价出资是否可以？

（3）B公司以工业产权作价出资是否符合《公司法》的有关规定？

（4）A公司以土地使用权出资，B公司以工业产权出资，是否要办理财产权转移手续？

案例2　某股份有限公司于2007年3月10日组成，股本总额为人民币3 000万元，其中2 200万元系向社会公开发行募集的股本。2008年1月8日，该公司为进行技术改造，增资发行1 000万元股本。2011年为增加实力，与另一股份有限公司进行合并。两公司于2011年3月10日做出合并决议，4月1日通知债权人，5月6日开始在报纸上刊登公告2次，8月1日正式合并并办理了工商登记。

案例讨论

请指出该公司上述活动中违反《公司法》之处。

第 3 章　合伙企业法

学习要点

- 合伙企业立法概况
- 合伙企业的概念
- 合伙企业的设立以及与第三人的关系
- 入伙、退伙以及解散与清算

案例导入

甲、乙、丙三人协商共同出资，设立一家经营食品的企业，并订立了书面合伙协议。甲、乙均已在合伙协议书上签名、盖章，丙因有急事未在合伙协议书上签名、盖章，便急忙去外地办事。甲、乙积极筹备前期事宜，寻找经营场地、置办设施，并将该合伙企业取名为“惠达食品有限公司”。

请分析：

（1）甲、乙、丙三人订立的合伙协议是否有效？

（2）该合伙企业是否合法？

3.1　合伙企业法概述

3.1.1　合伙企业的概念及分类

合伙企业是指自然人、法人和其他组织依法在中国境内设立的普通合伙企业和有限合伙企业。

合伙企业分为普通合伙企业和有限合伙企业两种。普通合伙企业由普通合伙人组成，合伙人对合伙企业债务承担无限连带责任，法律另有规定的除外。有限合伙企业由普通合伙人和有限合伙人组成，普通合伙人对合伙企业债务承担无限连带责任，有限合伙人以认缴的出资额为限对合伙企业债务承担责任。

3.1.2 合伙企业的法律特征

合伙企业法是调整合伙企业在设立、组织活动、终止过程中发生的经济关系的法律规范的总称。为规范合伙企业的行为，保护合伙企业及其合伙人的合法权益，维护社会经济秩序，全国人大常委会于 1997 年 2 月 23 日通过了《中华人民共和国合伙企业法》，（以下简称《合伙企业法》）并于 2006 年进行了修订，新修订的《合伙企业法》自 2007 年 6 月 1 日起施行。

普通合伙企业作为企业的一种组织形式具有以下法律特征。

（1）须有两个以上的合伙人，合伙人为自然人、法人和其他组织。

（2）各合伙人共同出资，合伙经营，共享收益，共担风险。

（3）全体合伙人协商一致订立书面合伙协议。

（4）合伙人对合伙债务承担无限连带责任。

（5）合伙企业的生产经营所得和其他所得，按照国家有关税收规定，由合伙人分别缴纳所得税。

国有独资公司、国有企业、上市公司以及公益性的事业单位、社会团体不得成为普通合伙人。

3.2 合伙企业的设立、解散与清算

3.2.1 合伙企业的设立

1. 合伙企业设立的条件

设立合伙企业，必须具备以下条件。

（1）有两个以上的合伙人，且均须为承担无限责任者。合伙人应当为完全民事行为能力人。法律、行政法规禁止从事营利性活动的人，不得成为合伙企业的合伙人，如国家公务员、法官、检察官等。

（2）有书面合伙协议。

（3）有合伙人认缴或者实际缴付的出资。

（4）有合伙企业的名称和生产经营场所。普通合伙企业应当在其名称中标明“普通合伙”字样；特殊的普通合伙企业，应当在其名称中标明“特殊普通合伙”字样。

（5）法律、行政法规规定的其他条件。

2. 合伙协议

合伙协议是合伙企业成立的依据，是确定合伙人权利义务的依据，也是合伙企业进行经营管理、损益分担的重要基础。订立合伙协议应当遵循自愿、平等、公平、诚实、信用

原则。合伙协议应当依法由全体合伙人协商一致，以书面形式订立，并经全体合伙人签名、盖章后方能生效。合伙协议应载明以下事项。

（1）合伙企业的名称和主要经营场所的地点。

（2）合伙目的和合伙企业的经营范围。

（3）合伙人的姓名或者名称及其住所。

（4）合伙人的出资方式、数额和缴付出资的期限。

（5）利润分配和亏损分担方式。

（6）合伙企业事务的执行。

（7）入伙与退伙。

（8）合伙企业的解散和清算。

（9）争议解决办法。

（10）违约责任。

此外，经全体合伙人协商一致，可以修改或者补充合伙协议。合伙人违反合伙协议的，应当依法承担违约责任。

合伙人履行合伙协议发生争议的，合伙人可以通过协商或者调解解决。合伙人不愿通过协商、调解解决或者协商、调解不成的，可以依据合伙协议中的仲裁条款或者事后达成的书面仲裁协议，向仲裁机构申请仲裁。当事人没有在合伙协议中订立仲裁条款，事后又没有达成书面仲裁协议的，可以向人民法院起诉。

3. 合伙人的出资

合伙人应当按照合伙协议约定的出资方式、数额和缴付出资的期限，履行出资义务。合伙人的出资方式可以是货币、实物、土地使用权、知识产权或者其他财产权利出资。合伙人对于自己用于缴纳出资的财产或财产权，应当拥有合法的处分权。此外，经全体合伙人协商一致，合伙人也可以用劳务出资。所谓劳务出资，是指合伙人以自己已经付出的或未来付出的、能够给合伙企业带来利益的劳务作为出资。对货币以外的出资需要评估作价的，可以由全体合伙人协商确定，也可以由全体合伙人委托法定评估机构进行评估。

4. 合伙企业设立登记

设立合伙企业，应当向工商行政管理部门提交登记申请书、合伙协议书、合伙人身份证明、全体合伙人指定的代表或者共同委托的代理人的委托书、出资权属证明、经营场所证明等文件。登记机关自收到申请登记文件之日起20日内，做出是否登记的决定。对符合《合伙企业法》规定条件的，予以登记，发给营业执照；对不符合《合伙企业法》规定条件的，不予登记，并应当给予书面答复，说明理由。合伙企业的营业执照签发日期，为合伙企业成立日期。合伙企业领取营业执照前，合伙人不得以合伙企业名义从事经营活动。合伙企业设立分支机构，应当向分支机构所在地的企业登记机关申请登记，领取营业执照。违反规定，未依法领取营业执照，而以合伙企业名义从事经营活动的，责令停止经营活动，并可处以5 000元以下的罚款。

违反法律规定，提交虚假文件或者采取其他欺骗手段，取得企业登记的，责令改正，并可处以5 000元以下的罚款；情节严重的，撤销企业登记。

3.2.2 合伙企业的解散与清算

1. 合伙企业的解散

合伙企业有下列情形之一时，应当解散。

（1）合伙协议约定的经营期限届满，合伙人决定不再经营的。

（2）合伙协议约定的解散事由出现。

（3）全体合伙人决定解散。

（4）合伙人已不具备法定人数满30天。

（5）合伙协议约定的合伙目的已经实现或者无法实现。

（6）被依法吊销营业执照、责令关闭或者被撤销。

（7）出现法律、行政法规规定的合伙企业解散的其他原因。

2. 合伙企业的清算

合伙企业解散后应当由清算人进行清算，清算人自被确定之日起10日内将合伙企业解散事项通知债权人，并于60日内在报纸上公告。债权人应当自接到通知书起30日内，未接到通知书的自公告之日起45日内，向清算人申报债权。债权人申报债权，应当说明债权的有关事项，并提供证明材料。清算人应当对债权进行登记。清算期间，合伙企业存续，但不得开展与清算无关的经营活动。

1）清算人的确定

合伙企业解散，清算人由全体合伙人担任；未能由全体合伙人担任清算人的，经全体合伙人的过半数同意，可以自合伙企业解散事由之日起15日内指定1名或者数名合伙人，或者委托第三人担任清算人。15日内未确定清算人的，合伙人或其他利害关系人可以申请人民法院指定清算人。

2）清算人的职责及法律责任

清算人在清算期间执行下列事务。

（1）清理合伙企业财产，分别编制资产负债表和财产清单。

（2）处理与清算有关的合伙企业未了结的事务。

（3）清缴所欠税款。

（4）清理债权、债务。

（5）处理合伙企业清偿债务后的剩余财产。

（6）代表合伙企业参加诉讼或仲裁活动。

清算人在执行清算事务时，谋取非法收入或者侵占合伙企业财产的，责令将该收入和侵占的财产退还合伙企业；构成犯罪的，依法追究刑事责任。清算人违反法律规定，隐匿、转移合伙企业财产，对资产负债表或者财产清单做虚假记载，或者在未清偿债务前分配企业财产的，责令改正；损害债权人利益的，依法承担赔偿责任；构成犯罪的，依法追究刑事责任。

3）合伙企业财产清偿顺序

合伙企业财产在支付清算费用后按下列顺序清偿。

（1）合伙企业所欠的职工工资和社会保险费用。

（2）合伙企业法定补偿金以及缴纳所欠税款。

（3）合伙企业的债务。

（4）返还合伙人的出资。

合伙企业财产按上述顺序清偿后仍有剩余的，按合伙协议约定的比例进行分配；未约定的，各合伙人平均分配。

合伙企业清算时，其全部财产不足以清偿其债务的，以合伙企业财产清偿合伙企业债务时，其不足的部分，由各合伙人按照合伙协议约定的比例，用其在合伙企业出资以外的财产承担清偿责任；合伙协议未约定的，由各合伙人用其在合伙企业出资以外的财产平均分担清偿责任。合伙人由于承担连带责任，所清偿数额超过其应当承担的数额时，有权向其他合伙人追偿。

4）合伙企业注销登记

合伙企业清算结束，应当编制清算报告，经全体合伙人签名、盖章后，在15日内向企业登记机关报送清算报告，申请办理合伙企业注销登记。

合伙企业解散后，对合伙企业存续期间通过清算程序未获清偿的债务，原合伙人仍应承担连带责任，但债权人在5年内未向债务人提出偿债请求的，该责任归于消灭。

3.3 合伙企业的财产、事务执行与债务清偿

3.3.1 合伙企业的财产

1. 合伙企业财产的范围

根据《合伙企业法》的规定，合伙企业存续期间，合伙人的出资和所有以合伙企业名义取得的收益均为合伙企业的财产。由此可见，合伙企业的财产由下列两部分构成。

（1）合伙人的出资。合伙人的出资即合伙人按照合伙协议实际缴付的出资。根据《合伙企业法》的规定，合伙人可以用货币、实物、土地使用权、知识产权或者其他财产权利出资，经全体合伙人协商一致，也可以用劳务出资。当合伙人的出资转入合伙企业时，就构成合伙企业的财产。

（2）合伙企业的收益。合伙企业的收益即在合伙企业存续期间，所有以合伙企业名义从事经营活动所取得的收益。以合伙企业名义取得的收益，主要体现为合伙企业的营业利润、投资净收益及营业外收支净额。

2. 合伙企业财产的性质

合伙企业的财产由全体合伙人共同管理和使用，在合伙企业存续期间，除非有合伙人退伙等法定事由，合伙人不得请求分割企业的财产。合伙企业的合伙财产，具有共有财产的性质，即由全体合伙人共同所有。对合伙财产的占有、使用、收益和处分，均应当依据全体合伙人的共同意志进行。

3. 合伙企业财产的转让

由于合伙企业是由各合伙人共同出资、合伙经营、共享收益、共担风险，并对合伙企业债务承担无限连带责任的营利性组织，合伙企业财产的转让将会影响到合伙企业以及各合伙人的切身利益。因此，《合伙企业法》对合伙企业财产的转让做了以下限制性规定：合伙企业存续期间，合伙人向合伙人以外的人转让其在合伙企业中的全部或者部分财产份额时，须经其他合伙人一致同意；合伙人之间转让在合伙企业中的全部或者部分财产份额时，应当通知其他合伙人；合伙人依法转让其财产份额时，在同等条件下，其他合伙人有优先受让的权利；合伙人以其在合伙企业中的财产份额出资，须经其他合伙人一致同意，否则，其行为无效或者作为退伙处理，由此给其他合伙人造成损失的，依法承担赔偿责任。

3.3.2 合伙企业的事务执行

1. 合伙企业事务的执行方式

各合伙人对执行合伙企业事务享有同等的权利，可以采取下列两种方式执行合伙企业事务：其一，由全体合伙人共同执行；其二，由合伙协议约定或者全体合伙人决定，委托 1 名或者数名合伙人执行。受托执行合伙企业事务的合伙人，对外代表合伙企业，并应当依照约定向其他不参加执行事务的合伙人报告事务执行情况以及合伙企业的经营状况和财务状况；其执行合伙企业事务所产生的收益归全体合伙人，所产生的亏损或者民事责任，由全体合伙人承担。不参加执行事务的合伙人有权监督执行事务的合伙人，检查其执行合伙企业事务的情况，若发现其不按照合伙协议或全体合伙人的决定执行事务的，可以撤销该委托。

经全体合伙人同意，合伙企业可以聘用外部人员，从事合伙企业的日常事务的管理工作。被聘用的合伙企业经营管理人员应当在合伙企业的授权范围内履行职务。

2. 合伙人决议与对其他合伙人执行事务的异议

合伙人就合伙企业有关事项做出决议时，一般采用一人一票、少数服从多数的原则进行表决，但下列事项须经全体合伙人一致同意。

（1）处分合伙企业的不动产。

（2）改变合伙企业的名称。

（3）转让或者处分合伙企业的知识产权和其他财产权利。

（4）向企业登记机关申请办理变更登记手续。

（5）以合伙企业名义为他人提供担保。

（6）聘任合伙人以外的人担任合伙企业的经营管理人员。

合伙协议约定或者经全体合伙人决定，合伙人分别执行合伙企业事务时，合伙人可以对其他合伙人执行的事务提出异议。提出异议时，应暂停该项事务的执行。如果发生争议，可由全体合伙人共同决定。

3. 合伙企业的利润分配与亏损分担

合伙企业的利润和亏损，由合伙人依照合伙协议约定的比例分配和分担；合伙协议未约定利润分配和亏损分担比例的，由各合伙人平均分配和分担。

4. 合伙人对合伙企业的义务

合伙人不得自营或者同他人合作经营与本合伙企业相竞争的业务。合伙人违反法律规定，从事与本合伙企业相竞争的业务或者与本合伙企业进行交易，给合伙企业或者其他合伙人造成损失的，依法承担赔偿责任。合伙人负有交易禁止的义务，即除合伙协议另有约定或者经全体合伙人同意外，合伙人不得同本合伙企业进行交易。合伙人不得从事损害本企业利益的活动。

合伙人执行合伙企业事务时，将应当归合伙企业的利益据为己有的，或者采取其他手段侵占合伙企业财产的，责令将该利益和财产退还合伙企业；给合伙企业或者其他合伙人造成损失的，依法承担赔偿责任；构成犯罪的，依法追究刑事责任。

被聘任的合伙企业的经营管理人员应当在合伙企业授权范围内履行职务。被聘任的合伙企业的经营管理人员，超越合伙企业授权范围从事经营活动，或者因故意或者重大过失，给合伙企业造成损失的，依法承担赔偿责任。合伙企业招用的职工利用职务上的便利，将合伙企业财物非法占为己有或者挪用合伙企业资金归个人使用的，依法承担民事责任；构成犯罪的，依法追究刑事责任。

3.3.3 合伙企业的相关债务清偿

1. 合伙企业的债务清偿

合伙企业债务，应先以其全部财产进行清偿。合伙企业财产不足清偿到期债务的，各合伙人应当承担无限连带责任。以合伙企业财产清偿合伙企业债务时，其不足的部分，由各合伙人按照合伙协议约定分担亏损的比例，用其在合伙企业出资以外的财产承担清偿责任，如果合伙协议没有约定分担比例，则由各合伙人平均分担。

合伙人之间的分担比例对债权人没有约束力。债权人可根据自己的利益，请求全体合伙人中的一人或数人承担全部清偿责任，也可以按照自己确定的比例向各合伙人分别追索。如果合伙人实际支付的清偿数额超过了其依照既定比例所应承担的数额，该合伙人有权就该超过部分，向其他未支付或者未足额支付应承担数额的合伙人追偿。

2. 合伙人个人债务的清偿

合伙企业中某一合伙人的债权人，不得以该债权抵消其对合伙企业的债务。合伙人个人负有债务，其债权人不得代为行使该合伙人在合伙企业中的权利。合伙人个人财产不足清偿其个人所负债务的，该合伙人只能以其从合伙企业中分取的收益用于清偿；债权人也可以依法请求人民法院强制执行该合伙人在合伙企业中的财产份额用于清偿。对该合伙人的财产份额，其他合伙人有优先受让的权利。

3. 合伙企业与第三人的关系

合伙人执行合伙企业事务的权利和对外代表合伙企业的权利，都会受到一定的内部限制。如果这种内部限制对第三人发生了效力，必须以第三人知道这一情况为条件，否则，该内部限制不得对抗不知情的善意第三人。例如，合伙企业不得以合伙执行人超越授权范围与不知内情的第三人签订合同为由，主张该合同无效。

3.4 入伙与退伙

3.4.1 入伙

1. 入伙程序

入伙是指在合伙企业存续期间，合伙人以外的第三人加入合伙企业，取得合伙人资格。新合伙人入伙时，应当经全体合伙人一致同意，并依法订立书面入伙协议。订立入伙协议时，原合伙人应当向新合伙人告知原合伙企业经营状况和财务状况。

2. 新合伙人的权利与责任

入伙的新合伙人与原合伙人享有同等权利，承担同等责任，但入伙协议另有约定的，从其约定。

入伙的新合伙人对入伙前合伙企业的债务承担连带责任。

3.4.2 退伙

退伙是指合伙人退出合伙企业，从而丧失合伙人资格。

1. 退伙原因

合伙人退伙，一般有两种原因：一是自愿退伙，二是法定退伙。

1）自愿退伙

自愿退伙是指合伙人基于自愿的意思表示而退伙。自愿退伙可分为协议退伙和通知退伙两种情况。

（1）协议退伙。合伙协议约定合伙企业的经营期限的，有下列情形之一时，合伙人可以退伙。

① 合伙协议约定的退伙事由出现。

② 经全体合伙人一致同意退伙。

③ 发生合伙人难以继续参加合伙的事由。

④ 其他合伙人严重违反合伙协议约定的义务。

（2）通知退伙。合伙协议未约定合伙企业的经营期限的，合伙人在不给合伙企业事务执行造成不利影响的情况下，可以退伙，但应当提前30日通知其他合伙人。

2）法定退伙

法定退伙是指合伙人因出现法律规定的事由而退伙。法定退伙可分为当然退伙和除名两种情况。

（1）当然退伙。合伙人当然退伙的情形有以下几种。

① 合伙人死亡或者被依法宣告死亡。

② 合伙人个人丧失偿债能力。

③ 作为合伙人的法人或者其他组织依法被吊销营业执照、责令关闭、撤销，或者被宣告破产。

④ 法律规定或者合伙协议约定合伙人必须具有相关资格而丧失该资格。

⑤ 合伙人被人民法院强制执行在合伙企业中的全部财产份额。

合伙人当然退伙的情形以实际发生之日为退伙生效日。

（2）除名。合伙人因被除名而退伙。合伙人有下列情形之一的，经其他合伙人一致同意，可以决议将其除名。

① 未履行出资义务。

② 因故意或者重大过失给合伙企业造成损失。

③ 执行合伙企业事务时有不正当行为。

④ 合伙协议约定的其他事由。

对合伙人的除名决议应当书面通知被除名人，被除名人自接到除名通知之日起，签名生效，被除名人退伙。被除名人对除名决议有异议的，可以在接到通知之日起30日内，向人民法院起诉。

2. 退伙后的财产处理

合伙人退伙的，其他合伙人应当与该退伙人按照退伙时的合伙企业的财产状况进行结算，退还退伙人的财产份额。退伙时有未了结的合伙企业事务的，待了结后进行结算。

退伙人在合伙企业中财产份额的退还办法，由合伙协议约定或者由全体合伙人决定，可退还货币，也可以退还实物。

退伙人对其退伙前已发生的合伙企业债务，与其他合伙人承担连带责任。合伙人退伙时，合伙企业财产少于合伙企业债务的，退伙人应当依法分担亏损。

3. 合伙人财产份额的继承

合伙人死亡或者被依法宣告死亡的，对该合伙人在合伙企业中的财产份额享有合法继承权的继承人，依照合伙协议的约定或者经全体合伙人同意，从继承开始之日起，即取得该合伙企业的合伙人资格。

合法继承人不愿意成为该合伙企业的合伙人的，合伙企业应退还其依法继承的财产份额。合法继承人为未成年人的，经其他合伙人一致同意，可以在其未成年时由监护人代为行使其权利。

3.5 有限合伙企业

3.5.1 有限合伙企业具有的法律特征

（1）合伙人的类型。有限合伙企业必须包括有限合伙人和普通合伙人两部分。

（2）合伙事务执行人。有限合伙人不执行合伙事务，由普通合伙人从事具体的经营管理。

（3）风险承担。有限合伙人以其各自的出资额为限承担有限责任，普通合伙人之间承担无限连带责任。

3.5.2 有限合伙企业的特殊规定

1. 有限合伙企业设立的特殊规定

凡《合伙企业法》对有限合伙企业有特殊规定的，应当适用其特殊规定，无特殊规定的，适用有关普通合伙企业及其合伙人的一般规定。

（1）有限合伙企业人数。有限合伙企业由2个以上50个以下合伙人设立；但是法律另有规定的除外。有限合伙企业至少应当有1个普通合伙人。有限合伙企业仅剩有限合伙人的，应当解散；仅剩普通合伙人的，应当转为普通合伙企业。

（2）有限合伙企业的名称。有限合伙企业的名称中应当标明“有限合伙”字样。

（3）有限合伙企业协议。有限合伙企业协议除符合普通合伙企业合伙协议的规定外，还应当载明下列事项：普通合伙人和有限合伙人的姓名或者名称及其住所；执行事务的合伙人应当具备的条件和选择程序；执行事务合伙人的权限与违约处理办法；执行事务合伙人的除名条件和更换程序；有限合伙人入伙、退伙的条件、程序以及相关责任；有限合伙人和普通合伙人相互转变的程序。

（4）有限合伙人的出资形式。有限合伙人可以用货币、实物、知识产权、土地使用权或者其他财产权利作价出资。但是，有限合伙人不得以劳务出资。

有限合伙人应当按照合伙协议的约定按期足额缴纳出资；未按期足额缴纳的，应当承担补缴义务，对其他合伙人承担违约责任。有限合伙企业登记事项中应当载明有限合伙人的姓名或者名称及认缴的出资数额。

2. 有限合伙企业事务执行的特殊规定

（1）由普通合伙人执行合伙事务。

(2) 禁止有限合伙人执行合伙事务，即有限合伙人不执行合伙事务，不得对外代表有限合伙企业。但是，有限合伙人的下列行为，不视为执行合伙事务。

① 参与决定普通合伙人入伙、退伙。

② 对企业的经营管理提出建议。

③ 参与选择承办有限合伙企业审计业务的会计师事务所。

④ 获取经审计的有限合伙企业财务会计报告。

⑤ 对涉及自身利益的情况，查阅有限合伙企业财务会计账簿等财务资料。

⑥ 在有限合伙企业中的利益受到侵害时，向有责任的合伙人主张权利或者提起诉讼。

⑦ 执行事务合伙人怠于行使权利时，督促其行使权利或者为了本企业的利益以自己的名义提起诉讼。

⑧ 依法为本企业提供担保。

(3) 有限合伙人权利的特殊规定。

① 有限合伙人可以同本有限合伙企业进行交易；但是，合伙协议另有约定的除外。

② 有限合伙人可以自营或者同他人合作经营与本有限合伙企业相竞争的业务；但是，合伙协议另有约定的除外。

3. 有限合伙企业财产转让的特殊规定

有限合伙人可以按照合伙协议的约定向合伙人以外的人转让其在有限合伙企业中的财产份额，但应当提前30日通知其他合伙人；其他合伙人有优先购买权。

有限合伙人可以将其在有限合伙企业中的财产份额出质；但是，合伙协议另有约定的除外。

4. 有限合伙企业入伙与退伙的特殊规定

(1) 入伙。新入伙的有限合伙人对入伙前有限合伙企业的债务，以其认缴的出资额为限承担责任。

(2) 退伙。有限合伙人退伙后，对基于退伙前的原因发生的有限合伙企业债务，以其退伙时从有限合伙企业中取得的财产承担责任。

作为有限合伙人的自然人在有限合伙企业存续期间丧失民事行为能力的，其他合伙人不得因此要求其退伙。因为有限合伙人对合伙企业而言，只是投资人，不执行合伙企业事务，其丧失民事行为能力，不影响有限合伙企业正常的生产经营。

作为有限合伙人的自然人死亡、被依法宣告死亡或者作为有限合伙人的法人及其他组织终止时，其继承人或者权利承受人可以依法取得该有限合伙人在有限合伙企业中的资格。

本章小结

合伙企业是指自然人、法人和其他组织依法在中国境内设立的普通合伙企业和有限合伙企业。

普通合伙企业由各合伙人订立合伙协议，共同出资，合伙经营，共享收益，共担风险，并对合伙企业债务承担无限连带责任。

合伙协议是合伙企业成立的依据。合伙人应当按照合伙协议约定的出资方式、数额和缴付出资的期限，履行出资义务。合伙人的出资方式可以是货币、实物、土地使用权、知识产权或者其他财产权利出资。经全体合伙人协商一致，合伙人也可以用劳务出资。

合伙企业的财产由合伙人的出资和所有以合伙企业名义取得的收益两部分构成。

合伙企业的事务执行可以由全体合伙人共同执行或委托 1 名或者数名合伙人执行。不参加执行事务的合伙人有权监督执行事务的合伙人。

出现法定的情形，合伙企业应当解散，合伙企业解散后应当进行清算。

合伙企业债务，应先以其全部财产进行清偿。合伙企业财产不足以清偿到期债务的，各合伙人应当承担无限连带责任。

入伙的新合伙人对入伙前合伙企业的债务承担连带责任；退伙人对其退伙前已发生的合伙企业债务，与其他合伙人承担连带责任。

思考与练习

一、名词解释

合伙企业　合伙协议　合伙企业财产　入伙　退伙

二、判断题

1．个人独资企业不具有法人资格，也无独立民事责任的能力，也不是民事主体。（　）

2．个人独资企业自营业执照签发之日起成立。（　）

3．个人独资企业财产不足以清偿债务的部分，由投资人以家庭共有财产清偿。（　）

4．个人独资企业的投资人是一个自然人，包括中国公民和外籍人员。（　）

5．普通合伙企业的债权人可以根据自己的清偿利益，请求全体合伙人中的一人或数人承担全部的清偿责任，也可以按照自己确定的比例向各合伙人分别追偿。（　）

6．普通合伙人死亡或者被依法宣告死亡的，其合法继承人从继承开始之日起，自然取得该合伙企业的合伙人资格。（　）

7．普通合伙协议没有约定合伙企业经营期限的，合伙人在不给合伙企业事务执行造成不利影响的情况下，可以退伙，但应当提前 30 日通知其他合伙人。（　）

8．合伙人对合伙企业有关事项做出决议，按照合伙协议约定的表决办法办理。合伙协议未约定或者约定不明确的，实行合伙人一人一票并经全体合伙人过半数通过表决办法。（　）

9．有限合伙人向合伙人以外的人转让其在合伙企业中的部分财产份额时，不需要经其他合伙人同意；合伙协议另有约定的除外。（　）

10．作为有限合伙人的自然人在有限合伙企业存续期间丧失民事行为能力的，其他合伙人不得因此要求其退伙。（　）

三、单项选择题

1．下列事项中，按照《合伙企业法》规定，不必经普通合伙企业全体合伙人一致同意的是（　　）。

A．处分合伙企业的不动产

B．改变合伙企业名称

C．在合伙人之间转让其在合伙企业中的财产份额

D．合伙人以其在合伙企业中的财产份额出质

2．甲、乙、丙三人于2012年10月投资设立A普通合伙企业，11月1日甲在与B公司的借款合同中，以其在合伙企业中的财产份额出质，但甲未将此事通知合伙人乙和丙。根据我国《合伙企业法》的规定，下列各项中，错误的是（　　）。

A．甲的出质行为无效

B．甲的出质行为有效

C．将甲作为退伙处理

D．如果甲的行为给乙、丙造成损失，应当承担赔偿责任

3．根据《合伙企业法》的规定，下列人员中，可以不对普通合伙企业债务承担连带责任的是（　　）。

A．执行合伙企业事务的合伙人

B．不执行合伙企业事务的合伙人

C．合伙企业债务发生后办理退伙的退伙人

D．被聘为合伙企业的经营管理人员

4．我国《合伙企业法》规定，合伙人有（　　）情形的，属于当然退伙。

A．合伙协议约定的退伙事由出现

B．其他合伙人严重违反合伙协议约定的义务

C．经全体合伙人同意退伙

D．被人民法院强制执行在合伙企业中的全部财产份额

5．某合伙企业的合伙人甲不能偿还合伙人以外的乙的到期债务100万元，根据《合伙企业法》的规定，乙可以（　　）。

A．用甲的债权100万元抵销乙对合伙企业的债务

B．乙代位行使甲在合伙企业中的权利

C．乙可自行接管甲在合伙企业中的财产份额

D．如果甲的个人财产不足以清偿对乙的债务，甲只能以其从合伙企业中分取的收益用于清偿，乙也可以依法请求人民法院强制执行甲在合伙企业中的财产份额用于清偿

6．甲、乙、丙、丁共同投资设立合伙企业，约定利润分配比例为4∶2∶2∶2。现甲、乙已退伙，丙、丁未就现有合伙企业的利润分配约定新的比例，经过协商后也无法确定。依照法律规定，现该合伙企业的利润在丙、丁之间应（　　）。

A．全部利润按2∶2的比例分配，剩余的部分作为企业的基金

B．全部利润的40%按2∶2的比例分配，其余部分平均分配

C. 全部利润按两人的实际出资比例分配

D. 全部利润平均分配

7. 下列合伙企业事务中，可以不经全体合伙人一致同意的是（　　）。

A. 合伙人同本企业进行交易

B. 合伙协议未约定的情况下，合伙人将财产份额转让给合伙企业以外的人

C. 改变合伙企业名称

D. 合伙企业解散，合伙人指定清算人

8. 某有限合伙企业吸收甲为该企业的有限合伙人。对甲入伙前该企业既有的债务，下列表述中符合《合伙企业法》规定的是（　　）。

A. 甲不承担责任

B. 甲以其认缴的出资额承担责任

C. 甲以其实缴的出资额承担责任

D. 甲承担无限责任

9. 甲、乙、丙三人成立有限合伙企业，甲和乙为普通合伙人，合伙企业经营一段时间后，甲欲转变为有限合伙人。经查，合伙协议中没有对这种转换做出约定，下列说法正确的是（　　）。

A. 甲转变为普通合伙人后将导致该有限合伙企业中的普通合伙人不足 2 人，因此甲不能转换

B. 经过全体合伙人一致同意，甲可以转换为有限合伙人

C. 甲转变后，对其作为普通合伙人期间合伙企业发生的债务承担有限责任

D. 由于合伙协议未约定转换方式，因此应该经过全体合伙人协商，协商不成的，不能进行转换

10. 2013 年 3 月，刘、关、张三人分别出资 2 万元、2 万元、1 万元设立甲合伙企业，并约定按出资比例分配和分担损益。8 月，甲合伙企业为乙企业的借款提供担保；12 月因乙企业无偿债能力，甲合伙企业承担保证责任，为乙企业支付 1 万元。12 月月底，刘提出退伙要求，关、张同意。经结算，甲合伙企业净资产为 3 万元。根据《合伙企业法》的规定，应退还刘的财产数额是（　　）。

A. 2 万元　　B. 1.2 万元　　C. 1 万元　　D. 0.8 万元

四、多项选择题

1. 《合伙企业法》所称合伙企业的特征包括（　　）。

A. 只能由自然人依法设立

B. 合伙企业包括普通合伙企业和有限合伙企业

C. 合伙协议依法由全体合伙人协商一致、以书面形式订立

D. 普通合伙人对合伙企业债务承担无限连带责任，有限合伙人以其认缴的出资额为限对合伙企业债务承担责任

2. 根据《合伙企业法》的规定，下列有关普通合伙企业的说法中，错误的有（　　）。

A. 合伙人为自然人的，可以是限制民事行为能力人

B. 利润分配和亏损分担办法是合伙协议必须记载的事项

C．合伙企业解散清算委托第三人担任清算人的，须经全体合伙人一致同意

D．合伙人之间约定的合伙企业亏损的分担比例，对合伙人和债权人均有约束力

3．根据我国《合伙企业法》的规定，普通合伙企业存续期间，在下列行为中必须经全体合伙人一致同意的有（　）。

A．转让合伙企业的商标权

B．以合伙企业名义为他人提供担保

C．合伙人以其在合伙企业中的财产份额出质

D．改变合伙企业的名称

4．根据《合伙企业法》的规定，合伙企业出现亏损时，必须由合伙人分担责任。在下列有关亏损分担的表述中，正确的有（　　）。

A．由执行合伙企业事务的合伙人承担

B．合伙协议没有约定比例的，可以直接按照实缴出资比例分担

C．合伙协议没有约定比例的，由各合伙人协商确定

D．合伙协议依法约定比例，无法协商并且不能确定出资比例的，合伙人平均承担

5．根据《合伙企业法》的规定，在普通合伙企业合伙人发生的下列情形中，属于当然退伙的有（　　）。

A．合伙人未履行出资义务

B．合伙人个人丧失偿债能力

C．作为合伙人的法人或者其他组织依法被吊销营业执照

D．自然人合伙人被依法宣告死亡

6．未经其他合伙人一致同意，合伙人以其在合伙企业中的财产份额出质，关于其法律后果，下列说法正确的有（　　）。

A．该出质行为无效

B．作为退伙处理

C．由此给第三人造成损失的，由行为人依法承担赔偿责任

D．质权人享有优先受偿权

7．甲欲加入乙、丙的合伙企业。在下列各项要求中，（　　）是甲入伙时满足的条件。

A．乙、丙一致同意，并与甲签订书面的入伙协议

B．乙、丙向甲告知合伙企业的经营状况和财务状况

C．甲应向乙、丙说明自己的个人负债情况

D．甲对入伙前的该合伙企业的债务不承担连带责任

8．根据《合伙企业法》的规定，在下列各项中，可导致合伙企业解散的情形有（　　）。

A．2/3 的合伙人决定解散

B．合伙人已不具备法定人数满 10 日

C．合伙企业被依法吊销营业执照

D．合伙协议约定的合伙目的已经实现

9．甲为合伙企业的合伙人，乙为甲个人债务的债权人。当甲个人财产不足以清偿乙的债务时，乙可以按照法律规定行使所拥有的权利，该权利有（　　）。

A．代位行使甲在合伙企业中的权利

B．以甲在合伙企业取得的收益用于清偿
C．自行接管甲在合伙企业中的财产份额
D．依法请求人民法院强制执行该合伙人在合伙企业中的财产份额用于清偿

10．下列关于有限合伙企业和普通合伙企业的区别，说法正确的有（　　）。
A．普通合伙企业中有2个以上的合伙人；有限合伙企业中有2个以上50个以下的合伙人
B．普通合伙企业可以用劳务出资；而有限合伙企业不得用劳务出资
C．普通合伙人执行合伙企业事务；有限合伙人不执行合伙企业事务
D．普通合伙人对合伙企业债务承担无限连带责任；有限合伙人以其认缴的出资额为限对合伙企业债务承担责任

五、简答题

1．什么是合伙企业？合伙企业的设立需要具备哪些条件？
2．简述合伙企业事务的执行方式及责任承担。
3．合伙企业须经全体合伙人一致同意方可做出决议的事项包括哪些？
4．试述合伙企业财产的范围、性质及财产转让的有关法律规定。
5．《合伙企业法》对于入伙、退伙分别有哪些规定？

案例分析

案例1 2011年1月，甲、乙、丙共同设立一家合伙企业。合伙协议约定：甲以现金人民币5万元出资，乙以房屋作价人民币8万元出资，丙以劳务作价人民币4万元出资；各合伙人按相同比例分配盈利、分担亏损。合伙企业成立后，为扩大经营，于2011年6月向银行贷款人民币5万元，期限为1年。8月，甲提出退伙，鉴于当时合伙企业盈利，乙、丙表示同意。同月，甲办理了退伙结算手续。9月，丁入伙。丁入伙后，因经营环境变化，企业严重亏损。2012年5月，乙、丙、丁决定解散合伙企业，并将合伙企业现有财产价值人民币3万元予以分配，但对未到期的银行贷款未予清偿。2012年6月，银行贷款到期后，银行找合伙企业清偿债务，发现该企业已经解散，遂向甲要求偿还全部贷款，甲称自己早已退伙，不负责清偿债务。银行向乙要求偿还全部贷款，乙表示只按照合伙协议约定的比例清偿相应数额。银行向丙要求偿还全部贷款，丙则表示自己是以劳务出资的，不承担偿还贷款义务。银行向丁要求偿还全部贷款，丁称该笔贷款是在自己入伙前发生的，不负责清偿。

案例讨论

（1）甲、乙、丙、丁各自的主张能否成立？说明理由。
（2）合伙企业所欠银行贷款应如何清偿？
（3）在银行贷款清偿后，甲、乙、丙、丁内部之间应如何分担清偿责任？

案例2 2011年1月，甲、乙、丙、丁四人决定投资设立一家普通合伙企业，并签订了书面合伙协议，部分内容如下。

（1）甲以货币出资 9 万元，乙以实物折价出资 8 万元，经其他合伙人同意，丙以劳务出资折价 6 万元，丁以货币出资 4 万元。

（2）甲、乙、丙、丁按 2∶2∶1∶1 的比例分配利润和承担风险。

（3）由甲执行合伙企业事务，对外代表合伙企业，其他三人均不再执行合伙企业事务，但签订合同时必须经其他合伙人同意。合伙协议中未约定合伙企业的经营期限。

合伙企业在存续期间，发生下列事实。

（1）2011 年 5 月，甲擅自以合伙企业的名义与第三人 A 公司签订了代销合同。乙合伙人获知后，认为该合同不符合合伙企业利益，经与丙、丁商议后，向 A 公司提出拒绝接受该合同，理由是甲合伙人无权单独与第三人签订代销合同。

（2）2012 年 1 月，合伙人丁提出退伙，其退伙并不给合伙企业造成任何不利影响。3 月，合伙人丁撤资退伙。于是，合伙企业又接纳戊入伙，戊出资 4 万元。5 月，合伙企业的债权人 A 公司就合伙人丁退伙前发生的债务 24 万元要求合伙企业的现合伙人甲、乙、丙、戊及退伙人丁共同承担连带责任。丁以自己退伙为由拒不承担。戊以该债务是在自己入伙前发生的为由拒不承担。乙、丙表示只按合伙协议约定的比例承担债务。

（3）执行合伙事务的合伙人甲为改善经营，于 2012 年 5 月独自决定聘任合伙人以外的李某担任公司经营管理人员。

案例讨论

（1）甲以合伙企业名义与 A 公司所签订的代销合同是否有效？

（2）甲聘任外人李某为合伙企业经营管理人员的行为是否合法？说明理由。

（3）合伙人丁的退伙属于何种退伙情况？其退伙应符合哪些条件？

案例 3 甲、乙、丙三人设立了一家普通合伙企业，并订立了一份合伙协议，部分内容如下。

（1）甲的出资为现金 1 万元和劳务作价 5 万元。

（2）乙的出资为现金 5 万元，于合伙企业成立后半年内交付。

（3）丙出资作价 8 万元的房屋一栋，不办理财产权转移手续，且丙保留对于房屋的处分权。

（4）合伙企业暂不约定经营期限，于合伙企业成立满一年后再协商确定。

案例讨论

该协议的上述四项内容是否符合《合伙企业法》的规定？说明理由。

第 4 章　个人独资企业法

学习要点

- 个人独资企业法的立法
- 违反有关个人独资企业法律的法律责任
- 个人独资企业的概念、设立及事务管理
- 个人独资企业的权利和义务
- 个人独资企业的解散原因及清算顺序

案例导入

2008 年 11 月，吴某个人投资设立个人独资企业液压工具厂。2008 年 11 月至 2011 年 4 月，液压工具厂向金某购买千斤顶底座，尚欠金某货款 12 万元未支付。2011 年 10 月 8 日，吴某将该液压工具厂作价 30 万元转让给了高某，转让协议约定：吴某将该厂的所有权、经营权全部转让给高某；转让前以该厂名义发生的债权债务由吴某享有和承担；吴某同意高某继续使用原企业名称。协议签订后，双方到工商局办理了该厂的投资人变更手续。后金某为 12 万元货款将吴某、液压工具厂一并起诉至人民法院，要求液压工具厂承担支付货款的法律责任，吴某对液压工具厂的付款义务承担连带清偿责任。

请分析：吴某是否应该承担责任？

4.1　个人独资企业法概述

1. 个人独资企业的概念

个人独资企业是指在中国境内依法设立的，由一个自然人投资，财产为投资人个人所有，投资人以其个人财产对企业债务承担无限责任的经营实体。

2. 个人独资企业的特征

（1）个人独资企业是由一个自然人投资的企业。国家机关、国家授权投资的机构或者国家授权的部门、企事业单位都不能作为个人独资企业的投资人。此外，外商独资企业也不能作为个人独资企业的投资人。

（2）个人独资企业的投资人对企业的债务承担无限责任。当企业的资产不足以清偿到期债务时，投资人应以自己个人的全部财产用于清偿，并且这种责任是无限的。

（3）个人独资企业的财产为投资人个人所有。投资人对这些财产具有充分的占有、使用、收益和处分的权利。这些权利不受任何组织和个人的干涉。

（4）个人独资企业是非法人企业。个人独资企业不具有法人资格，无独立承担民事责任的能力。但个人独资企业是独立的民事主体，可以自己的名义从事民事活动。

3. 个人独资企业法的概念

个人独资企业法是调整在国家经济运行过程中发生的关于个人独资企业的各种经济关系的法律规范的总称。个人独资企业在中国的数量众多，而且符合社会主义市场经济发展的需要。个人独资企业法的制定，对规范个人独资企业的行为，保护个人独资企业投资人和债权人的合法权益，维护社会经济秩序，促进社会主义市场经济的发展以及对于促进个人独资企业规范经营、健康发展，吸收社会劳动力，创造社会财富，均具有重要意义。在我国社会主义市场经济条件下，应当依法鼓励和正确引导个人独资企业的发展。

4.2 个人独资企业的设立

4.2.1 个人独资企业的设立条件

1. 投资人为一个自然人，且只能是中国人

投资人为一个自然人，是个人独资企业的特征之一。个人独资企业的投资人只能为一人，且只能是自然人。根据《中华人民共和国个人独资企业法》（以下简称《个人独资企业法》）的规定，这里的自然人是指具有中华人民共和国国籍的具有完全民事行为能力的自然人。外国的自然人及无国籍人不能成为个人独资企业的投资人。

2. 有合法的企业名称

个人独资企业的名称不得使用“有限”、“有限责任”或者“公司”字样，其名称应当与其责任形式及从事的经营活动相符合。个人独资企业名称要经过有关登记机关核准。在领取个人独资企业营业执照前，投资人不得以个人独资企业的名义从事经营活动。

3. 有投资人申报的出资

设立个人独资企业可以用货币出资，可以用实物、土地使用权、知识产权或者其他财产权利出资，也可以以家庭共有财产作为个人出资。以家庭共有财产作为个人出资的，投资人应当在设立登记申请书上予以说明。

4. 有固定的生产经营场所和必要的生产经营条件

有固定的生产经营场所和必要的生产经营条件，是个人独资企业进行经营、承担责任及有关部门进行管理、监督所必需的。

5. 有必要的从业人员

必要的从业人员要根据个人独资企业所从事的生产、经营情况、企业的规模具体确定。但必须有必要的从业人员，以使企业能够进行正常的生产和经营活动。

4.2.2 个人独资企业的设立程序

1. 提出申请

申请设立个人独资企业，应当由投资人或者其委托的代理人向个人独资企业所在地的登记机关提出设立申请。投资人申请设立登记，应当向登记机关提交下列文件。

（1）投资人签署的个人独资企业设立申请书，其中应当载明企业的名称和住所、投资人的姓名和住所、投资人的出资额和出资方式以及经营范围等。

（2）投资人的身份证明。

（3）生产经营场所使用证明等文件。

（4）委托代理人申请设立登记的，应当出具投资人的委托书和代理人的合法证明。

（5）国家工商行政管理局规定提交的其他文件。

2. 工商登记

登记机关应当在收到设立申请文件之日起15日内，对符合《个人独资企业法》规定条件的予以登记，发给营业执照；对不符合《个人独资企业法》规定条件的，不予登记，并应当给予书面答复，说明理由。个人独资企业的营业执照的签发日期，为个人独资企业成立日期。在领取个人独资企业营业执照前，投资人不得以个人独资企业名义从事经营活动。

个人独资企业设立分支机构，应当由投资人或其委托的代理人向分支机构所在地的登记机关申请登记，领取营业执照，同时报该分支机构隶属的个人独资企业的登记机关备案。分支机构的民事责任由设立该分支机构的个人独资企业承担。

个人独资企业存续期间登记事项发生变更的，应当在做出变更决定之日起的15日内依法向登记机关申请办理变更登记。

4.3 个人独资企业的投资人与事务管理

4.3.1 个人独资企业的投资人

个人独资企业的投资人为一个具有中国国籍的自然人，且是完全民事行为能力人；但法律、行政法规规定禁止从事营利性活动的人，不得作为投资人申请设立个人独资企业，主要包括：在国家机关、企事业单位依法从事公务的人员；法官；检察官；人民警察；商业银行工作人员；其他依法禁止从事营利性活动的人员。

个人独资企业的投资人对企业的财产依法享有所有权，有关权利可以依法转让或继承。个人独资企业的投资人在申请企业设立登记时明确以家庭共有财产作为个人出资的，应当依法以家庭共有财产对企业债务承担无限责任。

4.3.2 个人独资企业的事务管理

1. 个人独资企业事务管理方式

个人独资企业的投资人可以自行管理个人企业事务，也可以委托或者聘用其他具有民事行为能力的人负责企业的事务管理。投资人委托或聘用他人管理个人独资企业的事务，应当与受托人或聘用的人签订书面合同，合同应订明委托的具体内容、授予的权利范围等。受托人或者被聘用的人员应当履行诚信、勤勉义务，按照与投资人签订的合同负责个人独资企业的事务管理。

投资人对受托人或者聘用的人员职权的限制，不得对抗善意第三人。这里所称善意第三人是指本着合法交易的目的，诚实地通过受托人或者被聘用的人员，与个人独资企业之间建立民事、商事法律关系的法人、非法人团体或者自然人。个人独资企业的投资人与受托人或者被聘用的人员之间有关权利的限制只对受托人或者被聘用的人员有效，对第三人并无约束力，受托人或者被聘用的人员超出投资人的限制与善意第三人的有关业务交往应当有效。

投资人委托或者聘用的管理个人独资企业事务的人员不得有下列行为。

（1）利用职务上的便利，索取或者收受贿赂。

（2）利用职务或者工作上的便利侵占企业财产。

（3）挪用企业的资金归个人使用或者借贷给他人。

（4）擅自将企业资金以个人名义或者以他人名义开立账户储存。

（5）擅自以企业财产提供担保。

（6）未经投资人同意，从事与本企业相竞争的业务。

（7）未经投资人同意，同本企业订立合同或者进行交易。

（8）未经投资人同意，擅自将企业商标或者其他知识产权转让给他人使用。

（9）泄露本企业的商业秘密。

（10）法律、行政法规禁止的其他行为。

2. 个人独资企业事务管理内容

（1）个人独资企业应当依法设置会计账簿，进行会计核算。

（2）个人独资企业招用职工的，应当依法与职工签订劳动合同，保障职工的劳动安全，按时、足额发放职工工资。

（3）个人独资企业应当按照国家规定参加社会保险，为职工缴纳社会保险费用。根据有关规定，我国目前设有五种强制性的社会保险，即养老保险、工伤保险、医疗保险、失业保险和企业职工生育保险。

4.4 个人独资企业的权利与义务

4.4.1 个人独资企业的权利

国家依法保护个人独资企业的财产和其他合法权益。个人独资企业依法享有下列权利。

（1）经营自主权。

（2）个人独资企业可以依法申请贷款，取得土地使用权，并享有法律、行政法规规定的其他权利。

（3）任何单位和个人不得违反法律、行政法规的规定，以任何方式强制个人独资企业提供财力、物力、人力；对于违法强制个人独资企业提供财力、物力、人力的行为，个人独资企业有权拒绝。

4.4.2 个人独资企业的义务

个人独资企业在享有权利的同时必须履行以下义务。

（1）个人独资企业从事经营活动必须遵守法律、行政法规，遵守诚实信用原则，不得损害社会公共利益。

（2）个人独资企业应当依法履行纳税义务。

（3）个人独资企业应当依法设置会计账簿，进行会计核算。

（4）个人独资企业负有保障职工权益的义务。

个人独资企业招用职工，应当依法与职工签订劳动合同，保障职工的劳动安全，按时、足额发放职工工资；应当按照国家规定参加社会保险，为职工缴纳社会保险费；个人独资企业职工依法建立工会，工会依法开展活动。

4.5 个人独资企业的解散与清算

4.5.1 个人独资企业的解散

个人独资企业的解散是指个人独资企业终止活动，使其民事主体资格消灭的行为。根据《个人独资企业法》的规定，个人独资企业有下列情形之一时，应当解散。

（1）投资人决定解散。

（2）投资人死亡或者被宣告死亡，无继承人或者继承人决定放弃继承。

（3）被依法吊销营业执照。

（4）法律、行政法规规定的其他情形。

4.5.2 个人独资企业的清算

个人独资企业解散时，应当进行清算。《个人独资企业法》对个人独资企业进行清算的规定如下。

1. 通知和公告债权人

个人独资企业解散时，由投资人自行清算或者由债权人申请人民法院指定清算人进行清算。投资人自行清算的，应当在清算前15日内书面通知债权人，无法通知的，应当予以公告。债权人应当在接到通知之日起30日内，未接到通知的应当在公告之日起60日内，向投资人申报其债权。

2. 财产清偿顺序

个人独资企业解散的，财产应当按照下列顺序清偿：一是所欠职工工资和社会保险费用；二是所欠税款；三是其他债务。

个人独资企业财产不足以清偿债务的，投资人应当以其个人的其他财产予以清偿。

3. 清算期间对投资人的要求

清算期间，个人独资企业不得开展与清算目的无关的经济活动，在按前述财产清偿顺序清偿债务前，投资人不得转移、隐匿财产。

4. 投资人的持续偿债责任

个人独资企业解散后，原投资人对个人独资企业存续期间的债务仍应承担偿还责任，但债权人在5年内未向债务人提出偿债请求的，该责任消灭。

5. 注销登记

个人独资企业清算结束后，投资人或者人民法院指定的清算人应当编制清算报告，并于清算结束之日起15日内向原登记机关申请注销登记。经登记机关注销登记，个人独资企业终止。个人独资企业办理注销登记时，应当缴回营业执照。

4.6 违反《个人独资企业法》的法律责任

1. 投资人的违法责任

（1）投资人提交虚假文件或采取其他欺骗手段，取得企业登记的，责令改正，处以5 000元以下的罚款；情节严重的，并处吊销营业执照。

（2）个人独资企业使用的名称与其在登记机关登记的名称不相符合的，责令限期改正，处以2 000元以下的罚款。

（3）涂改、出租、转让营业执照的，责令改正，没收违法所得，处以3 000元以下的罚款；情节严重的，吊销营业执照。

（4）伪造营业执照的，责令停业，没收违法所得，处以5 000元以下的罚款；构成犯罪的，依法追究刑事责任。

（5）个人独资企业成立后无正当理由超过 6 个月未开业的或者开业后自行停业连续 6 个月以上的，吊销营业执照。

（6）未领取营业执照，以个人独资企业的名义从事经营活动的，责令停止经营活动，处以3 000元以下的罚款。

（7）个人独资企业登记事项发生变更时，未按照规定办理变更登记的，责令限期办理变更登记；逾期不办理的，处以2 000元以下的罚款。

（8）侵犯职工合法权益，未保障职工劳动安全，不缴纳社会保险费用的，依照有关法律、行政法规的规定予以处罚，并追究有关责任人员的责任。

（9）个人独资企业及其投资人在清算前或清算期间隐匿或转移财产，逃避债务的，依法追回其财产，并按照有关规定予以处罚；构成犯罪的，依法追究刑事责任。

（10）违反《个人独资企业法》的规定，应当承担民事赔偿责任和缴纳罚款、罚金，其财产不足以支付的，或者被判处没收财产的，应当先承担民事赔偿责任。

2. 投资人委托或者聘用的人员的违法责任

（1）投资人委托或者聘用的人员管理个人独资企业事务时违反双方订立的合同，给投资人造成损害的，承担民事赔偿责任。

（2）投资人委托或者聘用的人员违反《个人独资企业法》的规定，侵犯个人独资企业财产权益的，责令退还侵占的财产；给企业造成损失的，依法承担赔偿责任；有违法所得的，没收违法所得；构成犯罪的，依法追究刑事责任。

3. 企业登记机关及其上级部门有关人员的违法责任

（1）登记机关对不符合《个人独资企业法》规定条件的个人独资企业予以登记，或者对符合规定条件的企业不予登记的，对直接责任人员依法给予行政处分；构成犯罪的，依法追究刑事责任。

（2）登记机关的上级部门的有关主管人员强令登记机关对不符合规定条件的企业予以登记，或者对符合规定条件的企业不予登记的，或者对登记机关的违法登记行为进行包庇的，对直接责任人员依法给予行政处分；构成犯罪的，依法追究刑事责任。

（3）登记机关对符合法定条件的申请不予登记或者超过法定时限不予答复的，当事人可依法申请行政复议或提起行政诉讼。

（4）违反法律、行政法规的规定强制个人独资企业提供财力、物力、人力的，按照有关法律、行政法规予以处罚，并追究有关责任人员的责任。

本章小结

根据《个人独资企业法》的规定，本章阐述了个人独资企业的法律地位、有关的组织与行为规范以及违反《个人独资企业法》的法律责任等制度。具体内容包括个人独资企业法概述、个人独资企业的设立、变更和解散；个人独资企业的管理、权利和义务；法律责任等内容。通过学习，在掌握个人独资企业法基本理论知识的基础上，能运用学到的知识分析解决实践中遇到的具体问题。

思考与练习

一、名词解释

个人独资企业　个人独资企业法　个人独资企业的解散

二、判断题

1．只要具备完全民事行为能力的人就有资格申请设立个人独资企业。（　）

2．个人独资企业是由一个自然人投资，投资人以其个人财产对企业债务承担无限责任的经营实体。（　）

3．个人独资企业的名称应当与其责任形式及从事的经营活动相符合。（　）

4．个人独资企业解散后，原投资人对个人独资企业存续期间的债务承担偿还责任，但债权人在2年内未向债务人提出偿还请求的，该责任消灭。（　）

三、单项选择题

1．根据我国有关法律、行政法规的规定，个人独资企业的名称不得使用（　）字样。

A．中心　B．店　C．有限　D．工作室

2．个人独资企业在申请企业设立登记时明确以家庭共有财产作为个人出资的，应当依法以（　）对企业债务承担无限责任。

A．出资人个人财产　B．家庭财产　C．共有财产　D．家庭共有财产

3．个人独资企业设立分支机构，分支机构的民事责任（　）。

A．由分支机构承担　B．由个人独资企业承担

C．为连带责任　D．为共同责任

4．个人独资企业成立后无正当理由超过（　）未开业的，或者开业后自行停业连续（　）以上的，吊销营业执照。

A．6个月；6个月　B．12个月；12个月

C．6个月；12个月　D．12个月；6个月

四、多项选择题

1．设立个人独资企业，应当具备的条件有（　）。

A．投资人为一个自然人　B．有合法的企业名称

C．有固定的生产经营场所　D．有必要的从业人员

2．根据《个人独资企业法》的规定，不能作为个人独资企业的投资人的有（　）。

A．待业人员　B．国家公务员

C．党政机关领导干部　　　　　　　　D．商业银行工作人员

3．根据《个人独资企业法》的规定，个人独资企业有（　　）情形之一的，应当解散。

A．投资人决定解散

B．被依法吊销营业执照

C．投资人死亡或者被宣告死亡，无继承人或者继承人放弃继承

D．法律、行政法规规定的其他情形

4．个人独资企业解散，由（　　）进行清算。

A．债权人　　　　　　　　　　　　B．投资人自行

C．债权人申请法院指定清算人　　　D．法院组成清算组

五、简答题

1．试述个人独资企业设立的条件与程序。

2．个人独资企业具有哪些权利和义务？

3．简述个人独资企业解散的情况及清算顺序。

案例分析

2010年1月，甲出资5万元设立A个人独资企业（以下简称A企业）。甲聘请乙管理企业事务，同时规定，凡乙对外签订标的额超过10 000元的合同时，必须经甲同意。同年2月，乙未经甲同意，以A企业名义向丙购入价值20 000元的货物，但丙不知道甲、乙之间的约定。2011年7月，A企业发生亏损，不能支付到期的丁的债务，甲决定解散该企业，并请求人民法院指定清算人。人民法院指定戊作为清算人对A企业进行清算。经查，A企业和甲的资产及债权债务情况如下。

（1）A企业欠缴税款2 000元，欠乙工资5 000元及社会保险费用5 000元，欠丁100 000元。

（2）A企业的银行存款10 000元，实物折价款80 000元。

（3）甲在B合伙企业出资60 000元，占50%的出资额，B合伙企业每年向合伙人分配利润。

（4）甲个人其他可执行的财产价值20 000元。

案例讨论

（1）乙于2010年2月以A企业名义向丙购买价值20 000元货物的行为是否有效？说明理由。

（2）试述A企业的财产清偿顺序。

（3）A企业如何偿还欠丁的债务？

（4）A企业解散后，投资人甲和清算人还应履行什么责任？

第 5 章　外商投资企业法

学习要点

- 外商投资企业立法概况
- 外商投资企业的设立程序与经营管理
- 外商投资企业的含义、设立条件与出资方式
- 外商投资企业的特征

案例导入

中外双方经过多次协商，准备签署一项中外合作经营的合同，合同内容包括以下条款。

（1）中外合作企业设立董事会，中方担任董事长，外方担任副董事长。董事会每届任期 4 年，董事长和董事均不得连任。

（2）合作企业投资的注册资本为 50 万美元，中方出资 40 万美元，外方出资 10 万美元，自营业执照核发之日起一年半内，应将资本全部缴齐。

（3）合作企业的合作期限为 12 年，合作期满时，合作企业的全部固定资产无偿归中国合作者所有，外国合作者依法可以在合作期限内先行回收投资。

请分析：上述条款是否合法？为什么？

5.1　外商投资企业法概述

1. 外商投资企业的概念

外商投资企业是指依照中华人民共和国法律的规定，在中国境内设立的，由中国投资者和外国投资者共同投资或者仅由外国投资者投资的企业。其所称的中国投资者包括中国的公司、企业或其他经济组织，外国投资者包括外国的公司、企业和其他经济组织或个人。

2. 外商投资企业法的概念和分类

外商投资企业法是调整国家协调经济运行过程中发生的关于外商投资企业的经济关系的法律规范的总称。

我国的外商投资企业法共有三部：中外合资经营企业法、中外合作经营企业法、外资企业法。

5.2 中外合资经营企业法

5.2.1 中外合资经营企业法概述

1. 中外合资经营企业的概念和特征

中外合资经营企业简称合营企业，是指中外合营者（中国的企业或其他经济组织同外国的企业、其他经济组织或个人）依照中国法律的规定，按照平等互利的原则，经中国政府批准，设在中国境内的，由双方共同投资、共同经营、共负盈亏、共担风险的企业。合营企业具有以下三个特征。

（1）由中外合营者双方共同投资组成一个独立的公司实体，依法取得中国法人的资格。

（2）中外合营者认缴合营企业注册资本，按出资比例分享利润，分担风险及亏损。

（3）中外合营者共同参加经营管理，建立企业统一的决策管理机构。

2. 中外合资经营企业法的概念和立法宗旨

中外合资经营企业法是指调整国家在管理和协调经济运行过程中发生的关于中外合资经营企业经济关系的法律规范的总称。1979 年 7 月 1 日第五届全国人民代表大会第二次会议通过了《中华人民共和国中外合资经营企业法》（以下简称《中外合资经营企业法》），1990 年 4 月 4 日第七届全国人民代表大会第三次会议对其进行了第一次修订，2001 年 3 月 15 日第九届全国人民代表大会第四次会议又对其进行了第二次修订。它是调整中外合资经营企业方面的基本法，其他有关中外合资经营企业的法律、法规，如国务院发布的并于 2001 年 7 月 22 日修订的《中华人民共和国中外合资经营企业法实施条例》等，都是根据它制定的。

《中外合资经营企业法》的立法宗旨是扩大国际经济合作和技术交流，通过法律规范合营企业，以利于维护其合法权益和加强管理，促进对外开放，促进经济发展。该法体现了坚持独立自主、贯彻平等互利以及参照国际惯例的原则。

3. 中外合资经营企业的法律地位

中外合资经营企业一经中国政府批准，即具有中国法人的资格，受中国法律的管辖和保护。合营企业在我国法律允许的范围内，在产、供、销、人、财、物等方面享有广泛的自主权。合营企业的一切活动，应遵守中国法律、法规和有关条例规定。中国政府依法保护外国合营者的投资、应分得的利润和其他合法权益。国家对合营企业不实行国有化和征收；在特殊情况下，根据社会公共利益的需要，可以依照法律程序实行征收，并给予相应的补偿。

5.2.2 中外合资经营企业的设立

1. 允许投资的领域和设立条件

设立合营企业，首先必须具备一定的条件。法律规定允许设立合营企业的主要行业包括：能源开发、建筑材料工业、化工工业、冶金工业；机械制造工业、仪器设备制造业；轻纺、食品、包装、医药、医疗器械工业；农、牧、养殖业；旅游和服务业。

申请设立的合营企业应注重经济效益，符合下列一项或数项要求。

（1）采用先进技术设备和科学管理方法，能增加产品品种，提高产品质量和产量，节约能源和材料。

（2）有利于企业技术改造，能做到投资少、见效快、收益大。

（3）能扩大产品出口，增加外汇收入。

（4）能培训技术人员和经营管理人员。

申请设立合营企业有下列情形之一的，不予批准。

（1）有损中国主权的。

（2）违反中国法律的。

（3）不符合中国国民经济发展要求的。

（4）造成环境污染的。

（5）签订的协议、合同、章程显属不公平，损害合营一方权益的。

2. 设立程序

（1）申请。中国合营者应向企业主管部门呈报拟与外国合营者设立合营企业的项目建议书和初步可行性研究报告，经审查同意并转报审批机构批准后，合营各方才能进行以可行性研究为中心的各项工作，并在此基础上商签合营企业的协议、合同和章程。

（2）审批。中华人民共和国商务部及受其委托的省、自治区、直辖市人民政府或国务院有关部、委为合营企业的审批机构。设立合营企业，应由中国合营者负责向审批机构报送设立合营企业的申请书，可行性研究报告，合营企业协议、合同和章程，合营企业董事长、副董事长、董事人选名单，企业主管部门和合营企业所在地的省、自治区、直辖市人民政府对设立该合营企业签署的意见。

审批机构自接到全部文件之日起3个月内决定批准或不批准；经批准的，发给批准证书。

（3）登记。合营企业申请者领取批准证书后，依法应在1个月内向其所在地的省、自治区、直辖市工商行政管理局办理注册登记手续，领取营业执照，该营业执照的签发日期为合营企业的成立日期。

5.2.3 中外合资经营企业的组织形式与注册资本

1. 合营企业的组织形式

合营企业的组织形式为有限责任公司，即合营企业以其拥有的全部资产对债务负责，而合营各方对企业的责任也仅以其各自认缴的出资额为限。

2. 合营企业的注册资本

合营企业的注册资本是指为设立合营企业在登记管理机关注册的资本总额，应为合营各方认缴的出资额之和。在合营企业的注册资本中，外国合营者的投资比例一般不低于25%。合营企业的注册资本，应当与生产经营的规模、范围相适应。合营企业在合营期内不得减少其注册资本。经合营他方同意和审批机构批准，合营一方可以向第三者转让其全部或部分出资额；一方转让出资额时，合营他方有优先购买权。

合营企业的注册资本与投资总额之间应当保持一个适当的、合理的比例。现行有关规定如下。

（1）合营企业的投资总额在300万美元以下（含300万美元）的，其注册资本至少应占投资总额的7/10。

（2）合营企业的投资总额在300万美元以上1 000万美元以下（含1 000万美元）的，其注册资本至少应占投资总额的1/2。其中投资总额在420万美元以下的，注册资本不得低于210万美元。

（3）合营企业的投资总额在1 000万美元以上3 000万美元以下（含3 000万美元）的，其注册资本至少应占投资总额的2/5。其中投资总额在1 250万美元以下的，注册资本不得低于500万美元。

（4）合营企业的投资总额在3 000万美元以上的，其注册资本至少应占投资总额的1/3。其中投资总额在3 600万美元以上的，注册资本不得低于1 200万美元。

5.2.4 中外合资经营企业的出资方式与出资期限

1. 合营各方的出资方式

合营各方既可以用货币出资，也可以用建筑物、厂房、机器设备或者其他物料、工业产权、专有技术、场地使用权等作价出资。中外各方以非货币资产出资的，其作价由合营各方按照公平合理的原则协商确定，或者聘请合营各方同意的第三者评定。对合营各方出资的要求如下。

（1）外国合营者以货币出资时，只能以外币缴付出资，不能以人民币缴付出资。外国合营者出资的机器设备或者其他物料，应当是合营企业生产所必需的，而且作价不得高于同类机器设备或者其他物料当时的国际市场价格，同时，还应当报审批机关批准。外国合营者出资的工业产权或者专有技术，必须符合下列条件。

① 能显著改进现有产品的性能、质量，提高生产效率。

② 能显著节约原材料、燃料、动力。

同时，还应当报审批机关批准。

（2）中国合营者可以用场地使用权出资，其作价金额应与取得同类场地使用权所应缴纳的使用费相同。如果场地使用权未作为中国合营者出资的一部分，合营企业也应向中国政府缴纳使用费。

（3）合营各方认缴的出资，必须是自己所有的，并且未设立任何担保物权。合营企业任何一方不得用以合营企业名义取得的贷款、租赁的设备或者其他财产以及合营者以外的他人财产作为自己的出资，也不得以合营企业的财产和权益或者合营他方的财产和权益为其出资担保。

2. 合营各方的出资期限

合营各方的出资期限有两种：一种是一次缴清，另一种是分期缴付。合营企业各方应当在合营合同中写明出资期限，并且应当按照合营合同规定的期限缴清各自的出资。合营合同中规定一次缴清出资的，合营各方应当从营业执照签发之日起 6 个月内缴清；合营合同中规定分期缴付出资的，合营各方第一期出资，不得低于各自认缴出资额的 15%，并且应当在营业执照签发之日起 3 个月内缴清。其他各期出资按照法律规定的期限缴齐，一般出资期限不超过 3 年。

合营各方未能在规定期限内缴付出资的，视同合营企业自动解散，合营企业批准证书自动失效，应当向工商行政管理机关办理注销登记手续。合营一方未按合同规定的期限缴付或缴清出资的，即构成违约，守约方应催告违约方在 1 个月内履行，逾期未履行的，视同违约方放弃在合同中的一切权利，自动退出合营。守约方应当在逾期 1 个月内，向原审批机关申请批准解散合营企业或另找合营者。

合营一方转让出资额，须经合营各方同意，合营他方有优先购买权。转让出资额，须经董事会会议通过，并报原审批机关批准，同时办理变更登记手续。

5.2.5 中外合资经营企业的组织机构

1. 合营企业的董事会

合营企业董事会是企业的最高权力机构，决定合营企业的重大问题。合营企业不设股东会与监事会。

董事会成员不得少于 3 人，董事名额的分配由合营各方参照出资比例协商确定。董事长和副董事长由合营各方协商确定或由董事会选举产生。董事长是合营企业的法定代表人；一方担任董事长的，由他方担任副董事长。董事任期为 4 年，可以连任。

董事会会议每年至少召开 1 次。董事会会议应有 2/3 以上董事出席方能举行。董事不能出席的，可出具委托书委托他人代表其出席和表决。

下列事项应由出席董事会会议的董事一致通过方可做出决议。

（1）合营企业章程的修改。

（2）合营企业的中止与解散。

（3）合营企业注册资本的增加或减少。

（4）合营企业的合并与分立。

其他事项，根据合营企业章程规定做出决议。

董事会的职权是按合营企业章程规定，讨论决定合营企业的一切重大问题，包括企业发展规划、生产经营活动方案、收支预算、利润分配、劳动工资计划、停业，以及总经理、副总经理、总工程师、总会计师、审计师的任命或聘请及其职权和待遇等。

2. 合营企业的经营管理机构

合营企业设立经营管理机构，负责日常的经营管理工作。经营管理机构设总经理 1 人，副总经理若干人。正、副总经理由合营各方分别担任，均由合营企业董事会聘任。总经理执行董事会会议的各项决议，组织领导合营企业的日常经营管理工作。在董事会授权范围内，总经理对外代表合营企业，对内任免下属人员，行使董事会授予的其他职权。总经理或者副总经理不得兼任其他经济组织的总经理或者副总经理，不得参与其他经济组织对本企业的商业竞争。

3. 合营企业的工会组织

合营企业职工有权按照《中华人民共和国工会法》和《中国工会章程》的规定建立基层工会组织。根据法律规定，工会有权代表职工与企业签订劳动合同并监督其执行，有权协助合营企业安排和合理使用福利、奖励基金，有权列席董事会研究决定有关职工奖惩、工资制度、劳动保护和保险等与职工利益有密切关系的会议，反映职工的意见和要求，依法维护职工的民主权利和物质利益。

5.2.6 中外合资经营企业的经营管理

1. 合营企业的生产经营计划

合营企业在中国法律、法规规定的范围内，有权自主地从事经营管理活动，自主地制订和实施生产经营计划。企业主管部门和各级计划管理部门，不对合营企业下达指令性生产经营计划。

2. 合营企业的物资购买与产品销售

合营企业对所需的机器设备、原材料、燃料、配套件、运输工具和办公用品等，有权自行决定在中国购买或向国外购买。

在销售方面，中国政府鼓励合营企业向国际市场销售其产品；合营企业生产的产品也可以在中国国内市场销售。

3. 合营企业的财务会计制度与利润分配

合营企业设总会计师，协助总经理主持企业的财务会计工作。根据规定，合营企业会计年度采用日历年制，自公历每年 1 月 1 日起至 12 月 31 日止为一个会计年度。合营企业会计采用国际通用的权责发生制和借贷记账法记账，原则上采用人民币为记账本位币，经合营各方商定，也可采用一种外国货币为记账本位币。以外币记账的合营企业，除编制外币的会计报表外，还应另编折合人民币的会计报表。

合营企业按税法规定缴纳企业所得税后的利润，按董事会确定的比例提取储备基金、职工奖励及福利基金、企业发展基金后，即为可分配利润，应按照合营各方的出资比例进行分配。但在亏损情况下，以前年度的亏损未弥补前不得分配利润。以前年度未分配的利润，可并入本年度利润。

合营企业应当建立健全财务会计管理机构，执行国家统一的财务会计制度。合营企业应根据中国有关法律和财务会计制度规定，结合本企业的实际情况，制定财务制度，并报当地财政部门和税务部门备案。

5.2.7 中外合资经营企业的合营期限、解散与清算

1. 合营企业的合营期限

合营企业的合营期限根据不同行业、不同情况而具有不同的约定。一般项目原则上为10～30 年。投资大、建设周期长、资金利润率低的项目以及外国合营者提供先进技术或者关键技术生产尖端产品的项目，或者在国际上有竞争能力的产品的项目，其合营期限可以延长到 50 年。经国务院特别批准的，可以在 50 年以上。

有的行业的合营企业，应当约定合营期限；有的行业的合营企业，可以约定合营期限，也可以不约定合营期限。约定合营期限的合营企业，合营各方同意延长合营期限的，应在距合营期限届满 6 个月前向审查批准机关提出申请。审查批准机关应自接到申请之日起 1 个月内决定批准或不批准。

2. 合营企业的解散

合营企业合营期限届满而不申请延长合营期限，合营企业自然解散，这属于正常解散。而在合同规定的有效期内，发生下列情况，应由董事会提出解散申请书，报审批机构批准。

（1）企业发生严重亏损，无力继续经营。

（2）合营一方不履行合营企业协议、合同、章程规定的义务，致使企业无法继续经营。

（3）因自然灾害、战争等不可抗力遭受严重损失，无法继续经营。

（4）合营企业未达到其经营目的，同时又无发展前途。

（5）合营企业合同、章程所规定的其他解散原因已经出现。

3. 合营企业的清算

合营企业宣告解散时，董事会应提出清算的程序、原则和清算委员会人选，报企业主管部门审核并监督清算。清算委员会的任务是对合营企业的财产、债权、债务进行全面清查，编制资产负债表和财产作价的计算依据，制定清算方案，提请董事会会议通过后执行。在合营企业清算工作结束后，由清算委员会提出清算结束报告，提请董事会通过后报审批机构，并向原登记管理机构办理注销登记手续，缴销营业执照。合营企业解散后，各项账册及文件应由中国合营者保存。

5.2.8 中外合资经营各方争议的解决

中外合营各方发生纠纷，董事会不能协商解决时，由中国仲裁机构进行调解或仲裁，

也可由合营各方协议在其他国家或地区的仲裁机构仲裁。如果合营各方之间没有仲裁的书面协议，发生争议的任何一方都可以依法向中国的人民法院起诉，其具体内容将在第 13 章“经济仲裁与民事诉讼”中详述。

5.3 中外合作经营企业法

5.3.1 中外合作经营企业法概述

1. 中外合作经营企业的概念和特征

中外合作经营企业简称合作企业，是指中外合作者（中国的企业或其他经济组织同外国的企业、其他经济组织或个人）依照中国法律的规定，在中国境内共同投资，按合作企业合同约定分配收益或产品、分担风险和亏损的企业。与合营企业相比，合作企业具有以下三个特征。

（1）合作企业是一种契约式的合营企业。中外合作者各自的权利义务是由双方在平等互利的原则下，通过协商用书面合同规定的。双方根据合同所定的比例，分享利润或产品，分担风险和亏损。这和以出资比例来分享利润和承担责任的股权式合营企业是不同的。

（2）合作企业的出资方式较为灵活，可以各种方式出资，不一定以货币计算股权。这和合营企业只能由中外合营者以参股方式出资，以货币计算各自的股权，并且不能提前回收投资是有区别的。

（3）合作企业的组织形式和组织机构多样化，既可组织法人型合作企业，设立统一的经营管理机构；也可组织不具有法人资格的合伙型合作企业，设立联合管理机构；还可以由合作各方确定委托合作一方或第三方管理企业，由其他合作者实施监督。这和合营企业的组织形式为有限责任公司，且必须在中国境内建立一个具有法人资格的经营实体的规定相比，显示出合作企业独特的灵活性。

2. 中外合作经营企业法的概念和立法宗旨

中外合作经营企业法是调整中外合作经营企业的建立、终止及其在生产经营活动中发生的各种经济关系的法律规范的总称。1988 年 4 月 13 日第七届全国人民代表大会第一次会议通过并经 2000 年 10 月 31 日第九届全国人民代表大会常务委员会第十八次会议修订的《中华人民共和国中外合作经营企业法》（以下简称《中外合作经营企业法》），是调整中外合作经营企业经济关系的基本法。广义的中外合作经营企业法，还包括其他有关中外合作经营企业的法律、法规，如 1995 年 9 月 4 日由原对外贸易经济合作部发布的《中华人民共和国中外合作经营企业法实施细则》等。

由于我国实行对外开放的基本国策，使得合作企业的数量与日俱增。《中外合作经营企业法》的立法宗旨，就是扩大我国对外经济合作和技术交流，鼓励和促进外国的企业和其他经济组织或个人同我国的企业或其他经济组织在中国境内共同举办合作企业。它的制定和实施，也标志着我国有关利用外资的法律、法规正在逐步走向完善。

5.3.2 中外合作经营企业的组织形式与管理形式

1. 合作企业的组织形式

（1）法人型合作企业。法人型合作企业符合中国法律关于法人条件的规定，依法取得中国法人资格，其组织形式为有限责任公司。法人型合作企业拥有自己独立的财产，以企业法人的名义享受权利和承担义务。除合作企业合同另有约定外，合作各方以其投资或提供的合作条件为限对合作企业承担责任，合作企业以其全部财产对合作企业的债务承担责任。

（2）非法人型合作企业。非法人型合作企业不具有法人资格，合作各方应根据其认缴的出资额或提供的合作条件，在合作合同中约定各自承担债务责任的比例，但不得影响合作各方连带责任的承担。偿还合作企业债务超过自己应当承担数额的合作一方，有权向其他合作者追偿。

2. 合作企业的管理形式

（1）董事会制。法人型合作企业一般实行董事会制，董事会是合作企业的最高权力机构，决定合作企业的重大问题。董事会的组成、董事长的人选由合作双方协商确定。董事会决定或聘请总经理负责合作企业的日常经营管理工作，总经理对董事会负责。

（2）联合管理制。非法人型合作企业采用联合管理制，即由合作各方委派代表组成联合管理委员会，代表合作各方共同管理合作企业。联合管理机构是合作企业最高领导和决策机构，有权决定合作企业的一切重大问题，任命或选派总经理负责企业的日常经营管理工作。

（3）委托管理制。委托管理制是指合作企业成立后，经董事会或联合管理委员会一致同意，委托合作各方以外的他人经营管理合作企业。采用这种管理形式的合作企业，应当与被委托人签订委托经营管理合同。合作企业应当将董事会或联合管理委员会的决议、签订的委托经营管理合同，连同被委托人的资信证明等文件，一并报送审查批准机关批准。

在实践中，委托管理制还有另一种形式，即经合作企业的中外双方同意，委托合作一方进行管理，另一方不参加管理。

5.3.3 中外合作经营企业的投资方式与财产所有权

1. 合作企业的投资方式

合作企业的中外合作者，其投资或提供的合作条件可以是现金、实物、工业产权、专有技术、土地使用权等财产权利。中国合作者的投资或提供的合作条件，属于国有资产的，应当依照有关法律、行政法规的规定进行资产评估。在依法取得中国法人资格的合作企业中，外国合作者的投资一般不低于合作企业注册资本的25%。不具有法人资格的合作企业，应当向工商行政管理机关登记合作各方的投资或所提供的合作条件。

由于合作企业是契约式的合营企业，合作各方的出资不一定都需折算为货币形式计算投资比例，只需确定各方的合作条件。这种做法与合营企业相比更为灵活简便，可以避免合作各方在对实物，如厂房、设备、工业产权和专有技术等如何作价中的许多争议。

中外合作者应按照中国法律和合作企业合同约定，如期履行缴足投资、提供合作条件的义务。上述投资或提供的合作条件，应由中国注册会计师或有关机构验证并出具证明。

2. 合作者投资的财产所有权

关于合作者投资的财产所有权，如果是法人型合作企业，其各方投资或提供的合作条件，归独立的合作企业法人所有。如果是非法人型合作企业，合作各方的投资或提供的合作条件，为合作各方分别所有。合作各方的投资或提供的合作条件，由合作企业统一管理和使用，未经合作他方同意，任何一方不得擅自处理。

5.3.4 中外合作经营企业的收益分配、亏损风险分担与投资回收

1. 合作企业的收益分配与亏损风险分担

在合营企业中，合营各方是按注册资本中的投资比例分享利润和分担风险及亏损的。而合作企业的合作各方，是依照合作企业合同的约定，分配收益或产品，承担风险和亏损。在收益分配上，中外合作者可以采用分配利润、分配产品或合作各方共同商定的其他方式分配收益。采用分配产品或其他方式分配收益的，应当按照税法的有关规定，计算应纳税额。外国合作者在合作期限内先行回收投资的，中外合作者应当依照有关法律的规定和合作企业合同的约定，对合作企业的债务承担责任。

2. 合作企业的投资回收

合作企业允许在一定条件下，外国合作者先行回收其投资。中外合作者在合作企业合同中约定合作期限届满时，合作企业的全部固定资产无偿归中国合作者所有的，外国合作者在合作期限内可以申请按照下列方式先行回收其投资。

（1）在按照投资或提供合作条件进行分配的基础上，在合作企业合同中约定扩大外国合作者收益分配比例。

（2）经财政税务机关按照国家有关税收的规定审查批准，外国合作者在合作企业缴纳所得税前回收投资。

（3）经财政税务机关和审查批准机关批准的其他回收投资方式。

外国合作者依照上述第（2）、（3）项规定提出先回收投资申请时，应当具体说明先行回收投资的总额、期限和方式，经财政税务机关审查同意后，报审查批准机关审批。合作企业的亏损未弥补前，外国合作者不得先行回收其投资。

合作企业应当按照国家有关规定聘请中国注册会计师进行查账验证。不具有法人资格的合作企业应当在合作企业所在地设置统一的会计账簿，合作各方还应当设置各自的会计账簿。

5.3.5 中外合作经营企业的设立、期限与终止

1. 合作企业的设立

设立中外合作经营企业，应履行以下程序：中外合作者向国家授权的审批机关提出举办合作企业的申请。申请经批准后，由合作各方进行可行性研究、谈判，并协商一致签订书面合作企业合同。将中外合作者签订的协议、合同、章程等文件报送国务院对外贸易经济合作部（现为商务部）或国务院授权的部门和地方人民政府审查批准。审查批准机关应当自接到申请之日起45日内决定批准或不批准。设立合作企业的申请被批准后，应当自接到批准证书之日起30日内向工商行政管理机关申请登记，领取营业执照。合作企业营业执照签发日期，即为该企业的成立日期。

合作企业应当自成立之日起30日内向税务机关办理税务登记。

2. 合作企业的期限和终止

合作企业的合作期限由中外合作者协商并在合作企业合同中订明。中外合作者同意延长合作期限的，应在距合作期满 180 日前向审查批准机关提出申请，审查批准机关应自接到申请之日起30日内决定批准或不批准。合作企业经批准延长合作期限的，应向原登记机关办理变更登记手续。如果合作企业合同约定外国合作者先行回收投资，并且投资已经回收完毕，合作企业期限届满不再延长。

合作企业在合作期限届满或合作企业合同中规定终止原因出现时终止。合作企业期满或提前终止时，应依照法定程序对资产及债权、债务进行清算。中外合作者应依照合作企业合同的约定确定合作企业财产的归属。

合作企业期满或提前终止，应向工商行政管理机关和税务机关办理注销登记手续。

5.4 外资企业法

5.4.1 外资企业法概述

1. 外资企业的概念及特征

外资企业是指依照中国有关法律在中国境内设立的全部资本由外国投资者投资的企业，但不包括外国企业和其他经济组织在中国境内设立的分支机构。外资企业具有以下三个特征。

（1）外资企业是依照中国有关法律设立的企业，这使它区别于依照外国法律设立的外国企业。所谓依照中国法律，是指外资企业的设立、终止及其经营管理活动，必须遵守中国的法律、法规，不得损害中国的社会公共利益。

（2）外资企业是外国投资者在中国境内设立的企业，其主要办事机构必须设在中国境内。它与主要办事机构设立在中国境外的外国企业在中国境内设立的子公司、分支机构也是有区别的。

（3）外资企业的全部资本均由外国投资者（包括外国企业、其他经济组织或个人）投资，中国企业或其他经济组织不提供任何注册资本。这是外资企业与中外合资经营企业、中外合作经营企业的一个重要区别。

2. 外资企业法的概念和立法宗旨

外资企业法是调整外资企业从设立到终止期间所发生的各种经济关系的法律规范的总称。这些法律规范主要包括1986年4月12日第六届全国人民代表大会第四次会议通过并经2000年10月31日第九次全国人民代表大会常务委员会第十八次会议修改通过的《中华人民共和国外资企业法》（以下简称《外资企业法》）和1990年12月12日由原对外经济贸易合作部发布并经国务院于2001年4月12日修订的《中华人民共和国外资企业法实施细则》，以及我国宪法和其他法律、法规关于外资企业的规定。

《外资企业法》的颁布和实施，有利于吸引更多外国投资者到中国投资设立外资企业，促进国民经济的发展；也为保护外资企业的合法权益，为外资企业在我国境内从事经营活动和我国政府对外资企业进行管理监督提供了法律依据。

3. 外资企业的司法管辖和法律保护

外资企业虽然全部资本由外国投资者投资，全部股权属于外商所有，但由于它是依照中国有关法律在中国境内设立的，且向中国工商行政管理机关登记注册，其办事机构在中国，因而它从法律上说属于中国企业，其取得法人资格后即成为中国法人。所以外资企业在中国境内从事经营活动，必须遵守中国法律、法规，受中国法律管辖。外资企业与中国国家行政机关、企事业单位或个人发生争议，因争议各方都处于中国属地管辖权之下，其纠纷应由中国法院或仲裁机构按中国法律，根据争议的不同性质分别解决。

外资企业既然是中国法人或中国企业，其合法权益理所当然受中国法律保护。我国保护外资企业的合法权益主要表现在以下几方面。

（1）外国投资者对其在中国境内投资设立的外资企业和获得的利润，享有财产所有权。

（2）外国投资者和外资企业的外籍职工，其合法收入可以通过中国银行汇往国外。

（3）外资企业享有完全的经营管理权，其依照经批准的章程进行经营管理活动不受干涉。

（4）国家对外资企业不实行国有化和征收。

（5）外资企业在中国境内的合法权益受到侵犯时，有权根据中国法律的规定，向中国仲裁机构或法院提请仲裁或起诉，请求保护其合法权益。

5.4.2 外资企业的组织形式、注册资本与出资方式

1. 外资企业的组织形式

外资企业的组织形式一般为有限责任公司；经批准，也可以为其他责任形式。外资企

业的组织形式为有限责任公司的，外国投资者对企业的责任以其认缴的出资额为限；外资企业为其他责任形式的，外国投资者对企业的责任适用中国法律、法规的规定。

2. 外资企业的注册资本

外资企业的注册资本，是指为设立外资企业在工商行政管理机关登记的资本总额，即外国投资者认缴的全部出资额。外资企业的注册资本要与其经营规模相适应，注册资本与投资总额的比例应当符合中国有关规定，目前参照中外合资经营企业的有关规定执行。外资企业在经营期限内不得减少其注册资本，确需减少注册资本的，须经审批机关批准。外资企业注册资本的增加、转让，须经审批机关批准，并向工商行政管理机关办理变更登记手续。外资企业将其财产或权益对外抵押、转让，须经审批机关批准，并向工商行政管理机关备案。

3. 外资企业的出资方式

外国投资者可以用自由兑换的外币出资，也可以用机器设备、工业产权、专有技术等作价出资。经审批机关批准，外国投资者也可以用其从中国境内举办的其他外商投资企业获得的人民币利润出资。外国投资者以工业产权、专有技术作价出资的，其作价金额不得超过外资企业注册资本的20%。

外国投资者可以分期缴付出资，第一期出资应当在外资企业营业执照签发之日起90日内缴清，出资不得少于外国投资者认缴出资额的15%；最后一期出资应在营业执照签发之日起3年内缴清。

5.4.3 外资企业的经营管理

1. 产、供、销方面的规定

外资企业在批准的经营范围内，自主经营管理，可以自行制订生产经营计划，但应报其所在地行业主管部门备案。

外资企业有权自行决定购买本企业自用的机器设备、原材料、燃料、运输工具和办公用品等物资。其在中国购买的，在同等条件下，享受与中国企业同等的待遇；其进口本企业自用并为生产所需的物资，以及出口产品，应依照中国有关规定办理和领取进出口许可证。

2. 会计、税收及保险方面的规定

外资企业应依照中国法律、法规和财政机关的规定，建立财务会计制度并报其所在地财政、税务机关备案。其年度会计报表和清算会计报表，应依照中国财政、税务机关的规定编制，并应聘请中国的注册会计师进行验证和出具报告，在规定的时间内报送财政、税务机关，并报审批机关和工商行政管理机关备案。此外，外资企业还应向上述机关报送年度资产负债表和损益表。

外资企业和合营企业一样应缴纳增值税、消费税、营业税、外商投资企业和外国企业

所得税、关税、城市房产税和车船使用牌照税等。

根据规定，外资企业进口下列物资，免征关税。

（1）外国投资者作为出资的机器设备、零部件、建设用建筑材料以及安装、加固机器所需材料。

（2）外资企业以投资总额内的资金进口本企业生产所需的自用机器设备、零部件、生产用交通运输工具以及生产管理设备。

（3）外资企业为生产出口产品而进口的原材料、辅助材料、元器件、零部件和包装物料。

但上述进口物资，经批准在中国境内转卖或转用于生产在中国境内销售的产品，应依照中国税法的规定纳税或补税。外资企业生产的出口产品，除中国限制出口的以外，依照中国税法的规定免征关税。

外资企业的各项保险，应向中国境内的保险公司投保。

3. 雇用中国职工和建立工会组织方面的规定

外资企业在中国境内雇用职工，双方应依照中国的法律、法规，就雇用、辞退、报酬、福利、劳动保护和保险等事项签订劳动合同。外资企业不得雇用童工。

外资企业的职工有权依照《中华人民共和国工会法》的规定建立基层工会组织，开展工会活动。外资企业工会是职工利益的代表，有权代表职工与本企业签订劳动合同，并监督执行。外资企业工会除积极维护职工合法经济权益外，还应组织职工学习政治、科学技术和业务知识，开展文艺、体育活动，教育职工遵守劳动纪律，努力完成企业的各项经济任务。

5.4.4 外资企业的设立、变更、终止与清算

1. 外资企业的设立

设立外资企业，必须有利于中国国民经济的发展，能够取得显著的经济效益。国家鼓励外资企业采用先进技术和设备，从事新产品开发，实现产品升级换代，节约能源和原材料，并鼓励举办产品出口的外资企业。国家禁止或限制设立外资企业的行业，按照国家指导外商投资方向的规定及外商投资产业指导目录执行。

设立外资企业的申请，由对外经济贸易合作部或国务院授权的省、自治区、直辖市和计划单列市、经济特区人民政府（以下统称审批机关）审查批准后，发给批准证书。

外资企业设立程序如下。

（1）外国投资者提出设立外资企业申请前，应向拟设立外资企业所在地县级或县级以上地方人民政府提交报告，地方人民政府应在收到报告之日起30日内以书面形式答复外国投资者。

（2）外国投资者设立外资企业时，应通过拟设立外资企业所在地的县级或县级以上地方人民政府向审批机关提出申请，审批机关在收到申请设立外资企业的全部文件之日起90日内决定批准或不批准。

（3）设立外资企业的申请经审批机关批准后，外国投资者应在收到批准证书之日起 30 日内向工商行政管理机关申请登记，领取营业执照，其营业执照签发日期即为该企业成立日期。外资企业应在企业成立之日起 30 日内向税务机关办理税务登记。

2. 外资企业的变更和终止

外资企业注册资本的增加、转让，须经审批机关批准，并向工商行政管理机关办理变更登记手续。外资企业经营期限经批准延长的，应自收到批准延长期限文件之日起30日内，向工商行政管理机关办理变更登记手续。

外资企业有下列情形之一的，应予以终止。

（1）经营期限届满。

（2）经营不善，严重亏损，外国投资者决定解散。

（3）因自然灾害、战争等不可抗力而遭受严重损失，无法继续经营的。

（4）破产。

（5）违反中国法律、法规，危害社会公共利益被依法撤销。

（6）外资企业章程规定的其他解散事由已经出现。

外资企业如存在上述第（2）、（3）、（4）项情形，应自行提交终止申请书，报审批机关核准终止；如依上述第（1）、（2）、（3）、（6）项规定终止的，应在终止之日起 15 日内对外公告并通知债权人。

3. 外资企业的清算

外资企业应在终止公告发出之日起 15 日内，提出清算程序、原则和清算委员会人选，报审批后进行清算。清算委员会应当由外资企业的法定代表人、债权人代表以及有关主管机关的代表组成，并聘请中国的注册会计师、律师参加。清算费用从外资企业现有资产中支付。

外资企业在清算结束之前，外国投资者不得将该企业的资金汇出或携出中国境外，不得自行处理企业的财产。在清算结束后，外资企业资产净额和剩余财产超过注册资本的部分视同利润，应依照中国税法缴纳所得税，并应向工商行政管理机关办理注销登记手续，缴销营业执照。

本章小结

本章内容共分三部分，主要包括：中外合资经营企业法、中外合作经营企业法和外资企业法；主要介绍了合资企业、合作企业和外资企业的概念、特征、设立程序、组织形式、注册资本、出资方式、组织管理机构、经营管理、经营期限、变更、解散与清算以及司法管辖及法律保护等法律规定。要求学生了解有关外商投资企业的立法概况，理解并掌握外商投资企业的具体含义，设立的条件、程序，组织形式，出资方式，经营管理等内容，并能明确加以区分，理解它们各自的特征，能够运用相关法律知识解决实践中遇到的具体问题。

思考与练习

一、名词解释

外商投资企业　中外合资经营企业　中外合作经营企业　外资企业

二、判断题

1．中外合营企业在合营期内，不得变更注册资本。（　　）

2．外国合营者以货币出资时，一律以外币缴付出资，不得以人民币缴付出资。（　　）

3．合营企业任何一方不得用以合营企业名义取得的贷款、租用的设备或者其他财产以及合营者以外的他人财产作为自己的出资。（　　）

4．合营一方向第三者转让其全部出资时，需要通知合营他方，并报审批机构批准，向登记管理机构办理变更登记手续。（　　）

5．中外合资经营企业的董事长由中方担任的，副董事长由外方担任。（　　）

6．中外合资经营企业召开董事会，董事不能出席时，只能书面委托其他董事，不能委托非董事代表其出席并表决。（　　）

7．中外合资经营企业的董事会会议每年至少召开 2 次。（　　）

8．合营企业设总会计师，协助总经理负责企业的财务会计工作。（　　）

9．中外合作经营企业的注册资本为 1 000 万美元，则外方的出资至少为 250 万美元。（　　）

10．外国公司、企业和其他经济组织在中国境内设立的分支机构也属于外资企业。（　　）

三、单项选择题

1．某中外合资经营企业的投资总额为 1 200 万美元，根据我国法律规定，该中外合资经营企业的注册资本中，外国投资者认缴的出资额最少不得低于（　　）。

A．300 万美元　　B．120 万美元
C．125 万美元　　D．500 万美元

2．依法取得中国法人资格的中外合作经营企业的外国合作者的投资比例一般为（　　）。

A．不低于合作企业注册资本的 50%　　B．不低于合作企业注册资本的 35%
C．不低于合作企业注册资本的 25%　　D．不低于合作企业注册资本的 15%

3．合营企业合营各方的下列出资方式中，只能作为中方出资方式的是（　　）。

A．工业产权　　B．货币　　C．场地使用权　　D．机器设备

4．外国投资者以工业产权、专有技术作价出资的，其作价金额不得超过外资企业注册资本的（　　）。

A．50%　　B．20%　　C．25%　　D．10%

5. 中国甲企业与某国乙企业共同投资设立一家中外合资经营企业，注册资本为900万美元，合营合同规定投资者采取分期出资方式。2010年4月10日，该中外合资经营企业取得工商行政管理机关当日签发的营业执照。按照我国《中外合资经营企业法》及其实施条例的规定，该合营企业合营各方缴清第一期出资额的最后期限是（　　）。

A. 2010年7月10日　　B. 2010年8月10日
C. 2010年9月10日　　D. 2010年10月10日

6. 根据《中外合资经营企业法》及其实施条例的规定，合营企业的最高权力机构是（　　）。

A. 股东会　　B. 股东大会　　C. 监事会　　D. 董事会

7. 某中外合资经营企业董事会有9名董事，出席董事会会议的董事人数符合法定要求的是（　　）。

A. 3名　　B. 4名　　C. 5名　　D. 7名

8. 中国甲企业与新加坡乙企业共同投资在北京设立一家中外合资经营企业，投资总额拟为3 300万美元，合同约定采取分期付款的方式，甲企业出资60%，乙企业出资40%，则中方的第一期出资至少为（　　）。

A. 297万美元　　B. 99万美元　　C. 108万美元　　D. 432万美元

9. 约定合营期限的合营企业，合营各方同意延长合营期限的，应当在距合营期限届满之日起一定期限前向审批机构提出申请，该期限为（　　）。

A. 6个月　　B. 1个月　　C. 3个月　　D. 2个月

10. 某中外合作经营企业合作合同规定：外方合作者以现金和机器设备出资，占总出资额的60%，中方合作者以厂房和土地使用权出资，占总出资额的40%；合作企业合作期内所得收益首先全部用于偿付外方出资，在偿付完毕后的合作期限内，合作双方各按50%的比例分配收益；合作企业合作期限为8年，合作期满后，企业全部固定资产无偿归中方合作者所有。在下列各项中，正确的是（　　）。

A. 合作合同违反法律规定，为无效合同
B. 合作合同显失公平，应变更为在合作期限内按双方出资比例分配收益
C. 合作合同合法有效，合作企业可以登记为具有法人资格的有限责任公司
D. 合作合同合法有效，合作企业必须登记为具有合伙性质的企业

四、多项选择题

1. 中外合资企业外方的出资方式有（　　）。

A. 货币　　B. 场地使用权　　C. 工业产权　　D. 专有技术

2. 根据外商投资企业有关法律制度的规定，下列关于中外合资经营企业与中外合作经营企业区别的正确表述有（　　）。

A. 合营企业外方投资比例不得低于注册资本的25%，而合作企业外方投资比例没有限制
B. 合营企业按照出资比例分配收益，而合作企业按照合同约定分配收益
C. 合营企业必须是依法取得法人资格的企业，而合作企业可以具备法人资格，也可以不具备法人资格

D．合营企业在经营期间内外方不得先行回收投资，而合作企业在经营期间内外方在一定条件下可以先行回收投资

3．外国合营者以工业产权或专有技术作价出资的，该工业产权或专有技术必须符合的条件有（　　）。

A．是合营企业生产所必需的

B．能显著改进现有产品的性能，提高生产效率的

C．能显著节约原材料的

D．能显著节约动力的

4．按照我国《中外合资经营企业法》及其实施条例的规定，下列关于合营企业董事长产生方式的表述中，不正确的有（　　）。

A．董事长既可由中方担任，也可由外方担任

B．董事长由一方担任的，副董事长必须由他方担任

C．董事长由一方担任的，总经理必须由他方担任

D．董事长和副董事长由出资最多的一方担任

5．在下列事项中，中外合资经营企业必须经出席董事会会议的董事一致通过的事项有（　　）。

A．修改合营章程　　B．合营企业解散

C．增加注册资本　　D．与其他经济组织合并

6．合营企业应当建立健全财务会计管理机构，执行国家统一的财务会计制度，根据中国有关的法律和财务会计制度的规定，制定适合本企业的财务会计制度，并报当地（　　）备案。

A．工商机关　　B．税务机关　　C．财政机关　　D．审计机关

7．根据《中外合资经营企业法》的规定，合营企业应当向（　　）报送季度和年度会计报表。

A．财政部门　　B．当地税务机关

C．合营各方　　D．工商部门

8．下列各项中，需要报审批机关批准的有（　　）。

A．外国合营者作为出资的工业产权

B．外资企业财产对外抵押

C．外资企业的外国投资者以从中国境内兴办的中外合营企业取得的人民币利润出资

D．合营一方向第三人转让部分出资

9．根据《中外合作经营企业法》的规定，在一定的条件下，外国合作者在合作期限内可以先行回收投资，该条件有（　　）。

A．合作期满时，合作企业的全部固定资产无偿归中国合作者所有

B．应当具体说明先行回收投资的总额、期限和方式，报审批机关批准

C．税前回收投资的，必须经过财政税务机关依法审查批准

D．在合作企业的亏损弥补之后

10．根据我国《外资企业法》的规定，（　　）必须经审批机关批准。

A．增加注册资本　　B．转让注册资本

C．抵押企业财产　　D．出口本企业生产的产品

五、简答题

1．试比较合营企业、合作企业及外资企业之间存在的区别。

2．什么是合营企业的注册资本和投资总额？

3．试述合作企业的组织形式和管理形式。

4．合作企业中外国投资者可通过哪几种方式先行回收投资？先行回收投资时应当符合哪些法定条件？

5．简述外资企业的概念和法律特征。

案例分析

案例1　2008年5月20日，A公司（中方）与某市中国建设银行签订了一份联建银河大厦的协议。约定：一期工程建设费用由中国建设银行承担，竣工后其工程总面积的50%归中国建设银行所有；二期工程由中国建设银行贷款1 800万～2 002万元人民币给A公司，自合同签订之日起3年内还清，A公司以二期工程的全部房产权作为贷款抵押。A公司取得资金后，于2008年10月开始对银河大厦进行施工，为使整个工程尽早完工，以A公司为中方、B公司为外方，于2009年3月10日在北京签订了合作建设、经营银河大厦合同。A公司以当时建有的银河大厦入资，合计1 200万元人民币，占注册资本的50%；合作企业的名称为“银河有限公司”，董事长由美国人约翰担任。双方合作中的纠纷管辖，交由奥地利维也纳商会仲裁。2010年10月5日，A公司以合作企业经营发生亏损为由，委托某信托公司负责合作企业的经营管理，遭到外方的反对。2011年8月，中国建设银行要求A公司偿还贷款及利息共2 300万元人民币；双方经调解，A公司银河大厦交中国建设银行所有，用以抵偿全部贷款及利息。此后，中国建设银行查封了银河大厦的全部门厅。2011年9月，银河大厦董事长约翰以银河大厦的名义向法院提起诉讼，认为公司和中国建设银行查封银河大厦属于侵权行为。

案例2　某纺织机械厂（以下简称中方）拟与美国某公司（以下简称外方）共同组建中外合资经营企业。合营企业合同规定，公司注册资本拟为300万美元，中方投资100万美元，投资方式包括现金、机器设备和厂房，其中厂房系中方从某街道企业租用的，作为出资时该厂房作价10万美元；外方出资200万美元，分两次缴清，第一次在企业设立时缴付20万美元，第二次在签发营业执照6年后缴清。之后，双方按照合营企业合同规定的原则，制定了合营企业章程。为方便管理，提高办事效率，章程中规定了企业董事会由董事长和副董事长二人组成，董事长、副董事长的任期为5年。

案例讨论

（1）在上述两个案例中，合营企业关于出资的约定存在的违法现象是什么？

（2）在上述两个案例中，合营企业章程中有哪些不合法规定？

第 6 章　工业产权法律制度

学习要点

- 工业产权的概念及法律特征
- 商标权、专利权取得的条件和申请程序
- 商标和专利的管理；对相关权利的保护以及对有关纠纷的处理

案例导入

2009 年 9 月，某食品公司将一批月饼转售给销售商销售，但因包装盒上的图案侵犯了奥林匹克标志专有权：包装上使用了奥运“祥云”图案和“五环”标志，但未经第 29 届奥委会和国际奥委会许可，被工商行政部门查处，没收违法所得并处罚款，同时扣留未销售的货物，共计损失 35 万元。

销售商缴纳上述罚款后，与食品公司、包装装潢公司和包装制品公司协商，要求三方赔偿其相关损失。因协商未果，销售商遂将三家公司告上法庭。庭审中，包装装潢公司辩称，自己接受某食品公司委托向包装制品公司定做包装盒，约定包装盒由包装制品公司设计、加工、生产完成后直接将货发给食品公司。故侵权的月饼包装盒图案是包装制品公司设计和加工的，由此造成的损失理应由图案的设计和制作者最终承担。包装装潢公司同样认为月饼包装盒是包装制品公司生产的，侵权责任应当由包装制品公司承担。包装制品公司未作答辩。

请分析：食品公司和包装装潢公司是否应当承担责任？

6.1　工业产权法概述

6.1.1　工业产权的概念及法律特征

1．工业产权的概念

工业产权是知识产权的重要组成部分。知识产权也称智力成果权，指公民、法人、非法人单位对自己在科学技术和文学艺术等领域从事脑力劳动所创造的成果依法取得的专有权。一般来说，工业产权和著作权统称知识产权。工业产权是指人们对脑力劳动所创造的智力成果应用于商品生产和流通领域在一定期限和地区内依法享有的专有权，是商标权与专利权的统称。

在当今时代，智力成果的价值和社会地位越来越重要，因此国际社会也越来越重视对其进行法律保护。我们所处的社会，正是以知识产权竞争为主的社会。法律对商标权、专利权、著作权以及各种发明创造的权利保护，不仅是对当事人利益的保护，重要的是对未来文明的保护。

2. 工业产权的法律特征

工业产权是一种无形财产权，与有形财产权相比，具有以下法律特征。

（1）专有性。工业产权是国家赋予权利人的一种独占、使用、收益、处分的权利，即权利人垄断这种专有权并受严格保护，排除他人享有相同权利的可能性。非经权利人同意，任何人均不得使用其专利或注册商标，否则，将因构成侵权而受到法律制裁。这是工业产权的一个基本特点。

（2）地域性。由于工业产权的取得有赖于法律专门确认，所以根据国家主权原则，依照特定国家法律获得承认和保护的工业产权，一般只能在该国领域内有效，即工业产权的专有性受到严格的地域限制，并不当然获得其他国家的承认。尽管随着工业产权制度的国际化，在世界范围内形成了一套国际工业产权的保护制度，一国确认的工业产权在一定情况下其他国家可能予以承认，但是，这并不否认工业产权的地域性，因为，国际化的必要途径，最终有赖于各主权国家相互间的立法认可。

（3）时间性。工业产权保护有一定的期限，权利人只能在法定期限内行使其专有权，一旦法律规定的期限届满，这种专有权便自行失去效力，该智力成果便成为社会的共有财富，人们可以任意加以利用。工业产权在保护期限上的有限性，决定于工业产权立法的根本目的：对工业产权的法律保护，既要鼓励和保护劳动者的创造性和劳动的积极性，又要促进智力成果广为传播，推动科技、文化和经济的发展。

6.1.2 工业产权法的概念及立法

工业产权法是调整因确认、保护和使用工业产权而发生的各种社会关系的法律规范的总称。我国工业产权法包括商标法和专利法。

党的十一届三中全会以前，我国的工业产权制度只停留在行政管理上。十一届三中全会之后，我国于1980年成立了专利局，1982年8月23日颁布了《中华人民共和国商标法》（以下简称《商标法》），1983年3月10日颁布了《中华人民共和国商标法实施细则》（以下简称《商标法实施细则》），1984年3月12日颁布了《中华人民共和国专利法》（以下简称《专利法》），1985年1月19日颁布了《中华人民共和国专利法实施细则》（以下简称《专利法实施细则》）。《专利法》、《商标法》两部法律又分别在1992年和1993年第七届全国人民代表大会常务委员会会议上进行了修改。2000年和2001年对《专利法》、《商标法》分别进行了第二次修改。2002年8月3日颁布了《中华人民共和国商标法实施条例》，同时废止 1983 年 3 月颁布和 1988 年 1 月 3 日、1993 年 7 月 15 日修订的《商标法实施细则》，1992 年 12 月 21 日国务院批准修订了《专利法实施细则》。为了打击假冒商标、专利侵权的违法犯罪活动，维护社会经济秩序，1997 年《刑法》中也做出了相应的对工业产权方面违法犯罪活动进行惩治的规定。这些都标志着我国工业产权法律制度的发展与完善，对加强社会主义市场经济建设，进一步扩大对外开放，促进我国国际经济技术贸易活动的开展，起到了巨大的推动作用。

6.1.3 工业产权的国际保护

1. 工业产权国际保护的必要性和意义

工业产权的效力是有地域限制的，它只能在授予这种权利的国家内存在和行使。但是，人类智力的成果却很容易超越国界，特别是现代世界，交通和通信联络异常便利，人员、知识、技术产品交流日趋频繁。为了共同的发展和繁荣，应当鼓励这种交流。因此，各国政府经过谈判，在工业产权的不同领域订立了一系列的国际条约，以此促进各国科学技术的日益进步和工业生产的迅速发展，扩大各国之间的技术交流、技术合作和技术贸易。有关工业产权国际保护的世界性或地区性的国际条约很多，最主要的有《保护工业产权巴黎公约》、《专利合作条约》、《商标注册马德里协定》、《商标注册条约》等。此外，还成立了政府间的国际机构——世界知识产权组织（WIPO）。

2.《保护工业产权巴黎公约》

从 19 世纪末开始，随着资本主义经济和贸易交往的国际化，各国开始通过签订国际条约的途径来保护本国工业产权在国外的权利和利益，至今已先后签订了一系列国际条约，基本形成了工业产权的国际保护制度。《保护工业产权巴黎公约》是 1883 年在巴黎签订的，并经过多次修改。它有 100 多个成员国，是保护工业产权方面影响最大的国际公约。我国第六届全国人民代表大会常务委员会第八次会议于 1984 年 11 月 14 日决定加入巴黎公约，自 1985 年 3 月 19 日起该公约对我国生效。它的主要原则和制度有以下 3 条。

（1）国民待遇原则。在工业产权的国际保护方面，每一缔约国必须把它给予本国国民的待遇同等地给予其他缔约国国民；非缔约国国民如在缔约国国内有住所或营业场所，也应得到同样的保护。

（2）优先权制度。缔约国国民第一次向一个缔约国提出专利或商标注册申请后，又在一定期限内（发明和实用新型为 12 个月，工业品外观设计和商标为 6 个月）就同一发明创造或商标向另一个缔约国申请时，其第二次的申请日应视同第一次申请日。在优先权期限内，即使有任何第三人就相同的发明或商标提出申请或已实施了该发明或使用了商标，申请人仍因享有优先权而获得专利权或商标专用权。

（3）独立性原则。各缔约国独立地按本国的法律规定来确定是否给予专利权或商标专用权，不受该专利权或商标专用权在其他缔约国决定的影响，就是说，同一发明创造或商标在一个成员国取得专利权或商标专用权，并不意味着在其他成员国也一定可以取得专利权或商标专用权；专利权或商标专用权在一个成员国被撤销或终止，也不意味着在其他成员国一定被撤销或终止。

3. 《商标注册马德里协定》和《商标注册条约》

《商标注册马德里协定》（以下简称《协定》）是1891年4月于西班牙首都马德里签订的，目的是简化商标国际注册手续。我国从1989年10月4日起加入了该《协定》。《商标注册条约》（以下简称《条约》）是1973年6月于维也纳签订的。《协定》和《条约》均规定，其成员国必须是《保护工业产权巴黎公约》的成员国。《协定》、《条约》的成员国商标所有人，均可向世界知识产权组织国际局申请商标国际注册，不必分别向每个国家提出申请。此外，《协定》规定，申请商标注册首先要取得本国商标主管部门的商标注册，然后通过本国商标主管部门提出申请，使用文字必须限于法文。而《条约》规定，商标注册申请人可直接向世界知识产权组织国际局申请国际注册，无须先在本国注册，使用文字可用法文，也可用英文。《协定》与《条约》是两个并行的国际条约，一个国家可以同时参加这两个条约，也可以只参加其中一个条约。这两个国际条约的缔约国的国民，可视其申请商标保护的不同对象而援用其中任何一个条约。

6.2 商 标 法

6.2.1 商标

1. 商标的定义

商标是商品和服务项目的特定标志，是商品生产者、经营者和商业服务者为使自己生产、销售的商品和提供的服务同他人生产、销售的商品和提供的服务相区别而使用的一种标记。这种标记通常用文字、图形、字母、数字、三维标志和颜色组合以及上述要素的组合来表示，并置于商品表面或其包装、服务场所及服务说明书上。

2. 商标的特征

（1）商标是商品和商业服务的标记，它与商品和商业服务有紧密的联系，是用在商品和服务领域的特定标记。

（2）商标是区别不同商品生产者、经营者和商业服务者的标记。这就使商标与商品的外观装潢设计区分开来。商品的外观装潢是使商品富于美感的设计，它并不能区别不同的商品生产者、经营者或商业服务者。

（3）商标可以在长期的商品交易中产生信誉，反映商品的质量和服务的水平，为商品的购买者和服务对象提供特殊的信息。

3. 注册商标

商标使用人为获得法律的保护向政府有关管理机关申请注册，取得专用权，此时的商标为注册商标。注册商标包括商品商标、服务商标、集体商标和证明商标。商品商标、服务商标为特定商品类型、服务类型的标志；集体商标是指以团体、协会或者其他组织名义注册，供该组织成员在商事活动中使用，以表明使用者在该组织中的成员资格的标志；证明商标是指由对某种商品或者服务具有监督能力的组织控制，而由该组织以外的单位或者个人使用其商品或者服务，用以证明该商品或者服务的原产地、原料、制造方法、质量或者其他特定品质的标志。商标专用权受法律保护，侵犯他人的注册商标专用权，将会受到法律的制裁。

4. 商标的作用

（1）区别商品、服务的标示作用。这是商标最本质、最基本的作用。不同的商标把不同的生产者、经营者区别开来，这对树立企业信誉、促进企业竞争，以及追究不良商品、服务提供者的责任具有重要意义。

（2）对商品和服务质量的监督作用。一方面，质量是商标信誉的基础；另一方面，商标又是质量的保证。消费者通常总是通过商标对相同种类的商品、服务项目的质量进行比较和鉴别。商标和质量的这种联系，有助于促进企业在市场竞争中保证商品和服务质量以立于不败之地，也有利于政府通过商标管理，奖优罚劣，进行质量监督。

（3）商品和服务的广告作用。商标是生产经营者与消费者之间的桥梁，信誉好的商标往往为消费者带来安全感，能起到引导和刺激消费的作用。现代社会的消费者更习惯于根据商标来判断商品、服务的质量和特点。知名度、美誉度高的商品和服务在市场中竞争力强。因此，对自己的商标进行广告宣传，可以提升企业形象，起到促进消费的作用。

（4）国际贸易中的竞争及保护作用。在国际贸易中，可以利用商标来提高商品和服务的国际竞争力，为企业开拓国际市场提供条件，保护生产经营者的合法权益。

5. 商标法

商标法是调整商标的注册、使用和商标专用权的保护、转让、管理过程中所发生的社会关系的法律规范的总称。《商标法》及其实施细则是我国商标法律制度中最重要的法律文件。

现代意义的商标，已不是一种单纯的商品或服务的标记，而成为一种可以转让、买卖，受到法律保护的无形财产。我国《商标法》的任务就是加强商标管理，保护商标专用权，促使生产者、经营者保证商品和服务质量，维护信誉，以保障消费者和生产者、经营者的利益，促进社会主义市场经济的发展。

6.2.2 商标注册制度

1. 商标注册原则

根据我国《商标法》的规定，商标注册应遵循以下基本原则。

（1）自愿注册与强制注册相结合的原则。我国对大部分商品或服务项目使用的商标，采取自愿注册的原则，由商标使用人自主决定是否进行商标注册；与此同时，对部分商品实行商标强制注册原则。国家规定必须使用注册商标的商品，一般限于与人民生活关系密切、直接涉及人身安全和健康的少数商品，如人用药品和烟草制品。

（2）申请在先的原则。两个或两个以上的申请人，在同一种或类似商品或服务上，以相同或者近似的商标申请注册的，初步审定并公告申请在先的商标；同一天申请的，按照使用在先的原则，初步审定并公告使用在先的商标，驳回其他人的申请。同日使用或者均未使用的，申请人应当进行协商解决；超过30日达不成协议的，由商标局裁定，或抽签决定。

（3）“一个商标，一份申请”原则。申请人应根据国家工商局公布的《商标注册用商品和服务国际分类表》规定的类别，按照“一类商品，一个商标，一份申请”的原则提出申请。申请人如果在不同类别的商品上使用同一商标，必须分别提出注册申请，并分别提交有关文件。

2. 商标注册条件

（1）申请人的条件。自然人、法人或者其他组织对其生产、制造、加工、拣选或者经销的商品或提供的服务，需要取得商标专用权的，应当向商标局申请商品商标注册。两个以上的自然人、法人或者其他组织可以共同向商标局申请注册同一商标，共同享有和行使该商标专用权。

（2）外国人或外国企业在中国申请商标注册的，应当按其所属国和中华人民共和国签订的协议或共同参加的国际条约办理，或按照对等原则办理。外国人或者外国企业在中国申请商标注册和办理其他商标事宜的，应当委托国家认可的具有商标代理资格的组织代理。

3. 商标注册的法律规定

任何能够将自然人、法人或其他组织的商品与他人的商品区别开的可视性标志，即文字和图形或文字图形组合，均可以作为商标，但商标不得使用下列标志。

（1）与中华人民共和国的国家名称、国旗、国徽、军旗、勋章相同或近似的，以及与中央国家机关所在地特定地点的名称或者标志性建筑物的名称、图形相同的。

（2）与外国的国家名称、国旗、国徽、军旗相同或近似的，但该国政府同意的除外。

（3）与政府间国际组织的名称、旗帜、徽记相同或近似的，但经该组织同意或者不易误导公众的除外。

（4）与表明实施控制、予以保证的官方标志、检验印记相同或近似的，但经授权的除外。

（5）与“红十字”、“红新月”的名称、标志相同或近似的。

（6）带有民族歧视性的。

（7）夸大宣传并带有欺骗性的。

（8）有害于社会主义道德风尚或者有其他不良影响的。

另外，县级以上行政区划的地名或者公众知晓的外国地名，不得作为商标。但是，地名具有其他含义或者作为集体商标、证明商标组成部分的除外；已经注册的使用地名的商标继续有效。

申请注册的商标，应具有显著特征，便于识别，并不得与他人在先取得的合法权利相冲突。

下列标志不得作为商标注册。

（1）仅有本商品的通用名称、图形、型号的。

（2）仅仅直接表示商品的质量、主要原料、功能、用途、重量、数量及其他特点的。

（3）缺乏显著特征的。

但上述标志经过使用取得显著特征，并便于识别的，可以作为商标注册。

4. 商标注册程序

（1）商标注册的申请。具有申请商标注册资格的单位和个人，应向其所在地的县市工商行政管理部门提出注册申请。中国的申请人申请商标注册的有关事宜，可委托国家工商行政管理局认可的商标代理组织代理，也可直接办理。外国人或外国企业在中国申请商标注册和办理其他商标事宜，应当委托国家工商行政管理局认可的代理组织代理。申请人除按商品分类表提出申请外，还要向商标局提交商标注册申请书1份、商标图样10份（指定颜色的彩色商标，应当交送着色图样10份）和黑白墨稿1份。申请国家规定必须使用注册商标的各种商品的商标注册，还应附送有关主管部门的批准证明文件。

（2）对于代理申请商标注册、转让注册和续展注册，除交送申请文件和费用外，并交送代理人委托书1份。代理人委托书应载明代理内容、权限和委托人的国籍。

（3）商标局收到商标注册的申请，申请手续齐备并按规定填写申请书件的，则审定申请号，发给《受理通知书》，并以收到申请书件的日期为商标注册的申请日期，也就是申请日；对于不符合要求的申请予以退回，申请日期不予保留。

5. 审查

商标注册的审查和核准包括以下几个程序。

（1）初步审定。初步审定是对申请注册的商标进行形式和实质审查。初步审定内容包括：申请人是否具备合法资格；申请文件是否齐全，内容是否合格，手续是否齐备；申请注册的商标是否符合法律规定的条件，是否违反禁用条款；申请注册的商标，是否同他人在相同或者相类似商品或同一服务项目上已申请在先或已注册的商标相同或相似，等等。经初步审查，凡是符合《商标法》规定的，由商标局初步审查，予以公告；凡不符合规定的，由商标局驳回申请，发给申请人《驳回通知书》，不予公告。

（2）公告。经过初步审定的商标在商标局编印的定期刊物《商标公告》上进行公告，征询社会各方面意见，协助商标局进行审查。

根据《商标法》的有关规定，两个或两个以上的申请人在同一种商品或类似商品上以相同或者近似的商标申请注册，初步审定并公告申请在先的商标；如果同一天申请，初步审定并公告使用在先的商标，驳回其他人的申请；如果同一天申请的各申请人均于同日使用该商标，各申请人应当进行协商，协商一致的，应当在30日内将书面协议报送商标局；超过30日达不成协议的，在商标局主持下，由申请人抽签决定，或者由商标局裁定。这一规定采用申请在先的原则，并以使用在先原则作为补充。

（3）驳回商标注册申请的复审。申请注册的商标在初步审定程序中如被驳回，申请人不服的，可以在收到驳回通知书15日内，对商标局驳回的理由进行申辩或解释，请求商标局商标评审委员会进行复查审议。商标评审委员会经过复审后，做出复审决定并书面通知申请人。申请人理由成立时，对其商标申请初步审定并予以公告；申请人理由不成立时，维持原决定。

（4）商标异议制度。异议，是指申请人以外的其他任何人对于商标局初步审定公告的商标提出不同意见，要求撤销初步审定公告的商标。这样做是将申请注册商标工作置于人民群众和社会的监督之下，以便及时发现问题。《商标法》规定，对初步审定的商标自公告之日起 3 个月内，任何人均可以提出异议，无异议或者经商标局裁定异议不能成立的，即予核准注册；经裁定异议成立的，不予核准注册。当事人对商标局裁定不服的，可以在收到通知之日起 15 日内向商标评审委员会申请复审。商标评审委员会经过审议，即可做出书面决定，并书面通知申请人。

当事人对商标评审委员会的裁定不服的，可以自收到通知之日起 30 日内向人民法院起诉。

（5）核准注册。经过初步审定公告的商标，3 个月内无人提出异议，或者经裁定异议不成立的，即对于申请注册的商标予以核准注册，将核准的商标及核准注册的有关事项注录在《商标注册簿》上，发给注册人《商标注册证》，并予公告。至此，申请人即取得注册商标专用权。

6.2.3 注册商标专用权及其法律保护

1. 注册商标专用权人的权利与义务

1）商标权人的权利

（1）商标专用权。商标专用权即注册商标的所有人对其注册商标享有的独占使用权。商标专用权的具体内容包括：一是商标使用权，商标权人有权在其注册核准范围内使用注册商标并获取合法的经济利益，以及利用注册商标进行广告宣传；二是禁止权，商标权人有权排除任何其他人在相同或类似的商品或服务项目上，使用与其注册商标相同或近似的商标。这是商标权人的基本权利。

（2）商标转让权和使用许可权。商标专用权作为一种无形财产权，和有形财产权一样，所有人可以独自享有，也可以依法进行转让，还可以依法许可他人使用。

（3）请求保护权。当自己的商标权受到侵害时，商标权人有权要求国家机关予以保护。

2）商标权人的义务

商标权人应当按规定正确使用其注册商标。使用注册商标应标明注册标记，即标明“注册商标”字样或者注册标记“®”。这是为了向社会会提示其商标受法律保护，同时也便于商标管理机关对其使用商标的行为进行监督和管理。同时，商标权人应在核准的范围内使用其注册商标：一方面，不得将注册商标使用在未经核准使用的商品或服务项目上；另一方面，不得自行改变注册商标的标志。

商标权人必须保证使用注册商标的商品或服务的质量。保护消费者的利益，也是《商标法》的一项任务。商标权人一是要保证自己使用注册商标的商品或服务的质量，二是许可他人使用其注册商标时，应当监督被许可人使用其注册商标的商品或服务的质量。

商标权人可以依法变更、转让、许可他人使用自己的注册商标。注册商标需要变更注册人的名义、地址和其他注册事项的，应当提出变更申请。商标权转让时需要由转让人和受让人签订转让协议并共同向商标局提出转让申请，在转让人条件具备、受让人保证使用该注册商标的商品质量的前提下，经商标局核准并予以公告后，该注册商标专用权即发生转移。

商标注册人许可他人使用其注册商标，应签订合同，并报商标局备案。经许可使用他人注册商标的，必须在使用该注册商标的商品上标明被许可人的名称和商品产地。许可人也负有监督被许可人使用其注册商标的商品质量的责任。

2. 注册商标专用权的法律保护

1）注册商标专用权的期限和续展

注册商标只有在有效期限内才受法律保护。注册商标的有效期为10年，自商标核准注册之日起计算。注册商标有效期满，需要继续使用的，应当在有效期满前12个月内申请续展注册；在此期间未能提出申请的，可以给予6个月的宽展期。宽展期满仍未提出申请的，注销其注册商标，商标专用权即告丧失。每次续展注册的有效期为10年，续展的次数没有限制。

2）注册商标专用权的保护范围

《商标法》第五十六条规定："注册商标的专用权，以核准注册的商标和核定使用的商品为限。"这表明了商标权人行使商标权的范围。但法律对商标权实行扩大保护的原则，商标保护的范围，以商标权的范围为基础，延伸到了与注册商标相同或近似的商标和与核定使用的商品相同或类似的商品的范围。

3）商标侵权行为

商标侵权行为，是指侵犯他人注册商标专用权的行为。根据《商标法》第五十七条的规定，下列行为属于商标侵权行为。

（1）未经商标注册人的许可，在同一种商品上使用与其注册商标相同的商标。

（2）未经商标注册人的许可，在同一种商品上使用与其注册商标近似的商标，或者在类似商品上使用与其注册商标相同或者近似的商标，容易导致混淆。

（3）销售侵犯注册商标专用权的商品。

（4）伪造、擅自制造他人的注册商标标志或者销售伪造、擅自制造的注册商标标志。

（5）未经商标注册人同意，更换其注册商标并将该更换商标的商品又投入市场。

（6）故意为侵犯他人商标专用权行为提供便利条件，帮助他人实施侵犯商标专用权行为的。

（7）给他人的注册商标专用权造成其他损害的。

4）对商标侵权行为的法律制裁

有侵犯注册商标专用权行为之一，引起纠纷的，由当事人协商解决；不愿协商或者协商不成的，商标注册人或者利害关系人可以向人民法院起诉，也可以请求工商行政部门处理。工商行政部门处理时，认定侵权行为成立的，责令立即停止侵权行为，没收、销毁侵权商品和专用于制造侵权商品、伪造注册商标标志的工具，并可处以罚款。当事人可以自收到处理通知之日起15日内向人民法院起诉；侵权人期满不起诉又不履行的，工商行政管理部门可以申请人民法院强制执行。进行处理的工商行政管理部门根据当事人请求，可以就侵犯商标专利权的赔偿数额进行调解；调解不成的，当事人可以向人民法院起诉。

对侵犯注册商标专用权的行为，工商行政管理部门有权依法查处；涉嫌犯罪的，移送司法机关依法处理。

对构成犯罪的商标侵权行为，由司法机关依法追究行为人的刑事责任，依照《中华人民共和国刑法》第二百一十三条至第二百一十五条的规定，处3年以下有期徒刑、拘役或者管制，并处或者单处罚金；情节特别严重的，处3年以上7年以下有期徒刑，并处罚金。

6.2.4 商标的管理

1. 商标管理机构

我国《商标法》规定："国务院工商行政管理部门商标局主管全国商标注册和管理的工作。"申请商标注册、转让注册、续展注册、变更注册人名义或者地址、补发《商标注册证》等有关事项，由申请人所在地县级以上工商行政管理机关核准，或者由国家工商行政管理局认可的商标代理组织代理。因此，我国商标管理机构是国家工商行政管理部门商标局，以及省、自治区、直辖市、市（县）工商行政管理局。各商标管理机构实行分类注册、分级管理的原则。

2. 商标使用管理

（1）对注册商标的管理。《商标法》规定，使用注册商标，有下列行为之一的，由商标局责令限期改正或撤销其注册商标。

① 自行改变注册商标的。

② 自行改变注册商标的注册人名义、地址或其他注册事项的。

③ 自行转让注册商标的。

④ 连续3年停止使用的。

对于使用注册商标的商品粗制滥造，以次充好，欺骗消费者的，由各级工商行政管理机关分别对不同情况，责令限期改正，并可予以通报或罚款，或由商标局撤销其注册商标。对于国家规定必须使用注册商标的商品，未使用注册商标在市场上销售的，地方工商行政管理机关可责令限期申请注册，同时可以并处罚款。

（2）对未注册商标的管理。使用未注册商标，有下列行为之一的，由地方工商行政管理机关予以制止，限期改正，并可予以通报或罚款。

① 冒充注册商标的。

② 使用了法律规定的不能使用的标志的。

③ 粗制滥造，以次充好，欺骗消费者的。

地方工商行政管理部门应当禁止其商品在市场上销售，停止其广告宣传，封存或收缴其剩余商标标志，责令限期改正并根据情节予以通报或罚款。

3. 商标注册的撤销和争议的裁定

（1）商标注册的撤销。已经注册的商标，违反《商标法》的有关规定而采用某些被禁用的标志的，或者以欺骗或其他不正当手段取得注册的，依法应予撤销。撤销的途径有两条：一是由商标局撤销该注册商标，商标注册人对撤销注册商标的决定不服的，可向商标评审委员会申请复审；二是任何单位或个人认为商标注册不当的，可以申请商标评审委员会裁定撤销该注册商标。

已经注册的商标，依《商标法》第十三、第十五、第十六、第三十一条规定，属于不予注册并禁止使用的情形的，自商标注册之日起 5 年内，商标所有人或者利害关系人可以请求商标评审委员会裁定撤销该注册商标。对恶意注册的，驰名商标所有人不受 5 年的时间限制。

（2）争议的裁定。对已经注册的商标产生争议的，可以自该商标核准注册之日起 5 年内，向商标评审委员会申请裁定，但对核准注册前已经提出异议并经裁定的商标，不得再以相同的事实或理由申请裁定。

（3）撤销商标注册的法律后果。商标注册被撤销后，商标专用权视为自始即不存在。

6.3 专　利　法

6.3.1 专利和专利法的概念

一般来说，专利即指专利权，它是国家专利主管机关依照法律规定的条件和程序，授予申请人在一定期限内对某项发明创造享有的独占权。

专利法是调整在确认和保护发明创造的专有权以及在利用专有的发明创造过程中产生的社会关系的法律规范的总称。对某些发明创造授予专利权，是国际通行的一种利用法律和经济手段推动科技进步的管理制度。《中华人民共和国专利法》（以下简称《专利法》）自 1985 年 4 月 1 日起施行，后经历了 1992 年 9 月和 2000 年 8 月两次大的修订。

《专利法》第一条明确了立法目的：保护专利权人的合法权益，鼓励发明创造，推动发明创造应用，提高创新能力，促进科学技术进步和经济社会发展。

6.3.2 专利权的主体与客体

1. 专利权的主体

专利权的主体是指申请并获得专利权的单位和个人。根据我国《专利法》的规定，有权申请专利并获得专利权的单位和个人包括以下五类。

（1）发明人或设计人。发明人或设计人是指对发明创造的实质性特点做出创造性贡献的自然人，可以是一个人，也可以是多个人。非职务发明创造，申请专利的权利属于发明人或设计人。申请被批准后，专利权归发明人或设计人个人所有。

（2）发明人或设计人的单位。发明人或设计人完成的职务发明创造，申请专利的权利属于其所在单位。申请被批准后专利权归单位。

职务发明创造是指企事业单位、社会团体、国家机关工作人员执行本单位的任务或者主要是利用本单位的物质技术条件所完成的发明创造。职务发明具体指在本职工作中做出的发明创造；履行本单位交付的本职工作之外的任务所做出的发明创造；退职、退休或者调动工作 1 年以内做出的，与其在原单位承担的本职工作或者原单位分配的任务有关的发明创造。

（3）共同发明创造人。共同发明创造是指由两个以上的单位或个人共同完成的发明创造，它包括两个以上的单位或个人协作完成的发明创造和一方接受他方委托的研究、设计任务所完成的发明创造。上述完成发明创造的单位或个人，称为共同发明创造人。共同完成的发明创造，除另有协议的外，申请专利的权利属于完成或者共同完成的单位或者个人；申请被批准后，申请的单位或者个人为专利权人。

（4）发明创造的合法受让人。做出发明创造的单位或个人可以将自己所有的专利申请权转让给他人，合法受让人有权就受让的发明创造申请专利，申请被批准后，专利权归该申请人所有。

（5）外国人、外国企业或者外国其他组织。在中国没有经常居所或者营业所的外国人、外国企业或者外国其他组织在中国申请专利的，依照其所属国同中国签订的协议或者共同参加的国际条约，或者依照互惠原则依法办理。

2. 专利权的客体

专利权的客体是专利法的保护对象，即依法应授予专利的发明创造。我国《专利法》所称的发明创造，包括发明、实用新型和外观设计三种。

（1）发明。专利法所称的发明是指对产品、方法或者其改进所提出的新的技术方案。它是人们通过脑力劳动对某一特定技术领域中的有关技术问题所提出的前所未有的技术方案。发明分为产品发明和方法发明。其中产品发明包括制造品的发明、材料物品的发明。方法发明包括制造产品方法的发明，使用产品方法的发明，测量方法、通信方法的发明等。

发明和发现是两个截然不同的概念。发明是指所制造的产品或提出的生产方法是前所未有的。发现则是指揭示自然界已经存在但尚未被人们所认识的事物。科学发现依法不能被授予专利权。

（2）实用新型。实用新型是指对产品的形状、构造或者其结合所提出的适于实用的新的技术方案。实用新型在技术水平上的要求比发明低，故又称“小发明”。它与发明的主要区别如下。

① 发明既包括产品发明也包括方法发明，而实用新型仅指具有一定形状的物品发明。方法发明以及没有固定形状和构造的产品发明，不属于实用新型的范畴。

② 实用新型同发明相比，对产品创造性要求较低。

（3）外观设计。外观设计是指对产品的形状、图案、色彩或者其结合所做出的富有美感并适于工业上应用的新设计。形状指设计的平面或立体轮廓，有时也指所占的空间形状。图案是指作为装饰而加于产品表面的花色图样、线条等。色彩是指产品表面所用的颜色。

外观设计很多是形状、图案和色彩三者的结合。

外观设计同发明、实用新型的区别：外观设计只涉及美化产品的外表和形状，而不涉及产品的制造和设计技术。

3. 对专利权客体的限制

我国《专利法》规定了如下几种不能授予专利权的情况。

（1）科学发现。

（2）智力活动的规则和方法。

（3）疾病的诊断和治疗方法。

（4）动物和植物品种（对其生产方法，可以依法授予专利权）。

（5）用原子核变换方法获得的物质。

（6）对平面印刷品的图案、色彩或者二者的结合做出的主要起标识作用的设计。

6.3.3 专利权的取得

1. 专利权的申请原则

（1）“一项发明创造，一项专利权”的原则。这是由工业产权的独占性特征决定的，即一项发明创造只能申请一项专利，但属于一个总的发明构思的两项或两项以上的发明或实用新型，用于同一类别并且成套出售或使用的产品的两项或两项以上的外观设计，可以作为一件申请提出。

（2）先申请原则。我国专利法同世界上大多数国家的专利法一样，采用先申请原则。所谓先申请原则，是指专利权授予同样的发明中第一个申请专利权的人。这个原则只承认申请的先后，而不管发明的先后。因此，申请日的确定非常重要。申请日是判断专利申请是否具备新颖性的时间标准，也是专利权有效期限及其他一些法定程序的起算日。我国《专利法》第二十八条规定，专利局收到专利申请文件之日为申请日。如果申请文件是邮寄的，以寄出的邮戳日为申请日。两个以上的申请人在同一日分别就同样的发明创造申请专利的，应当在收到国务院专利行政部门的通知后自行协商确定申请人。

（3）优先权原则。我国是《保护工业产权巴黎公约》的成员国，我国专利法赋予申请人在我国申请专利享有外国优先权。《专利法》第二十九条规定，申请人自发明或实用新型在外国第一次提出专利申请之日起 12 个月内，或者自外观设计在外国第一次提出专利申请之日起 6 个月内，又在我国就相同主题提出专利申请的，依照该外国同我国签订的协议或共同参加的国际条约，或依照相互承认优先权的原则，可以享有优先权。

2. 专利权的取得条件

根据《专利法》第二十二条的规定，授予专利权的发明或实用新型应具备下列条件。

（1）新颖性。新颖性是指在申请日以前没有同样的发明或实用新型在国内外出版物上公开发表过、在国内公开使用过或者以其他方式为公众所知，也没有同样的发明或实用新型由他人向国务院专利行政部门提出过申请并记载在申请日以后公布的专利申请文件中。

但是，申请专利的发明创造在申请日以前6个月内有下列情形之一的，不丧失新颖性。

① 在中国政府主办或者承认的国际展览会上首次展出的。

② 在规定的学术会议或者技术会议上首次发表的。

③ 他人未经同意而泄露其内容的。

（2）创造性。创造性是指同申请日以前已有的技术相比，该发明具有突出的实质性特点与显著的进步。这里，“已有的技术”是指专利申请日以前公开的技术。“实质性特点”是指申请专利保护的发明或实用新型，与原来技术相比有本质性的突破，是创造性构思的结果。“进步”是指与原有技术相比，技术的应用能产生新的、更好的效果。在创造性方面，对发明的要求要比对实用新型的要求高。

（3）实用性。实用性是指该发明或者实用新型能够制造或者使用，并且能够产生积极效果。也就是要求申请专利的发明或实用新型是能够在产业上实施应用的技术方案，即能在产业上制造或者使用，并在经济和社会发展上产生有益的结果。

以上三个条件，发明或实用新型授予专利权时必须同时具备；而外观设计要获得专利权，要求具备新颖性即可，即授予专利权的外观设计，应同申请日以前在国内外出版物上公开发表过或者国内公开使用过的外观设计不相同和不相近似，并不得与他人在先取得的合法权利相冲突。

3. 专利权的取得程序

1）专利的申请

国务院专利行政部门收到专利申请文件之日为申请日。如果文件是邮寄的，以寄出的邮戳日为申请日。

申请发明或实用新型专利，应当向专利局提交下列文件。

（1）请求书。这是当事人向国务院专利行政部门提出的请求批准专利权的主要文件，应当载明发明或实用新型的名称，发明人或设计人的姓名，申请人姓名或名称、地址，以及其他事项。

（2）说明书。这是对发明创造内容的具体说明。说明书应具体说明发明创造的名称、目的，所属技术领域，对该发明创造的理解、检索、审查有参考价值的现有技术，并且应该清楚、完整地表达该发明创造的内容，以便使所属技术领域的普通技术人员能够再现该发明创造，说明该发明创造与现有技术相比所具有的优点和积极效果，申请人认为实现发明创造的最佳方式，必要时应当有附图。

（3）说明书摘要。这是对说明书内容的简要说明，其目的在于使非专业人员简要了解说明书内容。摘要主要介绍该发明或实用新型所属技术领域、所要解决的技术问题、解决该问题的技术方案的要点和主要用途等。

（4）权利要求书。这是申请人请求确定其专利权保护范围的重要法律文件。专利权被授予后，权利要求书就是确定专利权范围的根据，并可据此判定他人是否构成专利侵权。

申请外观设计专利，除应提交请求书外，还要提交该外观设计的图片或照片等文件，并应当写明使用该外观设计的产品及其所属类别。

2）专利申请的审查

对于专利申请的审查，是一项发明创造能否获得专利权的决定性程序。对于发明专利申请，具体要经过以下几个阶段。

（1）初步审查。初步审查又称形式审查。国务院专利行政部门收到发明专利申请后，对申请文件是否齐备、书写是否规范等形式条件以及是否属于授予专利权的范围和实质性条件是否存在明显缺陷进行审查。

（2）早期公开。经初步审查，国务院专利行政部门认为符合《专利法》要求的，自申请日起满18个月即行公布；也可根据申请人的请求早日公布其申请。早期公开有利于避免重复研究造成的浪费。

（3）实质审查。这是国务院专利行政部门对发明创造是否具备实质性条件所进行的审查。自申请之日起3年内，国务院专利行政部门可以根据申请人随时提出的请求，对其申请进行实质审查；申请人无正当理由逾期不请求实质审查的，该申请即被视为撤回。国务院专利行政部门认为必要时，也可自行对发明专利申请进行实质审查。

（4）通知申请人陈述或修改申请书。国务院专利行政部门对发明专利申请进行实质审查后，认为不符合《专利法》规定的，应当通知申请人，要求其在指定的期限内陈述意见，或者对其申请进行修改；无正当理由不提交的，该申请即被视为撤回。

（5）驳回申请或授予专利权。发明专利申请经申请人陈述意见或修改后，国务院专利行政部门仍然认为不符合《专利法》规定的，予以驳回。没有发现驳回理由的，国务院专利行政部门应当做出授予发明专利权的决定，发给专利证书，并予以登记和公告。

对实用新型和外观设计专利申请，经初步审查没有发现驳回理由的，国务院专利行政部门应当做出授予专利权决定，发给相应的专利证书，并予以登记和公告。

3）专利权的复审

当事人对国务院专利行政部门驳回专利申请的决定不服，可以自收到通知之日起3个月内，向国务院专利行政部门设立的专利复审委员会请求复审。专利复审委员会复审后做出决定，并通知专利申请人。专利申请人对专利复审委员会的复审决定不服的，可以自收到通知之日起3个月内向人民法院起诉。

6.3.4 专利权人的权利与义务

1. 专利权人的权利

专利权是专利权人在专利有效期内对其发明创造享有的独占权，其具体内容如下。

（1）独占实施权。独占实施权是专利权人最基本的权利。发明和实用新型专利权被授予后，除《专利法》另有规定的以外，任何单位或者个人未经专利权人许可，都不得实施其专利，即不得为生产经营目的制造、使用、许诺销售、销售、进口其专利产品，或者使用其专利方法以及使用、许诺销售、销售、进口依照该专利方法直接获得的产品。

外观设计专利权被授予后，任何单位或者个人未经专利权人许可，都不得实施其专利，即不得以生产经营为目的制造、销售、进口其外观设计专利产品。

从国家利益和社会公共利益出发，《专利法》对独占实施权也给予了一定限制。国有企事业单位的发明专利，对国家利益或者公共利益具有重大意义的，国务院有关主管部门和省、自治区、直辖市人民政府报经国务院批准，可以决定在批准的范围内推广应用，允许指定的单位实施，由实施单位按照国家规定向专利权人支付使用费。中国集体所有制单位和个人的发明专利，对国家利益或者公共利益具有重大意义，需要推广应用的，参照上述规定办理。

（2）转让权。转让权是指专利权人依法将自己所有或持有的专利转让给他人的权利。专利属于无形财产，专利权人可以通过出卖、赠与、投资入股等方式将其专利进行转让，但转让必须符合法律规定：中国单位或个人向外国人转让专利权，必须经国务院有关主管部门批准；当事人必须订立书面专利权转让合同，并向国务院专利行政部门登记，由其进行公告。专利权的转让自登记之日起生效。

（3）实施许可权。实施许可权是专利权人许可他人实施其专利并取得专利使用费的权利。专利权人应与被许可人订立书面专利实施许可合同，并自合同生效之日起 3 个月内向国务院专利行政部门备案。

（4）标记权。专利权人有权在其专利产品或该产品的包装上标明专利标记和专利号。

除上述财产权利外，发明人和设计人还享有身份权，有权在专利文件中写明自己是发明人或设计人。

（5）排除侵害权。专利权人在自己的专利权受到侵犯时，有请求专利管理机关进行处理，或者直接向人民法院起诉的权利。

（6）放弃专利权。专利权人有权以书面声明形式放弃其专利权。

2. 专利权人的义务

（1）缴纳专利年费。专利年费是为维护专利权而需要的必要费用。专利权人应自被授予专利权的当年开始缴纳年费，否则将导致专利权终止。

（2）依法对职务发明创造的发明人或设计人给予奖励。被授予专利权的单位应当对职务发明创造的发明人或者设计人给予奖励；发明创造专利实施后，根据其推广应用的范围和取得的经济效益，对发明人或者设计人给予合理的报酬。发明人或者设计人有权在专利文件中写明自己是发明人或者设计人。

6.3.5 专利实施的强制许可

1. 专利实施强制许可的概念

专利实施的强制许可，是指国务院专利行政部门依据法律规定的情形，不经专利权人同意而允许他人实施其发明专利或实用新型专利的行政强制措施，其目的在于防止滥用专利权，维护国家和社会利益，促进科学技术的发展。

2. 专利实施强制许可的条件

（1）被实施强制许可的专利只涉及发明和实用新型，而不包括外观设计。

（2）符合允许实施强制许可的法定情形如下。

① 具备实施条件的单位以合理的条件请求专利权人实施其专利，而未能在合理的时间内获得这种许可。

② 在国家出现紧急状态或者非常情况时，或者为了公共利益。

③ 一项专利比已经取得的前一专利在技术上先进，其实施又有赖于前一专利实施的，在此种情况下，可强制许可后一专利权人实施前一专利。在该种情形下，国务院专利行政部门根据前一专利权人的申请，也可给予实施后一发明或实用新型的强制许可。

（3）申请强制许可的单位或个人，应当提出未能以合理条件与专利权人签订实施许可合同的证明。

3. 专利实施强制许可的程序

除在国家出现紧急状态或者非常情况时，或者为了公共利益，国务院专利行政部门可直接强制许可外，其他情况下，必须根据当事人的强制许可申请，国务院专利行政部门方可做出强制许可的决定。

国务院专利行政部门应当将强制许可申请副本送交专利权人，要求其在指定期限内陈述意见，在此基础上做出决定。该决定应当予以登记和公告。取得强制许可的单位或个人不享有独占实施权，且无权允许他人实施，并应向专利权人支付合理的使用费。双方对使用费数额达不成协议的，由国务院专利行政部门裁决。

6.3.6 专利侵权行为的认定及专利权的保护

1. 专利侵权行为的认定

专利侵权行为，是指在专利有效期内，行为人未经专利权人许可，实施其专利的行为。《专利法》规定，发明或者实用新型专利权的保护范围以其权利要求书的内容为准，说明书及附图可以用于解释权利要求。外观设计专利权的保护范围以表示在图片或者照片中的该外观设计专利产品为准。

但是，下列情形不视为专利侵权行为。

（1）专利权人制造、进口或经专利权人许可而制造、进口的专利产品或者依照专利方法直接获得的产品售出后，使用、许诺销售或者销售该产品的。

（2）在专利申请日以前已制造相同产品、使用相同方法或已做好制造、使用的必要准备，并且仅在原有范围内继续制造、使用的。

（3）临时通过中国领土、领水、领空的外国运输工具，依照其所属国同中国签订的协议或共同参加的国际条约，或者依照互惠原则，为运输工具自身需要而在其装置和设备中使用有关专利的。

（4）专为科学研究和实验使用有关专利的。

为生产经营目的使用或者销售不知道是未经专利权人许可而制造并售出的专利产品或者依照专利方法直接获得的产品，能证明其产品合法来源的，不承担赔偿责任。

2．专利权的保护

侵犯专利权，引起纠纷的，由当事人协商解决；不愿协商或者协商不成的，专利权人或利害关系人可以向人民法院起诉，也可以请求管理专利工作的部门处理。管理专利工作的部门处理时，认定侵权行为成立的，可以责令侵权人立即停止侵权行为，当事人不服的，可以自收到处理通知之日起 15 日内向人民法院起诉；侵权人期满不起诉又不停止侵权行为的，管理专利工作的部门可以申请人民法院强制执行。进行处理的管理专利工作的部门应当事人的请求可以就侵犯专利权的赔偿数额进行调解；调解不成的，当事人可以向人民法院起诉。

侵犯专利权的赔偿数额，按照权利人因被侵权所受到的损失或者侵权人因侵权所获得的利益确定；被侵权人的损失或者侵权人获得的利益难以确定的，参照该专利许可使用费的倍数合理确定。

侵犯专利权的诉讼时效为 2 年，自专利权人或利害关系人得知或者应当得知侵权行为之日起计算。

发明专利申请公布后至专利权授予前使用该发明未支付适当使用费的，专利权人要求支付使用费的诉讼时效为 2 年，自专利权人得知或者应当得知他人使用其发明之日起计算，但是专利权人于专利权授予之日前即已得知或者应当得知的，自专利权授予之日起计算。

本章小结

本章内容共分三节，主要介绍工业产权法的概念以及商标法和专利法。工业产权法是我国经济法律制度的重要内容之一，本章主要介绍了工业产权的概念、特征及工业产权的立法；商标权与专利权取得的条件和程序以及权利的具体内容；对商标和专利的管理；对相关权利的保护以及对有关纠纷的处理。

思考与练习

一、名词解释

工业产权　商标　商标权　商品商标　服务商标　集体商标　证明商标　专利权　职务发明创造　形式审查　实质审查　强制许可实施

二、判断题

1．销售不知道是侵犯注册商标专用权的商品，能证明该商品是自己合法取得并说明提供者的，不承担赔偿责任。　（　）

2．经过实质审查，如果专利局认为发明专利申请不符合《专利法》的规定，应立即予以驳回。　（　）

3．注册商标需要改变文字、图形的，应当提出变更申请。（　）

4．申请人自外观设计在中国第一次提出专利申请之日起 6 个月内，又就相同主题向专利局提出专利申请的，可以享有优先权。（　）

5．申请专利的发明创造，在申请日以前 6 个月内在规定的学术会议首次发表的不丧失新颖性。（　）

6．对专利产品的保护不应局限于说明书中所说明的方法，任何通过其他方法制造的同样的产品均可构成侵犯该产品专利。（　）

7．发明专利期满，如果专利人想继续得到保护，可以申请续展。（　）

8．《商标法》保护的对象是一切商标。（　）

9．企事业单位、社会团体、国家机关的工作人员，在工作时间以外完成的发明创造是非职务发明创造。（　）

10．专利权是专利权人在专利有效期内对其发明创造享有的独占权，其中独占实施权是最基本的权利。（　）

三、单项选择题

1．我国《商标法》保护的核心是（　）。

A．商标权　B．商标的显著性　C．商标的信誉　D．商标

2．在未注册商标使用人实施的下列行为中，符合法律规定的是（　）。

A．在未注册商标上制作注册标记　B．在人用药品上使用未注册商标

C．在兽用药品上使用未注册商标　D．在烟草制品上使用未注册商标

3．在下列关于注册商标续展的叙述中，正确的是（　）。

A．可续展 1 次　B．可续展 2 次

C．可续展 10 次　D．可续展任意次

4．在以下各名称中，属于制造商标的是（　）。

A．“香格里拉”饭店　B．“长虹”彩电

C．中国建设银行的标记　D．“西单”商场

5．老企业甲与新办企业乙在各自生产的台灯上，于同一日分别向商标局申请注册“长城”商标。经查，两企业的注册申请均符合法律规定，且在申请前对该商标均未使用。如果甲、乙在规定的期限内协商不成，则该商标应由（　）。

A．甲企业使用　B．乙企业使用

C．甲、乙的申请均予驳回　D．甲、乙抽签决定

6．专利权人（　）的，专利权在期限届满前终止。

A．擅自转让专利权

B．口头表示放弃专利权

C．自被授予专利权之日起满 3 年未实施其专利

D．没有按照规定缴纳年费

7．专利申请人对专利局驳回申请的决定不服的，可以自收到通知之日起（　）内，向专利复审委员会请求复审。

A．15 日　B．1 个月　C．3 个月　D．6 个月

8．在下列所使用的商标中，符合法律规定的是（ ）。

A．“新西兰”风衣　　B．“蜘蛛”计算机

C．“美又新”衬衫　　D．“锋利”菜刀

9．发明专利权的期限自（ ）起计算。

A．优先权日　　B．申请日

C．申请公布之日　　D．授予专利权之日

10．根据《专利法》的规定，申请外观设计专利的，应当提交（ ）以及图片或者照片等文件。

A．请求书　　B．权利要求书　　C．说明书　　D．摘要

四、多项选择题

1．商标使用的文字、图形或者组合，应当有（ ）。

A．新颖性　　B．创造性

C．显著特征，便于识别　　D．符合可视性要求

2．商标局接受了一批商标注册申请，经审查，应当依法驳回（ ）的商标注册申请。

A．美利坚合众国果汁　　B．奥林匹克运动衣

C．英雄牌钢笔　　D．红新月牌健身器

3．某酒厂生产的一种优质酒驰名中外，该厂于 2005 年 12 月 30 日经国家商标局核准取得注册商标。请判断，在下列各项中符合《商标法》规定的有（ ）。

A．注册商标的有效期到 2015 年 12 月 30 日

B．注册商标的有效期到 2020 年 12 月 30 日

C．注册商标有效期满，如果需要继续使用，该厂应该在 2015 年 6 月 30 日以后至 2015 年 12 月 30 日以前申请续展注册

D．注册商标有效期满，如果需要继续使用，该厂应该在 2015 年 1 月 1 日以后至 2015 年 12 月 30 日以前申请续展注册

4．转让注册商标，应当符合的条件有（ ）。

A．转让人向商标局提出申请

B．受让人向商标局提出申请

C．转让人和受让人共同向商标局提出申请

D．受让人应当保证使用该注册商标的商品质量

5．某公司以“OCR”作为计算机文字识别系统软件商标获得注册。“OCR”为计算机文字识别系统的国际通用名称。在对此事件的下列说法中，正确的有（ ）。

A．该项注册商标违反了《商标法》关于不该使用的文字、图形的规定

B．任何单位或个人都可以请求商标评审委员会撤销该注册商标

C．该注册商标被撤销后，应视为自始不存在，该公司以前通过该注册商标的使用许可取得的收入应予返还

D．在撤销以前，人民法院做出的侵犯该注册商标的侵权案件判决尚未执行的，不再执行

6．在下列行为中，属于侵犯注册商标专用权的行为有（ ）。

A. 虽经注册商标所有人许可，但不是在同一种商品而是在类似的商品上使用与其注册商标相同或近似的商标
B. 擅自制造或者销售他人的注册商标标志
C. 未经注册商标所有人许可，但不是在同一种商品而是在类似的商品上使用与其注册商标相同或近似的商标
D. 虽经注册商标所有人许可，但背着商标所有人，在劣质产品上使用该注册商标

7. 在下列行为中，属于侵犯注册商标专用权的行为的有（　　）。
A. 某电子公司未经商标注册人许可，在同一种商品或者类似商品上使用与其注册商标相同或者近似的商标
B. 某商场销售侵犯注册商标专用权的商品
C. 某印刷厂销售伪造、擅自制造的注册商标标志
D. 甲商场未经商标注册人乙同意，将乙的商品更换注册商标后，又将该更换商标的商品又投入市场

8. 根据我国《商标法》的规定，生产或销售（　　）必须使用注册商标。
A. 感冒清胶囊　　B. 香烟
C. 食品　　D. 服装

9. 依据《专利法》的有关规定，下列情况不能授予专利权的有（　　）。
A. 甲发明了仿真伪钞机　　B. 乙发明了对糖尿病特别有效的治疗方法
C. 丙发现了某植物新品种　　D. 丁发明了某植物新品种的生产方法

10. 在下列各种关于发明、实用新型和外观设计的有关说法中，正确的有（　　）。
A. 发明一般分为产品发明和方法发明两类，而实用新型仅限于产品发明
B. 发明和实用新型必须进行实质审查，外观设计只需进行初步审查
C. 发明和实用新型授予专利的条件为新颖性、创造性和实用性，外观设计授予专利的条件为新颖性
D. 发明专利权的保护期为20年，实用新型和外观设计的保护期为10年

五、简答题

1. 什么是工业产权？工业产权具有哪些法律特征？工业产权制度有何重要意义？
2. 试述商标侵权行为及其处理办法。
3. 商标注册的基本原则有哪些？
4. 专利权的取得条件有哪些？
5. 试述怎样判断专利侵权行为以及如何对专利权进行保护。

案例分析

案例1　A厂工程师陈某2010年6月退休后，在一年之内完成了甲、乙两项发明创造，其中甲项目是陈某退休前承担的本单位新产品开发项目，乙项目是B厂委托陈某完成的外观设计方案。2011年5月，陈某将两个项目以个人名义申请专利。同年8月，专利局驳回

陈某甲项目的专利申请。

案例讨论

（1）谁是甲、乙项目的专利申请人？为什么？

（2）申请甲、乙两个项目的专利，应当分别提交哪些主要文件？

（3）陈某对专利局驳回甲项目的专利申请不服时，可以采取哪些措施？

案例2 甲公司未经许可擅自使用乙公司专利技术生产并销售了变频家用空调5 000台。丙家电销售公司在明知甲公司侵犯乙公司专利权的情况下，从甲公司进货空调2 000台，并已实际售出1 600台。丁宾馆在不知甲公司侵犯乙公司专利权的情况下也从甲公司购入空调200台并已安装使用。乙公司发现甲公司、丙家电销售公司和丁宾馆的上述生产、销售和使用行为后，向人民法院起诉，状告甲公司、丙家电销售公司和丁宾馆侵犯其专利权。

案例讨论

（1）甲公司的生产、销售行为是否侵权？是否应承担相应的赔偿责任？

（2）丙家电销售公司的销售行为是否侵权？是否应承担相应的赔偿责任？是否可以继续销售库存的400台空调？

（3）丁宾馆的使用行为是否侵权？是否应承担相应的赔偿责任？是否可以继续使用这200台空调？

第 7 章　市场规范法律制度

学习要点

- 掌握不正当竞争行为的概念、特征及主要类型
- 不正当竞争行为的监督检查及其法律责任
- 消费者权益保护法的相关概念
- 产品质量法的概念与调整对象

案例导入

A 公司与 B 啤酒厂正在洽谈一笔购买该厂生产的啤酒的业务，但在价款上未达成协议。同时，C 啤酒厂也派人与 A 公司接洽销售啤酒事宜。C 厂提议，在购销合同中订明，销售时给予 A 公司 15%的优惠。A 公司遂放弃与 B 公司的洽谈，准备与 C 厂签约成交。此时，B 厂又向 A 公司负责采购的供销科科长丁某提出“成交之后，B 厂给丁某个人 2 万元好处费，天知地知，你知我知”。丁某见个人有利，便与 B 厂签订了合同，并暗中获得 1 万元“好处费”。

请分析：

（1）B 厂的行为是否构成不正当竞争？法律依据是什么？

（2）C 厂的行为是否违法？为什么？

（3）丁某的行为是否违法？为什么？

7.1　反不正当竞争法

7.1.1　反不正当竞争法的来源

为保障经济健康发展，鼓励和保护公平竞争，制止不正当竞争行为，保护经营者和消费者的合法权益，1993 年 9 月 2 日第八届全国人民代表大会常务委员会第三次会议通过了《中华人民共和国反不正当竞争法》（以下简称《反不正当竞争法》），1993 年 12 月 1 日起实施。随后，国务院和国家工商行政管理局针对几种特殊的不正当竞争行为出台了相关的行

政规章，如《关于在市场经济活动中实行地区封锁的规定》、《关于禁止公用企业限制竞争行为的若干规定》、《关于禁止有奖销售活动中不正当竞争行为的若干规定》、《关于禁止仿冒知名商品特有名称、包装、装潢的不正当竞争行为的若干规定》、《关于禁止侵犯商业秘密行为的若干规定》、《关于禁止商业贿赂行为的暂行规定》等。此外在《价格法》、《广告法》、《招标投标法》、《商标法》、《专利法》、《著作权法》等其他法律、法规中也对不正当竞争行为的相关内容，尤其是对各种不正当竞争侵权行为的认定及责任承担进行了规定。反不正当竞争法，是以上调整市场竞争过程中因规制不正当竞争行为而产生的社会关系的法律规范的总称。

从我国市场经济的发展水平和立法的实际需要来看，我国市场经济还处于初级阶段，典型意义上的经济性垄断和限制性竞争的行为在经济活动中还不突出，现实中又大量存在着急需加以规范的不正当竞争行为，所以，我国《反不正当竞争法》主要是规范不正当竞争行为。但考虑到计划经济向市场经济过渡阶段仍存在着严重的部门垄断和地区封锁等问题，为了对此加以规范引导，同时把限制性竞争行为也纳入了《反不正当竞争法》的调整范围。

7.1.2 不正当竞争行为的概念及特征

1. 不正当竞争行为的概念

不正当竞争行为，是指经营者违反《反不正当竞争法》的规定，损害其他经营者的合法权益，扰乱社会经济秩序的行为。

2. 不正当竞争行为的特征

（1）商业竞争性与盈利性。不正当竞争行为，顾名思义是指相互有竞争关系的市场主体之间的竞争行为，只不过这种竞争行为有损职业道德，危及他人的利益。值得注意的是，这里的相互竞争关系应以广义含义理解，并非要求行为人与被害者必定处于共同或相互联系的经济领域，有直接的竞争关系。因此，不正当竞争行为应被界定为以竞争为主要形态，以盈利为最终目的的行为。

（2）违背商业道德、诚实信用原则。《反不正当竞争法》反映了市场中的商业伦理、商业惯例以及社会生活中普遍适用的诚信原则。违反了我国《反不正当竞争法》及其相关法律、法规，从事了法律规定的不正当竞争行为，或者竞争者的某些行为虽然难以被确认为是《反不正当竞争法》明确规定的不正当竞争行为，但是违反了自愿、平等、公平、诚实信用的原则或者违背了公认的商业道德，也视为违法，是不正当竞争行为。

（3）社会危害。不正当竞争行为通常会在三个层面产生。首先，危害了其他经营者的利益，通过降价、仿冒等行为，会给其他经营者带来财产损失，甚至导致其严重亏损或破产；其次，损害了消费者的利益，如虚假广告行为会直接导致消费者上当受骗，甚至造成人身健康权益的损害；最后，损害了社会正常健康的经济秩序。不正当竞争行为采用的是欺诈、恶意等手段，会妨碍正常的交易秩序，破坏市场商业风气，甚至危及整个经济的良性运行。

7.1.3 不正当竞争行为的主要类型

不正当竞争行为在现实社会中的表现形式复杂多样。我国的《反不正当竞争法》对此列举了各国反不正当竞争法中普遍予以禁止的和我国经济生活中表现突出、危害严重的 11 类行为，以作为界定和规范不正当竞争行为的法律依据。其主要内容包括：采用假冒、仿冒等混淆手段从事市场交易，损害竞争对手的行为；商业贿赂行为；虚假宣传行为；侵犯商业秘密的行为；低价倾销行为；不正当有奖销售行为；商业诋毁行为；搭售商品或附加其他不合理条件的销售行为；投标招标通谋行为；公用事业或其他依法具有独占地位的经营者强制交易的行为；政府及其所属部门滥用行政权力限制竞争的行为。其中前七类为不正当竞争行为，后四类为限制性竞争行为，统称为不正当竞争行为。

1. 采用假冒、仿冒等混淆手段从事市场交易，损害竞争对手的行为

假冒、仿冒行为，是指经营者在市场经营活动中，以种种不实手法对自己的商品或服务做虚假表示、说明或承诺，或不正当地利用他人的智力成果，混淆自己的商品或服务，使用户或消费者产生误解，扰乱市场秩序、损害同业竞争者的利益或消费者利益的行为。这类不正当竞争行为主要表现在以下四个方面。

（1）假冒他人的注册商标。该行为是指对注册商标做相同或者类似使用，即未经过注册商标所有权人的许可，在同一种商品或类似商品上使用与其注册商标相同或近似的商标。假冒他人注册商标可以分为以下四种情形。

① 在同一种商品上使用与他人注册商标相同的商标。

② 在同一种商品上使用与他人注册商标近似的商标。

③ 在类似商品上使用与他人注册商标相同的商标。

④ 在类似商品上使用与他人注册商标近似的商标。

如果不在同一种商品或者类似商品上使用与他人的注册商标相同或近似的商标，而是在不同类别的商品上使用相同商标（驰名商标除外）或者在同一商品上使用不近似的商标的，则不构成假冒他人商标行为。

（2）仿冒知名商品特有的名称、包装、装潢。该行为是指擅自使用知名商品特有的名称、包装、装潢，或者使用与知名商品近似的名称、包装、装潢，造成和他人的知名商品相混淆，使购买者误认为是该知名商品的行为。商品的名称、包装、装潢是商品的外部特征，是和其他商品相区别的重要标志。被公众所熟知的知名商品，其特有的名称、包装、装潢和该商品的质量、特点、信誉是联系在一起的。使用与他人知名商品相同的名称、包装、装潢，即做相同的使用，或者使用与知名商品近似的名称、包装、装潢，即做近似的使用，足以使公众误认为是知名商品的，即构成不正当竞争行为。所谓“知名商品”，是指在市场上具有一定的知名度，为公众所知悉的商品。判断商品是不是知名商品不应以全社会任何人是否知晓该商品为依据，而应以该商品在相关的市场领域中是否具有较高的知名度为判断依据。所谓“特有的名称、包装、装潢”，是指经营者为自己的商品独创的具有显著特点的，而不是该种商品通用的名称、包装、装潢。非特有的名称、包装、装潢的使用不构成不正当竞争。

（3）擅自使用他人的企业名称或者姓名，引人误认为是他人的商品的行为。该行为是指在商品上擅自使用他人的企业名称或者姓名，并且使公众误认为其商品是他人商品，造成商品来源混淆的行为。企业名称或者姓名是参与市场交易的经营者在工商行政管理部门或其他主管部门登记并在经营中所使用的名称，包括各种组织形式的企业名称、从事生产经营活动的事业单位名称以及个体工商户使用的字号等。

（4）伪造、冒用商品质量标志和产地。该行为是指在商品上伪造或者冒用认证标志、名优标志等质量标志，伪造产地，对商品质量做引人误解的虚假表示的行为。认证标志是质量认证机构准许经其认证产品质量合格的企业在产品或包装上使用的质量标志。名优标志是经国际或国内有关机构或社会组织评定为名优产品而发给经营者，准许在其产品或包装上使用的质量标志。

2. 商业贿赂行为

商业贿赂行为，是指经营者为争取交易机会，暗中给予交易对方有关人员和能够影响交易的其他相关人员以财物或其他好处的行为。《反不正当竞争法》第八条规定，经营者不得采用财物或者其他手段进行贿赂以销售或者购买商品。在账外暗中给予对方单位或者个人回扣的，以行贿论处；对方单位或者个人在账外暗中收受回扣的，以受贿论处。经营者销售或者购买商品，可以以明示方式给对方折扣，可以给中间人佣金。经营者给对方折扣、给中间人佣金的，必须如实入账。接受折扣、佣金的经营者必须如实入账。所谓回扣，是指在市场交易过程中，经营一方从交易所得的价款中提取一定比例的现金或额外以定额的酬金支付给对方单位或个人的金钱或有价证券。折扣，是指在商品购销活动中，经营者在所成交的价款上给对方以一定比例的减让而返还给对方的一种交易上的优惠。佣金，是指在市场交易活动中，具有独立地位的中间人因为他人提供服务、介绍、撮合交易或代买、代卖商品而得到的报酬。佣金可以由卖方给付，也可以由买方给付。一般情况下，折扣是卖方对买方的一种让利，只发生在交易的双方当事人之间，不能支付给当事人一方的经办人或代理人。折扣与非法回扣的显著不同在于：折扣以明示的方式给付对方，给付方和收受方都要如实入账；而非法回扣一般是私下或暗中给付和收受。佣金是买卖双方当事人之间的第三方当事人因提供中介服务所获取的报酬，是合法的市场行为。

在生活中，以回扣、折扣、佣金、咨询费、介绍费等名义争取交易机会的现象非常普遍，其是否构成商业贿赂，应考虑如下标准。

（1）行为主体为经营者或受经营者指使的人。

（2）行为目的是争取市场交易机会。

（3）有私下暗中给予他人财物或其他好处的行为。

（4）一方行贿，另一方接受的事实存在。

同时具备以上四个条件的行为构成商业贿赂。

3. 虚假宣传行为

虚假宣传行为，是指利用广告和其他方法，对产品的质量、性能、成分、用途、产地等所做的引人误解的不实宣传。《反不正当竞争法》第九条规定，经营者不得利用广告或者其他方法，对商品的质量、制作方法、性能、用途、生产者、有效期限、产地等做引人误解的虚假宣传。广告的经营者不得在明知或者应知的情况下，代理、设计、制作、发布虚假广告。

虚假宣传行为一般具有如下行为要点。

（1）行为的主体是广告主、广告代理制作者和广告发布者。

（2）行为主体对商品或服务做虚假广告或以其他方式进行虚假宣传。

（3）虚假广告或虚假宣传达到了引人误解的程度，具有社会危害性。

（4）主观方面，广告经营者在明知或应知情况下，方对虚假广告负法律责任；对广告主而言，则不论其主观上处于何种状态，均须对虚假广告承担法律责任。

4. 侵犯商业秘密的行为

商业秘密，是指不为公众所知悉、能为权利人带来经济利益、具有实用性并经权利人采取保密措施的技术信息和经营信息。据此，商业秘密构成要件可分为以下三部分：其一，不为公众所知悉，包括新颖性和秘密性；其二，价值性和实用性；其三，采取了保密措施。商业秘密不仅包括凭技能或经验产生的在实际中尤其是工业生产中适用的技术信息，如生产流程、技术秘诀、化学配方、工程图纸等，还包括具有秘密性质的经营管理方法，以及相关的经营信息，如产销策略、货源情报、客户名单等。侵犯商业秘密行为，是指以不当手段获取、披露、使用他人商业秘密的行为。《反不正当竞争法》第十条规定，侵犯商业秘密的情形包括以下三个方面。

（1）以盗窃、利诱、胁迫或者其他不正当手段获取权利人的商业秘密。

（2）披露、使用或者允许他人使用以前项手段获取的权利人的商业秘密。

（3）违反约定或者违反权利人有关保守商业秘密的要求，披露、使用或者允许他人使用其所掌握的商业秘密。

5. 低价倾销行为

低价倾销行为，是指经营者以排挤竞争对手为目的，以低于成本的价格销售商品的行为。《反不正当竞争法》第十一条规定，经营者不得以排挤竞争对手为目的，以低于成本的价格销售商品。但有下列情形之一的，不属于不正当竞争行为。

（1）销售鲜活商品。

（2）处理有效期限即将到期的商品或者其他积压的商品。

（3）季节性降价。

（4）因清偿债务、转产、歇业降价销售商品。

低价倾销行为的认定有以下三个要点。

（1）行为的主体是经营者，且主要是大型企业或处于经营优势地位的经营者。

（2）经营者客观上进行了低价销售，一般是等于或低于成本销售。

（3）经营者低价销售的目的是击败竞争对手，以便独占市场。通常，经营者一时就某一种商品低于成本价格销售，并不认定为低价倾销行为；而是将较长时间以较大的市场投放量的低价销售行为认定为低价倾销行为。

6. 不正当有奖销售行为

有奖销售，是指经营者以提供奖品或奖金的手段进行推销的行为，主要包括附赠式有奖销售和抽奖式销售两种。为了避免采取有奖销售对消费者进行欺骗，或者对其他经营者进行扰乱，《反不正当竞争法》第十三条规定，经营者不得从事下列有奖销售。

（1）采用谎称有奖或者故意让内定人员中奖的欺骗方式进行有奖销售。

（2）利用有奖销售的手段推销质次价高的商品。

（3）抽奖式的有奖销售，最高奖的金额超过 5 000 元。

国家工商行政管理局 1993 年 12 月公布的《关于禁止有奖销售活动中不正当竞争行为的若干规定》，进一步对不正当竞争的有奖销售行为进行了明确，主要内容如下。

（1）谎称有奖销售或对所设奖的种类，中奖概率，最高奖金额，总金额，奖品种类、数量、质量、提供方法等做虚假不实的表示。

（2）采取不正当手段故意让内定人员中奖。

（3）故意将设有中奖标志的商品、奖券不投放市场或不与商品、奖券同时投放市场，或者故意将带有不同奖金金额或奖品标志的商品、奖券按不同时间投放市场。

（4）抽奖式的有奖销售，最高奖的金额超过 5 000 元（以非现金的物品或者其他经济利益作为奖励的，按照同期市场同类商品或者服务的正常价格折算其金额）。

（5）利用有奖销售手段推销质次价高的商品。

（6）其他欺骗性有奖销售行为。

7. 商业诋毁行为

商业诋毁行为，是指经营者捏造、散布虚假事实，损害竞争对手的商业信誉、商品声誉，从而削弱其竞争力，为自己取得竞争优势的行为。商誉是社会公众对市场经营者名誉的综合性积极评价。它是经营者经过长期努力追求，刻意创造，并投入一定的时间、精力和金钱才取得的。竞争对手为了打击其正常经营，往往通过广告、新闻发布会、散布谣言等形式捏造、传播虚假信息，影响消费者对产品或服务的认识，并做出错误的理解和交易决策。《反不正当竞争法》第十四条规定，经营者不得捏造、散布虚伪事实，损害竞争对手的商业信誉、商品声誉。

商业诋毁行为的主体是市场经营活动中的经营者，其他经营者受其指使从事诋毁商誉行为的，可构成共同侵权人。新闻单位被利用和被唆使的，仅构成一般的侵害他人名誉权行为，而非不正当竞争行为。商业诋毁行为是针对一个或多个特定竞争对手的，如果捏造、散布的虚假事实不能与特定的经营者相联系，则不构成不正当竞争行为。应注意的是，对比性广告通常以同行业所有其他经营者为竞争对手而进行贬低宣传，此时应认定为商业诋毁行为。

8. 搭售商品或附加其他不合理条件的销售行为

搭售商品或附加其他不合理条件，是指经营者销售产品时，违背购买者的意愿，强行搭配销售购买者不需要、不愿意要的商品，或者就商品或服务的价格、销售对象、销售地区等进行不合理限制的行为。《反不正当竞争法》第十二条规定，经营者销售商品，不得违背购买者的意愿搭售商品或者附加其他不合理的条件。

搭售商品或附加其他不合理条件的销售行为，只有在违背购买者意愿的情况下进行才构成不正当竞争行为。如果购买者自愿接受经营者的搭售或附加条件，则不能被认定为不正当竞争行为。

9. 投标、招标通谋行为

投标、招标通谋行为，是指投标者与投标者之间或投标者与招标者之间相互勾结，串通投标，故意压低或抬高标价，排挤竞争对手的行为。所谓招标就是买方通过公告或者寄招标单的形式，说明交易条件，邀请供货人或承包人前来承卖或承包工程。投标是卖方（供货人或承包人）按招标人的要求，报出竞争条件争取达成交易的行为。《反不正当竞争法》第十五条规定，投标者不得串通投标，抬高标价或者压低标价。投标者和招标者不得相互勾结，以排挤竞争对手的公平竞争。

我国《反不正当竞争法》规定了投标、招标中常见的两种不正当竞争行为。

（1）投标者串通投标，抬高标价或压低标价的行为。这种不正当竞争行为是由投标者联合一致进行的，又称“围标”，其目的是避免投标者之间相互竞争，协议轮流在类似项目中中标，共同损害招标人利益。这一行为的表现主要为投标者相互串通，一致抬高标价；投标者相互串通，一致压低标价；招标者相互串通，轮流以高价位或低价位中标；投标者相互间就标价以外的其他事项串通等。

（2）投标者和招标者之间相互勾结，以排挤竞争对手的行为。这种不正当竞争行为是由招标者和投标者之间恶意勾结进行的，其目的是排挤其他投标者的公平竞争。这一行为的表现主要为招标者在开标前，私下开启投标者的投标文件，并泄露给内定中标者；招标者在审查评选标书时，对不同的投标者实施差别待遇；投标者和招标者相互勾结，投标者在公开投标时压低标价，中标后再给招标者以额外补偿；招标者向特定的投标者泄露其标底等。

10. 公用事业或其他依法具有独占地位的经营者强制交易的行为

强制交易行为，是指公用企业或其他依法具有独占地位的经营者，限定他人购买其指定的经营者的商品，以排挤其他经营者公平竞争的行为。公用企业是指涉及公用事业的经营者，包括供水、供电、供热、供气、邮政、电信、交通运输等行业的经营者。其他依法具有独占地位的经营者，是指在特定的市场上，处于无竞争的状态或取得了压倒性和排除竞争的能力的经营者。《反不正当竞争法》第六条规定，公用企业或者其他依法具有独立地位的经营者，不得限定他人购买其指定的经营者的商品，以排挤其他经营者的公平竞争。

强制交易行为主要有以下几种形式：经营者利用自己的特殊地位和经济优势，强迫他人与自己进行交易；经营者通过胁迫手段，迫使他人不与自己的竞争对手进行交易；经营者强制阻碍他人从事正常的交易活动；经营者欺行霸市，迫使竞争对手回避或放弃与其进行竞争；安排他人之间进行交易等。

11. 政府及其所属部门滥用行政权力限制竞争的行为

滥用行政权力限制竞争的行为，是指政府及其所属部门滥用行政权力限定他人购买其指定的经营者的商品，限制其他经营者正当经营活动的行为，以及限制外地商品进入本地市场或者本地商品流向外地市场的行为。《反不正当竞争法》第七条规定，政府及其所属部门不得滥用行政权力，限定他人购买其指定的经营者的商品，限制其他经营者正当的经营活动。政府及其所属部门不得滥用行政权力，限制外地商品进入本地市场，或者本地商品流向外地市场。

7.1.4 对不正当竞争行为的监督检查

1. 监督检查部门

《反不正当竞争法》规定，县级以上人民政府工商行政管理部门对不正当竞争行为进行监督检查；法律、法规规定由其他部门监督检查的，依照法律、法规的规定执行。其他部门主要包括质量技术监督部门、物价部门、卫生行政管理部门等。各级人民政府应当采取措施，制止不正当竞争行为，为公平竞争创造良好的环境和条件。

2. 监督检查部门的职权

监督检查部门在监督检查不正当竞争行为时，有权行使下列职权。

（1）按照规定程序询问被检查的经营者、利害关系人、证明人，并要求提供证明材料或者与不正当竞争行为有关的其他资料。

（2）查询、复制与不正当竞争行为有关的协议、账册、单据、文件、记录、业务函电和其他资料。

（3）检查与《反不正当竞争法》规定的不正当竞争行为有关的财物，必要时可以责令被检查的经营者说明该商品的来源和数量，暂停销售，听候检查，不得转移、隐匿、销毁该财物。

监督检查部门在监督检查不正当竞争行为时，被检查的经营者、利害关系人和证明人应当如实提供有关资料或者情况。监督检查部门工作人员监督检查不正当竞争行为时，应当出示检查证件。

7.1.5 不正当竞争行为的法律责任

不正当竞争行为产生的法律责任，可分为民事责任、行政责任和刑事责任等责任形式。不正当竞争行为应承担的具体法律责任如下。

（1）给被侵害的经营者造成损害的，应当承担损害赔偿责任，被侵害的经营者的损失难以计算的，赔偿额为侵权人在侵权期间因侵权所获得的利润；并应当承担被侵害的经营者因调查该经营者侵害其合法权益的不正当竞争行为所支付的合理费用。

被侵害的经营者的合法权益受到不正当竞争行为损害的，可以向人民法院提起诉讼。

（2）经营者假冒他人的注册商标，擅自使用他人的企业名称或者姓名，伪造或者冒用认证标志、名优标志等质量标志，伪造产地，对商品质量做引人误解的虚假表示的，依照《商标法》、《中华人民共和国产品质量法》的规定处罚。

经营者擅自使用知名商品特有的名称、包装、装潢，或者使用与知名商品近似的名称、包装、装潢，造成和他人的知名商品相混淆，使购买者误认为是该知名商品的，监督检查部门应当责令停止违法行为，没收违法所得，可以根据情节处以违法所得 1 倍以上 3 倍以下的罚款；情节严重的，可以吊销营业执照；销售伪劣商品，构成犯罪的，依法追究刑事责任。

（3）经营者采用财物或者其他手段进行贿赂以销售或者购买商品，构成犯罪的，依法追究刑事责任；不构成犯罪的，监督检查部门可以根据情节处以 1 万元以上 20 万元以下的罚款；有违法所得的，予以没收。

（4）公用企业或者其他依法具有独占地位的经营者，限定他人购买其指定的经营者的商品，以排挤其他经营者的公平竞争的，省级或者设区的市的监督检查部门应当责令停止违法行为，可以根据情节处以 5 万元以上 20 万元以下的罚款。被指定的经营者借此销售质次价高商品或者滥收费用的，监督检查部门应当没收违法所得，可以根据情节处以违法所得 1 倍以上 3 倍以下的罚款。

（5）经营者利用广告或者其他方法，对商品做引人误解的虚假宣传的，监督检查部门应当责令停止违法行为，消除影响，可以根据情节处以 1 万元以上 20 万元以下的罚款。

广告的经营者，在明知或者应知的情况下，代理、设计、制作、发布虚假广告的，监督检查部门应当责令停止违法行为，没收违法所得，并依法处以罚款。

（6）侵犯商业秘密的，监督检查部门应当责令停止违法行为，可以根据情节处以 1 万元以上 20 万元以下的罚款。

（7）经营者违法进行有奖销售的，监督检查部门应当责令停止违法行为，可以根据情节处以 1 万元以上 10 万元以下的罚款。

（8）投标者串通投标，抬高标价或者压低标价；投标者和招标者相互勾结，以排挤竞争对手公平竞争的，其中标无效。监督检查部门可以根据情节处以 1 万元以上 20 万元以下的罚款。

（9）经营者有违反被责令暂停销售，不得转移、隐匿、销毁与不正当竞争行为有关的财物的行为的，监督检查部门可以根据情节处以被销售、转移、隐匿、销毁财物的价款的 1 倍以上 3 倍以下的罚款。

当事人对监督检查部门做出的处罚决定不服的，可以自收到处罚决定之日起 15 日内向上一级主管机关申请复议；对复议决定不服的，可以自收到复议决定书之日起 15 日内向人民法院提起诉讼；也可以直接向人民法院提起诉讼。

政府及其所属部门限定他人购买其指定的经营者的商品、限制其他经营者正当的经营活动，或者限制商品在地区之间正常流通的，由上级机关责令其改正；情节严重的，由同级或者上级机关对直接责任人员给予行政处分。被指定的经营者借此销售质次价高商品或者滥收费用的，监督检查部门应当没收违法所得，可以根据情节处以违法所得 1 倍以上 3 倍以下的罚款。

监督检查不正当竞争行为的国家机关工作人员滥用职权、玩忽职守，构成犯罪的，依法追究刑事责任；不构成犯罪的，给予行政处分。监督检查不正当竞争行为的国家机关工作人员徇私舞弊，对明知有违反《反不正当竞争法》规定构成犯罪的经营者故意包庇不使他受追诉的，依法追究刑事责任。

7.2 消费者权益保护法

7.2.1 消费者权益保护法概述

1. 消费者权益保护法的概念

消费者，是指为生活消费需要而购买、使用经营者所提供的商品或接受经营者所提供服务的市场主体。这里的消费者是特定化的消费者，应具备以下条件。

（1）消费仅限于生活消费，不包括为生产而进行的消费。

（2）消费者应是商品或服务的受用者。

（3）消费的对象可以是商品，也可以是服务。

消费者权益保护法，是指调整消费者在生活消费以及保护消费者权益过程中与经营者之间所发生的社会关系的法律规范的总称。狭义上的消费者权益保护法是指 1993 年 10 月 31 日第八届全国人民代表大会常务委员会第四次会议通过的《中华人民共和国消费者权益保护法》（以下简称《消费者权益保护法》）；广义的消费者权益保护法还包括在其他法律、法规中关于消费者权益保护方面的法律规范。

2. 消费者权益保护法的适用范围

《消费者权益保护法》规定，消费者为生活消费需要购买、使用商品或者接受服务，其权益受本法保护；经营者为消费者提供其生产、销售的商品或者提供服务，应当遵守本法。由此看出，《消费者权益保护法》的适用范围仅限于消费者的生活消费，为生产进行的消费不属于该法的调整保护范围，但农民购买、使用直接用于农业生产的生产资料，参照本法执行。

7.2.2 消费者的权利

消费者的权利是指在消费过程中消费者依法享有的各项权利的总和，消费者权益保护法为消费者设立了相互独立又相互关联的 9 项权利。

1. 保障安全权

保障安全权是消费者最基本的权利，包括人身安全权和财产安全权。人身安全权是指健康不受损害和生命安全有保障。财产安全权是指消费者在购买、使用商品和接受服务时所享有的保障其人身、财产安全不受损害的权利。由于消费者取得的商品和服务用于生活消费，因此，商品和服务必须绝对安全可靠，必须绝对保证商品和服务的质量不会损害消费者的生命与健康。消费者依法有权要求经营者提供的商品和服务必须符合保障人身、财产安全的要求。

2. 知悉真情权

知悉真情权又称获取信息权、了解权、知情权，即消费者享有知悉其购买、使用的商品或者接受的服务的真实情况的权利。消费者不仅有权根据需要了解其所购买、使用的商品或接受服务的真实情况，而且有权根据商品或服务的不同情况了解有关的具体情况，要求经营者提供商品的名称、商标、产地、生产者名称、用途、性能、规格、等级、主要成分的名称、生产日期、有效期限、使用或保存方法、售后服务等有关情况，或者服务的名称、商标、内容、规格、费用等具体情况；消费者还有权要求经营者按照有关规定附上具有关商品的检验合格证明、使用说明书、线路图等。唯有如此，才能保障消费者在与经营者签约时做到知己知彼，并表达其真实的意思。

当前存在的主要问题是商品情况标示不全；商品情况标示和说明有欺骗性；商品标志不科学、不通俗。

3. 自主选择权

自主选择权是指消费者享有的自主选择商品或者服务的权利，该权利包括以下几个方面。

（1）自主选择提供商品或者服务的经营者的权利。

（2）自主选择商品品种或者服务方式的权利。

（3）自主决定购买或者不购买任何一种商品、接受或者不接受任何一项服务的权利。

（4）在自主选择商品或服务时所享有的进行比较、鉴别和挑选的权利。

4. 公平交易权

公平交易权是指消费者在购买商品或者接受服务时所享有的获得质量保障和价格合理、计量正确等公平交易条件的权利。为了保障消费者的公平交易权的实现，必须依照《中华人民共和国反垄断法》和《反不正当竞争法》等法律，对劣质销售、价格不公、计量失度等不公平交易行为加以禁止。此外，消费者还有权拒绝经营者的强制交易行为。

5. 依法求偿权

依法求偿权是指消费者因购买、使用商品或者接受服务受到人身、财产损害时，依法享有的要求并获得赔偿的权利。依法求偿权是弥补消费者所受损害必不可少的救济性权利。消费者有权要求消除损害或采取补救措施，有权要求经营者合理赔偿，并有权在交涉不成时向有关部门投诉或向人民法院起诉。

6. 依法结社权

依法结社权是指消费者享有的依法成立维护自身合法权益的社会团体的权利。政府对合法的消费者团体不应加以限制，并且在制定有关消费者的政策和法律时，还应向消费者团体征求意见，以求更好地保护消费者权利。消费者的依法结社权是十分重要的，它使得消费者能够从分散、弱小走向集中和强大，并通过集体的力量来改变自己的弱者地位，以与实力雄厚的经营者相抗衡。因此，对消费者的依法结社权必须予以保障。

7. 获取知识权

获取知识权是指消费者所享有的获得有关消费和消费者权益保护方面的知识的权利。消费知识主要指有关商品或服务的知识；消费者权益保护知识主要指有关消费者权益保护方面及权益受到损害时如何有效解决方面的知识。保障这一权利的目的，是使消费者更好地掌握所需商品或者服务的知识和使用技能，以使其正确使用商品，提高自我保护意识。

8. 维护尊重权

维护尊重权是指消费者在购买、使用商品和接受服务时所享有的其人格、民族风俗习惯得到尊重的权利。尊重消费者的人格尊严和民族习俗是社会文明进步的表现，也是尊重和保障人权的重要内容。

9. 监督权

依据我国《消费者权益保护法》的规定，消费者享有对商品和服务以及保护消费者权益工作进行监督的权利。此外，消费者有权检举、控告侵害消费者权益的行为和国家机关及其工作人员在保护消费者权益工作中的违法失职行为，有权对保护消费者权益工作提出批评、建议。

7.2.3 消费者组织

消费者组织是指依法成立的对商品和服务进行社会监督，保护消费者合法权益的社会团体，包括消费者协会和其他消费者组织。消费者协会和其他消费者组织是保护消费者合法权益的社会团体，不得从事商品经营和营利性服务，不得以牟利为目的向社会推荐商品和服务。

消费者协会是消费者组织的主要形式，消费者在发生消费纠纷后，可以向消费者协会投诉，请求给予保护。依据《消费者权益保护法》第三十二条的规定，消费者协会应履行下列职能。

（1）向消费者提供消费信息和咨询服务。

（2）参与有关行政部门对商品和服务的监督、检查。

（3）就有关消费者合法权益的问题，向有关行政部门反映、查询，提出建议。

（4）受理消费者的投诉，并对投诉事项进行调查、调解。

（5）投诉事项涉及商品和服务质量问题的，可以提请鉴定部门鉴定，鉴定部门应当告知鉴定结论。

（6）就损害消费者合法权益的行为，支持受损害的消费者提起诉讼。

（7）对损害消费者合法权益的行为，通过大众传播媒介予以揭露、批评。

上述职能的行使主体只是消费者协会，不包括其他消费者组织。各级人民政府对消费者协会履行职能应当给予支持，保护其独立性和公正性。消费者协会提供的服务一般是无偿的。

7.2.4 经营者的义务

在消费法律关系中，消费者的权利就是经营者的义务，所以，明确经营者的义务对保护消费者的权益至关重要。根据《消费者权益保护法》的规定，在保护消费者权益方面，经营者负有以下义务。

1. 依法履行或者按照约定履行的义务

经营者向消费者提供商品或者服务，应当按照《中华人民共和国产品质量法》和其他有关法律、法规的规定履行义务，经营者与消费者有约定的，应当按照约定履行义务，但双方约定不得违背法律、法规的规定。

2. 听取意见和接受监督的义务

经营者应当听取消费者对其提供的商品或者服务的意见，不仅接受消费者的监督而且要接受社会的监督。

3. 保障人身和财产安全的义务

经营者应当保证其提供的商品或者服务符合保障人身、财产安全的要求。对可能危及人身、财产安全的商品和服务，应当向消费者做出真实的说明和明确的警示，并说明和表明正确地使用商品或者接受服务的方法以及防止危害发生的方法。经营者发现其提供的商品或者服务存在严重缺陷，即使正确使用商品或者接受服务仍然可能对人身、财产安全造成损害的，应当立即向有关行政部门报告或告知消费者，并采取防止危害发生的措施。

4. 提供真实信息的义务

经营者应当向消费者提供有关商品或者服务的真实信息，不得做引人误解的虚假宣传。经营者对消费者就其提供的商品或服务的质量和使用方法等问题提出的咨询，应当做出真实、明确的答复。商店提供商品应当明码标价。经营者应当表明其真实名称和标记。租赁他人柜台或者场地的经营者，应当表明其真实名称和标记。

5. 出具相应凭证和单据的义务

经营者提供商品或者服务，应当按照国家有关规定或者商业惯例向消费者出具购货凭证或者服务单据；消费者索要购货凭证或者服务单据的，经营者必须出具。

6. 提供符合要求的商品或服务的义务

经营者应当保证在正常使用商品或者接受服务的情况下其提供的商品或者服务应当具有的质量、性能、用途和有效期限；但消费者在购买该商品或者接受该服务之前已经知道其存在瑕疵的除外。经营者以广告、产品说明、实物样品或者其他方式表明商品或者服务的质量状况的，应当保证其提供的商品或者服务的实际质量与表明的质量状况相符。

7. 履行“三包”或其他责任的义务

经营者提供商品或者服务，按照国家规定或者与消费者的约定，承担包修、包换、包退或者其他责任的，应当履行，不得故意拖延或者无理拒绝。

8. 遵守公平交易的义务

经营者不得以格式合同、通知、声明、店堂告示等方式做出对消费者不公平、不合理的规定，或者减轻、免除其损害消费者合法权益应当承担的民事责任。格式合同、通知、声明、店堂告示等含有上述内容的，其内容无效。

7.2.5 消费者权益争议的解决

消费者权益争议，是指消费者和经营者在买卖商品、接受和提供服务过程中，因权利受到侵害或者义务的不履行所产生的争议。由于经营者不依法履行或不适当履行义务使消费者的合法权益受到损害。

1. 解决争议的途径

消费者和经营者发生消费者权益争议的，可以通过下列途径解决。

（1）与经营者协商和解。当消费者和经营者因商品或服务发生争议时，协商和解应作为首选方式，特别是因误解产生的争议，通过解释、谦让及其他补救措施，便可化解矛盾，平息争议。协商和解必须在自愿平等的基础上进行。重大纠纷，双方立场对立严重，要求相去甚远的，可寻求其他解决方式。

（2）请求消费者协会调解。《消费者权益保护法》明确了消费者协会具有七项职能，其中之一就是对消费者的投诉事项进行调查、调解。消费者协会在调解消费者和经营者之间的争议时，应依照法律、行政法规及公认的商业道德，并由双方自愿接受和执行。

（3）向有关行政部门申诉。政府有关行政部门依法具有规范经营者的经营行为，维护消费者合法权益和市场经营秩序的职能。当消费者合法权益受到侵害又无法协商和解时，消费者可根据具体情况，向不同的行政职能部门，如物价部门、工商行政管理部门、技术质量监督部门等提出申诉，求得行政救济。

（4）提请仲裁。在消费者与经营者就发生的纠纷在事前或事后达成仲裁协议的前提下，一方可以根据仲裁协议向选定的仲裁机关提请仲裁。仲裁机关要根据有关程序及《消费者权益保护法》的规定对双方的纠纷予以解决。

（5）向人民法院提起诉讼。消费者权益受到侵害时，可以径直向人民法院起诉，也可以因不服从行政处罚决定而向人民法院起诉。司法审判具有权威性、强制性，是解决各种争议的最后手段。消费者为求得公正解决争议，可以依法行使诉权。

2. 解决争议的特定规则

（1）消费者的先行赔付义务。消费者在购买、使用商品时，其合法权益受到损害的，可以向销售者要求赔偿。销售者赔偿后，属于生产者的责任或者属于向销售者提供商品的其他销售者的责任的，销售者有权向生产者或者其他销售者追偿。

（2）生产者与销售者的连带责任。消费者或者其他受害人因商品缺陷造成人身、财产损害的，可以向销售者要求赔偿，也可以向生产者要求赔偿。属于生产者责任的，销售者赔偿后，有权向生产者追偿。属于销售者责任的，生产者赔偿后，有权向销售者追偿。销售者和生产者对消费者和其他受害人承担连带赔偿责任。

（3）消费者在接受服务时，其合法权益受到损害的，可以向服务者要求赔偿。

（4）变更后的企业仍应承担赔偿责任。消费者在购买商品或者接受服务时，其合法权益受到损害的，遇原企业分立、合并时，可以向变更后承受其权利、义务的企业要求赔偿。

（5）营业执照持有人与租借人的赔偿责任。使用他人营业执照的违法经营者提供商品或者服务，损害消费者合法权益的，消费者可向其要求赔偿，也可以向营业执照的持有人要求赔偿。

（6）展销会举办者、柜台出租者的特殊责任。消费者在展销会、租赁柜台购买商品或者接受服务时，其合法权益受到损害的，可以向销售者或服务者要求赔偿。展销会结束或者柜台租赁期满后，也可以向展销会的举办者或者柜台的出租者要求赔偿。展销会的举办者、柜台的出租者赔偿后，有权向销售者或者服务者追偿。

（7）虚假广告的广告主与广告经营者的责任。当消费者因虚假广告而购买、使用商品或者接受服务时，若合法权益受到损害，可以向利用虚假广告提供商品或服务的经营者要求赔偿。广告的经营者发布虚假广告的，消费者可以请求行政主管部门予以惩处。广告的经营者不能提供经营者真实名称、地址的，应承担赔偿责任。

7.2.6 国家机关保护消费者权益的责任

为保护消费者的合法权益，不仅经营者负有直接义务，而且国家、社会也都负有相应义务。

1. 立法方面

国家制定有关消费者权益的法律、法规和政策时，应当听取消费者的意见和要求。此外，立法机关在将有关消费者的政策上升为法律时，也应当征求消费者的意见。

2. 行政管理方面

各级人民政府应当加强领导，组织、协调、督促有关行政部门做好保护消费者合法权益的工作。各级人民政府应当加强监督，预防危害消费者人身、财产安全的行为发生，及时制止危害消费者人身、财产安全的行为。

各级人民政府工商行政管理部门和其他有关行政部门应当依照法律、法规的规定，在各自的职责范围内，采取措施，保护消费者的合法权益。有关行政部门应当听取消费者及其社会团体对经营者交易行为、商品和服务质量问题的意见，及时调查处理。

3. 司法实施方面

有关国家机关应当依照法律、法规的规定，惩处经营者在提供商品和服务中侵害消费者合法权益的违法犯罪行为。人民法院应当采取措施，方便消费者提起诉讼。对符合《中华人民共和国民事诉讼法》起诉条件的消费者权益争议，必须受理，及时审理。

7.2.7 违反《消费者权益保护法》的法律责任

生产者和销售者侵害消费者合法权益的，根据《消费者权益保护法》的规定，应依违法行为的性质、情节严重程度承担民事责任、行政责任和刑事责任。

1. 侵犯消费者合法权益的民事责任

（1）经营者提供商品或者服务有下列情形之一的，除《消费者权益保护法》另有规定外，应当依照《中华人民共和国产品质量法》和其他有关法律、法规的规定，承担民事责任：商品存在缺陷的；不具备商品应当具备的使用性能而出售时未做说明的；不符合在商品或者其包装上注明采用的商品标准的；不符合商品说明、实物样品等方式表明的质量状况的；生产国家明令淘汰的商品或者销售失效、变质的商品的；销售的商品数量不足的；服务的内容和费用违反约定的；对消费者提出的修理、重做、更换、退货、补足商品数量、退还货款和服务费用或者赔偿损失的要求，故意拖延或者无理拒绝的；法律、法规规定的其他损害消费者权益的情形。

（2）侵犯人身权的民事责任。经营者提供商品或者服务，造成消费者或者其他受害人人身伤害的，应当支付医疗费、治疗期间的护理费、因误工减少的收入等费用；造成残疾的，还应当支付残疾者生活自助具费、生活补助费、残疾赔偿金以及由其抚养的人所必需的生活费等费用。经营者提供商品或者服务，造成消费者或者其他受害人死亡的，应当支付丧葬费、死亡赔偿金以及由死者生前抚养的人所必需的生活费等费用。经营者侵害消费者的人格尊严或者侵犯消费者人身自由的，应当停止侵害、恢复名誉、消除影响、赔礼道歉，并赔偿损失。

（3）侵犯财产权的民事责任。经营者提供商品或者服务，造成消费者财产损害的，应当按照消费者的要求，以修理、重做、更换、退货、补足商品数量、退还货款和服务费用或者赔偿损失等方式承担民事责任。消费者与经营者另有约定的，按照约定履行。对国家规定或者经营者与消费者约定包修、包换、包退的商品，经营者应当负责修理、更换或者退货。在保修期内两次修理仍不能正常使用的，经营者应当负责更换或者退货。对包修、包换、包退的大件商品，消费者要求经营者修理、更换、退货的，经营者应当承担运输等合理费用。

经营者以邮购方式提供商品的，应当按照约定提供。未按照约定提供的，应当按照消费者的要求履行约定或者退回货款；并应当承担消费者必须支付的合理费用。经营者以预收款方式提供商品或者服务的，应当按照约定提供。未按照约定提供的，应当按照消费者的要求履行约定或者退回预付款；并应当承担预付款的利息、消费者必须支付的合理费用。依法经有关行政部门认定为不合格的商品，消费者要求退货的，经营者应当负责退货。经营者提供商品或者服务有欺诈行为的，应当按照消费者的要求增加赔偿其受到的损失，增加赔偿的金额为消费者购买商品的价款或者接受服务的费用的1倍。

2. 侵犯消费者合法权益的行政责任

经营者有下列情形之一的，《中华人民共和国产品质量法》和其他有关法律、法规对处罚机关和处罚方式有规定的，依照法律、法规的规定执行；法律、法规未做规定的，由工商行政管理部门责令改正，可以根据情节单处或者并处警告、没收违法所得、处以违法所得 1 倍以上 5 倍以下的罚款；没有违法所得的，处以 1 万元以下的罚款；情节严重的，责令停业整顿、吊销营业执照。

（1）生产、销售的商品不符合保障人身、财产安全要求的。

（2）在商品中掺杂、掺假，以次充好，以假充真，或者以不合格商品冒充合格商品的。

（3）生产国家明令淘汰的商品或者销售失效、变质的商品的。

（4）伪造商品的产地，伪造或者冒用他人的厂名、厂址，伪造或者冒用认证标志、名优标志等质量标志的。

（5）销售的商品应当检验、检疫而未检验、检疫或者伪造检验、检疫结果的。

（6）对商品或者服务做引人误解的虚假宣传的。

（7）对消费者提出的修理、重做、更换、退货、补足商品数量、退还货款和服务费用或者赔偿损失的要求，故意拖延或者无理拒绝的。

（8）侵害消费者人格尊严或者侵犯消费者人身自由的。

（9）法律、法规规定的对损害消费者权益应当予以处罚的其他情形。

经营者对行政处罚决定不服的，可以自收到处罚决定之日起 15 日内向上一级机关申请复议，对复议决定不服的，可以自收到复议决定书之日起 15 日内向人民法院提起诉讼；也可以直接向人民法院提起诉讼。

3. 侵犯消费者合法权益的刑事责任

以暴力、威胁等方法阻碍有关行政部门工作人员依法执行职务的，依法追究刑事责任；拒绝、阻碍有关行政部门工作人员依法执行职务，未使用暴力、威胁方法的，由公安机关依照《中华人民共和国治安管理处罚条例》的规定处罚。

国家机关工作人员玩忽职守或者包庇经营者侵害消费者合法权益的行为的，由其所在单位或者上级机关给予行政处分；情节严重，构成犯罪的，依法追究刑事责任。

7.3 产品质量法

7.3.1 产品质量法概述

1. 产品质量法的概念及立法概况

产品质量法是调整产品在生产、流通和消费过程中因产品质量所发生的经济关系的法律规范的总称。广义的产品质量法包括所有调整产品质量及产品质量责任关系的法律、法规。通常所指的产品质量法是狭义上的产品质量法，即 1993 年 2 月 22 日第七届全国人民代表大会常务委员会第三十次会议通过，自 1993 年 9 月 1 日起施行的《中华人民共和国产品质量法》（以下简称《产品质量法》）。

《产品质量法》颁布实施后，对于提高产品质量总体水平，明确产品质量责任，保护用户、消费者的合法权益，维护社会主义市场经济秩序，发挥了积极作用。随着体制改革的深化和市场经济的发展，新变化对现行法律提出了新的要求，主要表现在以下方面。

（1）有些地方的地方保护主义严重，产品质量意识淡薄，甚至把提高产品质量和发展经济对立起来。

（2）许多企业内部质量管理滑坡，产品质量得不到保证，一些中小企业产品质量低劣问题相当严重。

（3）假冒、质次产品的生产销售屡禁不止，有的地方的制假、售假活动很猖獗，以暴力阻挠、抗拒打假执法问题时有发生。

（4）对制假、售假产品的行为，法律规定处罚的力度不够，行政执法手段缺乏。

上述问题引起人民群众的普遍关注，对生产、外贸、市场经济秩序危害很大。为了有效地解决上述问题，于2000年7月8日在第九届全国人民代表大会常务委员会第十六次会议上做出《关于修改〈中华人民共和国产品质量法〉的决定》，对原法做了重大、全面的修改，新增加了25条，删除了2条，由原来的51条增加到74条，修改了20条，近2/3的条文有所修改，特别是在内容上，增加了很多有针对性的且执法力度较大的规定，人们将其称为新《产品质量法》（以下仍称《产品质量法》）。

2. 产品质量法的调整对象

我国产品质量法的调整对象是产品质量监督管理部门、生产者、销售者、用户、消费者在产品生产、流通和消费过程中发生的关系，具体包括两个方面。一是产品质量监督管理关系，它是各级产品质量监督管理部门与生产者、销售者之间在产品质量监督管理活动中产生的管理与被管理的关系。其中管理者包括国务院产品质量监督管理部门，县级以上地方技术质量监督部门及其他有关负责产品质量监督的部门；被管理者包括从事产品生产、销售活动的自然人、法人及非法人组织。二是产品质量关系，它是生产者、销售者与用户、消费者之间的产品质量方面的权利、义务关系。

《产品质量法》第二条对其调整范围做了明确规定，所谓产品是指经过加工、制作，用于销售的产品。建设工程不适用本法规定；但是，建设工程使用的建筑材料、建筑构配件和设备，属于前款规定的产品范围的，适用本法规定。由此可见，未经加工过的天然形成的产品以及初级农产品，如原矿、原煤、原油、天然气、农、林、牧、渔等产品不适用于《产品质量法》。

7.3.2 产品质量的监督管理制度

1. 产品质量监督管理体制

1）政府对产品质量的宏观管理

各级人民政府应当把提高产品质量纳入国民经济和社会发展规划，加强对产品质量工作的统筹规划和组织领导，引导、督促生产者、销售者加强产品质量管理，提高产品质量，组织各有关部门依法采取措施，制止产品生产、销售中的违法行为；鼓励推行科学的质量管理方法，采用先进的科学技术，鼓励企业产品质量达到并且超过行业标准、国家标准和国际标准。对产品质量管理先进和产品质量达到国际先进水平、成绩显著的单位和个人，给予奖励。

各级人民政府工作人员和其他国家机关工作人员不得滥用职权、玩忽职守或者徇私舞弊，包庇、放纵本地区、本系统发生的产品生产、销售中违反法律规定的行为，或者阻挠、干预依法对产品生产、销售中违反规定的行为进行查处。各级地方人民政府和其他国家机关有包庇、放纵产品生产、销售中的违法行为的，依法追究其主要负责人的法律责任。

2）产品质量的行政监督

产品质量的行政监督是我国产品质量监督管理的核心。国务院产品质量监督部门主管全国产品质量监督工作，国务院有关部门在各自的职责范围内负责产品质量监督工作。县级以上地方产品质量监督部门主管本行政区域内的产品质量监督工作。县级以上地方人民政府有关部门在各自的职责范围内负责产品质量监督工作。这里的产品质量监督部门是指国家及地方各级技术质量监督管理局；有关部门主要是指各级卫生行政管理部门、商品检验部门、劳动部门等，它们在相关法律的授权范围内对某些产品进行质量监督。

县级以上产品质量监督部门根据已经取得的违法嫌疑证据或者举报，对涉嫌违反《产品质量法》规定的行为进行查处时，可以行使下列职权。

（1）对当事人涉嫌从事违反《产品质量法》的生产、销售活动的场所实施现场检查。

（2）向当事人的法定代表人、主要负责人和其他有关人员调查、了解与涉嫌违法生产、销售活动有关的情况。

（3）查阅、复制当事人有关的合同、发票、账簿以及其他有关资料。

（4）对有不符合保障人体健康和人身、财产安全标准的产品或者有其他严重质量问题的产品，以及直接用于生产、销售该项产品的原辅材料、包装物、生产工具，予以查封或者扣押。

3）产品质量的社会监督

除了政府宏观管理、行政监督管理以外，《产品质量法》还就消费者、消费者权益保护组织及其他社会公众对产品质量的监督问题做了规定，以强化社会监督在产品质量监督中的作用。产品质量的社会监督主要体现在以下方面。

（1）消费者有权就产品质量问题，向产品的生产者、销售者查询，向产品质量监督部门、工商行政管理部门及有关部门申诉，接受申诉的部门应当负责处理。

（2）保护消费者权益的社会组织可以就消费者反映的产品质量问题建议有关部门负责处理，支持消费者对因产品质量造成的损害向人民法院起诉。

（3）任何单位和个人都有权对违反《产品质量法》规定的行为，向产品质量监督部门或者其他有关部门检举，产品质量监督部门和有关部门应当为检举人保密，并按照省、自治区、直辖市人民政府的规定给予奖励。

2. 产品质量监督管理制度的内容

根据《产品质量法》的规定，产品质量监督管理制度主要包括下列内容。

（1）产品质量抽查制度。国家对产品质量实行以抽查为主要方式的监督检查制度，对可能危及人体健康和人身、财产安全的产品，影响国计民生的重要工业产品以及消费者、有关组织反映有质量问题的产品进行抽查。抽查的样品应当在市场上或者企业成品仓库内的待销产品中随机抽取。根据监督抽查的需要，可以对产品进行检验。但检验抽取样品的数量不得超过检验的合理需要，并不得向被检查人收取检验费用。生产者、销售者对抽查检验的结果有异议的，可以自收到检验结果之日起15日内向实施监督抽查的产品质量监督部门或者其上级产品质量监督部门申请复检，由受理复检的产品质量监督部门做出复检结论。对国家监督抽查的产品，地方不得另行重复抽查；上级监督抽查的产品，下级不得另行重复抽查，以减少抽查对正常经营活动的影响。

（2）质量状况信息发布制度。为使社会公众及时了解产品质量状况，引导和督促经营者提高产品质量，《产品质量法》规定，国务院和省、自治区、直辖市人民政府的产品质量监督部门应当定期发布其监督抽查的产品的质量状况公告。

（3）企业质量体系认证制度及产品质量认证制度。企业质量体系认证是由独立的认证机构对企业的质量保证和质量管理能力所做的综合评定，由企业自愿申请，认证机构根据国家颁布的标准依法进行。产品质量认证是依据产品标准和相应的技术要求，由独立的认证机构确认某一产品符合相应标准和相应技术要求的活动。企业根据自愿原则可以向国务院产品质量监督部门认可的或者国务院产品质量监督部门授权的部门认可的认证机构申请企业质量体系认证和产品质量认证。经认证合格的，由认证机构颁发企业质量体系认证证书和产品质量认证证书，准许企业在产品或者其包装上使用产品质量认证标志。

7.3.3 生产者、销售者的产品质量责任和义务

1. 产品质量责任和义务的概念

产品质量责任和义务是指产品质量法律关系的主体在产品生产、经营过程中，为了产品需求者的利益，所必须为或不为一定行为的义务。这里的产品质量法律关系的主体主要是指产品的生产者和销售者，根据新修改的《产品质量法》第六十一条的规定，产品质量法律关系主体还包括为禁止生产、销售的产品提供运输、保管、仓储等便利条件的，或者为以假充真的产品提供制假生产技术的行为人。

2. 生产者的产品质量责任和义务

1）作为义务

保证产品质量是生产者的首要义务，生产者应对其生产的产品质量负责。《产品质量法》第二十六条规定，产品质量应当符合下列要求。

（1）不存在危及人身、财产安全的不合理的危险，有保障人体健康和人身、财产安全的国家标准、行业标准的，应当符合该标准。

（2）具备产品应当具备的使用性能，但是，对产品存在使用性能的瑕疵做出说明的除外。

（3）符合在产品或者其包装上注明采用的产品标准，符合以产品说明、实物样品等方式表明的质量状况。

产品包装和产品标志是产品的构成部分，涉及产品安全、质量的维护，产品性质、使用方法、注意事项的说明等。所谓包装，是指在流通过程中盛装、裹装、捆扎、保护产品的容器、材料及辅助物的总称。所谓产品标志，是指表明产品的名称、产地、生产厂厂名、厂址、产品质量状况、保存期限、注意事项等信息情况的标注和指示。《产品质量法》第二十七、第二十八条规定，产品标志和包装必须符合下列要求。

① 有产品质量检验合格证明。

② 有中文标明的产品名称、生产厂厂名和厂址。

③ 根据产品的特点和使用要求，需要标明产品规格、等级、所含主要成分的名称和含量的，用中文相应予以标明，需要事先让消费者知晓的，应当在外包装上标明，或者预先向消费者提供有关资料。

④ 限期使用的产品，应当在显著位置清晰地标明生产日期和安全使用期或者失效日期。

⑤ 使用不当，容易造成产品本身损坏或者可能危及人身、财产安全的产品，应当有警示标志或者中文警示说明。裸装的食品和其他根据产品的特点难以附加标志的裸装产品，可以不附加产品标志。

⑥ 易碎、易燃、易爆、有毒、有腐蚀性、有放射性等危险物品以及储运中不能倒置和其他有特殊要求的产品，其包装质量必须符合相应要求，依照国家有关规定做出警示标志或者中文警示说明，标明储运注意事项。

2）不作为义务

根据《产品质量法》的规定，生产者除应尽到保证产品质量符合安全、可靠等作为义务外，还要注意以下不作为义务。

（1）生产者不得生产国家明令淘汰的产品。

（2）生产者不得伪造产地，不得伪造或者冒用他人的厂名、厂址。

（3）生产者不得伪造或者冒用认证标志等质量标志。

（4）生产者生产产品，不得掺杂、掺假，不得以次充好、以假充真，不得以不合格产品冒充合格产品。

3. 销售者的产品质量责任和义务

（1）进货验收义务。销售者应当建立并执行进货检查验收制度，验明产品合格证明等。严格执行进货验收制度，可以防止不合格产品进入市场，可以为准确判断和区分生产者及销售者的产品质量责任提供依据。

（2）保持销售产品质量的义务。销售者进货后应当采取措施保持产品质量，防止产品变质、腐烂、丧失或降低使用性能，产生危害人身、财产损失的瑕疵等。

（3）保证产品标志真实的义务。销售者在销售产品时，应当保证产品标志符合《产品质量法》的要求，不得更改、涂抹、覆盖产品标志，应保证产品标志的真实性。

（4）其他不作为义务。《产品质量法》同样对销售者规定了一些不作为义务，主要涉及以下方面。

① 销售者不得销售国家明令淘汰并停止销售的产品和失效、变质的产品。

② 销售者不得伪造产地，不得伪造或者冒用他人的厂名、厂址。

③ 销售者不得伪造或者冒用认证标志等质量标志。

④ 销售者销售产品，不得掺杂、掺假，不得以次充好、以假充真，不得以不合格产品冒充合格产品。

7.3.4 消费者损害赔偿

1. 损害赔偿条件

生产者生产或销售的产品存在着产品缺陷而给消费者造成人身或财产损害的，应当赔偿所造成的损失。产品损害赔偿应具有以下条件。

（1）产品存在缺陷。

（2）消费者有人身伤亡或财产损害的事实。

（3）产品缺陷与人身或财产损害事实之间有直接的因果关系。

产品缺陷损害赔偿责任实行严格责任原则，不以生产者和销售者的过错作为认定损害赔偿的必要条件，只要产品存在缺陷，而且该缺陷给消费者造成了人身或财产的损害，不管生产者和销售者是否有过错，都应承担赔偿责任。但是，生产者能够证明有下列情形之一的，不承担赔偿责任。

（1）未将产品投入流通的。

（2）产品投入流通时，引起损害的缺陷尚不存在的。

（3）将产品投入流通时的科学技术水平尚不能发现缺陷的存在的。

此外，《产品质量法》第四十条规定，售出的产品有下列情形之一的，销售者应当负责修理、更换、退货；给购买产品的消费者造成损失的，销售者应当赔偿损失。

（1）不具备产品应当具备的使用性能而事先未做说明的。

（2）不符合在产品或者其包装上注明采用的产品标准的。

（3）不符合以产品说明、实物样品等方式表明的质量状况的。

2. 损害求偿对象

为了便于消费者行使损害赔偿权利，《产品质量法》给予消费者选择求偿对象的权利，并规定了产品生产者和销售者承担连带责任。《产品质量法》第四十三条规定，因产品存在缺陷造成人身、他人财产损害的，受害人可以向产品的生产者要求赔偿，也可以向产品的销售者要求赔偿。属于产品的生产者的责任，产品的销售者赔偿的，产品的销售者有权向产品的生产者追偿。属于产品的销售者的责任，产品的生产者赔偿的，产品的生产者有权向产品的销售者追偿。

3. 损害赔偿范围

损害赔偿范围包括人身损害赔偿和财产损失赔偿两个方面。

（1）人身损害赔偿。因产品存在缺陷造成受害人人身伤害的，侵害人应当赔偿医疗费、治疗期间的护理费、因误工减少的收入等费用；造成残疾的，还应当支付残疾者生活自助具费、生活补助费、残疾赔偿金以及由其抚养的人所必需的生活费等费用；造成受害人死亡的，并应当支付丧葬费、死亡赔偿金以及由死者生前抚养的人所必需的生活费等费用。

（2）财产损失赔偿。因产品存在缺陷造成受害人财产损失的，侵害人应当恢复原状或者折价赔偿。受害人因此遭受其他重大损失的，侵害人应当赔偿其损失。

4. 损害求偿的诉讼时效

因产品存在缺陷造成损害要求赔偿的诉讼时效期间为 2 年，自当事人知道或者应当知道其权益受到损害时起计算。

因产品存在缺陷造成损害要求赔偿的请求权，在造成损害的缺陷产品交付最初消费者满 10 年丧失；但是，尚未超过明示的安全使用期的除外。

7.3.5 违反《产品质量法》的法律责任

产品的生产者、销售者违反《产品质量法》规定，生产、销售不符合产品质量要求的产品给消费者造成损失的，除了承担损害赔偿责任以外，还应承担相应的行政责任和刑事责任。同时，《产品质量法》还对产品质量监督部门、相关行政部门及社会中介机构的违法责任进行了规定。

1. 生产者、销售者违反《产品质量法》的行政责任和刑事责任

（1）生产、销售不符合保障人体健康和人身、财产安全的国家标准、行业标准的产品的，责令停止生产、销售，没收违法生产、销售的产品，并处违法生产、销售产品（包括已售出和未售出的产品，下同）货值金额等值以上 3 倍以下的罚款；有违法所得的，并处没收违法所得；情节严重的，吊销营业执照；构成犯罪的，依法追究刑事责任。

（2）在产品中掺杂、掺假，以次充好，以假充真，或者以不合格产品冒充合格产品的，责令停止生产、销售，没收违法生产、销售的产品，并处违法生产、销售产品货值金额 50%以上 3 倍以下的罚款；有违法所得的，并处没收违法所得；情节严重的，吊销营业执照；构成犯罪的，依法追究刑事责任。

（3）生产国家明令淘汰的产品的，销售国家明令淘汰并停止销售的产品的，责令停止生产、销售，没收违法生产、销售的产品，并处违法生产、销售产品货值金额等值以下的罚款；有违法所得的，并处没收违法所得；情节严重的，吊销营业执照。

（4）销售失效、变质的产品的，责令停止销售，没收违法销售的产品，并处违法销售产品货值金额 2 倍以下的罚款；有违法所得的，并处没收违法所得；情节严重的，吊销营业执照；构成犯罪的，依法追究刑事责任。

（5）伪造产品产地的，伪造或者冒用他人厂名、厂址的，伪造或者冒用认证标志等质量标志的，责令改正，没收违法生产、销售的产品，并处违法生产、销售产品货值金额等值以下的罚款；有违法所得的，并处没收违法所得；情节严重的，吊销营业执照。

（6）产品标志或有包装的产品标志不符合《产品质量法》的规定，情节严重的，责令改正或停止生产、销售，并处违法生产、销售产品货值金额 30%以下的罚款；有违法所得

的，并处没收违法所得。

（7）拒绝接受依法进行的产品质量监督检查的，给予警告，责令改正；拒不改正的，责令停业整顿；情节特别严重的，吊销营业执照。

2. 产品质量监督部门、相关行政部门及社会中介机构的违法责任

（1）产品质量监督部门在产品质量监督抽查中超过规定的数量索取样品或者向被检查人收取检验费用的，由上级产品质量监督部门或者监察机关责令退还；情节严重的，对直接负责的主管人员和其他直接责任人员依法给予行政处分。

（2）产品质量监督部门或者其他国家机关违反《产品质量法》规定，向社会推荐生产者的产品或者以监制、监销等方式参与产品经营活动的，由其上级机关或者监察机关责令改正，消除影响，有违法收入的予以没收；情节严重的，对直接负责的主管人员和其他直接责任人员依法给予行政处分。

（3）产品质量监督部门或者工商行政管理部门的工作人员滥用职权、玩忽职守、徇私舞弊，构成犯罪的，依法追究刑事责任；尚不构成犯罪的，依法给予行政处分。

（4）产品质量检验机构、认证机构伪造检验结果或者出具虚假证明的，责令改正，对单位处 5 万元以上 10 万元以下的罚款，对直接负责的主管人员和其他直接责任人员处 1 万元以上 5 万元以下的罚款；有违法所得的，并处没收违法所得；情节严重的，取消其检验资格、认证资格；构成犯罪的，依法追究刑事责任。

（5）产品质量检验机构、认证机构出具的检验结果或者证明不实，造成损失的，应当承担相应的赔偿责任；造成重大损失的，撤销其检验资格、认证资格。

（6）产品质量认证机构违反《产品质量法》规定，对不符合认证标准而使用认证标志的产品，未依法要求其改正或者取消其使用认证标志资格的，对因产品不符合认证标准给消费者造成的损失，与产品的生产者、销售者承担连带责任；情节严重的，撤销其认证资格。

（7）社会团体、社会中介机构对产品质量做出承诺、保证，而该产品又不符合其承诺、保证的质量要求，给消费者造成损失的，与产品的生产者、销售者承担连带责任。

本章小结

市场经济的高效率能够有效地配置资源，满足人们日益增长的生活需要。如果对市场活动不加以规范，对人们生活、生命安全的危害又是无法估量的。为此，任何一个国家在实行市场经济的同时又都对市场运行主体给予很多的约束。我国自 20 世纪 90 年代初期实行市场经济体制以来，不断完善立法，以加强对市场经营者的干预，营造一个秩序井然的市场经济环境。到目前为止，已建立起了以《反不正当竞争法》、《消费者权益保护法》、《产品质量法》为核心的市场规范法体系。本章主要介绍了以上三部法律各法的立法情况、法律关系主体、关系主体的权利与义务及违反各法所应承担的责任问题，具体包括：反不正当竞争立法概况，不正当竞争行为的类型，对不正当竞争行为的监督检查，不正当竞争行为的法律责任；消费者权益保护法的概述，消费者的权利与经营者的义务，违反《消费者权益保护法》的法律责任；产品质量法概述，产品质量的监督管理制度，生产者、销售者的产品质量责任和义务，对消费者的损害赔偿及违反《产品质量法》的其他法律责任等。学习本章内容应注意联系实际，学会对法律基本内容条款的运用。学习时可参照《中华人民共和国反不正当竞争法》、《中华人民共和国消费者权益保护法》、《中华人民共和国产品质量法》、《中华人民共和国广告法》等法律、法规。

思考与练习

一、名词解释

不正当竞争行为　商业贿赂行为　低价倾销行为　搭售行为　消费者　自主选择权　公平交易权　产品　产品质量认证

二、判断题

1. 发布虚假广告、欺骗误导消费者的，应由广告主承担责任；广告经营者、广告发布者不能提供广告主的真实姓名、地址的，消费者自己负责。（　）

2. 经营者搭售商品就构成不正当竞争行为。（　）

3. 使用不知道是他人用盗窃等非法手段获取的商业秘密时，不视为侵犯商业秘密。（　）

4. 政府为保障公民安全而限定购买其指定的合格商品，虽保护了消费者的权益，但违反了《反不正当竞争法》。（　）

5. 产品只要不存在设计、制造上的缺陷，便不会发生产品责任。（　）

6. 经营者有向消费者出具购货凭证或服务单据的义务。（　）

7. 对于经营者提供商品或服务有欺诈行为的，应当增加的赔偿金额，为消费者购买商品的价款或接受服务的费用的 1 倍。（　）

8. 消费者协会能够以盈利为目的设立小卖部。（　）

三、单项选择题

1. 我国《反不正当竞争法》所称的不正当竞争行为主体是（　）。

A. 生产者　B. 经营者　C. 消费者　D. 国家机关

2. 在以下关于不正当竞争的说法中，正确的是（　）。

A. 不正当竞争是指非法竞争行为

B. 不正当竞争是指垄断行为

C. 不正当竞争是指不平等竞争行为

D. 不正当竞争是指一切损害竞争对手的行为

3. 在我国，收受和给付折扣是一种（　）。

A. 正当竞争行为　B. 违法行为

C. 违背商业道德行为　D. 违背国际惯例行为

4. 以下不属于不正当竞争行为的是（　）。

A．煤气公司限定申请安装煤气者购买其指定牌号的煤气灶

B．某国际体育比赛组委会经过拍卖指定使用某种品牌的饮料

C．某市决定不准外地产品在本地销售

D．某市财政局规定，外地商品进入本市应多缴税费

5．抽奖式的有奖销售，最高奖的金额（　　）。

A．应为 5 000 元　　B．不得超过 5 000 元

C．不得少于 5 000 元　　D．应低于 5 000 元

6．钱某在某商厦买了一台电视机，使用不到 2 个月，发生爆炸事故，家中财产损失达 12 000 元。经查属于质量事故，钱某要求商厦赔偿其经济损失。商厦认为产品质量责任在生产厂家，让钱某找生产者予以赔偿。依照有关法律规定，钱某（　　）提出赔偿请求。

A．只能向该商厦　　B．只能向生产者

C．可以向该商厦也可以向生产者　　D．在找不到生产者时，才能向该商厦

7．因产品存在缺陷造成消费者财产损失的，其诉讼时效为（　　）。

A．1 年　　B．2 年　　C．10 年　　D．20 年

8．以下生产者应承担产品责任的是（　　）。

A．产品投入流通前已存在缺陷　　B．出于非商业目的而提供产品

C．受害人使用不当引起的损害　　D．超过法定时效期限

9．以下不属于《消费者权益保护法》调整范围的是（　　）。

A．某个体户购进一批服装用于销售

B．某个体户到某舞厅跳舞

C．某个体户销售一套服装给一位女士

D．某个体户购进一批速食面作为晚餐

10．消费者在购买、使用商品或接受服务时其合法权益受到损害，因原企业分立、合并的，（　　）要求赔偿。

A．无法　　B．可向原企业

C．可向变更后的企业　　D．可向原企业的上级主管部门

四、多项选择题

1．以下构成不正当竞争的有（　　）。

A．在商品上伪造认证标志

B．擅自使用他人的企业名称造成误认

C．假冒他人的注册商标

D．擅自使用与他人商品相同的包装

2．经营者以低于成本的价格销售产品，但依照法律的规定，却不属于不正当竞争行为的有（　　）。

A．销售鲜活商品

B．以搬迁甩卖为名，经常以低于成本的价格销售商品

C．销售有效期限即将到期的商品

D．因清偿债务降价销售商品

3．构成商业贿赂行为的行为特征有（　　）。

A．不入账　　B．明示

C．秘密收受或给予　　D．未如实入账

4．在下列行为中，属于法律规定的不正当竞争行为的有（　　）。

A．某市政府发文规定，由于本市最近连续发生煤气中毒事件，因此各单位必须使用本市煤气公司生产的煤气安全阀

B．天气渐暖，某商场决定所有皮衣六折优惠出售

C．公司为提高本公司产品的市场占有率，通过座谈会的形式，向顾客宣传乙公司的产品不如甲公司的产品

D．甲地出产的苹果品质不错，但市场知名度不高，销路不畅，为此甲地的水果公司在其产品的外包装上全部印上“烟台苹果优质品牌”字样

5．在甲公司举办的商品展销会期间，消费者李某从乙公司的展台处购买了一台丙公司生产的家用电暖气，使用时发现有漏电现象，无法正常使用。由于展销会已经结束，李某先后找到甲公司、乙公司，方知展销会期间乙公司将租赁的部分柜台转租给了丁公司，该电暖气就是由丁公司卖出的。在这种情况下，李某可以向（　　）要求赔偿。

A．甲公司　　B．乙公司　　C．丙公司　　D．丁公司

6．消费者有权要求经营者提供商品的（　　）。

A．用途　　B．生产日期　　C．检验合格证明　　D．价格

7．经营者对消费者进行侮辱、诽谤，或搜查消费者的身体及其携带的物品，侵害消费者的人格尊严或消费者的人身自由的，应当（　　）。

A．赔礼道歉　　B．赔偿损失　　C．停止侵害　　D．消除影响

8．依据《产品质量法》的有关规定，生产者不能（　　）。

A．伪造产品的生产产地

B．以不合格产品冒充合格产品

C．生产国家明令淘汰的产品

D．生产不符合国际先进产品标准的产品

9．以下属于承担产品责任条件的有（　　）。

A．产品存在缺陷

B．由产品缺陷导致损害发生

C．由于受害人擅自改变产品使用方法引起损害

D．造成损害的事实

10．因产品有缺陷造成消费者人身伤害的，责任者应当赔偿（　　）。

A．误工费　　B．医疗费

C．营养费　　D．残疾人生活补助费

五、简答题

1．简述不正当竞争行为的内容。

2．简述不正当竞争行为的法律责任。

3．列举低于成本销售但不属于低价倾销行为的情况。

4. 简述消费者的权利和经营者的义务。
5. 简述生产者的产品质量义务。
6. 简述产品缺陷赔偿的范围。

案例分析

案例1 2013年5月，张某开办饭庄，从商场购买10台吊扇。同年7月，吴某等一行6人到饭庄就餐，进餐过程中，吊扇突然脱落，造成吴某等3人骨折或皮外伤，共花去医疗费12 000元。事后，3人找到张某要求赔偿，张某认为事故纯粹是由于装潢公司安装不当所致，自己亦是受害人，拒绝赔偿。后查明，这10台吊扇全系不合格产品。

案例讨论

本案中，哪些当事人是消费者呢？

案例2 某超市采用开架售货方式，允许顾客自带包、袋，并在超市门口公告“收银员受公司指示，对顾客带入的包、袋做必要查看，请将包、袋打开让收银员过目。”2013年2月3日17时许，顾客王某在超市购物，交款后，走出超市，被从超市内追出的售货人员叫住并再三追问，要求检查王某的提包，王某非常气愤拒绝检查。销售人员即将王某带进市场办公室内，王某迫不得已按要求打开提包、解开外衣扣子并摘下帽子接受检查。销售人员未查到任何属于市场的未交费的物品，于是销售人员向王某表示了歉意并放行。2013年3月，王某向人民法院提起诉讼，请求判令被告（该超市）赔礼道歉、消除影响，并对侵害其名誉权造成的精神损害予以赔偿。

案例讨论

（1）工作人员的行为是否构成违法？如构成违法，违反了什么法律？

（2）超市门口的公告能使超市免责吗？

（3）人民法院会支持王某的主张吗？

案例3 李某到某溜冰场学习溜冰。半小时左右，溜冰场内突然停电，漆黑一片。李某正准备滑行到场边，去抓住扶手，当滑到入口处时不知没有扶手，抓空了，摔倒在地上受了伤，李某花去医疗费890元、交通费120多元。李某要求赔偿损失，但溜冰场负责人认为停电是不可抗力，溜冰场不应赔偿。

案例讨论

（1）李某应该怎么办？

（2）溜冰场经营者是否应赔偿李某的损失？

第8章　合　同　法

学习要点

- 合同法的概念与原则
- 合同的主要条款和格式条款
- 合同履行的概念与规则
- 合同的变更与转让
- 合同权利义务的终止
- 合同违约责任的概念与承担违约责任的形式

案例导入

李某本人酷爱收藏，并且具有相当的古玩鉴赏能力。其家中收藏有一个古代酒杯，但由于年代太久远，李某无法评估其真实价值，而只能大略估计其价值在10万元以上。某日，李某将其酒杯带到一家古董店，请古董店老板鉴赏，店老板十分喜欢该酒杯，并且知道其价值不下百万元，于是提出向李某买下该酒杯，出价为50万元。李某对此高价内心十分满意，但仔细一想，心知该酒杯价值绝对超过50万元，如果拍卖，超过百万元也有可能。但苦于拍卖成本过高，自身也没有条件拍卖。于是，李某心生一计，同意将酒杯卖给古董店老板，待日后古董店老板高价卖出后再主张合同可撤销，要求变更合同。结果，古董店老板通过拍卖，酒杯被卖到1 000万元。此后，李某向法院主张合同显失公正，要求古董店老板至少再补偿900万元。

请分析：

（1）李某与古董店老板的合同是否成立，是否有效？

（2）李某的请求是否具有法律依据？为什么？

8.1　合同法概述

8.1.1　合同的概念及法律特征

合同又称契约，是当事人之间设立、变更、终止某种权利义务关系的协议。它属于一个多部门法的法律行为，包括民法上的民事合同、行政法上的行政合同、劳动法上的劳动合同等。我国合同法所指的合同是特定化了的合同，《中华人民共和国合同法》第二条规定：合同是平等主体的自然人、法人、其他组织之间设立、变更、终止民事权利义务关系的协议。而同属于民事法律领域的婚姻、收养、监护等有关身份关系的协议，以及其他法律性质的协议，适用于其他相关法律规定。

根据《中华人民共和国合同法》的规定，合同具有以下法律特征。

1. 合同是一种协议

从本质上说，合同是一种协议。两个或者两个以上的当事人参加，通过协商一致达成协议，就产生了合同。但《中华人民共和国合同法》规范的合同，是一种有特定意义的合同，是一种有严格法律界定的协议。

2. 合同是平等主体之间的协议

合同是发生在平等主体之间的协议，主体的平等性具体体现在以下方面。

（1）主体的法律地位平等。在合同中，任何一方当事人不得凌驾于另一方之上。

（2）各个主体在参加合同关系时都平等地受到法律的约束，平等地享受权利和承担义务，有违法行为也平等地受到法律制裁，法律不承认任何合同主体的特权。

（3）合同主体在进行合同活动时要彼此尊重对方的经济利益，在商品交换活动中应遵循等价有偿的原则。

3. 合同的主体是广泛的

自然人、法人、其他组织都可以作为合同关系主体。

自然人是基于出生而依法成为民事法律关系主体的人。自然人的范围要比公民的范围广，既包括公民，又包括外国人和无国籍的人。

法人是具有民事权利能力和民事行为能力，依法独立享有民事权利和承担民事义务的组织。

其他组织是直接依照有关法律、法规或政策设立的，一些既非法人又非自然人的组织体。这些组织虽然不具有法人资格，但也是相对独立的社会组织，有的（如个人独资企业、合伙企业等）可以独立地从事民事活动，领取营业执照的企业法人的分支机构或者经法人授权的分支机构也可以在授权范围内从事民事活动，但有些则不能以自己的名义实施民事行为，而只能以其法人的名义对外进行活动。

4. 合同以设立、变更、终止民事权利义务关系为目的

合同是以设立、变更、终止民事权利义务关系为目的的协议。当事人订立合同都有一定的目的和宗旨，这就是说，订立合同都要设立、变更、终止民事权利义务关系。设立民事权利义务关系是指当事人订立合同旨在形成某种法律关系（如买卖关系、租赁关系），从而具体地享受民事权利，承担民事义务。变更民事权利义务关系，是指当事人通过订立合同使原有的合同关系在内容上发生变化。变更合同关系通常是在继续保持原合同关系效力的前提下变更合同内容的。如果因为变更而使原合同关系消灭并产生一个新的合同关系，则不属于变更的范畴。终止民事权利义务关系，是指当事人通过订立合同，旨在消灭原法律关系。无论当事人订立合同旨在达到何种目的，只要当事人达成的协议依法成立并生效，就会对当事人产生法律约束力，当事人也就必须依照合同规定享有权利和履行义务。

8.1.2 合同的分类

根据不同的标准，可以对合同进行多种分类。合同的分类可以使我们更加准确地掌握同一类合同的共同特征及其成立、生效条件，有助于正确地适用法律和解决合同纠纷。一般在立法与法理上可对合同进行以下分类。

1. 双务合同与单务合同

根据当事人双方权利义务的分担方式，可以将合同划分为双务合同和单务合同。双务合同是指合同当事人都享受权利，都承担义务。在这类合同中，当事人任何一方都既是债权人，又是债务人，而且互为对价关系，即双方各自享受的权利就是对方当事人的义务，各自承担的义务也就是对方当事人的权利。合同主要是调整当事人之间的商品交换关系的，所以在实践中，大量的合同都是双务合同，如买卖、租赁、承揽等合同。单务合同是指一方只享受权利而不承担义务，另一方只承担义务而并不因此享受权利，如赠与合同就是单务合同。

区分双务合同和单务合同的法律意义在于：在双务合同中，如果法律和合同没有特殊规定，双方应当同时履行义务，任何一方如果不履行自己的义务，都无权要求对方履行义务；任何一方也不能只要求对方履行义务而自己只享受权利。单务合同则没有这样的法律后果。

2. 有偿合同与无偿合同

根据双方当事人是否因给付而取得利益，将合同划分为有偿合同与无偿合同。享有合同权利而必须付出对价的合同为有偿合同，如买卖合同、租赁合同；反之，则为无偿合同，如赠与合同。有偿合同一般为双务合同，无偿合同一般为单务合同。但也有例外，如无偿保管合同就是双务合同。

区分有偿合同和无偿合同的法律意义在于：确定义务人履行合同时应尽的注意义务的程度以及违约责任的大小。一般而言，有偿合同义务人应对故意和一切过失负责；而无偿合同义务人只对故意及重大过失负责，其注意义务低于有偿合同义务人。

3. 有名合同与无名合同

根据法律是否对合同赋予特定的名称，可以将合同划分为有名合同与无名合同。凡是由法律做了明确的规定并赋予一个特定的名称的合同，在民法理论上称为有名合同，也可称为典型合同或列名合同，如我国《中华人民共和国合同法》规定了买卖合同、建设工程合同、承揽合同、运输合同、保管合同、租赁合同、借款合同等 15 类合同，就是有名合同；相反，法律未做明文规定的合同就是无名合同。

区分有名合同和无名合同的法律意义在于：有名合同和无名合同在法律运用上不同。

有名合同的订立、履行都应依照法律规定进行，发生争议亦由法院或者仲裁机构依照法律的具体规定进行裁判。无名合同法律未做明文规定，其成立、生效、履行及纠纷的解决应依民法关于民事法律行为和合同的一般规定处理，也可参照类似的有名合同。由于法律具有滞后性，随着经济交往的日益复杂，无名合同出现得越来越多，法律会对经常发生的合同加以归类，从而使其成为有名合同。

4. 诺成合同与实践合同

根据合同是否以交付标的物为成立要件，可以将合同分为诺成合同与实践合同。诺成合同是指双方意思表示一致时合同即告成立，无须具备其他形式和手续，也无须以标的物的交付为成立要件的合同。实践合同是指在双方当事人达成合意之外，还须交付标的物或完成其他给付才能成立的合同。现代合同绝大部分都是诺成合同，只有少数是实践合同，如赠与合同。

区分诺成合同与实践合同的法律意义在于：确定合同是否成立以及标的物风险转移时间。

5. 要式合同与不要式合同

根据法律是否要求合同必须具备一定的形式和手续，可以将合同分为要式合同与不要式合同。凡是法律要求必须具备一定的形式和手续的合同称为要式合同；反之，则为不要式合同。

要式合同与不要式合同的区别在于是否应以一定的形式作为合同成立或生效的要件。要式合同根据不同的法律规定具有不同的法律效力。有的要式合同，不具备法定形式则合同不成立，如专利转让合同必须采用书面形式才能成立；有的要式合同，不具备法定形式只是不生效或不能向法院诉请强制执行。对于不要式合同而言，可由当事人自行决定合同形式，无论采用何种形式，均不影响合同的成立和生效。

6. 主合同与从合同

根据合同的主从关系，可以将合同分为主合同和从合同。在相互关联的合同中，不依赖于其他合同而能独立存在的合同是主合同；以其他合同的存在为前提才能成立的合同是从合同，如抵押合同、保证合同等都是从合同。

主、从合同是相对而言的，没有主合同即没有从合同；没有从合同，也无所谓主合同。尽管主合同的存在并生效将直接影响到从合同的成立及效力，但因为主合同并不依附于从合同，相反它是可以独立存在的，因此从合同不成立或无效，一般并不影响到主合同的效力。

8.1.3 我国合同法律制度概况

合同法有广义和狭义之分。广义的合同法是调整合同法律关系的法律规范的总称，其中包含合同法、民法通则对合同的规定、各种单行合同条例。狭义的合同法是立法机关通过严谨的立法技术创制的、系统的、科学的合同法典。我国现行的合同法是在原《中华人民共和国经济合同法》、《中华人民共和国涉外经济合同法》、《中华人民共和国技术经济合同法》三足鼎立的基础上修改完善形成的科学、统一的合同法典。《中华人民共和国合同法》（以下简称《合同法》）于 1999 年 3 月 15 日在第九届全国人民代表大会第二次会议上获得通过，1999 年 10 月 1 日起施行，原《中华人民共和国经济合同法》、《中华人民共和国涉外经济合同法》、《中华人民共和国技术经济合同法》同时废止。现行合同法分总则、分则、附则三部分，共计 428 条，扩大了原三部合同法的调整范围，具体表现在以下方面。

（1）合同的主体，不论中国的还是外国的自然人、法人、其他组织之间订立的合同都属于《合同法》调整的范围。

（2）合同的种类扩大了，它不仅包括经济合同、技术合同，还包括了其他各类有关债权债务的民事合同。

为了保障《合同法》的顺利实施，最高人民法院于 1999 年 12 月 1 日通过了《最高人民法院关于适用〈中华人民共和国合同法〉若干问题的解释（一）》（以下简称《合同法解释（一）》），该解释自 1999 年 12 月 29 日起施行。此外，《中华人民共和国担保法》以及最高人民法院的相关司法解释对合同的履行担保问题起着调整作用。

8.2 合同法的基本原则

合同法的基本原则乃是合同法的主旨和根本准则，贯穿在整个合同法律制度和规范之中。它是制定、解释、执行和研究合同法的出发点，立法机关制定合同法律、法规，司法机关或仲裁机构处理合同纠纷，以及当事人订立合同都必须遵循。

合同法确定的基本原则有当事人平等原则、合同自愿原则、合同公平原则、诚实信用原则以及合法性与公序良俗原则。

8.2.1 当事人平等原则

当事人平等原则是指当事人的法律地位平等，一方不得将自己的意志强加给另一方。合同当事人的法律地位平等意味着机会平等，而不是结果平等，不论人的天赋、才能或者机遇如何，法律为其提供同等的订立合同的机会，就构成了机会平等或者程序平等。订立合同的结果如何，那是由当事人的天赋、才能或者机遇去决定的，不影响合同的效力。当事人的平等原则具体体现在以下三个方面。

1. 民事主体资格平等

自然人的民事权利能力一律平等。《中华人民共和国民法通则》（以下简称《民法通则》）第十条规定，自然人的民事权利能力一律平等，任何自然人，无论其民族、性别、年龄、精神状态、宗教信仰和文化程度等有何差别，他们的民事权利都是平等的。

法人的民事权利能力平等。任何社会组织，只要符合法人的成立要件，都可以取得法人资格，具有平等的民事权利能力，法人不存在大小和级别之分。

自然人和法人及其他组织间的民事权利能力平等。自然人和法人都是民事主体，具有平等地享有民事权利和承担民事义务的资格，不存在“大集体，小个人”的问题。

2. 当事人地位平等

合同关系中当事人的地位平等体现在以下方面。

（1）订立合同时当事人法律地位平等。合同当事人不论所有制性质、隶属关系、单位大小、职位高低的差异，在订立合同时都是平等的，任何一方都不得把自己的意志强加于另一方，不得强迫对方同自己订立合同。

（2）履行合同时当事人法律地位平等。合同一旦依法成立，当事人就必须严格按照合同规定的条款平等地履行各自的义务，享有各自的权利，任何一方不得擅自变更或者解除合同。

（3）承担合同责任时当事人法律地位平等。当事人应当按照合同约定及《合同法》的规定承担合同责任，任何当事人都不得凭借自己的特殊地位、身份减少或者推卸自己的责任、加大对方的责任。

3. 当事人的合法权益平等地受法律保护

当事人的平等原则还意味着合同当事人的合法权益平等地受法律保护，任何一方当事人自身权益受到侵害时都可以请求人民法院或仲裁机构给予依法保护或救济。

8.2.2 合同自愿原则

合同自愿是指任何人，包括法人、其他组织或者公民个人，是否签订合同、同谁签订合同、签订什么内容的合同以及变更、解除合同，完全取决于他们自己的意愿，任何单位或个人不得非法干预。合同自愿并非绝对，它是有限制的，例如，规定一些强制性规范，禁止当事人违反这些规范或规定，违反的合同条款即使是双方自愿达成的也是无效的；法律、法规规定应当办理批准登记手续才能生效的合同，自批准时生效等。

合同自愿原则包括以下内容。

（1）缔结合同的自愿。

（2）选择相对人的自愿。

（3）决定合同内容的自愿。

（4）变更解除合同的自愿。

（5）决定合同方式的自愿。

合同方式包括书面形式、口头形式和其他形式。

8.2.3 合同公平原则

合同公平原则是当事人在确立各自民事权利义务时所应遵循的基本理念，它要求当事人之间的权利与义务要对等，要公平合理，要以利益均衡作为价值评判标准来调整合同主体之间的关系，强调双方负担和风险的合理分配。

合同公平原则具体包括以下内容。

（1）当事人参加民事活动的机会均等。当事人有同等的机会参加民事法律关系，行使相应的民事权利，承担相应的民事义务。

（2）当事人的合同权利义务对等。在订立合同时，当事人之间应当遵循公平原则确定双方的权利和义务，不得滥用权利，不得欺诈，不得假借订立合同恶意进行磋商。

（3）风险的分担公平合理。市场交易、经济活动变化莫测，充满风险，合同订立时以及订立后的履行过程中应公平确定当事人之间的风险分担。

（4）公平确定违约责任。违约责任的确定应以给非违约方造成的实际损失（包括直接损失和间接损失）为尺度，公平合理，损失赔偿与惩罚相结合，若有失公平则受到法律的干预。

8.2.4 诚实信用原则

诚实信用原则是指当事人在订立合同以及在合同履行过程中，应诚实守信，以善意的方式履行其义务，不得滥用权利、规避法律或合同规定的义务。这项原则要求当事人在订立合同、履行合同以及合同终止的全过程中都要诚实、守信，相互协作。

诚实信用原则具体包括以下内容。

（1）在订立合同时不得有欺诈、隐瞒或其他违背诚实信用的行为。

（2）在履行合同时，当事人应遵循诚实信用的原则，根据合同的性质、目的和交易习惯，履行及时通知、协助、提供必要的条件、防止损失扩大、保密等义务。

（3）当事人订立合同后，因不可归责于双方的原因而发生情事变更，致使合同存在的基础发生变化，且导致当事人利益严重失衡的，当事人一方应根据诚实信用原则允许对方当事人变更或解除合同。合同终止后，当事人双方应根据诚实信用原则承担附随义务。

（4）合同条款发生争议时，双方当事人应根据诚实信用原则就合同用语含混不清、意义不明、条款缺陷进行合理解释或补充。

8.2.5 合法性与公序良俗原则

当事人订立、履行合同，应遵守社会主义法律、行政法规，尊重社会公德，不得扰乱社会经济秩序和损害社会公共利益。

遵守法律、行政法规主要体现在以下方面。

（1）合同内容必须符合法律、行政法规的规定。

（2）合同形式、订立程序必须符合法律、行政法规的规定。

（3）合同履行必须符合法律、行政法规的规定。

（4）合同目的合法，不存在以合法形式实现非法目的等规避法律的事实。

遵守社会公共道德是我国社会一切活动必须遵循的共同准则，从事民事活动必须符合我国公共道德规范，任何当事人都不得采取欺诈或者其他不正当的手段损人利己，不得为谋求局部利益而损害整个社会的公共利益，否则合同无效。

良好、正常的社会经济秩序是国民经济持续、健康、快速发展的重要保障，是合同当事人权益得以保障的必要条件。这要求当事人订立、履行合同应当按照社会经济的运行规则进行。社会公共利益是社会全体成员或者大多数成员的利益，需要社会成员的共同维护。

任何当事人订立、履行合同都必须遵守社会经济秩序，维护社会公共利益，否则合同无效。

8.3 合同的订立

8.3.1 合同订立的当事人

合同订立的当事人，是指以自己的名义订立合同，享有一定权利并履行一定义务的人。当事人订立合同，应当具有缔约能力，即具有相应的民事权利能力和民事行为能力，其范围包括自然人、法人和其他组织。

1. 自然人

自然人进行民事活动，必须具有民事权利能力和相应的民事行为能力，自然人的民事权利能力是法律赋予的，从出生时起到死亡时止，自然人均享有民事权利能力，且一律平等。自然人的民事行为能力是自然人通过自己的行为取得民事权利和承担民事义务的能力，自然人的民事行为能力依其年龄、智力和精神健康状况分为以下三种情况。

（1）完全民事行为能力。法律赋予的达到一定年龄和精神状态正常的自然人以自己的独立行为进行民事活动，取得民事权利和承担民事义务的资格。完全民事行为能力的自然人可以依法参与合同关系。根据我国《民法通则》第十一条的规定，完全民事行为能力人包括两种。

① 年满 18 周岁即成年且无精神性疾病的我国公民，具有完全民事行为能力。

② 年满 16 周岁不满 18 周岁并以自己的劳动收入为主要生活来源的我国公民，视为完全民事行为能力人。

（2）限制民事行为能力。法律赋予的已经达到一定年龄但尚未成年和虽已成年但精神不健全，不能完全辨认自己的行为后果的公民所享有的可以从事与自己的年龄、智力、精神状况相适应的民事活动的资格。限制民事行为能力人可以参与与其能力相适应的合同关系。根据我国《民法通则》第十二、第十三条的规定，限制民事行为能力人包括两种。

① 年满 10 周岁的未成年人。

② 不能完全辨认自己行为的精神病人。

（3）无民事行为能力。法律赋予的不具有以自己的行为参与民事法律关系，取得民事权利和承担民事义务的资格。无民事行为能力的自然人不能参与合同关系，但可以由其法定代理人代理。根据我国《民法通则》第十二、第十三条的规定，无民事行为能力人包括两种。

① 不满 10 周岁的未成年人。

② 不能辨认自己行为的精神病人。

2. 法人

法人包括企业法人、机关法人、事业单位法人和社会团体法人。根据《民法通则》第三十七条的规定，法人必须具备下列一般条件。

（1）法人必须依法成立。法人的设立、变更或者撤销都必须按照法定程序，经过有关国家机关审查、批准和登记，取得法人资格。企业法人须经主管部门批准，经工商行政管理部门核准登记，领取营业执照；机关法人、事业单位法人和社会团体法人经主管部门或者其他有权机关批准成立，即取得法人资格，一般不需要向工商行政管理部门进行登记。

（2）法人应具有必要的财产和经费。法人财产和经费是法人作为社会组织能够独立参加经济活动的物质基础和条件。

（3）法人必须具有自己的名称、组织机构和场所。法人的名称要符合法律规定的要求。同时，法人要有进行活动的领导机构和具体办事机构，以及相对稳定的与其业务相适应的场所。

（4）法人应能够以自己的名义独立地进行民事活动、享有民事权利和独立承担民事责任。法人以其本身作为统一组织的名义作为权利的享有者和义务的承担者，而不是以其领导机构、负责人或者以其代理人、其他人的名义享有权利和承担义务。同时，当发生合同纠纷时，法人对其法定代表人或者代理人在职责或者代理权限范围内进行的各种民事活动承担法律上的责任。法人应当以自己的全部财产承担民事责任。

3. 其他组织

其他组织主要包括非法人企业、取得营业执照的法人的分支机构（如总公司的分公司等）、农村集体经济组织以及非营业性的其他组织，如国家机关的派出机构、没有取得法人资格的事业单位和社会团体。非法人企业也是从事经济活动的企业，但不具有法人资格。实践中，非法人企业主要包括下列几类企业。

（1）依法登记并领取营业执照的私营企业，包括个人独资企业和合伙企业。

（2）依法登记领取营业执照的合伙型联营企业。

（3）未取得法人资格的外商投资企业（如无法人资格的中外合作经营企业等）。

（4）一些事业单位、科技性社会团体等开办的非法人企业。

8.3.2 合同的形式与内容

1. 合同形式

合同形式是指合同当事人意思表示一致的外在表现形式，是合同内容的载体。《合同法》规定，当事人订立合同的形式有书面形式、口头形式和其他形式。法律、行政法规规定采用书面形式的，应当采用书面形式；当事人约定采用书面形式的，应当采用书面形式。

（1）书面形式。书面形式是指合同书、信件和数据电文（包括电报、电传、传真、电子数据交换和电子邮件）等可以有形地表现所载内容的形式。书面形式明确、肯定，有据可查，发生纠纷时容易举证，便于分清责任，是当事人最为普遍采用的一种合同约定的形式。

（2）口头形式。口头形式是指当事人双方就合同内容面对面或以通信设备交谈达成协议。口头形式直接、简便、迅速，但发生纠纷时难以取证，不易分清责任，所以对于不即时清结的和较重要的合同不宜采用口头形式。

（3）其他形式。除了书面形式和口头形式，合同还可以依其他形式成立。法律没有列举具体的“其他形式”，概括来说，一般包括推定形式和默示形式。所谓推定形式，是指当事人没直接用书面形式或者口头形式进行意思表示，而是通过实施某种行为来进行意思表示。例如，房屋租赁合同期满时，双方当事人都不提出合同终止，而且承租人继续支付租金，出租人也继续接受的，即可推定双方同意延长租赁期限。所谓默示形式，是指当事人采用沉默不语的方式进行意思表示。例如，试用买卖合同中，试用人期限届满时对是否购买标的物不做表示，即视为购买。

2. 合同内容

合同内容是合同中经双方当事人协商一致，规定双方当事人权利义务的具体条文。合同当事人的权利义务，除法律规定的以外，主要由合同的内容确定。合同内容是否齐备、准确，决定了合同能否成立、生效以及能否顺利地履行、实现。由于合同的类型和性质不同，合同的主要条款可能有所不同。根据《合同法》第十二条的规定，合同的内容由当事人约定，一般包括以下条款。

（1）当事人的名称或者姓名和住所。当事人的名称或者姓名和住所是每个合同都必须具备的内容。当事人是合同权利义务的承受者，是合同法律关系的主体，合同中如果不写明当事人，发生纠纷也无法解决。因此，订立合同时，要将各方当事人名称或者姓名和住所都记载准确、清楚。

（2）标的。标的是合同当事人双方权利和义务所共同指向的对象。标的是合同成立的必要条件，是一切合同的必备条款。没有标的或标的不明确，权利义务就没有依托，合同关系则无法建立。

合同的种类不同，标的也不相同。标的可以是某种实物，也可以是无形资产，还可以是某种劳务或劳动成果。合同标的必须符合国家法律、法规，法律禁止流通的物品和禁止的行为不得成为合同标的，否则会导致合同无效。合同对标的的规定应当清楚明白、准确无误。对于名称、型号、规格、品种等级、花色等都应规定得细致、准确、清楚，防止差错。特别对于不易确定的无形财产、劳务、工作成果等，更要尽可能地描述准确、明白。

（3）数量。标的数量是合同标的的具体化，是确定标的特征最重要的条件。标的的数量直接确定了当事人双方权利义务的大小和程度，任何一个合同都应对数量加以明确。首先，应选择双方共同接受的计量单位；其次，要确定双方认可的计量方法，存在多种计量方法的，尽可能采用国际标准计量方法；再次，应允许规定合理的尾差或磅差。

（4）质量。质量是标的内在素质和外在形态的综合，是一个标的区别于同类另一个标的的具体特征。标的的质量需要订得详细具体，一般包括标的技术指标（如化学、物理、机械、生物等性质）、规格、型号等。国家有强制性标准规定的，必须按照规定的标准执行；有多种质量标准的，应尽可能约定其适用的标准。

（5）价款或报酬。价款是取得标的物所应支付的代价，报酬是接受劳务所应支付的代价。价款通常指标的物本身的价款，但商业上的大宗买卖多是异地交货，因此而产生的运费、保险费、装卸费、保管费等一系列的额外费用的承担需要在价款条款中说明。作为主要的合同条款，为了避免发生纠纷，在合同订立时应当明确规定其数额、计算标准、结算方式等。

（6）履行期限、地点和方式。履行期限是指合同规定的一方当事人向对方等当事人履行义务的时间界限，如交付标的物、价款或报酬，履行劳务、完成工作的时间界限。它直接关系到合同义务完成的时间，是确定合同能否按时履行的依据。

履行地点是指合同规定的当事人履行合同义务和对方接受履行的地点。不同的合同，履行地点也不同，履行地点关系到履行合同的费用、风险由谁承担以及确定所有权是否转移、何时转移、发生纠纷后应由何地法院管辖。

履行方式是指合同当事人履行合同义务的具体做法。例如，是一次交付还是分期分批交付，是交付实物还是交付标的物的所有权凭证，是铁路运输还是空运、水运等，同样事关当事人的物质利益，合同应当写明。

（7）违约责任。违约责任是促使当事人履行债务，使守约方免受或少受损失的法律措施，对当事人的利益关系重大，合同对此应予明确。例如，明确规定违约致损的计算方法、赔偿范围等，对将来及时地解决违约问题有重要意义。当然，违约责任是法律责任，即使合同中没有违约责任条款，只要未依法免除违约责任，违约方仍应承担责任。

（8）解决争议的方法。解决争议的方法，是指有关解决争议运用什么程序、适用何种法律、选择哪家检验或鉴定机构等内容。当事人双方在合同中约定的仲裁条款、选择诉讼法院的条款、选择检验或者鉴定机构的条款、涉外合同中的法律适用条款、协商解决争议的条款等，均属解决争议的方法的条款。《合同法》第一百二十六条规定，涉外合同的当事人可以选择处理合同争议所适用的法律，但法律另有规定的除外。涉外合同的当事人没有选择的，适用与合同有最密切联系的国家的法律。在中华人民共和国境内履行的中外合资经营企业合同、中外合作经营企业合同、中外合作勘探开发自然资源合同，适用中华人民共和国法律。

当事人对合同条款的理解有争议的，应当按照合同所使用的词句、合同的有关条款、合同的目的、交易习惯以及诚实信用原则，确定该条款的真实意思。合同文本采用两种以上文字订立并约定具有同等效力的，对各种文本使用的词句推定具有相同含义。各文本使用的词句不一致的，应当根据合同的目的予以理解。

8.3.3 合同的订立程序

合同订立是合同当事人进行协商，使各方的意思表示趋于一致的过程。合同的成立是合同法律关系确立的前提，也是衡量合同是否有效以及确定合同责任的前提。合同订立采取要约与承诺的方式进行，当事人意思表示一致时，合同即可成立。

1. 要约

1）要约的概念

要约是希望和他人订立合同的意思表示。一方当事人向对方提出合同条件做出签订合同的意思表示时，称为要约。发出要约的当事人称为要约人，要约所指向的对方当事人则称为受要约人。要约在商业活动和对外贸易中还称为发盘、出盘、发价、出价或报价等。

2）要约的有效要件

要约通常都具有特定的形式和内容，一项要约要发生法律效力，则必须具有特定的有效要件，不具备这些条件，则在法律上不能成立，也不能产生法律效力。要约的主要构成要件如下。

（1）要约必须有订立合同的意图。要约人发出要约的目的在于订立合同，而这种订约的意图一定要由要约人通过其发出的要约充分表达出来，才能在受要约人承诺的情况下使得合同成立。《合同法》第十四条规定，要约应“表明经受要约人承诺，要约人即受该意思表示约束”。这实际上是对订约意图的规定。要约方以语言、文字明示，要约经承诺即受该意思表示约束的，就表明其有订约意图。

（2）要约必须向要约人希望与之缔结合同的受要约人发出。要约人向谁发出要约也就是希望与谁订立合同。要约只有向要约人希望与之缔结合同的受要约人发出，才能够唤起受要约人的承诺。要约原则上应向特定的人发出，特定的人可以是一个人，也可以是数个人。如果相对人不能特定，则意味着要发出提议的人并未选择真正的相对人，该提议不过是为了唤起他人发出要约，本身不是要约。但在特定的场合下，要约人也可以向不特定的人发出要约，如悬赏广告。

（3）要约的内容必须具体确定。根据我国《合同法》第十四条的规定，要约的内容必须具体确定。所谓“具体”，是指要约的内容必须具有足以使合同成立的主要条款，如果不能包含合同的主要条款，承诺人即难以做出承诺，即使做出了承诺，也会因为这种合意不具备合同的主要条款而使合同不能成立。当然，合同的主要条款，应当根据合同的性质和内容来加以判断。合同的性质不同，它所要求的主要条款也不同。只有在要约的内容中包含了未来合同的主要条款，才可以认为合同内容是确定和完整的，一旦对方承诺就可以使合同成立。

（4）要约必须送达受要约人。要约只有在送达到受要约人以后才能为受要约人所知悉，才能对受要约人产生实际的拘束力。如果要约在发出以后，因传达要约的信件丢失或没有传达，不能认为要约已经送达。

只有具备上述四个要件，才能构成有效的要约，并使要约发出后产生应有的拘束力。

3）要约邀请

要约邀请是希望他人向自己发出要约的意思表示。要约邀请与要约不同，要约是一个要求他人向自己发出承诺就成立合同的意思表示；而要约邀请的目的则是邀请他人向自己发出要约，自己如果承诺，合同才成立。要约邀请处于合同的准备阶段，没有法律约束力。实践中要约与要约邀请往往很难区别，《合同法》规定，寄送的价目表、拍卖公告、招标公告、招股说明书等都属于要约邀请，商业广告的内容符合要约规定的，视为要约，如悬赏广告。

4）要约生效

要约生效的时间关系到要约何时对要约人产生约束力，也涉及承诺的期限问题。我国《合同法》规定，要约到达受要约人时生效。因要约的送达方式不同，其到达时间的界定也不同。采用直接送达的方式发出要约的，记载要约的文件交给受要约人即为到达；采用普通邮寄方式送达要约的，以受要约人收到要约文件或要约送达到受要约人信箱的时间为到达时间；采用数据电文形式（包括电报、电传、传真、电子数据交换和电子邮件）发出要约的，收件人指定特定系统接受数据电文的，该数据电文进入该特定系统的时间视为到达时间，未指定特定系统的，该数据电文进入收件人的任何系统的首次时间视为到达时间。要约到达受要约人，并不是指要约一定实际送达受要约人或者其代理人手中，要约只要送达受要约人通常的地址、住所或者能够控制的地方（如信箱等）即为送达。反之，即使在要约送达受要约人之前受要约人已经知道其内容，要约也不生效。

5）要约的撤回、撤销与失效

（1）要约撤回是指要约在发出后、生效前，要约人使要约不发生法律效力的意思表示。法律规定要约可以撤回，原因在于这时要约尚未发生法律效力，撤回要约不会对受要约人产生任何影响，也不会对交易秩序产生不良影响。由于要约在到达受要约人时即生效，因此撤回要约的通知应当在要约到达受要约人之前或者最迟与要约同时到达受要约人。

（2）要约撤销是指要约人在要约生效后、受要约人承诺前，使要约丧失法律效力的意思表示。撤销要约的通知应当在受要约人发出承诺通知之前到达受要约人。有下列情形之一的不得撤销要约。

① 要约人规定了承诺期限或者以其他形式明示要约不可撤销。

② 受要约人有理由认为要约是不可撤销的，并已经为履行合同做好了准备工作。

（3）要约失效又称要约消灭，即要约丧失了法律效力，要约人和受要约人均不再受其约束。《合同法》第二十条规定的要约失效情形如下。

① 拒绝要约的通知到达要约人。

② 要约人依法撤销要约。

③ 承诺期限届满，受要约人未做出承诺。

④ 受要约人对要约的内容做出实质性变更。

2. 承诺

1）承诺的概念

承诺是受要约人同意要约的意思表示。在商业交易中，承诺又称接受或还盘。非受要约人向要约人做出的接受要约的意思表示不构成承诺，而是要约。承诺通知一经做出，并送达要约人，合同即告成立，要约人不得加以拒绝。

2）承诺的构成要件

一项承诺，必须具备一定的条件，才能产生合同成立的法律后果。具体来说，承诺应当具备下列条件。

（1）承诺必须由受要约人做出。要约和承诺都是相对人的行为，只有受要约人才有承诺的资格。受要约人以外的其他人做出承诺的意思表示，不产生合同成立的法律效果，但可以视为一项要约。

（2）承诺必须向要约人做出。承诺是对要约的同意，只对要约人和受要约人有拘束力。对要约人以外的人做出的承诺，合同不能成立。

（3）承诺的内容必须与要约的内容一致。承诺是受要约人愿意按照要约的全部内容与要约人订立合同的意思表示，必须在内容上与要约的内容一致。如果受要约人在承诺中对要约的内容做出实质变更，便不构成承诺，而应视为对原要约的拒绝而做出的一项新的要约，或称反要约。有关合同标的、数量、质量、价款或者报酬、履行期限、履行地点和方式、违约责任和解决争议方法等的变更，是对要约内容的实质性变更。但是，承诺对要约的内容做出非实质性变更的，除要约人及时表示反对或者要约明确表示承诺对要约内容不得做出任何变更外，该承诺有效。

（4）承诺必须在有效期限内做出。定有承诺期限的要约，承诺于期限内做出方为有效承诺；未定有承诺期限的要约，如口头要约，承诺须由受要约人立即做出才为有效，但当事人另有约定的除外；如是以非对话方式做出的，则应由受要约人在合理期限内做出承诺。有效期间经过后做出的承诺，称为迟到承诺，不能发生承诺的效力，应视为新要约。但受要约人在要约有效期间内所做的承诺，依通常情形可于有效期内到达要约人而迟到者，称为未迟发而迟到的承诺。对这种承诺，要约人应负对承诺人发迟到通知的义务。要约人及时发出迟到通知后，该迟到的承诺不具有承诺效力，即不能成立合同。如要约人怠于发出迟到通知，该迟到的承诺应视为未迟到，具有承诺的效力。

3）承诺的方式

承诺方式是指受要约人将其承诺的意思表示传达给要约人所采用的方式。承诺应当以通知的方式做出，通知的方式可以是口头的，也可以是书面的。根据交易习惯或当事人之间的约定，承诺也可以不以通知的方式，而以通过实施一定的行为或以其他方式做出。

4）承诺的生效

承诺通知到达要约人时生效。承诺不需要通知的，根据交易习惯或者要约的要求做出承诺行为时生效。采用数据电文形式订立合同的，承诺到达的时间同上述要约到达时间的规定相同。

5）承诺的撤回

承诺也可以撤回。承诺的撤回是指受要约人阻止承诺发生法律效力的意思表示。撤回承诺的通知，应当在承诺通知到达要约人之前或者最迟与承诺通知同时到达要约人。

8.3.4 合同的成立

合同成立是指当事人之间经过要约、新要约、更新的要约直到承诺，双方对合同的主要内容意思表示达成一致。

1. 合同成立的时间

合同成立的时间是确定合同当事人何时起受合同的约束，具有重大的实践意义。一般来说，合同的订立方式决定合同成立的时间。

（1）采用合同书形式订立合同的，自双方当事人签订或者盖章时合同成立，在签字或者盖章之前，当事人一方已经履行主要义务并且对方接受的，该合同成立。

（2）采用信件、数据电文等形式订立合同的，可以在合同成立之前要求签订确认书，签订确认书时合同成立。未提出签订确认书的，承诺生效时合同成立。

（3）以直接对话方式订立合同的，承诺生效时合同成立。

（4）法律、行政法规规定或者当事人约定采用书面形式订立合同的，当事人未采用书面形式或采用书面形式在签字或盖章之前，一方已经履行主要义务并且对方接受的，该合同成立。

2. 合同成立的地点

合同成立的地点关系到合同的管辖权，直接影响到当事人的权利和义务。一般来说，承诺生效的地点为合同的成立地点，具体有以下几种情况。

（1）采用数据电文形式订立合同的，收件人的主营业地为合同成立的地点，没有主营业地的，其经常居住地为合同成立的地点。

（2）采用合同书、确认书形式订立合同的，双方当事人签字或者盖章的地点为合同成立的地点。

（3）合同需要完成特殊的约定或法律形式才能成立的，以完成合同的约定形式或法定形式的地点为合同的成立地点。

（4）当事人对合同的成立地点另有约定的，按照其约定。

8.3.5 格式条款

格式条款又称附合合同、定型化合同，是指一方当事人为了与不特定的数人订立合同重复使用而单方预先拟定，并在订立合同时不允许对方协商变更的条款。格式条款的适用可以简化签约程序，加快交易速度，减少交易成本。但是，由于格式条款由一方当事人拟定，且在合同谈判中不容对方协商修改，双方地位实际上并不平等，其条款内容难免有不够公平之处，所以《合同法》对其适用有特别规定，以保证另一方当事人的合法权益。

1. 提供格式条款的一方对格式条款有提示说明义务

《合同法》第三十九条规定，采用格式条款订立合同的，提供格式条款的一方应当遵循公平原则确定当事人之间的权利和义务，并采取合理的方式提请对方注意免除或者限制其责任的条款，按照对方的要求，对该条款予以说明。

2. 无效的格式条款

以下几种情形的格式条款为无效条款。

（1）提供格式条款一方免除其责任、加重对方责任、排除对方主要权利的，该条款无效。

（2）格式条款具有《合同法》第五十二条规定的合同无效情形的无效，包括以欺诈、胁迫的手段订立的合同；恶意串通，损害国家、集体、第三人利益的；以合法形式掩盖非法目的的；损害社会公共利益的；违反法律、行政法规的强制性规定的。

（3）格式条款具有《合同法》第五十三条规定的无效免责条款无效，即造成对方人身损害的免责条款；因故意或者重大过失造成对方财产损失的免责条款。

3. 关于格式条款的解释

《合同法》规定，对格式条款的解释发生争议的，应当按照通常理解予以解释。对格式条款有两种以上解释的，应当做出不利于提供格式条款的一方的解释。格式条款和非格式条款不一致的，应当采用非格式条款。

8.3.6 缔约过失责任

1. 缔约过失责任的概念和构成要件

缔约过失责任是指当事人在订立合同过程中，一方当事人因违背诚实信用原则给对方造成信赖利益损失时所应承担的法律责任。一般情况下，当事人根据自愿和诚实原则进行协商，决定是否订立合同。协商不成，也无须承担责任。但是如果当事人违背了诚实信用原则，给对方造成损失，就应当承担损害赔偿责任。

缔约过失责任应具有以下构成要件。

（1）一方当事人违反了依照诚实信用原则所应负担的先合同义务。所谓先合同义务，是指自缔约双方签订合同而互相接触磋商开始，逐渐产生的注意义务（或称附随义务），包括协助、通知、照顾、保护、保密等义务，它自要约生效开始产生。

（2）另一方当事人的信赖利益受到损失。所谓信赖利益损失是指一方实施某种行为后，另一方对此产生了信赖，并为此而支付了一定的费用，后因对方违反先合同义务致使该费用得不到补偿，因而受到的损失。这种损失既包括财产的直接减少（积极损失），也包括应增加而未增加的利益（履约收益）。

（3）违反先合同义务的行为与该损失之间有因果关系，即该损失是由违反先合同义务引起的。

2. 缔约过失责任的适用范围

《合同法》第四十二、第四十三条采用列举式和自由式对缔约过失责任的适用范围做了规定，具体包括以下内容。

（1）假借订立合同，恶意进行磋商，即根本没有与对方签订合同的目的，以与对方谈判为借口，损害对方或第三人的利益，恶意地与对方进行谈判。

（2）故意隐瞒与订立合同有关的重要事实或者提供虚假情况。在订立合同的过程中，一方当事人已经知悉了与合同有关的重要情况，但不告诉对方，继续与对方进行谈判。

（3）当事人在订立合同过程中知悉的商业秘密，无论合同是否成立，泄露或不正当使用的行为。

（4）有其他违背诚实信用原则的行为，如违背诚实信用原则终止谈判的行为。

3. 缔约过失责任的赔偿范围

根据《合同法》的规定，缔约过失责任形式是损害赔偿，其范围是相对人因缔约过失而遭受的信赖利益损失。

8.4 合同的效力

8.4.1 合同生效的时间

合同的生效与合同的成立既有联系又有区别。合同的成立，是指当事人经过要约和承诺，意思表示一致而达成协议。合同的生效，是指已依法成立的合同，发生相应的法律效力。

《合同法》根据不同类型的合同规定了合同生效的时间，主要有以下四种情况。

（1）依法成立的合同，自成立时生效。这是指一般情况下合同生效的时间。

（2）法律、行政法规规定应当办理批准、登记等手续生效的，依照其规定办理批准、登记等手续后生效，如《中华人民共和国物权法》规定，股票质押合同自到证券登记结算机构办理出质登记时生效。

根据最高人民法院《合同法解释（一）》的规定，法律、行政法规规定合同应当办理批准手续，或者办理批准、登记等手续才生效的，在法院审理案件过程中，一审法庭辩论终结前当事人仍未办理批准手续的，或者仍未办理批准、登记等手续的，人民法院应当认定该合同未生效；法律、行政法规规定合同应当办理登记手续，但未规定登记后生效的，当事人未办理登记手续不影响合同的效力，但合同标的所有权及其他物权不能转移。此类合同的变更、转让、解除等情形，也依据上述规定处理。

（3）当事人对合同的效力可以约定附条件。附生效条件的合同，自条件成就时生效。附解除条件的合同，自条件成就时失效。当事人为自己的利益不正当地阻止条件成就的，视为条件已成就；不正当地促成条件成就的，视为条件不成就。

（4）当事人对合同的效力可以约定附期限。附生效期限的合同，自期限届至时生效。附终止期限的合同，自期限届满时失效。

8.4.2 有效合同与合同有效认定的几种特殊情况

1. 有效合同

有效合同是指法律承认其效力的合同。有效合同必须具有以下四方面的要件。

（1）当事人具有缔结合同的能力。对于自然人而言，除了具有民事权利能力，还须具有与缔结合同类型、性质相适应的民事行为能力，包括完全民事行为能力和限制民事行为能力，无民事行为能力人不具有缔结合同的能力，可以由其法定代理人代为缔结合同，对缔结了合同的，《合同法》第四十七条做了规定，限制民事行为能力人订立的合同，经法定代理人追认后，该合同有效，但纯获利益的合同或者与其年龄、智力、精神健康状况相适应而订立的合同，不必经法定代理人追认。对于法人和其他组织，必须是依法定程序成立或设立的，并取得民事权利能力和民事行为能力，才能在法律、行政法规或有关部门授权的范围内订立合同。

（2）当事人意思表示真实。意思表示是当事人将其设立、变更、终止民事权利义务的内在意思表示于外的行为，包括内在意思与外在表示两个要素。真实意思表示要求当事人能将真实的内在意思表示于外，实现内在意思与外在表示的统一，即表里如一。在意思表示不真实的情况下，不能仅以行为人表示于外部的意思为根据，而不考虑行为人的内心意思。例如，行为人在受胁迫、受欺诈的情况下做出的意思表示，与其真实意思不符。如果不考虑行为人的真实意思，而使其外部的意思表示有效，并认为欺诈、胁迫等合同有效，则既不利于保护行为人的意思，也会纵容胁迫、欺诈等违法行为，破坏法律秩序。

（3）不违反法律和社会公共利益。当事人订立的合同从目的到内容都不能违反我国现行法律、行政法规中的强制性规定，不能违背社会公德、扰乱社会公共秩序、损害社会公共利益。

（4）具有法律所要求的合同形式。法律规定用特定形式的，应当依照法律规定，如法律、行政法规规定应当办理批准登记手续的，依照其规定；法律没规定特定形式的，采取双方约定的合同形式；双方没约定合同形式的，对即时清结的可采用口头形式，其他一般应采用书面形式。

2. 合同有效认定的几种特殊情况

（1）限制民事行为能力人订立的合同，经法定代理人追认后，该合同有效，但纯获利益的合同或者与其年龄、智力、精神健康状况相适应而订立的合同，不必经法定代理人追认。

为避免因限制民事行为能力人订立的合同效力长期处于不确定状态而影响相对人的权益，《合同法》规定了相对人的催告权。相对人可以催告法定代理人在一个月内予以追认。法定代理人未做表示的，视为拒绝追认。合同被追认之前，善意相对人有撤销的权利，撤销应当以通知的方式做出。

（2）行为人没有代理权、超越代理权或者代理权终止后以被代理人名义订立的合同，代理经被代理人追认的，合同有效；未经被代理人追认的，对被代理人不发生效力，由行为人承担责任。

相对人可以催告被代理人在一个月内予以追认。被代理人未做表示的，视为拒绝追认。合同被追认之前，善意相对人有撤销的权利，撤销应当以通知的方式做出。

（3）行为人没有代理权、超越代理权或者代理权终止后以被代理人名义订立合同，相对人有理由相信行为人有代理权的，该代理行为有效，这是关于表见代理的规定。所谓表见代理，是指客观上存在使相对人相信无权代理人的行为有代理权的情况和理由，且相对人主观上为善意时，代理行为有效，如《民法通则》第六十六条规定，本人知道他人以自己的名义实施民事行为而不做否认表示的，视为同意，即属于这种情况。

（4）法人或者其他组织的法定代表人、负责人超越权限订立的合同（含担保合同），除相对人知道或者应当知道其超越权限的以外，该代表行为有效，合同有效。

（5）无处分权的人处分他人财产，经权利人追认或者无处分权的人订立合同后取得处分权的，该合同有效。

8.4.3 无效合同

无效合同是指欠缺合同生效要件，不具有法律约束力的合同。无效合同自始没有法律约束力，国家不予承认和保护。

《合同法》第五十二条规定，有下列情形之一的合同无效。

（1）一方以欺诈、胁迫的手段订立合同，损害国家利益的。所谓欺诈就是故意隐瞒真实情况或故意告知对方虚假的情况，欺骗对方，诱使对方做出错误的意思表示而与之订立合同。胁迫就是指行为人以将要发生的损害或者以直接实施损害相胁迫，使对方当事人产生恐惧而与之订立合同。

（2）恶意串通，损害国家、集体或者第三人利益的。所谓恶意串通的合同，就是合同的双方当事人非法勾结，为谋取私利而共同订立的损害国家、集体或者第三人利益的合同。

（3）以合法形式掩盖非法目的的，即行为人为达到非法目的以迂回的方法避开了法律或行政法规的强制性规定，所以又称伪装合同。

（4）损害社会公共利益的。

（5）违反法律、行政法规的强制性规定的。

此外，《合同法》还就免责条款做了规定。免责条款是指合同中的双方当事人在合同中约定的，为免除或限制一方或双方当事人未来责任的条款。一般来说，当事人经过充分协商确定的免责条款，只要是完全建立在当事人自愿的基础上，又不违反社会公共利益，法律对其效力给予承认；但是对严重违反诚实信用原则和社会公共利益的，法律予以禁止。《合同法》第五十三条规定，合同中的下列免责条款无效：造成对方人身伤害的；因故意或者重大过失造成对方财产损失的。例如，用工合同上明确规定，“如发生工伤事故由自己负责，公司不负任何责任”。这就是无效合同条款，工人为公司工作而发生工伤，公司应当负责。

8.4.4 可撤销或可变更的合同

可撤销合同是指因合同当事人订立合同时意思表示不真实，经有撤销权的当事人行使撤销权，使已经生效的合同归于无效的合同。《合同法》规定的撤销权在效力上具有一定的灵活性，不仅有撤销的效力，还有变更的效力。

可撤销合同一般具有如下特征：可撤销合同在未被撤销前是有效的合同，合同一经撤销，其效力自始消灭；可撤销合同一般是意思表示不真实的合同；可撤销合同的变更或撤销要由有撤销权的当事人行使撤销权来实现，法律允许当事人在撤销与变更、是否撤销问题上自行选择和自我决定；可撤销合同的变更或撤销必须由人民法院或仲裁机构做出。

1. 三种可撤销的合同

《合同法》规定的三种可撤销合同如下。

（1）因重大误解订立的合同。所谓重大误解是指当事人做出意思表示时，对合同主要内容等有关涉及合同法律效果的重要事项存在着认识上的显著缺陷，其后果会使误解者的利益受到较大损失，或者根本达不到误解者订立合同的目的。误解既可以是一方当事人单方面的误解，也可以是双方的误解。重大误解直接影响到当事人所应享有的权利和承担的义务，所以经一方当事人请求，可以变更或撤销。

（2）显失公平的合同。“显失公平”是指一方当事人在紧迫或者缺乏经验的情况下订立的使当事人之间的权利义务严重不对等的合同。这种合同使当事人在经济利益上严重失衡，违反了公平原则，法律规定显失公平的合同应予撤销有利于保障公平原则的实现，对保证交易的公正性和保护消费者的利益，防止一方当事人利用优势或利用对方没有经验而损害对方的利益都有重要的意义。

（3）一方以欺诈、胁迫的手段或者乘人之危，使对方在违背真实意思的情况下订立的合同。一方以欺诈、胁迫的手段或者乘人之危，使对方在违背真实意思的情况下订立的合同，受害方有权请求人民法院或者仲裁机构变更或者撤销合同。当事人请求变更的，人民法院或者仲裁机构不得撤销。以欺诈、胁迫手段订立的无效合同与以欺诈、胁迫手段订立的可撤销合同相比较，区别在于是否损害了国家利益。无效合同损害国家利益，可撤销合同未损害国家利益，受欺诈、胁迫的一方可以自主决定该合同有效或撤销，即只有受损害方当事人才可以行使请求权。

2. 撤销权的时效限制

撤销权的行使有时效限制，《合同法》第五十五条规定，有下列情形之一的，撤销权消灭。

（1）具有撤销权的当事人自知道或者应当知道撤销事由之日起一年内没有行使撤销权。

（2）具有撤销权的当事人知道撤销事由后明确表示或者以自己的行为放弃撤销权。

8.4.5 无效合同和被撤销合同的法律后果

无效合同与被撤销的合同自始没有法律约束力。合同部分无效，不影响其他部分效力的，其他部分仍然有效。合同无效、被撤销或者终止的，不影响合同中独立存在的有关解决争议方法的条款的效力。

合同无效或者被撤销后，因该合同取得的财产，应当予以返还；不能返还或者没有必要返还的，应当折价补偿。有过错的一方应当赔偿对方因此所受到的损失；双方都有过错的，应当各自承担相应的责任。当事人恶意串通，损害国家、集体或者第三人利益的，因此取得的财产收归国家所有或者返还集体、第三人。

8.5 合同的履行

8.5.1 合同履行的原则

1. 全面履行原则

全面履行原则又称适当履行原则，是指合同当事人按照合同规定的标的、数量、质量，由适当的主体在适当的履行时间、地点以适当的履行方式，全面地履行合同义务的原则。规定这一原则在于指导和约束当事人全面正确地履行合同，防止当事人部分履行规避合同义务，侵犯他方当事人的合法权益。

2. 协作履行原则

协作履行原则要求当事人根据合同的性质、目的和交易习惯履行通知、协助、保密等义务。通知义务是指合同当事人在具体履行合同时应当及时将其与合同履行活动密切相关的情况相互告知，以便对方能够做好履行准备，及时完成合同履行义务。协助义务是指合同当事人在履行合同的过程中应当互相给予对方必要和可能的帮助，一般包括债务人履行义务，债权人应当及时受领；债务人履行义务时，债权人应创造必要的条件；在一方不能履行或者不能全面履行合同义务时，他方当事人应当采取必要的措施，防止损失的扩大。保密义务是当事人各方对于订立合同以及履行合同过程中所知悉的对方的秘密必须保守。

3. 情事变更原则

情事变更原则，是指合同依法成立后，因不可归责于双方当事人的原因发生了不可预见的情事变更，致使合同的存在基础丧失或者动摇，若继续维持合同原有的效力则显失公平，由此允许变更或者解除合同的原则。我国《合同法》对此没有做出明确规定，但在司法实践以及《最高人民法院关于适用〈中华人民共和国合同法〉若干问题的解释（二）》（自2009年5月13日起施行）中已经确立和适用这一原则。

8.5.2 合同履行的基本规则

1. 合同条款不明确时的履行规则

合同生效后，当事人就质量、价款或者报酬、履行地点等内容没有约定或者约定不明确的，可以协议补充；不能达成补充协议的，按照合同有关条款或者交易习惯确定。当事人就有关合同内容约定不明确，依照上述规定仍不能确定的，适用下列规定。

（1）质量要求不明确的，按照国家标准、行业标准履行；没有国家标准、行业标准的，按照通常标准或者符合合同目的的特定标准履行。

（2）价款或者报酬不明确的，按照订立合同时履行地的市场价格履行；依法应当执行政府价或者政府指导价的，按照规定履行。

（3）履行地点不明确，给付货币的，在接受货币一方所在地履行；交付不动产的，在不动产所在地履行；其他标的，在履行义务一方所在地履行。

（4）履行期限不明确的，债务人可以随时履行，债权人也可以随时要求履行，但应当给对方必要的准备时间。

（5）履行方式不明确的，按照有利于实现合同目的的方式履行。

（6）履行费用的负担不明确的，由具有履行义务的一方负担。

《合同法》规定，执行政府定价或者政府指导价的，在合同约定的交付期限内政府价格调整的，按照交付时的价格计价。逾期交付标的物的，遇价格上涨时，按照原价格执行；价格下降时，按照新价格执行。逾期提取标的物或者逾期付款的，遇价格上涨时，按照新价格执行；价格下降时，按照原价格执行。

2. 合同履行涉及第三人时的履行规则

（1）向第三人履行债务。当事人约定由债务人向第三人履行债务的，若债务人未向第三人履行债务或者履行债务不符合约定，应当由债务人承担违约责任。

（2）第三人代为履行。当事人约定由第三人向债权人履行债务的，若第三人不履行债务或者履行债务不符合约定，应当由债务人承担违约责任。

3. 合同的其他履行规则

（1）提前履行和部分履行。债权人可以拒绝债务人提前履行债务或部分履行债务，但提前履行或部分履行时不损害债权人利益的除外。债务人提前履行或部分履行给债权人增加的费用，由债务人负担。

（2）因债权人原因导致履行困难时债务人的权利。根据协助履行原则，债权人分立、合并或变更住所，导致债权人主体或履行地点变更的，应当及时通知债务人，否则将造成债务人的履行发生困难。在这种情况下，为了保证债务人的利益，债务人可以中止履行或者将标的物提存。

8.5.3 合同履行中的抗辩权

履行抗辩权是指在双务合同中，一方当事人在对方不履行或不完全履行合同时，依法对抗对方请求或否认对方权利主张的权利。《合同法》规定了同时履行抗辩权、后履行抗辩权和不安履行抗辩权三种形式。

1. 同时履行抗辩权

同时履行抗辩权，是指在双务合同中，没有先后履行顺序的，一方当事人在对方履行之前有权拒绝其履行要求或一方在对方履行债务不符合约定时，有权拒绝其相应履行要求的权利。同时履行抗辩权的行使需要具备以下条件。

（1）需基于同一份双务合同。双方当事人因同一份合同互负债务，在履行上存在关联件，形成对价关系，这是同时履行抗辩权成立的前提条件。

（2）根据合同约定或合同性质，要求当事人同时履行合同义务。

（3）双方债务已届清偿期。当事人行使抗辩权必须双方债务都已到清偿期，否则不存在同时履行抗辩权的问题。

（4）一方当事人有证据证明应同时履行义务的对方当事人未履行或未适当履行合同。

（5）对方有履行的可能性。

同时履行抗辩权只是暂时阻止对方当事人请求权的行使，而不是永久地终止合同。对方当事人完全履行了合同义务的同时，履行抗辩权即告消失。主张抗辩权的当事人就应当履行自己的义务。当事人因行使同时履行抗辩权致使合同迟延履行的，迟延履行责任由对方当事人承担。

2. 后履行抗辩权

后履行抗辩权，是指在双务合同中，有先后履行顺序，先履行一方未履行的，后履行一方享有拒绝其履行要求或先履行一方履行债务不符合约定的，后履行一方享有拒绝其相应的履行要求的权利。后履行抗辩权的行使应具备以下四个条件。

（1）当事人基于同一份双务合同，互负债务。

（2）当事人的履行有先后顺序。

（3）应当先履行的当事人不履行合同或不适当履行合同。

（4）后履行抗辩权的行使人是履行义务顺序在后的一方当事人。

后履行抗辩权同样不是永久性的，它的行使只是暂时阻止了当事人请求权的行使。先履行一方的当事人如果完全履行了合同义务，则后履行抗辩权消灭，后履行当事人就应当按照合同约定履行自己的义务。

3. 不安履行抗辩权

不安履行抗辩权，是指在双务合同中，有先后履行顺序的，先履行的一方当事人有确切证据证明另一方当事人丧失履行债务能力时，在对方没有履行或者没有提供担保之前，有权中止合同履行的权利。规定不安抗辩权是为了切实保护当事人的合法权利，防止借合同进行欺诈，促使对方履行义务。《合同法》规定，应当先履行债务的当事人，有确切证据证明对方有下列情形之一的，可以中止履行。

（1）经营状况严重恶化。

（2）转移财产、抽逃资金，以逃避债务。

（3）丧失商业信誉。

（4）有丧失或可能丧失履行债务的能力的其他情形。

当事人依法行使不安抗辩权时应当及时通知对方，以避免对方因不知应先履行债务一方当事人中止履行的情形而蒙受损失，同时，通知也是给后履行者有提供担保的时间，以此消灭不安抗辩权，使债权得以实现。如果对方当事人恢复了履行能力或者提供了相应的担保，先履行一方当事人的“不安”原因消除后，应当恢复合同的履行。中止合同履行后，如果对方在合理的期限内未恢复履行能力并且未提供适当担保，中止履行一方可以解除合同。

8.5.4 债权保全

债权保全是指法律为防止因债务人的财产不当减少而给债权人的债权带来危害，允许债权人为保全其债权的实现而采取的法律措施。债权保全措施包括代位权和撤销权。

1. 代位权

代位权是指合同依法成立后，尚未完全履行之前，在债务人怠于行使其对第三人的到期债权并给债权人的债权实现构成妨害时，债权人为保全自己的债权，可以以自己的名义行使债务人对第三人的债权的权利。《合同法》第七十三条规定，因债务人怠于行使其到期债权，对债权人造成损害的，债权人可以向人民法院请求以自己的名义代位行使债务人的债权，但该债权专属于债务人自身的除外。代位权的行使范围以债权人的债权为限。债权人行使代位权的必要费用由债务人负担。

根据最高人民法院《合同法解释（一）》的规定，债权人提起代位权诉讼应当符合以下条件。

（1）债权人对债务人的债权合法。

（2）债务人怠于行使其到期债权，对债权人造成损害，即债务人不履行其对债权人的到期债务，又不以诉讼方式或者仲裁方式向其债务人主张其享有的具有金钱给付内容的到期债权，致使债权人的到期债权未能实现。

（3）债务人的债权已到期。

（4）债务人的债权不是专属于债务人自身的债权。

所谓的债务人自身的债权，是指基于扶养关系、抚养关系、赡养关系、继承关系产生的给付请求权和劳动报酬、退休金、养老金、抚恤金、安置费、人寿保险、人身伤害赔偿请求权等权利。

代位权的行使范围以债权人的债权为限。债权人行使代位权，其债权就代位权行使的结果有优先受偿权利。债权人向次债务人（债务人的债务人）提起的代位权诉讼，经人民法院审理后认定代位权成立的，由次债务人向债权人履行清偿义务，债权人与债务人、债务人与次债务人之间相应的债权、债务关系即予消灭。在代位权诉讼中，债权人胜诉的，诉讼费由次债务人负担，从实现的债权中优先支付；次债务人对债务人的抗辩，可以向债权人主张。

2. 撤销权

撤销权是因债务人放弃其到期债权、无偿转让财产或以明显不合理的低价转让财产且受让人知道该情形，对债权人造成损害的，债权人可以请求人民法院撤销债务人行为的权利。

撤销权的适用对象是债务人的积极行为，撤销权行使的结果是恢复债务人的财产与权利，债权人就撤销权的行使的结果并无优先受偿权。撤销权的行使范围以债权人的债权为限，债权人行使撤销权的必要费用由债务人负担，第三人有过错的应当适当分担。

根据《合同法》的规定，债权人行使撤销权时应当具备以下条件。

（1）债权人必须以自己的名义行使撤销权。

（2）债权人对债务人存在有效债权。债权人对债务人的债权可以到期，也可以不到期。

（3）债务人实施了减少财产的处分行为。债务人减少财产的处分行为包括：放弃到期债权，对债权人造成损害；无偿转让财产，对债权人造成损害；以明显不合理的价格转让财产，对债权人造成损害，并且受让人知道该情形。

（4）债务人的处分行为有害于债权人债权的实现。

《合同法》对撤销权的行使规定有特别时效。撤销权自债权人知道或者应当知道撤销事由之日起 1 年内行使。自债务人的行为发生之日起 5 年内没有行使撤销权的，该撤销权消灭。上述规定中的“5 年”时效为不变期间，不适用诉讼时效中止、中断或者延长的规定。

8.6 合同的变更、转让与终止

8.6.1 合同的变更

1. 合同变更的概念

合同的变更包括广义的变更和狭义的变更。广义的合同变更包括合同内容的变更和合同主体的变更。而狭义的合同变更只包括合同内容的变更。我国《合同法》中的变更是指狭义的合同变更即合同内容的变更，是指合同在没有履行或者没有完全履行之前，由于实现合同的条件发生变化，合同关系的当事人依据法律规定的条件和程序，对原合同的某些条款进行修改或补充。

2. 合同变更的条件

合同变更的条件应包括以下几个方面。

（1）原已存在着合同关系。合同的变更是在原合同的基础上，通过当事人双方的协商，改变原合同关系的内容。因此，不存在原合同关系，就不可能发生变更问题。

（2）合同的变更须依据法律的规定或当事人的约定。合同的变更可以依据法律的规定产生，但主要是通过当事人双方协商而进行的。

（3）须有合同内容的变化，即合同当事人对合同内容进行了修改或补充。

（4）须遵循法定的形式。一般而言，当事人变更合同采用何种形式，由当事人自行选择，但如果法律、行政法规规定变更合同应当办理批准、登记等手续的，依法律规定。

3. 合同变更的法律效力

合同变更的法律效力包括以下四个方面。

（1）合同变更的部分，效力依变更后的合同。

（2）合同的变更只对合同未履行的部分有效，即不对已履行的部分发生法律效力。

（3）合同的变更不影响当事人请求损害赔偿的权利。

（4）当事人对合同变更的内容约定不明确的，推定为未变更。

8.6.2 合同的转让

1. 合同转让的概念与要件

合同的转让是指合同当事人一方将其合同的权利和义务全部或部分转让给第三人的行为，分为债权转让与债务转让。它只涉及合同主体的变更，不涉及合同内容的变化，一般表现为第三人代替原合同债权人或债务人，也可能是第三人加入合同关系之中，作为当事人一方而存在。

合同的转让，直接关系到未转让一方当事人的利益，因而，合同的转让必须符合一定的条件。

（1）债权债务具有转让性。具有特定身份、特定信任为基础的债权债务不得转让，如借款合同、工程承包合同、加工承揽合同、演出合同等。

（2）一方当事人转让合同，应当取得另一方的同意。合同是双方当事人共同参加的法律关系，涉及双方的权利和义务，所以对合同的转让应加以限制。债权转让不需要征得债务人同意，但转让权利时，应当通知债务人；未经通知，该转让对债务人不发生效力。债权人转让权利的通知，不得撤销，但经受让人同意的除外。债务转让基于保护债权人利益方面考虑，债务人将合同的义务全部或者部分转移给第三人的，应当经债权人同意。

（3）合同权利、义务的转让不得损害国家、集体、社会的利益，不能损害其他人的权益，以免因合同权利、义务的转让而使国家、集体以及社会和他人的权益受到损害。对合同他方利益原则上也不应有损害，若造成损害，要负赔偿责任。

（4）合同转让必须在让与人与受让人之间达成协议。合同的让与本身需要由转让人与受让人达成合意才能完成，此种合同的当事人是转让人和受让人。当事人订立转让合同必须符合民事法律行为的有效要件。

2. 合同权利的转让

合同权利的转让又称债权转让，是指不改变合同权利的内容，由债权人将合同权利的全部或部分转让给第三人的行为。转让权利的人称为让与人，接受权利的人称为受让人。合同权利全部转让的，原合同关系消灭，受让人成为新的债权人。合同权利部分转让的，受让人与原债权人共同享有债权。

1）合同权利转让的范围

由于合同权利转让本质上是一种交易行为，允许绝大多数合同债权能够被转让，但是法律从保护社会公共利益和维护交易秩序、兼顾转让双方的利益出发，对合同权利的转让范围也应当做出一定限制。根据《合同法》规定，下列合同权利不允许转让。

（1）根据合同性质不得转让的权利。所谓根据合同性质不得转让的权利是指根据合同权利的性质，其转让只能在特定当事人之间生效的权利。如果将此类权利转让给第三人，将会使合同的内容发生变更，从而使转让后的合同内容与转让前的合同内容失去联系性和同一性，且违反了当事人订立合同的目的，因此此类权利不能移转。这类合同主要包括四种：第一，根据个人信任关系而发生的债权，如雇用人对受雇人的债权；第二，以选定的债权人为基础发生的合同权利，如以某个特定演员的演出活动为基础订立的演出合同；第三，合同内容中包括了针对特定当事人的不作为义务，如禁止某人在转让其某项权利后将该权利转让给他人；第四，从权利（如保证债权）是为担保主债权而存在的从权利，如果与主债权发生分离，则担保的性质也将丧失，为此从权利不得转让。

（2）按照当事人约定不得转让的。根据合同自由原则，当事人可以在订立合同时或订立合同后特别约定，禁止任何一方转让合同权利，只要此约定不违反法律的禁止性规定和社会公共道德，就应当产生法律效力。任何一方违反此种约定而转让合同权利，都将构成违约行为。

2）合同权利转让的效力

合同权利转让的生效首先应取决于以下两个条件：一是权利转让合同的成立；二是债权人将权利转让的事实通知债务人。在符合这两个条件的情况下，合同权利转让将会产生一定的法律效力。该法律效力包括对受让人的效力和对债务人的效力两个方面。

（1）对受让人的效力。合同权利转让对受让人的效力，是指合同权利让与在转让双方即让与人（债权人）和受让人（第三人）之间发生的法律效力。具体表现在：合同权利由让与人转让给受让人；受让人取得有关从权利；让与人应保证其转让的权利是有效存在且没有权利瑕疵的；让与人将某项权利转让给他人以后，不得就该项权利再做出转让。

（2）对债务人的效力。合同权利转让对债务人的效力，是指合同权利转让对债务人所具有的拘束力。合同权利转让在生效以后针对债务人产生如下效力：债务人不再向让与人（原债权人）履行转让权利范围内的债务；债务人应负有向受让人（新债权人）做出履行的义务，同时免除其对让与人所负的责任；债务人在合同权利转让时就已经享有的对抗让与人的抗辩权，在合同权利转让之后，仍然可以对抗受让人。《合同法》第八十二条规定，债务人接到债权转让通知时，债务人对让与人的抗辩，可以向受让人主张；债务人享有转让债权的抵消权。债务人接到债权转让通知时，债务人对让与人享有债权，并且债务人的债权先于转让的债权到期或者同时到期的，债务人可以向受让人主张抵消。

3. 合同义务的转移

1）合同义务转移的概念

合同义务转移又称债务转让，是指在不改变合同义务的前提下，经债权人同意，债务人将合同的义务全部或者部分转移给第三人。

债务人将合同的义务全部或者部分转移给第三人，应当经债权人同意；否则债务人转移合同义务的行为对债权人不发生效力，债权人有权拒绝第三人向其履行，同时有权要求债务人履行义务并承担不履行或迟延履行合同的法律责任。

2）合同义务转移的效力

债权人同意后，债务转移即发生如下法律效力。

（1）债务人全部转移合同义务时，债务人脱离债务关系，而由新债务人直接向债权人承担债务；债务人部分转移合同义务时，新的债务人加入原债务人中，和原债务人一起向债权人履行义务。

（2）享有债务人所应享有的抗辩权，可以主张原债务人对债权人的抗辩。

（3）与所转移的主债务有关的从债务也应当由新债务人承担，但该从债务专属于原债务人自身的除外。

（4）保证期间，由他人为原合同债权所设定的担保债务，除经担保人同意转移外，担保责任因债务的转移而消灭。

4. 合同权利义务的一并转让

合同权利义务的转让是指当事人一方经对方同意，将自己在合同中的权利和义务一并转让给第三人。合同关系的一方当事人将权利和义务一并转让时，除了应当征得另一方当事人的同意外，还应当遵守《合同法》有关转让权利和义务转移的其他规定：不得转让法律禁止转让的权利；转让合同权利和义务时，从权利和从债务一并转让，受让人取得与债权有关的从权利和从债务，但该从权利和从债务专属于让与人自身的除外；转让合同权利和义务不影响债务人抗辩权的行使；债务人对让与人享有债权的，可以依照有关规定向受让人主张抵消；法律、行政法规规定应当办理批准、登记手续的，应当依照其规定办理。

当事人订立合同后合并的，由合并后的法人或者其他组织行使合同权利，履行合同义务。当事人订立合同后分立的，除债权人和债务人另有约定的以外，由分立的法人或者其他组织对合同的权利和义务享有连带债权，承担连带债务。

8.6.3 合同的终止

合同的权利义务终止又称合同消灭，是指合同依法成立后，由于一定法律事实的出现，使合同所确定的权利义务关系归于消灭，合同不再具有法律效力。根据《合同法》第九十一条的规定，合同的权利义务终止主要有以下几种情形。

1. 合同因债务已经按照约定履行而终止

合同因债务按照约定履行而终止是合同终止的最重要的形式，是合同的自然终止，也是当事人订立合同目的的最好实现。按照约定履行是指债务人按照约定的标的、数量、质量、价款或报酬、履行期限、履行地点和方式全面履行。

2. 合同因解除而终止

合同解除是指已成立生效的合同因发生法律规定或当事人约定的情况，或者经当事人协商一致，使合同关系归于消灭的行为。合同解除有合意解除和法定解除两种情况。

1）合意解除

合意解除是指根据当事人事先约定的情况或经当事人协商一致而解除合同。合意解除合同包括以下两种情况。

（1）协商解除，是指合同生效后，未履行或未完全履行之前，当事人以解除合同为目的，经协商一致而解除合同。

（2）约定解除，是指当事人根据合同约定，在合同履行过程中出现某种可以解除的情况时，当事人一方或双方解除合同。

解除权可以在订立合同时约定，也可以在履行合同的过程中约定，根据法律规定必须经有关部门批准才能解除的合同，当事人不得按照约定擅自解除。

2）法定解除

法定解除是指在合同成立后，没有履行或没有完全履行完毕之前，当事人在法律规定的解除条件出现时解除合同。《合同法》第九十四条规定，有下列情形之一的，当事人可以解除合同。

（1）因不可抗力致使不能实现合同目的。

（2）在履行期限届满之前，当事人一方明确表示或者以自己的行为表明不履行主要债务。

（3）当事人一方迟延履行主要债务，经催告后在合理期限内仍未履行。

（4）当事人一方迟延履行债务或者有其他违约行为致使不能实现合同目的。

（5）法律规定的其他情形。

当事人一方主张解除合同时，应当通知对方。合同自通知到达对方时解除。对方有异议的，可以请求人民法院或者仲裁机构确认解除合同的效力。法律、行政法规规定解除合同应当办理批准、登记等手续的，应按规定办理。

合同解除后，尚未履行的，终止履行；已经履行的，根据情况和合同性质，当事人可以要求恢复原状、采取其他补救措施，并有权要求赔偿损失。合同的权利义务终止，不影响合同中结算和清理条款的效力。

3. 合同因债务抵消而终止

债务抵消是指当事人互负到期债务，又互享债权，以自己的债权冲抵对方的债权，使自己的债务与对方的债务在等额内消灭的行为。

抵消依其产生根据不同，可分为法定抵消与合意抵消两种。法定抵消是指依照法律规定的条件抵消，《合同法》第九十九条规定，当事人互负到期债务，该债务的标的物种类、品质相同的，任何一方可以将自己的债务与对方的债务抵消，但依照法律规定或者按照合同性质不得抵消的除外。当事人主张抵消的，应当通知对方。通知自到达对方时生效。抵消不得附条件或者附期限。合意抵消是指由当事人自行达成协议抵消，《合同法》第一百条规定，当事人互负债务，标的物种类、品质不相同的，经双方协商一致，也可以抵消。

4. 合同因债务人依法将标的物提存而终止

提存是指债权人没有正当理由而拒绝接受履行，或者无从查找债权人而无法履行时，债务人按照法律规定将标的物提交有关部门保存待领，从而消灭债务的制度。

《合同法》第一百零一条规定，有下列情形之一，难以履行债务的，债务人可以将标的物提存。

（1）债权人无正当理由拒绝受领。

（2）债权人下落不明。

（3）债权人死亡未确定继承人或者丧失民事行为能力未确定监护人。

（4）法律规定的其他情形。

标的物提存后，除债权人下落不明的以外，债务人应当及时通知债权人或者债权人的继承人、监护人。标的物提存后，毁损、灭失的风险由债权人承担。提存期间，标的物的孳息归债权人所有，提存费用由债权人负担。标的物不适于提存或者提存费用过高的，债务人依法可以拍卖或者变卖标的物，提存所得的价款。标的物提存后，债权人可以随时领取提存物，但债权人对债务人负有到期债务的，在债权人未履行债务或者提供担保之前，提存部门根据债务人的要求应当拒绝其领取提存物。债权人领取提存物的权利，自提存之日起5年内不行使而消灭，提存物扣除提存物费用后归国家所有。

5. 合同终止的其他情况

债务免除是指合同债权人放弃债权，免除债务人的给付义务。这种免除，不必有债务人的同意或双方协议(也不排除双方协议免除)。债务免除有对债务的部分免除和全部免除之分。债权人免除债务人部分或者全部债务的，合同的权利义务部分或者全部终止。免除债权，债权的从权利（如从属于债权的担保权利、利息权利、违约金请求权等）也随之消灭。

混同是指债权与债务同归一人，致使债权债务关系归于消灭的事实。合同关系因混同而消灭，从权利随同债权消灭。当债权债务涉及第三人利益时，混同并不必然导致关系终止。

另外，还有法律规定或者当事人约定终止的其他情形，合同的权利义务也可以终止。例如，《民法通则》规定，代理人死亡、丧失民事行为能力，作为被代理人或代理人的法人终止，委托代理终止。

8.7 违约责任

8.7.1 违约责任概述

违约责任即违反合同的民事责任，是指合同当事人一方不履行合同义务或者履行合同义务不符合约定时，依照法律规定或者合同约定所承担的法律责任。依法订立的有效合同对当事人双方来说，都具有法律约束力。如果不履行或者履行义务不符合约定，就要承担违约责任。《合同法》第一百零七条规定，当事人一方不履行合同义务或者履行合同义务不符合约定的，应当承担继续履行、采取补救措施或者赔偿损失等违约责任。由此可见，违约责任具有以下特点。

（1）违约责任以有效合同存在为前提。合同一旦生效，将在当事人之间产生法律上的约束力，当事人应按照合同的约定全面地、严格地履行合同义务，任何一方当事人因违反有效合同所规定的义务均应承担违约责任。所以，违约责任是违反有效合同所规定的义务的后果，是以有效合同存在为前提的，没有有效合同就谈不上违约，也就没有违约责任。

（2）违约责任的产生以合同当事人不履行合同义务为条件。在《合同法》中，合同义务表现为合同债务。一方面，合同债务是责任发生的前提，债务是因，责任是果，无债务则无责任；另一方面，违约责任是债务人不履行或不适当履行债务时，国家强制债务人履行债务和承担法律责任的表现。

（3）违约责任具有相对性。合同关系的相对性决定了合同责任的相对性，违约责任只能在特定的当事人之间即合同当事人之间发生，合同关系以外的人不负违约责任。

（4）违约责任主要具有补偿性。违约责任旨在弥补或补偿因违约给对方造成的损害，具有补偿性质。

（5）违约责任可以由当事人约定。违约责任可以由当事人在法律规定的范围内约定，具有一定任意性。《合同法》第一百一十四条规定，当事人可以约定一方违约时应当根据违约情况向对方支付一定数额的违约金，也可以约定因违约产生的损失赔偿额的计算方法。

8.7.2 违约责任的归责原则

我国《合同法》在违约责任归责原则上采取的是严格责任原则。严格责任是与过错责任相对立的一种归责形式，是指在违约的情况下，只要不属于法定或约定免责情形，违约这一客观事实本身即决定违约者应承担违约责任，而不必考虑违约者有没有主观上的过错，其要件包括以下两个方面。

1. 有违约行为

违约行为是一种客观的违反合同的行为，违约行为的认定以当事人的行为是否客观上与约定的行为或者合同义务相符合为标准，而不管行为人的主观态度如何。违约行为的主体是合同当事人，违约行为侵害的客体是合同对方的债权。

2. 无免责事由

免责事由包括法定事由和约定事由，法定事由主要限于不可抗力，而约定事由主要是免责条款。合同当事人有违约行为，如果存在法定的免责事由或在合同中有免责的条款，则当事人不用承担违约责任；否则，就应承担违约责任。

8.7.3 违约责任的形式

《合同法》规定的承担违约责任的方式主要有以下几种：继续履行、采取补救措施、赔偿损失、支付违约金和给付或者双倍返还定金。

1. 继续履行

继续履行又称实际履行，是指一方在不履行合同时，另一方有权要求对方并可请求法院强制违约方按合同规定的标的履行义务，对方不得以支付违约金和赔偿金的方法代替履行。当事人一方不履行非金钱债务或者履行非金钱债务不符合约定的，对方可以要求履行，但有下列情形之一的除外。

（1）法律上或者事实上不能履行。

（2）债务的标的不适合于强制履行或者履行费用过高。

（3）债权人在合理期限内未要求履行。

2. 采取补救措施

补救措施是指债务人履行合同义务不符合约定，债权人可根据合同履行情况要求债务人采取补救措施，以便于合同的继续履行。《合同法》第一百一十一条规定，当事人履行合同义务，质量不符合约定的，应当按照当事人的约定承担违约责任。受损害方可以根据标的的性质以及损失的大小，合理选择要求对方采取修理、更换、重做、退货、减少价款或者报酬等补救措施。

3. 赔偿损失

当事人一方不履行合同义务或者履行合同义务不符合约定的，在履行义务或者采取补救措施后，对方还有其他损失的，应当赔偿损失。损失赔偿额应当相当于因违约所造成的损失，包括合同履行后可以获得的利益，但不得超过违反合同一方订立合同时预见到的或者应当预见到的因违反合同可能造成的损失。

当事人一方违约后，对方应当采取适当措施防止损失的扩大；没有采取适当措施致使损失扩大的，不得就扩大的损失要求赔偿。当事人因防止损失扩大而支出的合理费用，由违约方承担。

4. 支付违约金

违约金是指由当事人事先约定、独立于履行行为，一方违约后向对方支付的一定数额的货币。违约金是对不能履行或者不能完全履行合同行为的一种带有惩罚性质的经济补偿手段，不论违约的当事人一方是否已给对方造成损失，都应当支付。约定的违约金低于造成的损失的，当事人可以请求人民法院或者仲裁机构予以增加；约定的违约金过分高于造成的损失的，当事人可以请求人民法院或者仲裁机构予以适当减少。当事人以约定的违约金过高为由请求减少的，应当以违约金超过造成的损失的 30%为标准适当减少。当事人就迟延履行约定违约金的，违约方支付违约金后，还应当履行债务。

5. 给付或者双倍返还定金

定金既是合同担保措施，同时又是合同违约后的责任承担方式。当事人在合同中既约定违约金，又约定定金的，一方违约时，对方可以选择适用违约金或者定金条款，但两者不可同时用。当事人执行定金条款后不足以弥补所受的损害的，仍可以请求赔偿损失。

8.7.4 违约的免责条件

一般来说，在合同订立之后，如果一方当事人没有履行合同或者履行合同不符合约定，不论是自己的原因，还是第三人的原因，都应当向对方承担违约责任。但是，若当事人方违约是由于免责事由的出现造成的，则可以根据情况免除违约方的违约责任。

《合同法》规定了三种免责事由：法定事由、免责条款、法律的特别规定。

1. 法定事由

《合同法》规定，因不可抗力不能履行合同的，根据不可抗力的影响，部分或者全部免除责任；当事人迟延履行后发生不可抗力的，不能免除责任。不可抗力是当事人在订立合同时不能预见、对其发生和后果不能避免并不能克服的事件。一般而言，不可抗力包括：自然灾害，如火灾、地震等；政府行为，如政府征用、发布新政策及法规等；社会异常事件，如罢工、战争等。因不可抗力造成违约的，违约方虽然没有过错，但法律规定因不可抗力造成的违约也要承担违约责任的，违约方也要承担无过错违约责任。当事人一方因不可抗力不能履行合同的，应当及时通知对方，以减轻可能给对方造成的损失，并应当在合理期限内提供证明。

2. 免责条款

免责条款是指合同双方当事人在合同中约定，当出现一定的事由或条件时，可免除违约方的违约责任。

3. 法律的特别规定

在法律有特别规定的情况下，可以免除当事人的违约责任。例如，《合同法》第三百一十一条规定：承运人对运输过程中货物的毁损、灭失承担损害赔偿责任，但承运人证明货物的毁损、灭失是因不可抗力、货物本身的自然性质或者合理损耗以及托运人、收货人的过错造成的，不承担损害赔偿责任。

8.7.5 违约责任和侵权责任的竞合

责任竞合是指由于某种法律事实的出现，而导致两种或两种以上的权利产生，使这些权利之间发生冲突的现象。它既可以发生在同一法律部门内部，如民事法律内部的违约责任和侵权责任的竞合；也可以发生在不同的法律部门之间，如侵权责任与行政责任和刑事责任的竞合。《合同法》第一百二十二条规定的竞合仅指民事上的竞合，即违约责任和侵权责任的竞合。违约责任与侵权责任的竞合是某一具体的民事违法行为同时违反了合同法规范和侵权法规范，具有了违约行为与侵权行为的双重特征，从而在法律上同时产生违约责任和侵权责任的一种法律现象。

1. 侵权责任与违约责任竞合的发生情形

（1）合同当事人的违约行为，同时侵犯了法律规定的强制性义务，包括保护、照顾、通知、忠实等附随义务或其他法定义务。

（2）在某些情况下，侵权行为直接构成违约的原因，即侵权性的违约行为，如保管人依保管合同占有对方的财产而非法使用造成财产毁损、灭失；同时，违约行为也可能造成侵权的后果，即违约性的侵权行为，如供电部门因违约中止供电，造成对方当事人财产和人身损失。

（3）不法行为人故意侵犯他人权利并造成损害时，如果加害人和受害人之间事先存在着一种合同关系，那么，加害人对受害人的损害行为，不仅可以作为侵权行为，也可以作为违反了当事人在先规定的义务的违约行为对待。

（4）一种违法行为虽然只符合一种责任要件，但法律从保护受害人的利益出发，授权合同当事人根据侵权行为制度提出诉讼，或者将侵权行为纳入合同责任的适用范围，如产品质量责任。

2. 侵权责任与违约责任竞合的处理

《合同法》第一百二十二条规定，因当事人一方的违约行为，侵害对方人身、财产权益的，受损害方有权选择依照本法要求其承担违约责任或者依照其他法律要求其承担侵权责任。《合同法》这一规定允许受害人选择责任承担方式，是因为在竞合的情况下，行为人的行为已经符合两种责任的构成要件，受害人选择的任何一种责任都是加害人所应当承担的。同时，违约责任和侵权责任在很多方面都是不同的，允许受害人选择责任承担方式能更好地保护受害人的权利。两种责任的区别如下。

（1）构成要件不同。我国合同法规定的是无过错责任，而侵权行为一般是过错责任，仅产品、危险、环境污染、相邻关系等责任为无过错责任。因此，当事人以违约责任为诉由的，无须举证对方有过错，以侵权责任为诉由的，一般则需证明对方有过错。另外，侵权责任必须以损害为构成要件，与此不同，违约责任除赔偿损失以损害为构成要件外，其余均不以损害为构成要件。

（2）责任方式不同。侵权责任既包括财产责任，如赔偿损失，也包括非财产责任，如消除影响、恢复名誉等；而违约责任主要是财产责任，如强制实际履行、支付违约金等。

（3）赔偿范围不同。侵权责任的赔偿范围原则上包括直接和间接损失，在侵害人格权时，还可进行精神损害赔偿。不法侵害造成他人死亡的，赔偿范围还包括死者生前抚养人的必需生活费；而违约责任的赔偿可由当事人在合同中约定，如无约定，依合同法的规定，只能包括直接损失和间接损失。

（4）对第三人的责任不同。侵权责任中，行为人仅对因自己的过错致他人损害的后果负责；而在合同责任中，如果因第三人的过错致合同债务不能履行，债务人首先应向债权人负责，然后才能向第三人追偿。

本章小结

合同法律制度是关于市场交易规则的法律制度，不仅与经营者的经营活动密切相关，也与人民群众的生活密切相关，是“使用频率最高”的法律之一。本章紧紧围绕我国现行的合同法及其配套法规，以合同法的基本制度为核心内容，主要介绍了合同的概念、特点，立法情况，合同法的基本原则，合同的订立，合同的效力，合同的履行、变更、转让、解除，违反合同的责任等基本知识。内容安排上注重知识的系统性、全面性，强化合同法具体制度及其实际应用的联系，旨在使学生系统地、准确地理解和掌握合同法的基本原理、具体法律制度及其相应的规范，并能够在实践中灵活地运用，分析和处理各种合同实务问题。学习本章内容可参照《合同法》、《合同法》解释（一）》、《中华人民共和国担保法》等法律法规同时进行。

思考与练习

一、名词解释

合同　诺成合同　要式合同　不要式合同　要约　要约邀请　承诺　格式条款　缔约过失责任　表见代理　代位权　撤销权　同时履行抗辩权　后履行抗辩权　不安抗辩权　抵消　提存　违约金

二、判断题

1．当事人对合同条款的理解有争议的，应当按照合同所使用的词句、合同的有关条款、合同的目的、交易习惯以及诚实信用原则，确定该条款的真实意思。（　）

2．限制民事行为能力人订立的合同，只有经法定代理人追认后，合同方可生效。（　）

3．行为人代理权终止后，以被代理人名义订立合同，相对人有理由相信行为人有代理权的，该代理行为有效。（　）

4．债权人无正当理由拒绝受领标的物的，债务人可以免除其债务。（　）

5．合同无效、被撤销或者终止的，合同中独立存在的有关解决争议方法的条款的效力也自然失效。（　）

6．具有撤销权的当事人自知道或者应当知道撤销事由之日起2年内没有行使撤销权的，撤销权消灭。（　）

7．单务合同中不存在同时履行抗辩权的问题。（　）

8．在代位权诉讼中，诉讼费用由次债务人负担，从实现的债权中优先支付。（　）

三、单项选择题

1．要约是（　）表示。

A．希望他人邀请自己与之订立合同的　B．希望和他人订立合同的

C．希望他人与自己约定订立合同的　D．希望他人提出合同主要条款的

2．要约人发出要约后，可以撤销要约，但撤销要约的通知应当在（　）到达受要约人。

A．要约到达受要约人之前　B．要约到达受要约人的同时

C．受要约人发出承诺通知之前　D．受要约人发出承诺通知之时

3．采用数据电文形式订立合同，收件人指定计算机系统接收数据电文的，（　）视为要约到达受要约人的时间。

A．该数据电文进入该特定系统的时间

B．该数据电文为收件人第一次阅读的时间

C．该数据电文被发件人发送完毕的时间

D．该数据电文为收件人接收的首次时间

4．合同关于履行费用的负担约定不明确的，（　）合同履行费用。

A．由履行义务一方负担　B．由接受履行的一方负担

C．双方平均分摊　D．双方按法定比例负担

5．采用书面形式订立合同，在签字或盖章之前，一方当事人履行了主要义务，而对方接受的，合同（　）。

A．成立　B．不成立

C．已履行的主要义务条款成立　D．视为新合同

6．“已经成立的合同在某种事实发生时，才发生法律效力”，属于（　）的合同。

A．附生效条件　B．一般　C．附解除条件　D．附期限

7．甲公司与乙公司签订合同，由甲公司供应木材，乙公司负责加工成家具。后来由于

甲公司收购木材出现困难，决定将合同所规定的义务转让给丙公司，下列转让行为有效的是（ ）。

A．将合同所规定的供应木材的义务全部转让给丙公司

B．将合同所规定的供应木材的义务部分转让给丙公司

C．将合同所规定的供应木材的义务全部转让给丙公司，但须征得乙公司的同意

D．将合同所规定的供应木材的义务全部转让给丙公司，无须征得乙公司的同意

8．根据我国《合同法》的规定，对于可撤销合同，具有撤销权的当事人自知道或者应当知道撤销事由之日起一定期间不行使，撤销权消灭。该期间为（ ）。

A．6个月　　B．1年　　C．2年　　D．5年

9．甲乙双方订立买卖合同，约定收货后一周内付款。甲方在交货前发现乙方经营状况严重恶化，根据《合同法》的规定，甲方（ ）。

A．可行使同时履行抗辩权　　B．可行使后履行抗辩权

C．可行使不安抗辩权　　D．可解除合同

10．甲公司欠乙公司1 000万元债务。2013年甲公司被乙公司兼并，此时两个公司的债权债务关系消灭，这种情况被称为（ ）。

A．抵消　　B．混同　　C．免除　　D．解除

四、多项选择题

1．合同是平等主体的（ ）之间设立、变更、终止民事权利义务关系的协议。

A．自然人　　B．法人　　C．其他组织　　D．成年人

2．有关（ ）关系不适用《合同法》，适用其他法律规定。

A．婚姻　　B．收养　　C．监护　　D．购置房产

3．下列行为属于要约邀请的有（ ）。

A．拍卖公告　　B．招股说明书　　C．商业广告　　D．投标文件

4．在下列情形中，不构成承诺的有（ ）。

A．甲向乙发出要约，丙得知后表示接受甲的条件

B．丙向丁发出要约，丁考虑后向戊表示同意丙的要约

C．何某向刘某发出要约，要求10天内给予答复，过期视为承诺，刘某未能如期答复

D．张某根据广告上刊登的价格，给体育用品厂家汇款购买某型号的体育用品

5．应当先履行债务的当事人，有确切证据证明对方有法定情形的，该当事人的权利义务表现为（ ）。

A．可以中止履行

B．应当及时通知对方

C．对方及时提供适当担保的，应当恢复履行

D．可以解除合同

6．下列情形属于缔约过错的有（ ）。

A．假借订立合同，恶意进行磋商

B．故意隐瞒与订立合同有关的重要事实或者提供虚假情况

C．未履行保密义务

D．有其他违背诚实信用原则的行为

7．甲乙双方签订了买卖合同。在合同履行过程中，发现该合同履行费用的负担问题约定不明确。根据《合同法》的规定，可供甲乙双方选择的履行规则有（　　）。

A．双方协议补充　　B．按交易习惯确定

C．由履行义务一方负担　　D．按合同有关条款确定

8．可变更或可撤销的合同，包括（　　）。

A．因重大误解订立的合同

B．显失公平的合同

C．一方以欺诈、胁迫的手段或乘人之危订立的合同

D．对价款发生争议的合同

9．合同被确认无效或被撤销的法律后果有（　　）。

A．返还财产　　B．赔偿损失

C．对恶意串通行为进行制裁　　D．继续履行

10．承担违约责任的方式有（　　）。

A．继续履行　　B．赔偿损失

C．采取补救措施　　D．承担违约金

五、简答题

1．简述合同的概念和法律特征。

2．简述合同法的基本原则。

3．什么是要约？要约生效应具备哪些条件？

4．什么是承诺？承诺应具备哪些要件？

5．简述一件合同应具备的主要条款。

6．简述无效合同的情形与法律后果。

7．简述可撤销合同的情形与法律后果。

8．试述合同履行过程中当事人抗辩权的行使。

9．试述代位权与撤销权的概念与适用条件。

10．简述合同权利转让与义务转移的法律效力。

11．什么是债权抵消、提存和债务混同？

12．试述合同违约责任的几种承担方式。

案例分析

案例 1　甲进出口公司于 2012 年 4 月 12 日收到德国乙空调公司的价目表：“出售 3GW-I 型压缩机，每台 150 美元。”甲公司于同日复电：“若单价为 130 美元，可接受 2 000 台压缩机；履约过程中如有争议，由中国国际经济贸易仲裁委员会仲裁。违约金为合同总价款的 20%。”乙公司当即回电称：“完全同意。”此时，压缩机价格上涨，乙公司便将货物转卖给他人。甲公司无奈，向中国丙空调公司发出一份传真：“购买 3GW-I 型压缩机

2 000 台，每台 1 200 元，5 月前有效。”丙公司于 4 月 24 日回复：每台 1 400 元，其他条件均可接受。甲公司于同日回复：“同意，货到付款，6 月底前到货。双方按约履行各自义务。”

案例讨论

（1）德国乙公司 4 月 12 日的价目表在《合同法》中如何定性，对甲与乙的效力如何？为什么？

（2）丙公司 4 月 24 日的复电是承诺吗？为什么？

（3）甲公司与乙公司的合同成立吗？如果成立，请阐明合同成立的时间与地点。

案例 2 2012 年 6 月，甲公司向乙、丙、丁肉类加工厂发出函电（函件一），称：“我公司每月需鲜牛肉 30 吨，如能满足供应，速来函，我方愿派人前往购买。”三家加工厂都向原告复电（函件二），告知价格。其中丁厂在发出函电的同时，派车送货 30 吨，但甲公司拒绝接受。甲公司最终接受了乙厂的报价，但在给乙厂的回函（函件三）中表示，希望乙厂能送货上门。乙厂表示同意，双方订立了期限为一年的合同，约定在每月 15 日交货，货款每半年结算一次。在合同履行过程中，出现下列情况：9 月，制冷设备发生故障，导致乙厂库存的牛肉变质，乙厂不能按照约定的数量交货；12 月，下了一场暴雪，从乙厂通向甲公司的道路停止使用，乙厂不能按照约定时间交货；2013 年起，甲公司的经营状况恶化，截至 2013 年 3 月，甲公司已经累计亏损 500 万元。2013 年 4 月 1 日，乙厂向甲公司发出函件，除非甲公司能证明其有能力支付货款，否则乙厂将暂时停止向甲公司供货。

案例讨论

（1）丁厂在发出函电的同时，派车送货 30 吨，甲公司拒绝接受，是否应当赔偿丁厂的损失？

（2）函件一、函件二、函件三各具有什么性质？

（3）乙厂两次不能按时交货所承担的责任相同吗？

（4）乙厂后来停止向甲公司供货的做法合法吗？

（5）如果甲公司没有理睬乙厂的要求，乙厂可以采取什么措施？

案例 3 甲公司与乙公司签订一份供货合同，约定由乙公司在一个月内向甲公司提供一级精铝锭 100 吨，价值 130 万元，双方约定如果乙公司不能按期供货，每逾期一天须向甲公司支付货款价值 0.1%的违约金。由于组织货源的原因，乙公司在两个月后才给甲公司交付了 100 吨精铝锭，甲公司验货时发现不是一级精铝锭，而是二级精铝锭，就以对方违约为由拒绝付款，要求乙公司支付一个月的违约金 39 000 元，并且要求乙公司重新提供 100 吨一级精铝锭。但是乙公司称逾期供货不是自己的过错，而是国家的产业政策调整所致，不应该支付违约金，而且所提供的精铝锭是经过质量检验机构检验合格的产品，甲公司不应当小题大做，现在精铝锭供应比较紧张，根本不可能重新提供精铝锭。甲公司坚持以公司应当支付违约金和按照合同约定的质量标准履行合同。双方为此发生争议，甲公司起诉至法院，要求乙公司支付违约金和重新履行合同。乙公司在答辩状中称，逾期供货不是自己的本意，也不是自己所能控制得了的，不应当支付违约金，即使支付违约金，也不应当支付 39 000 元之多，这个请求不公平。

案例讨论

（1）甲公司与乙公司之间签订的合同是否有效？

（2）乙公司没有在约定的时间内交付货物是客观原因还是市场原因？

（3）甲公司要求乙公司支付违约金和重新提供一级品的说法有无依据？

（4）乙公司主张不能按时供应货物有无依据？

（5）乙公司主张违约金的数额太高了，自己不应当承担这么多的违约金的说法有无依据？

第9章 担 保 法

学习要点

- 担保的概念、法律特征与效力
- 抵押合同与抵押物登记
- 抵押的效力与物权担保重合责任的承担
- 动产质押和权利质押的范围以及质押权的实现
- 留置的特征和适用范围
- 定金的生效要件及定金担保的实现

案例导入

甲公司因转产致使一台价值1 000万元的精密机床闲置。该公司董事长与乙公司签订了一份机床转让合同。合同规定，精密机床作价950万元，甲公司于10月31日前交货，乙公司在交货后10日内付清款项。在交货日前，甲公司发现乙公司的经营状况恶化，通知乙公司中止交货并要求乙公司提供担保，乙公司予以拒绝。又过了一个月，乙公司的经营状况进一步恶化，于是甲公司提出解除合同。乙公司遂向法院起诉。法院查明：①甲公司股东会决议规定，对精密机床的处置应经股东会特别决议；②甲公司的机床原由丙公司保管，保管期限至10月31日，保管费50万元。11月5日，甲公司将机床提走，并约定10日内付保管费，如果10日内不付保管费，丙公司可对该机床行使留置权，现丙公司要求对该机床行使留置权。

请分析：

（1）甲公司与乙公司之间转让机床的合同是否有效？为什么？

（2）甲公司中止履行合同的理由能否成立？甲公司能否解除合同？

（3）丙公司能否行使留置权？为什么？

9.1 担保法概述

9.1.1 担保的概念及法律特征

1. 担保的概念

担保是指根据法律规定或由当事人约定，为促使债务人履行债务，保障债权人债权实现的法律措施。担保分为两种：一种是人的担保，即由第三人所做的保证债务人的付款责任所构成的担保；另一种是物权担保，即由在债务人或第三人所有的财产上所设定的权利而构成的担保。担保通常由当事人双方订立担保合同，担保合同是被担保合同的从合同，被担保合同是主合同，主合同无效，从合同也无效，但担保合同另有约定的按照约定。

设定担保的根本目的是保障债权人实现其债权，促使合同债务人履行其债务。它强化了经济活动的交往信用，增强了债权人求偿的可能和机会，对于保障交易安全，维护经济秩序有着重要的作用。

2. 担保的法律特征

（1）从属性。担保是为了保障所担保债务及时履行，保护交易安全和债权人的利益。离开了所担保的主债权债务关系，担保就失去了存在的意义。因此，就担保达成的协议是一种从属于主合同的从合同，当主合同全面履行时，担保随之终止；当主合同依法发生变更时，担保也随之发生变化。除担保合同另有约定外，主合同无效，担保合同无效。

（2）补充性。担保对债权人权利的实现仅具有补充作用，一般只有在所担保的债务得不到履行时，才行使担保权利。据此，一般保证的保证人对债权人享有先诉抗辩权。

（3）相对独立性。担保可相对独立于所担保的债权发生或存在。主合同解除后，除担保合同另有约定外，担保人对债务人应当承担的民事责任仍应承担担保责任。

3. 反担保的概念

反担保又可称为求偿担保、偿还约定书或反保证书，是指为保障债务人之外的担保人将来承担担保责任后对债务人的追偿权的实现而设定的担保。

9.1.2 担保法简介

担保法是调整担保关系的法律规范的总称。我国担保法主要包括第八届全国人民代表大会常务委员会第十四次会议于1995年6月30日通过的《中华人民共和国担保法》（以下简称《担保法》）和2000年12月8日最高人民法院颁布的《关于适用〈中华人民共和国担保法〉若干问题的解释》（以下简称《担保法解释》）。《担保法》、《担保法解释》及《中华人民共和国物权法》（以下简称《物权法》）明确规定了担保的立法宗旨、担保原则、担保范围和方式、担保条件等内容。

9.1.3 担保的效力

1. 无效的担保合同

担保合同必须合法方才有效。根据《公司法》、《中华人民共和国证券法》、《物权法》及《担保法解释》规定，下列担保合同无效。

（1）国家机关和以公益为目的的事业单位、社会团体违法提供担保的，担保合同无效。因此给债权人造成损失的，应当根据其过错承担相应的民事责任。

（2）董事、高级管理人员违反《公司法》规定，即违反公司章程的规定，未经股东会、股东大会或者董事会同意，以公司资产为他人提供担保的，担保合同无效。除债权人知道或者应当知道的外，债务人、担保人应当对债权人的损失承担连带赔偿责任。

（3）以法律、法规禁止流通的财产或者不可转让的财产设定担保的，担保合同无效。

根据《担保法解释》的规定，有下列情形之一的，对外担保合同无效。

（1）未经国家有关主管部门批准或者登记对外担保的。

（2）未经国家有关主管部门批准或者登记，为境外机构向境内债权人提供担保的。

（3）为外商投资企业注册资本、外商投资企业中的外方投资部分的对外债务提供担保的。

（4）无权经营外汇担保业务的金融机构、无外汇收入的非金融性质的企业法人提供外汇担保的。

（5）主合同变更或者债权人将对外担保合同项下的权利转让，未经担保人同意和国家有关主管部门批准的，担保人不再承担担保责任。但法律、法规另有规定的除外。

根据修订的《公司法》和《中华人民共和国证券法》，证监会、银监会发布了《关于规范上市公司对外担保行为的通知》，对上市公司的担保行为做出了明确规定。该通知规定，上市公司对外担保必须经董事会或股东大会审议。上市公司的《公司章程》应当明确股东大会、董事会审批对外担保的权限及违反审批权限、审批程序的责任追究制度。应由股东大会审批的对外担保，必须经董事会审议通过后，方可提交股东大会审批。必须经股东大会审批的对外担保包括但不限于下列情形。

（1）上市公司及其控股子公司的对外担保总额，超过最近一期经审计净资产 50%以后提供的任何担保。

（2）为资产负债率超过 70%的担保对象提供的担保。

（3）单笔担保额超过最近一期经审计净资产 10%的担保。

（4）对股东、实际控制人及其关联方提供的担保。

股东大会在审议为股东、实际控制人及其关联方提供的担保议案时，该股东或受该实际控制人支配的股东，不得参与该项表决，该项表决由出席股东大会的其他股东所持表决权的半数以上通过。应由董事会审批的对外担保，必须经出席董事会的 2/3 以上董事审议同意并做出决议。上市公司控股子公司的对外担保，比照上述规定执行。

此外，相关法律和司法解释还规定了各种具体担保方式的无效情况。

2. 无效担保合同的责任承担

担保合同被确认无效时，债务人、担保人、债权人有过错的，应当根据其过错各自承担相应的民事责任，即承担《合同法》规定的缔约过失责任。对于这类责任，《担保法解释》的具体规定如下。

（1）主合同有效而担保合同无效，债权人无过错的，担保人与债务人对主合同债权人的经济损失承担连带赔偿责任；债权人、担保人有过错的，担保人承担民事责任的部分，不应超过债务人不能清偿部分的1/2。

（2）主合同无效而导致担保合同无效，担保人无过错的，不承担民事责任；担保人有过错的，应承担的民事责任不超过债务人不能清偿部分的1/3。

（3）担保人因无效担保合同向债权人承担赔偿责任后，可以向债务人追偿，或者在承担赔偿责任的范围内，要求有过错的反担保人承担赔偿责任。

9.1.4 第三人担保的利益保护

为体现债务的主从关系，保护第三人担保的利益，同一债权上数个担保物权并存时，债权人放弃债务人提供的物的担保的，其他担保人在其放弃权利的范围内减轻或者免除担保责任。同时规定，第三人为债务人向债权人提供担保时，可以要求债务人提供反担保，第三人作为反担保的担保权人，其损失可以从反担保中优先获得清偿。

9.2 保　　证

保证，是指第三人为债务人的债务履行做担保，由保证人和债权人约定，当债务人不履行债务时，保证人按照约定履行债务或者承担责任的行为。

9.2.1 保证人

保证人，是指在保证法律关系中提供保证的第三人。根据《担保法》的规定，具有代为清偿债务能力的法人、其他组织或者公民，可以做保证人。但不具有完全代偿能力的法人、其他组织或者自然人，以保证人身份订立保证合同后，不能以自己没有代偿能力为由要求免除保证责任。除经国务院批准为使用外国政府或者国际经济组织贷款进行转贷担保者外，国家机关不得为保证人；学校、幼儿园、医院等以公益为目的的事业单位、社会团体不得为保证人，但从事经营活动的事业单位、社会团体可以为保证人。

企业法人的分支机构、职能部门不得为保证人。企业法人的分支机构有法人书面授权的，可以在授权范围内提供保证，该分支机构经营管理的财产不足以承担保证责任的，由企业法人承担民事责任。如果法人的书面授权范围不明，法人的分支机构应当对保证合同约定的全部债务承担保证责任。企业的分支机构未经法人书面授权或者超出授权范围与债权人订立保证合同，导致该合同无效或者超出授权范围的部分无效，债权人和企业法人有过错的，应当根据其过错各自承担相应的民事责任；债权人无过错的，由企业法人承担民事责任。

企业法人的职能部门提供保证的，保证合同无效。债权人知道或应当知道保证人为企业法人的职能部门的，因此造成的损失由债权人自行承担。债权人不知道保证人为企业法人的职能部门，因此造成的损失，由企业法人承担民事责任。

9.2.2 保证合同

保证合同，是指保证人与债权人订立的在主债务人不履行其债务时，由保证人承担保证债务的协议。保证合同应当以书面形式订立。保证人与债权人可以就单个主合同订立保证合同，也可以协议在最高债权额限度内就一定期间连续发生的借款合同或者某项商品交易合同订立一个保证合同。最高额保证合同的不特定债权确定后，保证人应当对在最高债权额限度内一定期间连续发生的债权余额承担保证责任。第三人单方以书面形式向债权人出具担保书，债权人接受且未提出异议的，保证合同成立。主合同中虽无保证条款，但保证人在主合同上以保证人的身份签字或者盖章的，保证合同成立。

保证合同应当包括以下内容。

（1）被保证的主债权种类、数额。

（2）债务人履行债务的期限。

（3）保证的方式。

（4）保证担保的范围。

（5）保证的期间。

（6）双方认为需要约定的其他事项。

以上内容约定不全的可以协议补充，无法协商达成补充协议的，保证方式没有约定或约定不明确的，按连带责任保证承担保证责任；保证担保范围没有约定或约定不明确的，担保范围应当包括主债权及利息、违约金、损害赔偿金和实现债权的费用；保证期间，是指当事人约定的或法律规定的保证人承担保证责任的时间期限。保证人与债权人约定保证期间的，按照约定执行。保证人与债权人未约定保证期间的，法律规定的保证期间为主债务履行期届满之日起 6 个月。保证合同约定的保证期间早于或者等于主债务履行期限的，视为没有约定，保证期间为主债务履行期届满之日起 6 个月。保证合同约定保证人承担保证责任直至主债务本息还清时为止等类似内容的，视为约定不明，保证期间为主债务履行期届满之日起 2 年。

9.2.3 保证方式

1. 一般保证（补充责任保证）与连带责任保证

根据保证人承担保证责任方式的不同，可以将保证分为一般保证（补充责任保证）和连带责任保证。所谓一般保证，是指当事人在保证合同中约定，债务人不能履行债务时，才由保证人承担保证责任的保证。所谓连带责任保证，是指当事人在保证合同中约定保证人与债务人对债务承担连带责任的保证，即连带责任保证债务人在主合同规定的债务履行期届满时没有履行债务，债权人既可以要求债务人履行债务，也可以直接要求保证人在其保证范围内承担保证责任。

依据《担保法》的规定，当事人在保证合同中对保证方式没有约定或约定不明确的，按连带责任保证承担保证责任。

上述两种保证方式的最大区别在于，保证人是否享有先诉抗辩权。一般保证的保证人享有先诉抗辩权，连带责任保证的保证人则不享有。所谓先诉抗辩权，是指保证人在主合同纠纷未经审判或仲裁，并就债务人财产依法强制执行仍不能清偿债务前，对债权人可拒绝承担保证责任。

根据《担保法解释》的规定，所谓“不能清偿”，是指债务人的存款、现金、有价证券、成品、半成品、原材料、交通工具等可以执行的动产和其他方便执行的财产执行完毕后，债务仍未能得到清偿。但有下列情形之一的，保证人不得行使先诉抗辩权。

（1）债务人住所变更，致使债权人要求其履行债务发生重大困难的，如债务人下落不明，移居境外，且无财产可供执行。

（2）人民法院受理债务人破产案件，中止执行程序的。

（3）保证人以书面形式放弃先诉抗辩权的。

一般保证的保证人在主债权履行期间届满后，向债权人提供了债务人可供执行财产的真实情况，债权人放弃或怠于行使权利致使该财产不能被执行的，保证人可请求法院在其提供可供执行财产的实际价值范围内免除保证责任。

2. 单独保证与共同保证

从保证人的数量上看，保证又有单独保证和共同保证两种方式。单独保证，是指只有一个保证人担保同一债权的保证。共同保证，是指数个保证人共同担保同一债权的保证。共同保证既可以在数个共同保证人与债权人签订一个保证合同时成立，也可以在数个保证人与债权人签订数个保证合同，但担保同一债权时成立。

按照保证人是否约定各自承担的担保份额，可以将共同保证分为按份共同保证和连带共同保证。按份共同保证是保证人与债权人约定按份额对主债务承担保证义务的共同保证；连带共同保证是各保证人约定均对全部主债务承担保证义务或保证人与债权人之间没有约定所承担保证份额的共同保证。

9.2.4 保证责任

1. 保证责任的范围

保证人在约定的保证担保范围内承担保证责任。根据《担保法》的规定，保证担保的责任范围包括主债权及利息、违约金、损害赔偿金和实现债权的费用。保证合同对责任范围有约定的，保证人按照约定承担保证责任；对保证担保范围没有约定或约定不明确的，保证人应对责任范围内的全部债务承担责任。

2. 主合同转让、变更与保证责任承担

保证人在与债权人约定的保证期间或者法律规定的保证期间内承担保证责任。保证期间，债权人依法将主债权转让给第三人的，保证债权同时转让，保证人在原保证范围内对受让人承担保证责任，但是保证人与债权人事先约定仅对特定的债权人承担保证责任或者禁止债权转让的，保证人不再承担保证责任。保证期间，债权人许可债务人转让债务的，应当取得保证人书面同意，保证人对未经其同意转让的债务部分，不再承担保证责任。

保证期间，债权人与债务人协议变更主合同的，应当取得保证人书面同意，未经保证人书面同意的，保证人不再承担保证责任。根据《担保法解释》的规定，未经保证人同意的主合同变更，减轻债务人的债务的，保证人仍应当对变更后的合同承担保证责任；加重债务人的债务的，保证人对加重的部分不承担保证责任。债权人与债务人对主合同履行期限做了变动，未经保证人书面同意的，保证期间为原合同约定的或者法律规定的期间。债权人与债务人协议变动主合同内容，但并未实际履行的，保证人仍应当承担保证责任。

3. 保证责任与共同担保

《物权法》第一百七十六条规定，被担保的债权既有物的担保又有人的担保的，债务人不履行到期债务或者发生当事人约定的实现担保物权的情形，债权人应当按照约定实现债权；没有约定或者约定不明确，债务人自己提供物的担保的，债权人应当先就该物的担保实现债权；第三人提供物的担保的，债权人可以就物的担保实现债权，也可以要求保证人承担保证责任。提供担保的第三人承担担保责任后，有权向债务人追偿。

同一债务有两个以上保证人的，保证人应当按照保证合同约定的保证份额承担保证责任。各保证人与债权人没有约定保证份额的，应当认定为连带共同保证。连带共同保证的债务人在主合同规定的债务履行期满没有履行债务的，债权人可以要求债务人履行债务，也可以要求任何一个保证人承担全部保证责任。连带共同保证的保证人不能以其相互之间约定各自承担的份额对抗债权人；连带共同保证的保证人一人或者数人承担保证责任后，有权向债务人追偿，不能追偿的部分，有权要求其他保证人清偿应当承担的份额，不受债权人是否在保证期间内向未承担保证责任的保证人主张过保证责任的影响。各连带保证人应按其内部约定的比例分担保证责任，没有约定的，平均分担。

4. 保证人不承担保证责任的情况

根据《担保法》及《担保法解释》的规定，有下列情形之一的，保证人不承担保证责任。

（1）主合同当事人双方串通，骗取保证人提供保证的。

（2）合同债权人采取欺诈、胁迫等手段，使保证人在违背真实意思的情况下提供保证的。

（3）主合同债务人采取欺诈、胁迫等手段，使保证人在违背真实意思的情况下提供保证的，债权人知道或者应当知道欺诈、胁迫事实的，保证人不承担民事责任。

此外，债务人与保证人共同欺骗债权人，订立主合同和保证合同的，债权人可以请求

人民法院予以撤销，因此给债权人造成损失的，由保证人与债务人承担连带赔偿责任。

9.3 抵 押

9.3.1 抵押的概念及特征

1. 抵押的概念

抵押，是指债务人或者第三人不转移对财产的占有，将该财产作为债权的担保。债务人不履行债务时，债权人有权依法以该财产折价或者以拍卖、变卖该财产的价款优先受偿。抵押中提供财产担保的债务人或者第三人为抵押人，债权人为抵押权人，提供担保的财产为抵押物。

2. 抵押权的特征

抵押权作为担保物权的一种，具有以下特征。

（1）抵押权具有从属性。《物权法》第一百七十二条规定，担保合同是主债权债务合同的从合同。主债权债务合同无效，担保合同无效，但法律另有规定的除外。因此抵押权具有从属性，以主债权成立为前提，随主债权转移而转移，并随主债权的消灭而消灭。

（2）抵押权具有不可分性。抵押权的不可分性是指其所担保债权的债权人可以就担保物的全部行使其权利。主债权部分未受清偿的，抵押权人仍可以就抵押物全部行使抵押权；担保物部分灭失的，其余部分仍就全部担保债权担保。

（3）抵押权具有物上代位性。《物权法》第一百七十四条规定，担保期间，担保财产毁损、灭失或者被征收等，担保物权人可以就获得的保险金、赔偿金或者补偿金等优先受偿。被担保债权的履行期未届满的，也可以提存该保险金、赔偿金或者补偿金等。

（4）抵押权是不转移标的物占有的担保物权。是否转移标的物的占有是抵押权与质押权的重要区别。

9.3.2 抵押物与抵押的效力

1. 抵押物

抵押人只能以法律规定可以抵押的财产提供担保。《物权法》第一百八十条规定，债务人或者第三人有权处分的下列财产可以抵押。

（1）建筑物和其他土地附着物。其他土地附着物，其实就是担保法和民法中所指的“地上定着物”，通常包括林木、地上构筑物以及与不动产尚未分离的出产物或不动产的出产物（如农作物、沙、石等）。

（2）建设用地使用权。以建筑物抵押的，该建筑物占用范围内的建设用地使用权一并抵押。以建设用地使用权抵押的，该土地上的建筑物一并抵押。抵押人未依照规定一并抵押的，未抵押的财产视为一并抵押。乡镇、村企业的建设用地使用权不得单独抵押。以乡镇、村企业的厂房等建筑物抵押的，其占用范围内的建设用地使用权一并抵押。

（3）以招标、拍卖、公开协商等方式取得的荒地等土地承包经营权。

（4）生产设备、原材料、半成品、产品。经当事人书面协议，企业、个体工商户、农业生产经营者可以将现有的以及将有的生产设备、原材料、半成品、产品抵押，债务人不履行到期债务或者发生当事人约定的实现抵押权的情形，债权人有权就实现抵押权时的动产优先受偿。

（5）正在建造的建筑物、船舶、航空器。根据《担保法解释》的规定，以依法获准尚未建造的或者正在建造中的房屋或者其他建筑物抵押的，当事人办理抵押物登记的，抵押有效。

（6）交通运输工具。

（7）法律、行政法规未禁止抵押的其他财产。

抵押人可以将上述所列财产一并抵押。

2. 不得抵押的财产

《物权法》和《担保法》不仅规定了可用于抵押的财产，同时还规定了不得用于抵押的财产。《物权法》第一百八十四条规定，下列财产不得抵押。

（1）土地所有权。

（2）耕地、宅基地、自留地、自留山等集体所有的土地使用权，但法律规定可以抵押的除外。

（3）学校、幼儿园、医院等以公益为目的的事业单位、社会团体的教育设施、医疗卫生设施和其他社会公益设施；但以上述设施以外的财产为该事业单位、社会团体自身债务设定抵押的，抵押有效。

（4）所有权、使用权不明或者有争议的财产。

（5）依法被查封、扣押、监管的财产。

（6）法律、行政法规规定不得抵押的其他财产。

3. 抵押的效力

根据《担保法解释》的规定，以经法定程序确认为违法、违章的建筑物抵押的，抵押无效。当事人以农作物和与其尚未分离的土地使用权同时抵押的，土地使用权部分的抵押无效。按份共有人以其共有财产中享有的份额设定抵押的，抵押有效。共同共有人以其共有财产设定抵押，未经其他共有人同意的，抵押无效；但是，其他共有人知道或者应当知道而未提出异议的视为同意，抵押有效。抵押人所担保的债权不得超出其抵押物的价值，超出抵押物实现价值的部分债权不具有优先受偿的效力。财产抵押后，该财产的价值大于所担保债权的余额部分，可以再次抵押。已经设定抵押财产被采取查封、扣押等财产保全或者执行措施的，不影响抵押权的效力。

9.3.3 抵押合同与抵押物登记

1. 抵押合同

抵押人和抵押权人应当以书面形式订立抵押合同。抵押合同应当包括以下内容。

（1）被担保的主债权种类、数额。

（2）债务人履行债务的期限。

（3）抵押物的名称、数量、质量、状况、所在地、所有权权属或者使用权权属。

（4）抵押担保的范围。

（5）当事人认为需要约定的其他事项。

2. 抵押物登记

抵押物登记的效力有以下两种情形。

（1）登记是抵押权的生效条件。根据《物权法》的规定，以建筑物和其他土地附着物，建设用地使用权，以招标、拍卖、公开协商等方式取得的荒地等土地承包经营权，正在建造的建筑物这四种财产设定抵押的，应当办理抵押物登记，抵押合同自登记之日起生效。

以上述四种财产进行抵押的，必须履行登记手续，才能设立抵押权；未经登记，抵押合同不能生效，抵押权不能产生。抵押物登记记载的内容与抵押合同约定的内容不一致的，以登记记载的内容为准。

（2）登记产生对抗第三人的效力。根据《物权法》的规定，以生产设备、原材料、半成品、产品、交通运输工具及正在建造的船舶、航空器及《物权法》规定的其他财产设定抵押的，抵押权自抵押合同生效时设立。未经登记，不得对抗善意的第三人。因此，对这些财产是否进行抵押登记，完全由当事人决定，抵押合同自签订之日起成立并生效，并对当事人产生约束力。如果没有进行登记，则不能对抗善意的第三人。不能对抗第三人，是指抵押人如在抵押期间处分抵押财产，使抵押财产为第三人所占有，抵押权人不能直接向第三人主张抵押权利。抵押人如在抵押期间再次设置抵押并办理登记，经登记的抵押权人将优先于发生时间在前的未登记的抵押权人受偿。

根据抵押物的不同，办理登记的部门不同。以建设用地使用权抵押的，为核发土地使用权证书的土地管理部门；以城市房地产或者乡（镇）、村企业的厂房等建筑物抵押的，为县级以上地方人民政府规定的部门，县级以上地方人民政府对登记部门未做规定时，当事人在土地管理部门或者房产管理部门办理抵押物登记手续，均具有登记效力；以林木抵押的，为县级以上林木主管部门；以航空器、船舶、车辆抵押的，为运输工具的登记部门；以企业的设备和其他动产抵押的，为财产所在地的工商行政管理部门。当事人以其他财产抵押的，可以自愿办理抵押物登记，登记部门为抵押人所在地的公证处。

9.3.4 抵押权的实现

《物权法》第一百七十三条规定，担保物权的担保范围包括主债权及其利息、违约金、损害赔偿金、保管担保财产和实现担保物权的费用。当事人另有约定的，按照约定。

债务人不履行到期债务或者发生当事人约定的实现抵押权的情形，抵押权人可以与抵押人协议以抵押物折价或者以拍卖、变卖该抵押物所得的价款优先受偿；协议不成的，抵押权人可以向人民法院提起诉讼。但是，双方协议以抵押物折价清偿，如损害顺序在后的担保物权人和其他债权人的利益，受害人可以在知道或应当知道撤销事由之日起一年内向人民法院申请予以撤销。

抵押物折价或者拍卖、变卖后，其价款超过债权数额的部分归抵押人所有，价款低于抵押权设定时的约定价值的，应当按照抵押物实现的价值进行清偿，抵押物不足以清偿的债权，由债务人清偿。抵押物折价或者拍卖、变卖所得的价款，当事人没有约定的，清偿顺序为实现抵押权的费用、主债权的利息、主债权。

在抵押物灭失、毁损或者被征用的情况下，抵押权人可以就该抵押物的保险金、赔偿金或者补偿金优先受偿。如抵押权所担保的债权未届清偿期的，抵押权人可以请求人民法院对保险金、赔偿金或补偿金等采取保全措施。

9.3.5 物权担保重合时的清偿顺序与责任承担

在合同的担保中，有时会出现同一财产之上多个抵押权并存，以及抵押权与质权、留置权并存的情况。根据《担保法》第五十四条的规定：同一财产向两个以上债权人抵押，抵押合同自登记之日起生效的，拍卖、变卖抵押物所得的价款按照抵押物登记的先后顺序清偿；顺序相同的，按照债权比例清偿。抵押合同自签订之日起生效的，该抵押物已登记的，按照上述原则清偿；未登记的，按照合同生效时间的先后顺序清偿；顺序相同的，按照债权比例清偿。抵押物已登记的先于未登记的受偿。同日登记的（含在不同的法定登记部门登记的），视为顺序相同。

对于动产抵押，《担保法解释》第七十六条做了特殊规定，同一动产向两个以上债权人抵押的，当事人未办理抵押物登记，实现抵押权时，各抵押权人按照债权比例受偿。

（1）同一债权有两个以上抵押人的，债权人放弃债务人提供的抵押担保的，其他抵押人可以请求人民法院减轻或者免除其应当承担的担保责任。

（2）同一债权有两个以上抵押人的，当事人对其提供的抵押财产所担保的债权份额或者顺序没有约定或者约定不明的，抵押权人可以就其中任一或者各个财产行使抵押权。抵押人承担担保责任后，可以向债务人追偿，也可以要求其他抵押人清偿其应当承担的份额。

（3）同一财产向两个以上债权人抵押的，顺序在先的抵押权与该财产的所有权归属一人时，该财产的所有权人可以以其抵押权对抗顺序在后的抵押权。

（4）同一财产向两个以上债权人抵押的，顺序在后的抵押权所担保的债权先到期的，抵押权人只能就抵押物价值超出顺序在先的抵押担保债权的部分受偿。

（5）顺序在先的抵押权所担保的债权先到期的，抵押权实现后的剩余价款应予提存，留待清偿顺序在后的抵押担保债权。

（6）同一财产法定登记的抵押权与质权并存时，抵押权人优先于质权人受偿。同一财产抵押权与留置权并存时，留置权人优先于抵押权人受偿。

9.3.6 最高额抵押

最高额抵押，是指为担保债务的履行，债务人或者第三人对一定期间内将要连续发生的债权提供担保财产的，债务人不履行到期债务或者发生当事人约定的实现抵押权的情形，抵押权人有权在最高债权额限度内就该担保财产优先受偿的抵押方式。

最高额抵押权的设定不以债权的已经存在为前提，而是对将来发生的债权担保。《物权法》规定，最高额抵押权设立前已经存在的债权，经当事人同意，可以转入最高额抵押担保的债权范围。最高额抵押担保的债权确定前，部分债权转让的，最高额抵押权不得转让，但当事人另有约定的除外。

《物权法》第二百零六条规定，有下列情形之一的，抵押权人的债权确定。

（1）约定的债权确定期间届满。

（2）没有约定债权确定期间或者约定不明确，抵押权人或者抵押人自最高额抵押权设立之日起满 2 年后请求确定债权。

（3）新的债权不可能发生。

（4）抵押财产被查封、扣押。

（5）债务人、抵押人被宣告破产或者被撤销。

（6）法律规定债权确定的其他情形。

抵押权人实现最高抵押权时，如果实际发生的债权余额高于最高限额，以最高额为限，超过部分不具有优先受偿的效力；如果实际发生的债权余额低于最高限额，以实际发生的债权余额为限对抵押物优先受偿。

9.4 质　　押

9.4.1 质押概述

质押，是指债务人或第三人将其特定财产移交给债权人占有，将该财产作为债权的担保，在债务人不履行债务时，债权人有权依法以该财产折价或拍卖、变卖所得价款优先受偿的物权。该特定财产称为质物，提供财产的债务人或第三人称为出质人，享有质权的债权人称为质权人。

质押和抵押同属于担保物权，两者最大的区别在于：抵押不转移抵押物，而质押必须转移占有质物，否则就不属于质押而是抵押。担保物不同，抵押既可以是动产，也可以是不动产，而且多为不动产；质押只能是动产或权利，不动产不能作为质押的担保物。

质押根据质物不同分为动产质押和权利质押两种。

9.4.2 动产质押

1. 动产质押的概念

动产质押，是指以动产作为标的物的质押。

动产质押的标的物为可转移占有之动产。债务人或者第三人将其金钱以特户、封金、保证金等形式特定化后，可作为动产质押的标的物。移交债权人占有作为债权的担保，债务人不履行债务时，债权人可以该金钱优先受偿。

2. 质押合同

质押合同应当以书面形式订立，且应当包括以下内容。

（1）被担保的主债权种类、数额。

（2）债务人履行债务的期限。

（3）质物的名称、数量、质量。

（4）质押担保的范围。

（5）质物移交的时间。

（6）当事人认为需要约定的其他事项。

质押合同为实践合同，自质物移交于质权人占有时生效。质押合同中对质押的财产约定不明，或者约定的出质财产与实际移交的财产不一致的，以实际交付占有的财产为准。动产质权的效力及于质物的从物，但是，从物未随同质物移交质权人占有的，质权的效力不及于从物。出质人代质权人占有质物的，质押合同不生效；质权人将质物返还于出质人后，其质权不能对抗第三人。

因不可归责于质权人的事由而丧失对质物的占有，质权人可以向不当占有人请求停止侵害、恢复原状、返还质物。

质押担保的范围包括主债权及利息、违约金、损害赔偿金和实现质权的费用，合同另有约定的除外。

3. 质权人、出质人的权利、义务与质权的实现

质权人负有妥善保管质物的义务。因保管不善致使质物灭失或者毁损的，质权人应当承担民事赔偿责任。质权人不能妥善保管质物可能致使其灭失或者毁损的，出质人可以要求质权人将质物提存，或者要求提前清偿债权而返还质物。因此提存质物的费用由质权人负担；出质人提前清偿债权的，应当扣除未到期部分的利息。质物有隐蔽瑕疵造成质权人其他财产损害的，出质人应承担赔偿责任，但质权人在质物移交时明知质物有瑕疵而予以接受的除外。质权人在质权存续期间，未经出质人同意，擅自使用、出租、处分质物，因此给出质人造成损失的，应承担赔偿责任。质权因质物灭失而消灭。因灭失所得的赔偿金，应当作为出质财产。

债务履行期届满债务人履行债务的，或者出质人提前清偿所担保的债权的，质权人应当返还质物；债务履行期届满质权人未受清偿的，质权人可以继续留置质物，与出质人协

议以质物折价，或者依法拍卖、变卖质物，质物折价或者拍卖、变卖后，其价款超过债权数额的部分归出质人所有，不足部分由债务人清偿。债务履行期届满，出质人请求质权人及时行使权利，而质权人怠于行使权利致使质物价格下跌的，由此造成的损失，质权人应当承担赔偿责任。除合同另有约定外，质权人有权收取质物所生的孳息，孳息应当先充抵收取孳息的费用。

9.4.3 权利质押

权利质押，是指债务人或者第三人以其可转让的财产权利出质作为债权的担保。

1. 权利质押的范围

《物权法》第二百二十三条规定，债务人或者第三人有权处分的下列权利可以出质。

（1）汇票、支票、本票。

（2）债券、存款单。

（3）仓单、提单。

（4）可以转让的基金份额、股权。

（5）可以转让的注册商标专用权、专利权、著作权等知识产权中的财产权。

（6）应收账款。

（7）法律、行政法规规定可以出质的其他财产权利。

2. 权利质押的生效

（1）有价证券的质押。《物权法》第二百二十四条规定，以汇票、支票、本票、债券、存款单、仓单、提单出质的，当事人应当订立书面合同。质权自权利凭证交付质权人时设立；没有权利凭证的，质权自有关部门办理出质登记时设立。

以汇票、支票、本票、债券出质的，出质人与质权人没有背书记载“质押”字样，票据、债券的出质不得对抗善意第三人。以存款单出质的，签发银行核押后由受理挂失并造成存款流失的，应承担民事责任。以票据、债券、存款单、仓单、提单出质的，质权人再转让或者质押的无效。汇票、支票、本票、债券、存款单、仓单、提单的兑现日期或者提货日期先于主债权到期的，质权人可以兑现或者提货，并与出质人协议将兑现的价款或者提取的货物提前清偿债务或者提存。

（2）可以转让的基金份额、股权的质押。《物权法》第二百二十六条规定，以基金份额、股权出质的，当事人应当订立书面合同。以基金份额、证券登记结算机构登记的股权出质的，质权自证券登记结算机构办理出质登记时设立；以其他股权出质的，质权自工商行政管理部门办理出质登记时设立。基金份额、股权出质后，不得转让，但经出质人与质权人协商同意的除外。出质人转让基金份额、股权所得的价款，应当向质权人提前清偿债务或者提存。

（3）知识产权的质押。《物权法》第二百二十七条规定，以注册商标专用权、专利权、著作权等知识产权中的财产权出质的，当事人应当订立书面合同。质权自有关主管部门办理出质登记时设立。知识产权中的财产权出质后，出质人不得转让或者许可他人使用，但经出质人与质权人协商同意的除外。出质人转让或者许可他人使用出质的知识产权中的财产权所得的价款，应当向质权人提前清偿债务或者提存。

（4）应收账款的质押。《物权法》第二百二十八条规定，以应收账款出质的，当事人应当订立书面合同。质权自信贷征信机构办理出质登记时设立。应收账款出质后，不得转让，但经出质人与质权人协商同意的除外。出质人转让应收账款所得的价款，应当向质权人提前清偿债务或者提存。

9.5 留置与定金

9.5.1 留置

1. 留置的概念和特征

留置是指债权人按照合同约定占有债务人的动产，债务人不按照合同约定的期限履行债务，债权人有权留置该财产，以该财产折价或者以拍卖、变卖该财产的价款优先受偿。

留置权和抵押权、质权都属于担保物权，但不同于抵押权、质权。抵押权、质权是约定担保，留置权是法定担保，且具有以下法律特征。

（1）留置权的成立以占有标的物为要件。

（2）留置权的标的为动产，不动产及权利不得设置留置权。

（3）留置权以占有标的物为存续要件，一旦占有状态消灭，留置权就不再存续。

2. 留置的适用范围

留置权的适用范围是由法律规定的，也就是说留置权是依法律规定而产生的，在法律没有明文规定的情况下，第三人不得约定以留置作为担保措施。根据《担保法》的规定，留置权适用于以下三个类型的合同。

（1）保管合同。保管合同是约定一方为他方保管物品，保管人妥善保管存货人交存的物品并按时返还保管物，存货人给付报酬、费用并按期领取保管物的合同。

（2）运输合同。运输合同是由承运人将承运的货物运送到指定地点，托运人向承运人交付运费的合同，包括铁路运输合同、公路运输合同、水路运输合同和航空运输合同。

（3）加工承揽合同。加工承揽合同是承揽方按照定做方提出的要求完成一定工作，定做方接受承揽方完成的工作成果并给付约定报酬的合同，包括加工合同、定做合同、修理合同、印刷合同、设计合同等。

3. 留置权的构成要件

（1）债权清偿期限已到。

（2）债权人合法占有债务人的动产。随意强占债务人财产的，不能构成留置权。

（3）债权人留置的动产，应当与债权属于同一法律关系。《物权法》第二百三十一条规定，债权人留置的动产，应当与债权属于同一法律关系，但企业之间留置的除外。

例如，甲因加工合同占有乙的财产，而乙又欠甲借款，此时甲请求乙偿还借款的债权与甲占有乙的加工物无关，不是基于同一法律关系发生的，故甲不得以乙未偿还借款为由对乙的定做物行使留置权。

4. 留置的担保范围与留置权的实现

留置担保的范围包括主债权及利息、违约金、损害赔偿金、留置物保管费用和实现留置权的费用。

留置权人在占有留置物期间，除留置物本身以外，留置权的效力还及于从物、孳息和代位物。《物权法》规定，留置财产为可分物的，留置财产的价值应当相当于债务的金额。留置财产为不可分物的，留置权人可以就其留置物的全部行使留置权。

留置权人与债务人应当约定留置财产后的债务履行期间；没有约定或者约定不明确的，留置权人应当给债务人两个月以上履行债务的期间，但鲜活易腐等不易保管的动产除外。债务人逾期未履行的，留置权人可以与债务人协议以留置财产折价，也可以就拍卖、变卖留置财产所得的价款优先受偿。

留置权人负有妥善保管留置财产的义务；因保管不善致使留置财产毁损、灭失的，应当承担赔偿责任。

9.5.2 定金

1. 定金的概念

定金是指由合同一方当事人预先向对方当事人交付一定数额的货币，以保证债权实现的担保方式。定金与订金不同，订金是合同一方当事人为履行付款义务而预先向对方当事人支付一定的款项，无担保作用。

2. 定金合同的生效要件

定金合同的生效，除具备一般合同的生效要件外，还必须具备以下条件。

（1）定金合同以主合同的有效为生效前提。定金合同作为从合同，其效力依主合同效力而转移。主合同无效或被撤销时，定金合同即不能生效，主合同消灭时，定金合同也消灭。

（2）定金合同应当采取书面形式。《担保法》第九十条规定，定金应当以书面形式约定。书面形式既包括当事人单独订立的定金合同，也包括在主合同中订立的定金条款。

（3）定金合同生效以实际交付为要件。定金合同属于实践性合同，自实际交付定金之日起生效，实际交付的定金数额多于或者少于约定数额的，视为变更定金合同；收受定金一方提出异议并拒绝接受定金的，定金合同不生效。

（4）定金合同约定的定金数额应在法律规定的范围内。定金的数额由当事人约定，但不得超过主合同标的额的20%。约定数额超过的部分，应认定为无效。

3. 定金担保的实现

《担保法》第八十九条规定，当事人可以约定一方向对方给付定金作为债权的担保。债务人履行债务后，定金应当抵作价款或者收回。给付定金的一方不履行约定的债务的，无权要求返还定金；收受定金的一方不履行约定的债务的，应当双倍返还定金。

因不可抗力、意外事件致使主合同不能履行的，则不适用定金罚则。如出卖人通过认购、订购、预订等方式向买受人收受定金作为订立商品房买卖合同担保的，如果因当事人一方原因未能订立商品房买卖合同，应当按照法律关于定金的规定处理；因不可归责于当事人双方的事由，导致商品房买卖合同未能订立的，出卖人应当将定金返还买受人。

本章小结

担保法律制度是当事人进行经济交往时，为了避免因债务人到期不履行债务，给债权人造成损失所采取的一种法律保护措施，是“适用频率最高”的法律之一。本章紧紧围绕我国现行的担保法及其司法解释等配套法规，以担保法的基本制度为核心内容，主要介绍了担保的概念、特征、立法情况，保证、抵押、质押、留置、定金五种主要担保措施的基本知识。内容安排上注重知识的系统性、全面性，强化担保法具体制度的理解与实际应用的联系，旨在使学生系统地、准确地理解和掌握担保法的基本原理、具体法律制度及其相应的规范，并能够在实践中灵活地运用，分析和处理各种实务问题。本章内容的学习，可参照《担保法》、《担保法解释》、《物权法》等法律法规进行。

思考与练习

一、名词解释

担保　反担保　保证　一般保证　连带责任保证　抵押　动产质押　权利质押　留置　定金

二、判断题

1．同一财产抵押权与留置权并存时，抵押权人优先于留置权人受偿。　（　）

2．由企业法人的职能部门提供保证的，保证合同无效。　（　）

3．根据《担保法解释》的规定，主合同有效而担保合同无效，债权人、保证人有过错的，由债权人和担保人承担连带责任。　（　）

4．以依法取得的国有土地上的房屋抵押时，应当将该房屋范围内的国有土地使用权同时抵押。　（　）

5．质权因质物灭失而消灭，因灭失所得的赔偿金，应当作为出质财产。　（　）

6．当事人对保证方式没有约定或者约定不明确的，按照一般保证承担保证责任。　（　）

7．抵押和财产质押的主要区别在于是否转移对某一特定财产的占有。　（　）

8．以依法可以转让的股票出质的，出质人与质权人应当订立书面合同，并向证券登记

机构办理出质登记。（ ）

三、单项选择题

1. 保证合同应当采用（ ）形式。

A. 书面 B. 口头 C. 必须签证 D. 必须公证

2. 下列能够作为保证人的是（ ）。

A. 国家机关 B. 以公益为目的的事业单位和社会团体

C. 企业法人的分支机构和职能部门 D. 企业法人

3. 在抵押人和抵押权人订立的抵押合同中，不能约定（ ）。

A. 被担保的主债权数额

B. 被押物的所有权的权属

C. 债务人履行债务的期限

D. 在债务履行期届满抵押权人未受到清偿时，抵押物转移为债权人所有

4.《担保法》规定可以用于抵押的财产是（ ）。

A. 土地所有权 B. 学校的教育设施

C. 交通运输工具 D. 依法被查封的财产

5. 在权利质押中，出质人和质权人订立书面合同后，无须向其管理部门办理出质登记的是（ ）。

A. 商标专用权 B. 汇票 C. 股票 D. 专利权

6. 债权人留置财产后，应给债务人不少于（ ）履行债务的时间。

A. 1个月 B. 2个月 C. 3个月 D. 4个月

7. 甲公司与乙公司订立了买卖2 000万元货物的合同，甲公司要求乙公司交纳定金作为担保，则乙公司最多需要交纳（ ）定金。

A. 40万元 B. 100万元 C. 400万元 D. 1 000万元

8. 就房屋抵押关系而言，下列表述中正确的是（ ）。

A. 丁与银行签订抵押合同时，如并未约定该房屋占用范围内的土地使用权一同抵押，则土地使用权未抵押

B. 丁与银行在抵押合同中可以约定，若丁不能清偿到期债务，则房屋所有权转移给银行

C. 丁与银行协商也可以该房屋设定质押担保

D. 若丁欲将该房屋转让，必须通知银行，否则转让为无效

9. 抵押物拍卖的价款，当事人没有约定的，其清偿顺序为（ ）。

A. 主债权、实现抵押权的费用、主债权的利息

B. 主债权的利息、主债权、实现抵押权的费用

C. 实现抵押权的费用、主债权的利息、主债权

D. 实现抵押权的费用、主债权、主债权的利息

10. 在关于质押担保的法律规定中，下列表述中不正确的是（ ）。

A. 质押合同为实践合同，自质物交给质权人占有时生效

B. 质权人有权收取质物所产生的孳息

C．权利出质后，出质人不得转让或者许可他人使用，但质权人同意的除外

D．质权因质物灭失而消灭，因此因质物灭失而获得的赔偿金归所有权人

四、多项选择题

1．根据《物权法》的规定，债务人或者第三人可以将（ ）用于抵押作为债权担保。

A．以招标、拍卖、公开协商等方式取得的荒地等的土地承包经营权

B．依法被监管的财产

C．股份有限公司依转让方式获得的土地使用权

D．正在建造的房屋

2．合同当事人行使留置权的构成要件有（ ）。

A．合同双方当事人已有明确约定

B．债权清偿期限已经届至

C．债权人占有债务人的动产

D．债权人留置的动产，应当与债权属于同一法律关系

3．根据《担保法解释》的规定，在下列（ ）情形中，一般保证人不得行使先诉抗辩权。

A．债务人住所变更，致使债权人要求其履行债务发生重大困难的

B．人民法院受理债务人破产案件，中止执行程序的

C．保证人以书面形式放弃先诉抗辩权的

D．主合同纠纷未经审批或者仲裁的

4．根据《物权法》的规定，在质押合同中，以（ ）出质的，质押合同自登记之日起生效。

A．商标专用权　　B．依法可以转让的股票

C．汇票　　D．提单

5．在保证期间，主合同发生变更，根据《担保法》及《担保法解释》的规定，下列情形中保证人应当承担保证责任的有（ ）。

A．债权人依法将主债权转让给第三人的

B．债权人许可债务人转让债务的

C．债权人与债务人对主合同履行期限做了变动，在原合同确定的期间内的

D．债权人与债务人协议变动主合同内容，但并未实际履行的

6．我国《担保法》规定的担保方式包括（ ）。

A．保证　　B．留置　　C．定金　　D．抵押

7．能作为保证人主体的有（ ）。

A．国家机关　　B．具有代为清偿能力的法人

C．企业法人的职能部门　　D．具有代为清偿债务能力的社会组织

8．在权利质押中，以下列权利作为质押的，出质人和质权人订立书面合同后，应向其管理部门办理出质登记（ ）。

A．债券　　B．股票　　C．商标专用权　　D．专利权

9．留置担保的范围包括（　　）。

A．主债权及利息　　B．违约金

C．损害赔偿金　　D．留置物保管费用

10．在下列合同中，当一方当事人不履行支付价款或者报酬义务时，另一方当事人可依法行使留置权的有（　　）。

A．保管合同　　B．建设工程合同

C．货物运输合同　　D．承揽合同

五、简答题

1．简述担保的概念和法律特征。
2．简述担保无效的几种情况。
3．对保证人有哪些要求？
4．简述保证合同包括的主要内容。
5．简述物权担保重合的责任承担。
6．简述抵押与质押的主要区别。
7．简述留置的适用范围。
8．简述定金合同的生效条件。

案例分析

案例 1　某企业为购置设备，向银行贷款 80 万元，企业以自有设备作为抵押（评估价为 40 万元），另由某公司做保证。贷款到期后，企业仅归还 35 万元，其余贷款及利息无法偿付，为此，银行向法院提起诉讼，要求某公司承担连带清偿责任。

案例讨论

（1）某公司是否应承担连带责任？为什么？

（2）法院对此案应如何处理？

案例 2　养鸡专业户李某，为改建鸡舍和引进良种需资金 20 万元，遂向陈某借款 10 万元，以自己的一套价值 10 万元的音响设备抵押，双方立有抵押字据，但未办理登记。李某又向朱某借款 10 万元，又以该设备质押，双方立有质押字据，并将设备交付朱某占有。李某得款后，改造了鸡舍，且与县良种站签订了良种鸡引进合同。合同约定良种鸡款共计 2 万元，李某预付定金 4 000 元，违约金按合同总额的 10%计算，李某以销售肉鸡的款项偿还良种站的货款。合同没有明确约定合同的履行地点。之后县良种站将良种鸡送交李某，要求支付运费，李某拒绝。因发生不可抗力事件，李某预计的收入落空。李某因不能及时偿还借款和支付货款而与陈某、朱某及县良种站发生纠纷。诉至法院后，法院查证上述事实后又查明：朱某在占有该设备期间，不慎将该设备损坏，送蒋某修理。朱某无力交付修理费 1 万元，该设备现已被蒋某留置。

案例讨论

（1）李某与陈某之间的抵押关系是否有效？为什么？

（2）李某与朱某之间的质押关系是否有效？为什么？

（3）朱某与蒋某之间是何种法律关系？

（4）对该音响设备，陈某要求行使抵押权，蒋某要求行使留置权，应由谁优先行使其权利？为什么？

（5）李某无力支付县良种站的货款，合同中规定的定金条款和违约金条款可否同时适用？为什么？

（6）县良种站要求李某支付送鸡运费，该请求应否支持？为什么？

（7）李某对县良种站提出不可抗力的免责抗辩，能否成立？为什么？

第 10 章 票 据 法

学习要点

- 票据的概念、特征与作用
- 票据行为的概念、特征及成立的有效要件
- 票据权利的概念；票据权利的取得与消灭；票据权利的抗辩
- 汇票的概念；汇票的出票、背书、承兑、保证与追索
- 本票的概念和特征；本票的记载事项
- 支票的概念；支票的记载事项与支票责任
- 涉外票据的概念；涉外票据的法律适用原则

案例导入

A 建筑公司从 B 钢铁厂购进一批钢材，数量为 20 吨，价款为 5.6 万元。钢材运抵建筑公司后，A 公司为 B 钢铁厂签发一张以 A 公司为出票人和付款人、以 B 厂为收款人的到期日在三个月后的商业承兑汇票。一个月后，B 厂从 C 金属公司购进一批冶金轧辊，价款为 6 万元。B 厂就把 A 公司开的汇票背书转让给 C 公司，余下的 4 000 元用支票方式支付完毕。汇票到期后，C 公司把汇票提交 A 公司要求付款，A 公司拒绝付款，理由是 B 钢铁厂供给的钢材不合格。

请分析：A 公司的做法是否合法？

10.1 票据法概述

10.1.1 票据与票据法

1. 票据的概念与特征

票据是出票人依法签发的，约定由自己或指定他人，在一定时间、一定地点，按票面所载文义无条件支付一定金额的有价证券。票据有广义和狭义之分，广义的票据是指商业

活动中的一切凭证，如发票、提单、汇票、支票等；狭义的票据只限于以支付一定金额为目的的票据，即票据法规定的票据：汇票、本票和支票。

票据的法律特征主要体现以下几个方面。

（1）票据是有价证券。票据的票面必须载明一定的货币金额，表明票据本身所代表的货币价值，其价值因票据的设立而产生，随票据的转移而转移。

（2）票据是无因证券。票据上的法律关系是一种单纯的金钱支付关系，权利人享有票据权利只以持有符合法律规定的有效票据为必要。至于票据赖以发生的原因，在所不问。即使原因关系无效或有瑕疵，均不影响票据的效力。所以，票据权利人在行使票据权利时，无须证明给付原因，票据债务人也不得以原因关系对抗善意第三人。

（3）票据是要式证券。票据法律法规严格地规定了票据的制作格式和记载事项。不按相关法律规定进行票据事项的记载，就会影响票据的效力甚至会导致票据无效。此外，在票据上所为的一切行为，如出票、背书、承兑、保证、付款、追索等，也必须严格按照法律规定的程序和方式进行，否则无效。

（4）票据是文义证券。票据上所载权利义务和内容必须严格按照票据所载文义确定，不允许依据票据记载以外的事实，对行为人的意思，做出与票据所载文义相反的解释，或者对票据所载文义进行补充或变更。即使票据的书面记载内容与票据的事实相悖，也必须以该记载事项为准。

（5）票据是设权证券。票据权利的产生必须首先做成证券。在票据做成之前，票据权利是不存在的。票据权利是随着票据的做成同时发生的。没有票据，就没有票据权利，这就是票据的设权性。

（6）票据是流通证券。票据的一个基本功能就是流通，票据上的权利，经背书或单纯交付即可让与他人，无须依民法有关债权让与的有关规定。一般说来，无记名票据，可依单纯交付而转让；记名票据，须经背书交付才能转让。

2. 票据的作用

票据制度是现代经济活动的重要支柱，在经济交往中的重要作用如下。

（1）支付作用。票据最简单、最基本的作用就是作为支付手段，代替现金结清因商品交易、劳务供应等产生的债权债务。用票据作为支付工具，既可以避免携带大量现金的不安全性，又可以避免清点现钞可能产生的错误以及减少花费的时间和精力，大大提高了劳动效率。

（2）信用作用。票据是建立在信用基础上的书面支付凭证，是一种信用工具。商品交易的当事人通过使用票据互相提供信用，从而促进资金的融通，推动经济发展。

（3）结算作用。利用票据进行债权债务的结算，实际上是当事人相互之间的支付。简单结算就是互有债务的双方各签发一张票据给对方，待两张票据都到期时即可抵消债务，若有差额，由票据金额短的一方用现金给付差额。复杂结算，则是要根据现代票据交换制度，债权债务人之间用票据来完成债权债务的抵消。

（4）融资作用。票据的融资作用是通过票据的贴现和再贴现来完成的。票据贴现是持有未到期票据的持票人以支付一定的利息为代价将票据转让给贴现银行以取得现款的行为。再贴现是贴现银行将贴现来的票据再转让贴现给中央银行以取得现款的行为。通过贴现和再贴现活动可以获得资金的融通，使资金周转灵活、便利，同时提高了票据使用的广泛性与灵活性。

3. 票据法

票据法同样有广义和狭义之分。广义的票据法是指涉及票据关系调整的各种法律规范，既包括专门的票据法律、法规，也包括其他法律、法规中有关票据的规范。一般意义上所说的票据法是指狭义的票据法，即专门的票据法规范，它是规定票据的种类、形式和内容，明确票据当事人之间的权利义务，调整因票据而发生的各种社会关系的法律规范。

20 世纪 80 年代，票据的使用开始在我国有了较大的发展，中国人民银行推行了以汇票、本票、支票为主体的结算制度，并在 1988 年 12 月颁布了《银行结算办法》。随着经济的发展，票据的广泛使用，国家为了更好地规范各种票据行为，于 1995 年 5 月 10 日第八届全国人民代表大会常务委员会第十三次会议通过了我国现行的《中华人民共和国票据法》（以下简称《票据法》），2004 年 8 月 28 日第十届全国人民代表大会常务委员会第十一次会议又进一步对该法进行了修改，修改后的《票据法》共 7 章，110 条。同时中国人民银行还制定了《支付结算办法》和《票据管理办法》等有关票据方面的实施办法与之相配套，确立了我国现在的票据法体系。

10.1.2 票据法律关系

1. 票据关系与票据法上的非票据关系

票据法律关系是票据当事人之间在票据的签发和转让等过程中发生的权利和义务关系，可分为票据关系和票据法上的非票据关系。

（1）票据关系，是指当事人之间基于票据行为而发生的债权债务关系，又称票据上的关系。例如：基于出票而发生的出票人与收款人之间的关系，收款人与付款人之间的关系；基于汇票承兑而发生的持票人与承兑人之间的关系；基于背书而发生的背书人与被背书人的关系，被背书人与付款人的关系，背书的前手与后手之间的关系；基于汇票和本票的保证而发生的保证人与持票人的关系，保证人履行债务后对被保证人及其前手的关系等。

票据上的当事人分为基本当事人和非基本当事人。在票据发行时就存在的当事人称为基本当事人，包括出票人、付款人与收款人。非基本当事人是在票据发出后通过各种票据行为而加入票据关系之中成为票据当事人的人，如背书人、保证人等。

票据关系与票据基础关系不同。票据关系的发生是基于票据的授受行为而发生的。当事人之所以授受票据，亦即授受票据的原因或实质，在票据授受之前就已存在，这种作为票据授受前提的关系就是票据的基础关系。例如，基于购买货物或接受劳务而授受票据，该购买货物和接受劳务关系就是票据的基础关系。一般来说，票据关系的发生总与一定的票据基础关系相联系。但是，票据一经做成，票据关系即与票据基础关系相分离。基础关系是否存在以及是否有效对票据关系都不起影响作用。这就是说，如果票据当事人违反《票据法》的上述规定而签发、取得和转让了没有真实的交易关系和债权债务关系的票据，该票据只要符合法定的形式要件，票据关系就是有效的，该票据关系的债务人就必须依票据上的记载事项对票据债权人承担票据责任，而不得以该票据没有真实的交易和债权债务关系为由而进行抗辩。除非持票人是不履行约定义务的与自己有直接债权债务关系的人，票据债务人才可以进行抗辩。

（2）票据法上的非票据关系，是指为了保障票据关系，使票据债权人得以顺利行使其权利，由《票据法》所规定的，不是基于票据行为直接发生的法律关系。票据法上的非票据关系主要包括：对于恶意取得票据的，行使票据返还请求权而产生的关系；因时效期限届满或手续欠缺而丧失票据权利的持票人对出票人或承兑人行使利益偿还请求权而发生的关系；票据付款人付款后请求持票人交还票据的关系等。

2. 票据法律关系的主体

票据法律关系的主体，是指票据法律关系的当事人。当事人有出票人（又称发票人）、持票人、承兑人、付款人、受款人、背书人、被背书人、保证人等。由于票据的种类不同，当事人的构成也不同；票据行为的性质不同，当事人的称谓也有区别。在某些情况下，同一个当事人可以有两个名称，即具有双重身份，如汇票中的付款人在承兑汇票后又称为承兑人等。

3. 票据法律关系的内容

票据法律关系的内容，是指票据法律关系的主体依法享有的权利和承担的义务。该种权利是指票据法律关系的当事人依照《票据法》或票据行为可以为一定行为或要求他人为一定行为。例如，《票据法》第五条和第九条规定：票据当事人可以委托其代理人在票据上签章；票据的原记载人可以对票据上一些非主要记载事项进行更改等。该种义务是指票据法律关系当事人依照《票据法》或票据行为必须进行或不进行一定的行为。例如，《票据法》第十三条规定，票据债务人不得以自己与出票人或者与持票人的前手之间的抗辩事由，对抗持票人。

4. 票据法律关系的客体

票据法律关系的客体，是指票据法律关系的权利和义务所共同指向的对象。鉴于票据法律关系是因支付或清偿一定的金钱而发生的法律关系，因而，其客体只能是一定数额的金钱，而不是物品。

10.1.3 票据行为

1. 票据行为的概念与特征

票据行为是以行为人在票据上进行必备事项的记载、完成签名并予以交付为要件，以发生或转移票据上的权利、负担票据上的债务为目的的要式法律行为。

票据行为具有以下特征。

（1）要式性。票据行为必须严格按照《票据法》规定的形式和要求进行，否则就会影响到票据行为的效力。例如，出票时必须按照《票据法》的规定在票面上记载全部必要记载事项，否则票据无效；承兑须按照规定在票据正面签章，背书必须在票据背面或粘单上进行等。

（2）文义性。票据行为的内容以票据上的文字记载为准，在票据上签章的行为人，必须依票据上的文字记载内容承担票据义务，纵然票据上的某些记载与实际情况不符，也不允许以文字以外的证据进行变更或补充。

（3）无因性。票据关系脱离于票据的基础关系而存在，票据行为的存在只追求票据上所记载的金额，不追求票据产生的原因是否基于买卖、租赁等一定的事实，即使票据产生的原因不合法，票据一旦成立也有效。

（4）独立性。票据行为之间互不依赖而独立发生效力，只要某一票据行为符合法律规定的要件，纵然其他票据行为无效或被撤销，也不影响该票据行为的继续有效。

2. 票据行为成立的有效要件

票据行为是一种民事法律行为，故其必须符合民事法律行为成立的一般条件。根据《民法通则》和《票据法》的有关规定，票据行为的成立，必须符合以下基本条件。

（1）行为人必须具有从事票据行为的能力。从事票据行为的能力又称票据能力，可以概括为权利能力和行为能力。我国《票据法》第六条规定，无民事行为能力人或限制民事行为能力人在票据上签章的，其签章无效。在票据行为中，在票据上签章的自然人必须是完全民事行为能力人，否则，该签章不具有任何效力，签章者并不因此成为票据上的债务人，其他票据当事人也不得据此签章向无民事行为能力人或限制民事行为能力人主张任何票据债权。此外，法律、法规规定禁止公民从事某项票据行为的，即规定公民不具有从事该票据行为的能力。

（2）行为人的意思表示必须真实或无缺陷。票据行为作为一种意思表示，根据民法的一般原则，必须表示真实且无缺憾。鉴于票据行为的特殊性，更注重于票据行为外在意思表示形式的合法性，但我国《票据法》第十二条规定，以欺诈、偷盗或者胁迫等手段取得票据的，或者明知有前列情形，出于恶意取得票据的，不得享有票据权利。持票人因重大过失取得不符合《票据法》规定的票据的，也不得享有票据权利。这一规定表明，尽管票据形式符合法律规定，但如果票据行为意思表示不真实或有缺陷，票据行为也无效，具体有下列四种情况：①因欺诈而取得票据的行为；②因偷盗而取得票据的行为；③因胁迫而取得票据的行为；④因恶意而取得票据的行为。

（3）票据行为的内容必须符合法律、法规的规定。票据行为是一种合法行为，故票据内容必须符合国家法律、法规的规定。我国《票据法》第三条规定，票据活动应当遵守法律、行政法规的规定，不得损害社会公共利益。

（4）票据行为必须符合法定的形式。票据行为是一种要式法律行为，其形式必须符合《票据法》的规定。我国《票据法》第四、第七条及其他条款分别对票据的签章进行了规定，票据出票人制作票据，应当按照法定条件在票据上签章，并按照所记载的事项承担票据责任。持票人行使票据权利，应当按照法定程序在票据上签章，并出示票据。票据上的签章，为签名、盖章或者签名加盖章。《票据法》第二十二、第二十九、第四十六、第七十五、第八十四条分别对汇票、背书、保证、本票、支票等的记载事项做了规定，没有记载或记载不符合法律规定的，票据行为无效。

3. 票据行为的种类

我国《票据法》所指的票据行为有：汇票，包括出票、背书、承兑、保证；本票，包括出票、背书、保证；支票，包括出票和背书。

（1）出票。出票是指出票人签发票据并将其交付给收款人的票据行为，是最基本的票据行为，其他票据行为必须在出票行为的基础上才能进行。

（2）背书。背书是指持票人将票据权利转让给他人或者将一定的票据权利授予他人行使的票据行为。根据我国《票据法》第三十一条的规定，持票人依背书连续证明自己的合法持票人身份。

（3）承兑。承兑是指汇票付款人承诺在汇票到期日支付汇票金额的票据行为。汇票上的付款人一经承兑，就必须承担无条件的绝对的付款责任。

（4）保证。保证是指行为人对特定票据债务人的票据债务承担连带责任的票据行为。

10.1.4 票据权利

1. 票据权利的概念

票据权利，是指持票人向票据债务人请求支付票据金额的权利，包括付款请求权和追索权。

付款请求权即持票人可对票据主债务人行使的权利，是票据权利的第一次请求权。票据主债务人，就汇票而言是指汇票的付款人、承兑人及其保证人；就本票而言是指本票的出票人及保证人；就支票而言是指支票的付款人。票据主债务人对票据负有绝对的付款责任。

追索权又称偿还请求权，是在付款请求权未能实现时发生的、持票人对从债务人所享有的、请求偿还票据所载金额及其他有关金额的权利。追索权是票据的第二次请求权，只有在票据权利的第一次请求权得不到实现时，即持票人行使付款请求权遭受拒绝或有其他法定原因时，方可行使。追索权的行使对象包括出票人、背书人、汇票和本票的保证人等。

《票据法》规定票据权利的双重请求权是为了保护持票人的权利，目的在于维护票据流通的安全和便利。

2. 票据权利的取得

票据权利是以持有票据为依据的，因此，行为人合法取得票据，即取得了票据权利。当事人取得票据主要有以下几种情况。

（1）从出票人处取得。出票是创设票据权利的票据行为，从出票人处取得票据，即取得票据权利。

（2）从持有票据的人处受让取得票据。票据通过背书或交付等方式可以转让给他人，受让人以此方式取得票据即获得票据权利。

（3）依税收、继承、赠与、企业合并等方式获得票据。

根据我国《票据法》的规定，行为人合法取得票据，必须给付对价，即应当给付票据双方当事人认可的相对应的代价。因税收、继承、赠与可以依法无偿取得票据的，不受给付对价的限制，但所享有的票据权利不得优于其前手的权利（前手是指在票据签章人或者持票人之前签章的其他票据债务人）。以欺诈、偷盗或者胁迫等手段取得票据的，或者明知有前列情形，出于恶意取得票据的，不得享有票据权利。持票人因重大过失取得不符合《票据法》规定的票据的，也不得享有票据权利。

3. 票据权利的消灭

票据权利的消灭，是指因发生一定的法律事实而使票据权利归于消灭。票据权利可以因付款清偿、抵消、更改、免除等事由的发生而消灭。票据权利还会因时效而消灭，《票据法》第十七条对票据权利消灭时效做了规定，票据权利在下列期限内不行使而消灭。

（1）持票人对票据的出票人和承兑人的权利，自票据到期日起2年。见票即付的汇票、本票，自出票日起2年。

（2）持票人对支票出票人的权利，自出票日起6个月。

（3）持票人对前手的追索权，自被拒绝承兑或者被拒绝付款之日起6个月。

（4）持票人对前手的再追索权，自清偿日或者被提起诉讼之日起3个月。

持票人因超票据权利时效或者因票据记载事项欠缺而丧失票据权利的，仍享有民事权利，可以请求出票人或者承兑人返还其与未支付的票据款金额相当的利益。

4. 票据权利的补救

票据权利与票据紧密相连，一旦票据丧失，票据权利的实现就会受到影响。为此，我国《票据法》第十五条规定了票据丧失后的补救措施。票据丧失，失票人可以及时通知票据的付款人挂失止付，但未记载付款人或者无法确定付款人及其代理付款人的票据除外。收到挂失止付通知的付款人，应当暂停支付。失票人应当在通知挂失止付后3日内，也可以在票据丧失后，依法向人民法院申请公示催告，或者向人民法院提起诉讼。

5. 票据抗辩

票据抗辩是指票据的债务人依照《票据法》的规定，拒绝履行票据义务的行为。票据抗辩是法律赋予票据债务人的一项权利，是为了保护当出现损害票据债务人法定权益的事由时，票据作为文义证券，若一味要求票据债务人履行票据义务，将有失公平。

票据债务人行使抗辩必须严格依照《票据法》的规定进行，否则，不得行使票据抗辩权。根据抗辩原因不同以及抗辩效力的不同，票据抗辩可分为对物抗辩和对人抗辩两种。

（1）对物抗辩，是指基于票据本身的内容而发生的事由所进行的抗辩。这一抗辩可以对任何人提出，其主要情形如下。

① 票据行为不成立而为的抗辩。如票据应记载事项有欠缺，票据债务人无行为能力，无权代理或超越代理权进行票据行为，票据上有禁止记载的事项，背书不连续，持票人的票据权利有瑕疵等。

② 依据票据记载不能提出请求而为的抗辩，如票据未到期、付款地不符等。

③ 票据载明的权利已消灭或失效而进行的抗辩，如票据债权因付款、抵消、提存、免除、时效届满而消灭等。

④ 票据的保全手续欠缺而为的抗辩，如应做拒绝证明而未做等。

⑤ 票据上有伪造、变造情形而为的抗辩。

（2）对人抗辩，是指票据债务人对抗特定债权人的抗辩。《票据法》第十三条规定，票据债务人可以对不履行约定义务的与自己有直接债权债务关系的持票人进行抗辩。

此外，为了避免票据持有人的票据权利因票据债务人任意以票据记载内容以外的事项作为抗辩的理由而受到侵害，进而保障票据的流通性和安全性，我国《票据法》在规定票据抗辩的同时，对票据抗辩的行使进行了限制，票据债务人不得以自己与出票人或者与持票人的前手之间的抗辩事由，对抗持票人，但持票人明知存在抗辩事由而取得票据的除外。

6. 票据的伪造和变造

我国《票据法》规定，票据上的记载事项应当真实，不得伪造、变造。伪造、变造票据上的签章和其他记载事项的，应当承担法律责任。

所谓票据伪造，是指行为人假冒他人的名义在票据上为一定的票据行为，包括票据本身的伪造和票据上签名的伪造。票据上签名的伪造是对已经存在的票据实施伪造签名的行为，其票据仍然是真正的票据。如果是票据本身的伪造（即出票的伪造），这种票据就是无效的票据。

所谓票据变造，是指无权而擅自变更票据文义的行为，即改变签名以外的票据上的其他记载事项的行为。票据变造的前提是该票据在变造前必须为形式上有效的票据，而在变造后仍必须为形式上有效的票据。

依照票据行为的独立性原则，一行为无效，不影响其他行为的效力。所以，我国《票据法》规定，票据上有伪造、变造的签章的，不影响票据上其他真实签章的效力。同时还明确规定了责任问题：票据上其他记载事项被变造的，在变造之前签章的人，对原记载事项负责；在变造之后签章的人，对变造之后的记载事项负责；不能辨别是在票据被变造之前或者之后签章的，视同在变造之前签章。

10.2 汇　　票

10.2.1 汇票的概念与种类

1. 汇票的概念

汇票是指出票人签发的、委托付款人在见票时或者在指定的日期无条件支付确定的金额给收款人或者持票人的票据。

汇票关系中有三个基本当事人：出票人、付款人和收款人。出票人是指签发汇票的人，付款人是指履行汇票支付责任的人，收款人是指汇票上记载的享有票据权利的人。

2. 汇票的种类

汇票可以根据不同的标准，分为不同的类别。

（1）银行汇票和商业汇票。根据当事人身份的不同，可将汇票分为银行汇票和商业汇票。银行汇票是以银行为出票人、同时以银行为付款人的汇票。通常情况下，银行汇票中的出票行为与付款行为为同一银行。商业汇票是以银行以外的其他公司、企业为出票人，以银行或者其他公司、企业等为付款人的汇票。付款人为银行并进行了承兑的，则称该汇票为银行承兑汇票；付款人为银行以外的公司、企业等，并由其进行承兑的，则称该汇票为商业承兑汇票。

（2）即期汇票和远期汇票。根据付款期限的不同，可将汇票分为即期汇票和远期汇票。即期汇票又称见票即付的汇票，是指汇票上没有到期日的记载或者明确记载见票即付，收款人或者持票人一经向付款人提示汇票、请求付款，该汇票即到期，付款人就应当承担付款责任的汇票。远期汇票是指汇票上记载了到期日，付款人在到期时承担付款责任的汇票。根据记载到期日方式的不同，又可分为定日付款的汇票、出票后定期付款的汇票、见票后定期付款的汇票。定日付款的汇票又称定期汇票，是以确定的日期为到期日的汇票；出票后定期付款的汇票又称约期汇票，是约定以出票日后一定期间届满为到期日的汇票；见票后定期付款的汇票又称注期汇票，是收款人或者持票人向汇票上所记载的付款人提示见票并从付款人在汇票上注明见票日之后一定期间届满时为到期日的汇票。

（3）光单汇票和跟单汇票。根据汇票付款是否需要附随其他单据，汇票可分为光单汇票和跟单汇票。光单汇票是在进行付款时无须附随其他单据的汇票，也就是《票据法》规定的通常的汇票。跟单汇票又称信用汇票、押汇汇票，是需要附随提单、仓单、保险单、装箱单、商业发票等单据，才能进行付款的汇票。我国《票据法》并未特别区分光单汇票和跟单汇票，并且在国内贸易中，一般均为光单汇票，并依《票据法》的规定为无条件支付的汇票。仅在国际贸易中，才依据有关的国际条约或者国际惯例，使用跟单汇票。

10.2.2 汇票的出票

1. 出票的概念

出票又称发票，是指出票人签发票据并将其交付给收款人的票据行为。依此规定，出票实际包括两个行为：一是出票人依照《票据法》的规定做成票据，即在原始票据上记载法定事项并签章；二是交付票据，即将做成的票据交付给他人占有。

我国《票据法》第二十一条规定，汇票的出票人必须与付款人具有真实的委托付款关系，并且具有支付汇票金额的可靠资金来源。不得签发无对价的汇票用以骗取银行或者其他票据当事人的资金。同时，出票人签发汇票后，即承担保证该汇票承兑和付款的责任，出票人在汇票得不到承兑或付款时，应当依法向持票人清偿汇票金额及有关损失和费用。

2. 汇票的格式

汇票是一种要式证券，出票行为是一种要式行为，故汇票的做成必须符合法定的格式。汇票的格式就是做成汇票后表现于汇票之上的内容。该内容可分为绝对应记载事项、相对应记载事项和非法定记载事项。

（1）汇票的绝对应记载事项。汇票的绝对应记载事项是指《票据法》规定必须在票据上记载的事项，若欠缺记载，票据便为无效。汇票的绝对应记载事项的具体内容如下。

① 表明“汇票”的字样：在票据上必须记载足以表明该票据是汇票的文字，如果没有这类文字，“汇票”则为无效。

② 无条件支付的委托：必须表明出票人委托付款人支付汇票金额是不附带任何条件的。如果汇票附有条件（如收货后付款），则汇票无效。

③ 确定的金额：汇票上记载的金额必须是固定的数额。如果汇票上记载的金额是不确定的，则汇票无效。

④ 付款人名称：出票人在汇票上的委托支付汇票金额的人。汇票上未记载付款人，汇票便为无效。

⑤ 收款人名称：出票人在汇票上记载的受领汇票金额的最初票据权利人。我国《票据法》不允许签发无记名汇票，故汇票上应将收款人名称作为应记载的绝对事项，这有利于汇票的转让和流通，减小发生纠纷的可能性。

⑥ 出票日期：出票人在汇票上记载的签发汇票的日期。出票日期在法律上具有重要的作用，可以确定出票后定期付款汇票的付款日期，确定见票即付汇票的付款提示期限，确定见票后定期付款汇票的承兑提示期限，确定利息起算日，确定某些票据权利的时效期限，确定保证成立之日期，判定出票人于出票时的行为能力状态以及代理人的代理权限状态等。

⑦ 出票人签章：出票人在票据上亲自书写自己的姓名或盖章。

（2）汇票的相对应记载事项。汇票的相对应记载事项也是汇票上必须应记载的内容，但是，相对应记载事项未在汇票上记载，并不影响汇票本身的效力，汇票仍然有效。汇票的相对应记载事项的具体内容如下。

① 付款日期：汇票上未记载付款日期的，并不必然导致票据的无效，根据《票据法》第二十三条的规定，此为见票即付。

② 付款地：汇票金额的支付地点，此内容应在票据上加以明确记载，以便于收款人或持票人知道在何地提示付款。但是，汇票上未记载付款地的，也不必然导致票据无效，根据《票据法》第二十三条的规定，付款地为付款人的营业场所、住所或者经常居住地。

③ 出票地：出票人签发票据的地点，应在票据上加以明确记载。汇票上未记载出票地的，根据《票据法》第二十三条的规定，出票人的营业场所、住所或者经常居住地为出票地。

（3）汇票的非法定记载事项。汇票的非法定记载事项是指法律规定以外的记载事项。法律规定以外的事项主要是指与汇票的基础关系有关的事项，如签发票据的原因或用途、该票据项下交易的合同号码等。因此，这些事项尽管有利于当事人清算方便，但与票据关系本身关系不大，故其不具有票据上的效力。

3. 出票的效力

出票是以创设票据权利为目的的票据行为。所以，出票人依照《票据法》的规定完成出票行为之后，即产生票据上的效力。

（1）对收款人的效力。收款人取得出票人发出的汇票后，即取得票据权利：一方面，就票据金额享有付款请求权；另一方面，在该请求权不能满足时，享有追索权。

（2）对付款人的效力。出票行为是单方行为，付款人并不因此而有付款义务，只有付款之权限，但基于出票人的付款委托使其具有承兑人的地位，在其对汇票进行承兑后，即成为汇票上的主债务人。

（3）对出票人的效力。出票人委托他人付款，一旦该行为成立就必须保证该付款能得以实现。如果付款人不予付款，出票人就应该承担票据责任。

10.2.3 汇票背书

1. 背书的概念

背书是指持票人在票据的背面或者粘单上记载有关事项，完成签章，并将其交付相对人，从而将票据权利转让给他人或者将一定的票据权利授予他人行使的票据行为。它是汇票转让的一种形式。我国《票据法》规定，汇票转让只能采取背书转让的形式，而不能仅凭单纯交付方式，否则不产生票据转让效力。

背书一旦做成并交付即产生法律上的背书效力，一是以背书转让的汇票，后手应当对其直接前手背书的真实性负责。前手是指在票据签章人或持票人之前签章的其他票据债务人；后手是指在票据签章之后签章的其他票据债务人。二是背书人以背书转让汇票后，即承担保证其后的被背书人所持汇票承兑和付款的责任。背书人在汇票得不到承兑或者付款时，应当向持票人清偿汇票金额及有关的损失和费用。

2. 背书的形式

背书是一种要式行为，故其必须符合法定的形式，即其必须做成背书并交付，才能有效成立。根据《票据法》的规定，背书应符合以下要求。

（1）背书签章和背书日期的记载。背书由背书人签章并记载背书日期。背书未记载日期的，视为在汇票到期日前背书。背书人背书时，必须在票据上签章，背书才能成立，否则，背书行为无效。

（2）被背书人名称的记载。汇票以背书转让或者以背书将一定的汇票权利授予他人行使时，必须记载被背书人名称。背书人不做成记名背书，即不记载被背书人名称，汇票转让将不能成立，背书行为无效。根据《高法审理票据纠纷案司法解释》第四十九条的规定，背书人未记载被背书人名称即将汇票交付他人的，持票人在票据被背书人栏内记载自己的名称与背书人记载具有同等法律效力。

（3）禁止背书的记载。背书人的禁止背书是背书行为的一项任意记载事项，如果背书人不愿意对其后手以后的当事人承担票据责任，即可在背书时记载禁止背书。背书人在汇票上记载“不得转让”字样，其后手再背书转让的，原背书人对后手的被背书人不承担保证责任，只对直接的被背书人承担责任。

（4）背书是粘单的使用。票据凭证不能满足背书人记载事项的需要，可以加附粘单，粘附于票据凭证上。粘单上的第一记载人，应当在汇票和粘单的粘接处签章，否则该粘单记载的内容无效。

（5）背书不得记载的内容。背书不得记载的内容有两种：一种是背书的附有条件；另一种是部分背书。背书时附有条件的，所附条件不具有汇票上的效力，但不影响背书行为本身的效力，被背书人仍可依该背书取得票据权利。背书人将背书金额的一部分或将背书金额分别转让给两人以上的，背书无效。

（6）背书连续。背书连续是指在票据转让中，转让汇票的背书人与受让汇票的被背书人在汇票上的签章依次前后衔接，从第一次到最后一次在形式上都连续而无间断。例如，第一次背书的被背书人是第二次背书的背书人，第二次背书的被背书人是第三次背书的背书人，依次类推。如果背书是不连续的，付款人可以拒绝向持票人付款，否则付款人得自行承担责任。背书连续主要是指背书在形式上连续，如果背书在实质上不连续，如有伪造签章等，付款人仍应对持票人付款。但是如果付款人明知持票人不是真正票据权利人，则不得向持票人付款，否则应自行承担责任。因税收、继承、赠与等方式取得的票据，只要依法举证，表现其合法取得票据的方式，证明其汇票权利，就能享有票据上的权利，在这种情况下，即使背书不连续，背书依然有效。

3. 汇票的质押

汇票的质押是指以设定质权、提供债务担保为目的而进行的背书。它是由背书人通过背书的方式，将票据转移给质权人，以票据金额的给付作为对被背书人债务清偿保证的一种方式。背书人在设定质押背书时，必须在背书中载明“质押”字样，并签名盖章，未在票据上签章，或者出质人未在汇票或者粘单上记载“质押”字样而是另行签订质押合同、质押条款的，不构成票据质押。

质押背书是一种特殊的质权设定方式，质押背书的被背书人在实现债权时，不限定在设质的债权范围内，而是可以依票据请求全部票据金额的完全给付。超过债权的部分，背书人可以请求返还。

4. 汇票的贴现

票据贴现是指在持票人需要资金时，将持有的未到期商业汇票，通过背书的方式转让给银行，银行在票据金额中扣除贴现利息后，将余款支付给贴现申请人的票据行为。贴现既是一种票据转让行为，又是一种银行授信行为。银行通过接受汇票而给持票人短期贷款，汇票到期时，银行就能通过收回汇票金额而冲销贷款。如果银行到期未获票据付款，则可以向汇票的所有债务人行使追索权。

出票人在票据上记载“不得转让”字样的，其后手以此票据进行贴现的，通过贴现取得票据的持票人不享有票据权利。背书人在票据上记载“不得转让”字样，其后手以此票据进行贴现的，原背书人对后手的被背书人不承担票据责任。

10.2.4 汇票承兑

1. 承兑的概念

承兑是指付款人承诺在汇票到期日支付汇票金额的票据行为。承兑是汇票特有的制度，汇票是一种出票人委托他人付款的委付证券。但是出票人的出票行为完成后，由于是一种单方法律行为，故对付款人并不当然产生约束力，只有在付款人表示愿意向收款人或持票人支付汇票金额后，持票人才可能于汇票到期日向付款人行使付款请求权。实质上承兑是一种明确付款人的付款责任，确定持票人票据权利的制度。

2. 承兑的程序

承兑的程序主要包括以下两个步骤。

（1）提示承兑。提示承兑是持票人向付款人出示汇票并要求付款人承诺付款的行为。定日付款和出票后定期付款汇票的提示承兑期限，持票人应当在汇票到期日前向付款人提示承兑。我国目前使用的银行承兑汇票和商业承兑汇票都必须提示承兑，否则丧失对其前手的追索权。见票后定期付款汇票的提示承兑期限，持票人应当自出票日起一个月内向付款人提示承兑，汇票属于必须提示承兑的汇票，因为汇票不经提示承兑就无法确定见票日，也就无法确定付款日期。不提示承兑的，丧失对其前手的追索权。见票即付的汇票无须提示承兑。

（2）承兑成立。一是承兑时间。持票人向付款人提示承兑后，付款人应立即决定是否承兑。我国《票据法》第四十一条规定，付款人对向其提示承兑的汇票，应当自收到提示承兑的汇票之日起 3 日内承兑或者拒绝承兑。一般来说，如果付款人在 3 日内不做承兑，或不做表示的，视为拒绝承兑。二是接受承兑。持票人向付款人提示承兑时，付款人需要向持票人办理收取汇票的手续。付款人承兑汇票的，应当在汇票正面记载“承兑”字样和承兑日期并签章。见票后定期付款的汇票，应当在承兑时记载付款日期。

3. 承兑的效力

承兑生效后，即对付款人产生效力。承兑人于汇票到期日必须向持票人无条件支付汇票上的金额，否则必须承担迟延付款责任；承兑人必须对汇票上的一切权利人承担责任，包括付款请求权人和追索权人；承兑人不得以其与出票人之间的资金关系来对抗持票人，拒绝支付汇票金额；承兑人的票据责任不因持票人未在法定期限提示付款而解除。

10.2.5 保证

1. 保证的概念

汇票保证是指汇票债务人以外的第三人，担保特定的票据债务人能够履行票据债务的票据行为。保证的作用在于加强持票人票据权利的实现，确保票据付款义务的履行，促进票据流通。

2. 保证事项

保证人必须在汇票或者粘单上记载下列事项。

（1）表明“保证”的字样。这是票据保证的绝对必要记载事项。保证人未在票据或者粘单上记载“保证”文句，而另行签订保证合同或者保证条款的，不构成票据保证。

（2）保证人名称和住所。该项记载属相对必要记载事项，欠缺该记载时，一般并不影响票据保证的有效成立，持票人可以依保证人的签章，推定其名称和住所。

（3）被保证人名称。该项记载亦为相对必要记载事项。保证人未记载被保证人名称的，已承兑的汇票，承兑人为被保证人；未承兑的汇票，出票人为被保证人。

（4）保证日期。该项记载为相对必要记载事项。保证人未记载保证日期的，以出票日期为保证日期。

（5）保证人签章。保证人签章是表明保证人完成保证行为，作为票据债务人承担票据保证债务的重要事项，它使票据保证行为最终成立，是绝对必要记载事项。

票据保证不得在保证时附加任何条件。保证附有条件的，不影响汇票的保证责任，即汇票保证如果附有条件，保证依然有效，所附条件视为无记载，无论条件成就与否，保证人均须承担保证责任。

3. 保证的法律效力

保证一旦成立，即在保证人与被保证人之间产生法律效力，保证人必须对保证行为承担相应的责任。

（1）保证人的责任。保证人对合法取得汇票的持票人所享有的汇票权利，承担保证责任。也就是说，保证行为一旦成立，保证人即成为票据上的债务人，必须向被保证人的一切后手承担票据责任。被保证人的债务因形式要件欠缺而无效的，保证人承担的保证责任也将归于无效；但被保证人的债务因实质上的原因而无效的，保证人的保证责任不能免除。此外，我国《票据法》第五十条还规定，被保证的汇票，保证人应当与被保证人对持票人承担连带责任。汇票到期后得不到付款的，持票人有权向保证人请求付款，保证人应当足额付款。

（2）保证人的追索权。保证人在向持票人清偿汇票债务后，可以行使持票人对被保证人及其前手的追索权。保证人行使追索权时，被保证人和其前手不得以对抗持票人的事由进行对抗。

10.2.6 付款

付款是指依据票据文义支付票据金额，以消灭票据关系的行为。

付款程序包括付款提示与支付票款。

（1）付款提示。付款提示是付款人或承兑人出示票据，请求付款的行为，持票人应在法定期限内进行付款提示。见票即付的汇票，自出票日起一个月内向付款人提示付款；定日付款、出票后定期付款或见票后定期付款的汇票，自到期日起10日内向承兑人提示付款；持票人未按照《票据法》规定的期限提示付款的，在做出说明后，承兑人或付款人仍应当继续对持票人承担付款责任。未在法定期限内提示付款的会丧失对背书人的追索权。

（2）支付票款。持票人在《票据法》规定的提示期限内提示付款的，付款人必须在当日足额付款。持票人获得付款的应当在汇票上签收，并将汇票交给付款人。付款人及其代理付款人付款时应当审查汇票背书的连续，并审查提示付款人的身份证明或有效证件。汇票金额为外币的，按照付款日的市场汇价以人民币支付。对货币种类有约定的，从其约定。

10.2.7 追索权

1. 追索权的概念

追索权是指持票人在提示承兑或提示付款而未获承兑或未获付款时，依法向其前手请求偿还票据金额及其他金额的权利。我国《票据法》第六十一条规定，汇票到期被拒绝付款的，持票人可以对背书人、出票人以及汇票的其他债务人行使追索权。

2. 追索的条件

行使追索权必须满足以下条件。

（1）汇票到期被拒绝付款。汇票到期日前有下列情形之一的，可以行使追索权。

① 汇票被拒绝承兑。

② 承兑人或者付款人死亡、逃匿。

③ 承兑人或者付款人被依法宣告破产，或者因违法被责令停止业务活动。

此外，汇票到期后，汇票的付款人、承兑人或者代理付款人拒绝支付，或者付款人提出付款时，汇票上所载的付款场所不存在、付款人不存在或下落不明，无法进行提示，因而无法获得付款时，也可以行使追索权。被追索人依法进行清偿后，可以向其他汇票债务人行使再追索权。

（2）提供被拒绝承兑或被拒绝付款的有关证明。证明包括：承兑人或者付款人出具付款或承兑的拒绝证明，或者退票理由书；医院或者单位出具的承兑人、付款人死亡的证明；司法机关出具的承兑人、付款人逃匿的证明；公证机关出具的具有拒绝证明效力的文书；人民法院对承兑人或者付款人依法宣告破产的证明；行政主管部门的处罚决定。

（3）在法定期限内行使。持票人应当自收到被拒绝承兑或者被拒绝付款的有关证明之日起 3 日内，将被拒绝事由书面通知其前手；其前手应当自收到通知之日起 3 日内书面通知其再前手；持票人也可以同时向各汇票债务人发出书面通知。未按上述规定期限通知的，持票人仍可以行使追索权，因延期通知给其前手或出票人造成损失的，由未按规定期限通知的汇票当事人承担对该损失的赔偿责任，所赔偿的金额以汇票金额为限。

3. 追索权的行使

追索权的行使一般包括持票人发出追索通知、确定追索对象、确定追索金额和受领等几个环节。

（1）发出追索通知。持票人应在规定的期限内向被追索对象发出追索通知。通知方式可以采取书信、电报、电传等形式。通知内容应该包括汇票的主要记载事项，并说明已经被退票。

（2）确定追索对象。追索对象是追索关系中的被追索人。被追索人包括汇票的出票人、背书人、承兑人。持票人可以不按照汇票债务人的先后顺序对其中任何一人、数人或者全体行使追索权。持票人为出票人的，对其前手无追索权。持票人为背书人的，不得对背书的后手行使追索权。

(3) 确定追索金额和受领。追索金额一般包括：被拒绝付款的汇票金额；汇票金额自到期日或者提示付款日起至清偿日止，按照中国人民银行规定的利率计算的利息；取得有关证明和发出通知书的费用。持票人或行使再追索权的被追索人再接受清偿金额时，应当履行交出汇票和有关拒绝证明、开具收到利息和费用的收据证明等义务。

10.3 本　票

10.3.1 本票的概念及特征

本票是出票人签发的承诺自己在见票时无条件支付确定金额给收款人或者持票人的票据。我国《票据法》规定的本票是指银行本票，不包括商业本票和个人本票；而且均为即期本票，无远期本票。

本票具有如下特征。

(1) 本票是票据的一种，具有一切票据所具有的共性，它是一种无因证券、设权证券、文义证券、要式证券、金钱债权证券。

(2) 本票是自付证券，它是由出票人自己对收款人支付并承担绝对付款责任的票据，这是本票和汇票、支票最重要的区别。其基本当事人只有出票人和收款人。

(3) 无须承兑。由于本票是出票人本人承担付款责任，无须委托他人付款，所以本票无须承兑就能保证付款，不存在承兑问题。

10.3.2 本票的出票

本票的出票与汇票相同，是出票人签发票据，并将其交给收款人的票据行为，包括做成票据和交付票据两个方面。

本票出票人出票必须按照一定格式记载本票内容，包括绝对应记载事项和相对应记载事项。

1. 本票的绝对应记载事项

根据《票据法》第七十五条的规定，本票的绝对应记载事项包括以下6项内容。

(1) 表明“本票”的字样，无此记载的本票无效。

(2) 无条件支付的承诺。

(3) 确定的金额。

(4) 收款人名称。

(5) 出票日期。

(6) 出票人签章。

在上述本票的绝对应记载事项中，除第（1）项和第（2）项外，其他均与汇票规定完全相同。

2. 本票的相对应记载事项

本票的相对应记载事项包括以下两项内容。

（1）付款地。本票上未记载付款地的，出票人的营业场所为付款地。

（2）出票地。本票上未记载出票地的，出票人的营业场所为出票地。

10.3.3 本票的付款

根据《票据法》的规定，银行本票是见票付款的票据，收款人或持票人在取得银行本票后，随时可以向出票人请求付款。根据《支付结算办法》第一百零八条的规定，跨系统银行本票的兑付，持票人开户银行可根据中国人民银行规定的金融机构同业往来利率向出票银行收取利息。为了防止收款人和持票人久不提示票据而给出票人造成不利，《票据法》第七十八条规定，本票自出票之日起付款期限最长不得超过2个月。

10.3.4 本票对汇票有关规定的适用

本票的背书、保证、付款行为和追索权的行使，除本节有规定的外，适用于汇票的相关规定。

10.4 支 票

10.4.1 支票的概念及种类

1. 支票的概念

支票是出票人委托银行或者其他金融机构见票时无条件支付一定金额给收款人或者持票人的票据。支票的基本当事人有三个：出票人、付款人和收款人。支票与汇票和本票相比，有两个显著特点：一是以银行或者其他金融机构作为付款人；二是见票即付。

2. 支票的种类

支票依不同的分类标准，可以做不同的分类，例如，记名支票、无记名支票、指示支票；对己支票、指己支票、受付支票、普通支票、特殊支票等。我国《票据法》按照支付票款方式，将支票分为普通支票、现金支票和转账支票。

（1）普通支票是指支票上未印制有“现金”或“转账”字样，持票人依法可以请求付款人以现金方式付款，也可以请求付款人以转账方式付款的支票。普通支票用于转账时，应当在正面注明，即在普通支票左上角画两条平行线，有该画线标志的支票，只能用于转账，不能用于支取现金。

（2）现金支票是指支票上印制有“现金”字样，持票人依法只能请求付款人以现金方式付款的支票。

（3）转账支票是指支票上印制有“转账”字样，持票人依法只能请求付款人以转账方式付款的支票。

10.4.2 支票的出票

支票的出票是出票人签发支票并交付的行为。出票人签发支票必须在经中国人民银行当地分支行批准办理支票业务的银行机构开立可以使用支票的存款账户，并且应在银行预留印鉴，以便于付款银行在付款时进行审查。签发支票时，出票人应当保证账户上有足够的存款，不得签发空头支票。

支票与汇票一样，出票人做成有效的支票，必须按照法定要求在票据上记载有关事项。支票的记载事项同样分为支票的绝对应记载事项和支票的相对应记载事项。

1. 支票的绝对应记载事项

《票据法》第八十四条规定，支票的绝对应记载事项包括以下6项内容。

（1）表明“支票”的字样。

（2）无条件支付的委托。

（3）确定的金额。

（4）付款人名称。

（5）出票日期。

（6）出票人签章。

支票上未记载以上规定事项之一的，支票无效。此外，《票据法》第八十六、第八十七条还规定了两项可以通过授权补记方式记载的绝对应记载事项：一是收款人名称授权补记，我国《票据法》规定的票据都是记名式的，无收款人名称记载的，票据无效，但经出票人授权，可以补记；二是关于支票金额的授权补记，支票上的金额可以由出票人授权补记，未补记前的支票，不得使用。这两项绝对应记载事项可以授权补记的规定大大地提高了支票使用的灵活性，出票人在出票时往往存在着不能确定收款人和支票金额的情况，通过授权补记收款人的名称和支票金额使支票产生法律效力，使得支票有更广泛、灵活的使用。

2. 支票的相对应记载事项

支票的相对应记载事项包括以下两项。

（1）付款地。支票上未记载付款地的，付款人的营业场所为付款地。

（2）出票地。支票上未记载出票地的，出票人的营业场所、住所或者经常居住地为出票地。

此外，支票上可以记载非法定记载事项，但这些事项并不发生支票上的权利。

10.4.3 支票责任

支票的出票人所签发的支票金额不得超过其付款时在付款人处实有的存款金额。出票人签发的支票金额超过其付款时在付款人处实有的存款金额的，为空头支票。我国《票据法》禁止签发空头支票。

支票的出票人不得签发与其预留本名的签名式样或者印鉴不符的支票，使用支付密码的，出票人不得签发支付密码错误的支票。

出票人必须按照签发的支票金额承担保证向该持票人付款的责任。

出票人在付款人处的存款足以支付支票金额时，付款人应当在当日足额付款。

支票限于见票即付，不得另行记载付款日期。另行记载付款日期的，该记载无效。

支票的持票人应当自出票日起 10 日内提示付款；异地使用的支票，其提示付款的期限由中国人民银行另行规定。

超过提示付款期限的，付款人可以不予付款；付款人不予付款的，出票人仍应当对持票人承担票据责任。

付款人依法支付支票金额的，对出票人不再承担受委托付款的责任，对持票人不再承担付款的责任。但是，付款人以恶意或者有重大过失付款的除外。

支票的背书、付款行为和追索权的行使，除本章规定外，适用《票据法》第 2 章有关汇票的规定。

10.5 涉外票据的法律适用

10.5.1 涉外票据的概念

涉外票据是指出票、背书、承兑、保证、付款等行为中，既有发生在中华人民共和国境内又有发生在中华人民共和国境外的票据。《票据法》对涉外票据涉外因素的规定，主要是从行为角度加以认定的，即出票、背书、承兑、保证、付款等行为中，只要有一项发生在境外，就被认定为涉外票据。

10.5.2 涉外票据的法律适用原则

我国《票据法》对涉外票据的法律适用问题做了以下原则性的规定。

（1）中华人民共和国缔结或者参加的国际条约同《票据法》有不同规定的，根据国际法优于国内法的原则，适用国际条约的规定。但是，中华人民共和国声明保留的条款除外，声明保留的条款仍然适用国内法。国际条约是国家之间缔结的，确定其相互关系中权利和义务的一种国际书面协议。

（2）我国《票据法》和中华人民共和国缔结或者参加的国际条约没有规定的，可以适用国际惯例。国际惯例是在国际经济交往中所形成的被普遍认可并具有一定约束力的习惯和惯例。

10.5.3 涉外票据的法律适用范围

1. 适用当事人本国法律

票据债务人的民事行为能力，适用其本国法律。票据债务人的民事行为能力，依照其本国法律为无民事行为能力或者为限制民事行为能力而依照行为地法律为完全民事行为能力的，适用行为地法律。

2. 适用出票地法律

（1）汇票、本票出票时的记载事项，适用出票地法律。

（2）支票出票时的记载事项，适用出票地法律，经当事人协议，也可以适用付款地法律。

（3）票据追索权的行使期限，适用出票地法律。

3. 适用付款地法律

（1）票据的提示期限、有关拒绝证明的方式、出具拒绝证明的期限，适用付款地法律。

（2）票据丧失时，失票人请求保全票据权利的程序，适用付款地法律。

4. 适用行为地法律

票据的背书、承兑、付款和保证行为，适用行为地法律。

本章小结

票据是现代商品经济发展的必然结果，它既是一种支付手段，又是一种信用工具，在现代经济生活中起着重要的作用。本章紧紧围绕我国现行的票据法及其配套法规，以我国票据法规定的几种票据及其票据行为为核心内容，主要介绍了票据概念、特征，立法情况，票据法律关系，票据行为，票据权利，汇票的出票、背书、承兑、保证、付款、追索等汇票的票据行为及本票和支票的出票、付款等问题。内容安排上注重知识的系统性、全面性，强化票据法律制度的掌握及其实际应用能力训练，旨在使学生系统地、准确地理解和掌握票据法的基本原理、具体法律制度及其相应的规范，并能够在实践中灵活地运用，分析和处理经济交往中的各种票据实务问题。学习本章内容可参照《票据法》、《支付结算办法》等法律法规同时进行。

思考与练习

一、名词解释

票据　票据行为　票据权利　付款请求权　追索权　票据伪造　票据变造　汇票　银行汇票　商业承兑汇票　背书　出票　承兑　保证　本票　支票　票据贴现

二、判断题

1．凡是无对价或者无相当对价取得票据的，无论善意、恶意取得，均不得享有票据权利。（　）

2．出票人签发票据即出票。（　）

3．付款人承兑汇票，不得附有条件；承兑附有条件的，所附条件不具有票据法上的效力。（　）

4．持票人为出票人的，对其后手无追索权；持票人为背书人的，对其前手无追索权。（　）

5．持票人因超过票据权利时效而丧失票据权利的，仍享有民事权利，可以请求出票人或者承兑人返还其与未支付的票据金额相当的利益。（　）

6．背书时不得附有条件，否则背书无效。（　）

7．持票人甲将一张银行汇票上记载的金额由10万元改为40万元，甲的行为属于变造票据行为。（　）

8．空头支票就是出票人没有存款而签发的支票。（　）

三、单项选择题

1．票据最简单、最基本的作用是（　）。

A．结算作用　B．信用手段　C．支付手段　D．融资手段

2．由出票人签发的，委托付款人在见票时或者在指定日期无条件支付确定的金额给收款人或者持票人的票据，是指（　）。

A．汇票　B．股票　C．支票　D．本票

3．在下列选项中，不是汇票的绝对记载事项的是（　）。

A．出票日期　B．付款日期　C．付款人名称　D．收款人名称

4．见票后定期付款的汇票，持票人向付款人提示承兑的期限为（　）。

A．到期日前　B．出票日起10日内

C．出票日起1个月内　D．出票日起2个月内

5．支票的当事人是（　）。

A．出票人、承兑人和付款人　B．出票人、收款人和付款人

C．出票人、收款人和持票人　D．承兑人、收款人和付款人

6．背书人在汇票上记载“不得转让”字样，其后手再背书转让的，则（　）。

A．该汇票无效

B．该背书转让无效

C．原背书人对后手的被背书人不承担保证责任

D．原背书人对后手的被背书人不承担付款责任

7．如果票据到期被拒绝付款，持票人可行使（　）。

A．付款请求权　　B．追索权　　C．起诉权　　D．转让权

8．根据《票据法》的规定，伪造票据者（　　）。

A．承担票据责任　　B．承担付款责任

C．不承担法律责任　　D．不承担票据责任

9．本票的付款日期为（　　）。

A．见票即付　　B．定日付款

C．出票后定期付款　　D．见票后定期付款

10．王某有一张刚到期的汇票，该票未记载付款地。根据我国《票据法》的规定，该汇票的付款地为（　　）。

A．王某的营业场所、住所或经常居住地

B．出票人的营业场所、住所或经常居住地

C．直接前手背书人的营业场所、住所或经常居住地

D．承兑人的营业场所、住所或经常居住地

四、多项选择题

1．我国《票据法》规定的票据是指（　　）。

A．汇票　　B．股票　　C．支票　　D．本票

2．（　　）是票据。

A．有价证券　　B．要式证券　　C．文义证券　　D．无因证券

3．本票的当事人有（　　）。

A．出票人和收款人　　B．出票人和付款人

C．出票人和承兑人　　D．持票人和付款人

4．汇票上必须记载的事项有（　　）。

A．无条件支付的承诺　　B．付款人名称

C．出票人签章　　D．确定的金额

5．依照我国《票据法》的规定，在下列选项中属于无效的有（　　）。

A．附条件的背书

B．在背书时记载“不得转让”字样的背书

C．将票据金额部分转让的背书

D．将票据金额分别转让给两人以上的背书

6．票据行为有（　　）。

A．出票　　B．承兑　　C．背书　　D．追索

7．本票行为有（　　）。

A．出票　　B．背书　　C．保证　　D．承兑

8. 当事人取得票据的主要方式有（　　）。
   A. 从出票人处取得
   B. 从持有票据的人处受让
   C. 依税收、公司合并取得
   D. 因继承、赠与、强制执行等取得
9. 在下列情况中，属于票据伪造的有（　　）。
   A. 甲以乙的名义出票
   B. 甲以乙的名义在票据上更改付款日期
   C. 甲以乙的名义在票据上更改票据金额
   D. 甲以乙的名义在票据上签章背书
10. 在涉外票据的法律适用中，适用票据行为地法律的票据行为有（　　）。
   A. 出票　　B. 背书　　C. 保证　　D. 付款

五、简答题

1. 简述票据的概念和法律特征。
2. 简述票据关系与票据基础关系。
3. 简述票据行为的有效要件。
4. 简述票据权利的取得与消灭。
5. 简述票据的伪造与变造。
6. 简述汇票的绝对应记载事项和相对应记载事项。
7. 有效的背书应符合哪些要求？
8. 承兑的程序包括哪些内容？
9. 保证应记载哪些事项？
10. 持票人如何行使追索权？
11. 简述本票的记载事项。
12. 简述支票的记载事项。

案例分析

案例1　A公司开出一张收款人为B公司、付款人为C银行的银行承兑汇票，B公司因与D厂发生了货物买卖关系而将该银行承兑汇票背书转让给了D厂，D厂又将其背书转让给了E公司。E公司在票据到期日请求C银行付款时遭拒绝。为此，E公司要求B公司承担票据责任。B公司认为，D厂所供货物有明显的质量瑕疵，故拒绝付款。

案例讨论

（1）假定上述若干次背书均为有效背书，E公司要求B公司承担票据责任的请求是否合法？为什么？

（2）假定E公司是善意取得票据，那么B公司的抗辩是否合法？为什么？

案例2 杨某伪造一张220万元的银行承兑汇票，该汇票以丁公司为出票人，以甲公司为收款人。杨某将这张伪造的银行承兑汇票以甲公司的名义背书转让给乙公司，乙公司又背书转让给丙公司。丙公司持这张伪造的汇票到A商业银行申请贴现。A商业银行未审查出这张汇票的真假，予以贴现200万元，A商业银行通过同城票据交换给B商业银行，B商业银行以联行往来转让给C商业银行。C商业银行认为这张票据可能有问题，于是在收到汇票后立即向公安机关报案。经查明，乙公司在A商业银行开立结算账户，曾买过25张银行承兑汇票（全是空白汇票），这份伪造的汇票就是其中的一张。后又查明，不法分子杨某系乙公司的职工，参与者还有C商业银行职工朱某。因此，C商业银行将汇票退还给A商业银行，而A商业银行以多种借口拒收汇票。

案例讨论

（1）本案中杨某处于什么地位？应承担何种责任？

（2）本案中丁公司和甲公司处于什么地位？应承担何种责任？

（3）本案中丙公司处于什么地位？如果其持票要求贴现时遭拒付，可以行使哪些权利？

（4）本案中乙公司处于什么地位？应承担何种责任？

（5）本案中A商业银行处于什么地位？应承担何种责任？

案例3 乙公司向甲公司购买化肥，价值50万元，乙公司开具了一张银行承兑汇票，汇票上背书“不得背书转让”字样。甲公司在汇票到期日前将此汇票背书转让给丙公司，丙公司为了偿付贷款，又背书转让给了某农机厂。农机厂于汇票付款期届至时，去银行提示付款，银行以该汇票上有不得背书转让的记载拒绝付款。农机厂向丙公司、甲公司和乙公司追索，均遭拒绝，农机厂无奈之下，将丙公司告上法庭。

案例讨论

（1）汇票上记载“不得背书转让”字样，甲公司、丙公司能否将此汇票转让？说明法律依据。

（2）本案中，甲公司和丙公司各应承担什么责任？

（3）农机厂能否行使提示付款权和追索权？

（4）银行拒绝付款的做法是否正确？说明理由。

（5）农机厂应怎样实现其债权？

第 11 章　税　　法

学习要点

- 税法的基本概念与基本知识
- 税目、税率、计税依据等税收基本要素
- 增值税、消费税、营业税、所得税的计税原理与计算方法

案例导入

2012 年 1 月，李某开了一家餐馆，未办理税务登记手续。税务机关发现后，多次找到李某，要求其到税务机关申报纳税，李某均以种种理由未予申报。税务机关遂每月向其下发申报纳税通知书、核定税款通知书及催缴税款通知书，并因李某拒不申报纳税而对李某做出两次行政处罚的决定，但李某仍置之不理。2012 年 9 月份，税务机关以李某涉嫌偷税罪将此案移交公安机关立案查处。

请分析：纳税人因同一行为受两次行政处罚后继续偷税能否按偷税罪处理？

11.1　税 法 原 理

11.1.1　税法的概念及调整对象

税收是随着国家的产生而出现的，税收的目的是实现国家公共财政的职能。我国改革开放以来，为了确立新的国民收入的分配关系，保证国家的财政收入，促进经济建设的发展，国家通过对财政税收体制的改革，制定并颁布了一系列税收法律、法规，逐步建立起适应我国国情的税收法律体系，税法在我国的市场经济活动中发挥着越来越重要的作用。

税收是国家为实现其职能，凭借政治权力，按照法律规定的标准，无偿地征收实物或货币而形成的特定的分配关系。税收体现的是作为主体的国家与社会集团、社会成员之间的一种特定收入分配关系，是国家财政收入的主要形式和调节经济的重要杠杆。

税法是税收法律制度的总称，是调整税收征纳关系的法律规范。所谓税收征纳关系，就是国家为了实现其职能，由国家各级税务机关向负有纳税义务的单位和个人无偿地征收货币或实物的关系。对这种征纳关系的法律调整，便是税法。它是国家取得财政收入的重要形式，也是国家财政经济政策在法律上的反映。税收与税法的关系十分密切：税法是税收的法律表现形式，税收则是税法所确定的具体内容。为此，了解税收的本质与特征非常必要。税收的特征主要表现在以下三个方面。

（1）强制性：主要指国家以社会管理者的身份，用法律、法规等形式对税收加以规定，并依照法律强制征收。

（2）无偿性：主要指国家征税后，税款即成为财政收入，不再归还纳税人，也不支付任何报酬。

（3）固定性：主要指在征税之前，以法的形式预先规定了课税对象、课税额度和课税方法等。

因此，税法就是国家凭借其权力，利用税收工具的强制性、无偿性、固定性的特征参与社会产品和国民收入分配的法律规范的总称。

11.1.2 税法的一般内容

1. 税法的基本结构

税法的基本结构，又称税法的构成要素，是指税法应当具备的必要因素和内容。任何一个国家的税收法律制度都有其固定的结构，都是这个国家的税收法律、法规和征税办法的总称，是国家向纳税的单位和个人征税的法律依据和工作规程。税法的构成要素一般包括征税人、纳税主体、征税对象、税目、税率、计税依据、纳税环节、纳税期限、减免税和法律责任等，其中纳税主体、征税对象和税率是构成税法的三个基本要素。

（1）征税人。征税人是指代表国家行使税收征管职权的各级税务机关和其他征收机关。因税种的不同，可能有不同的征税人。例如，增值税的征税人是税务机关，关税的征税人是海关。

（2）纳税主体。纳税主体又称纳税义务人，是指税法规定的直接负有纳税义务的法人、自然人及其他组织。

（3）征税对象。征税对象又称征税客体，即对什么征税。每一种税法都规定了明确而具体的征税对象，征税对象关系着各种税法的基本界限，是征税的直接依据和税法的最基本要素。不同的征税对象构成不同的税种。根据征税对象的不同，可分为对流转额征税、对所得额征税、对财产征税、对资源征税、对特定行为征税等。

（4）税目。税目是征税对象的具体化，是一个税种在税法中具体规定应当纳税的项目，反映了具体的征税范围。例如，消费税具体规定了烟、酒等14个税目。

（5）税率。税率是应纳税额与征税对象之间的比例，是计算税额的尺度，是税法结构中的核心部分。我国现行税率有以下三种。

① 比例税率，即不分征税对象数额的大小，只规定一个比例的税率。

② 超额累进税率，即把征税对象按数额的大小分成若干等级，每一等级规定一个税率，

税率依次提高，但每一纳税人的征税对象依所属等级同时适用几个税率来分别计算，相加后得出应纳的税款。目前采用这种税率的有个人所得税。

③ 定额税率，即对单位征税对象规定固定的税额，而不采用百分比的形式，适用于从量计征的税种。目前采用定额税率的有资源税、城镇土地使用税、车船使用税等。

（6）计税依据。计税依据是指计算应纳税额的依据或标准，即根据什么来计算纳税人应缴纳的税额。计税依据一般有两种：一是从价计征，二是从量计征。从价计征，是指以计税金额为计税依据。从量计征，是指以征税对象的重量、体积、数量为计税依据。

（7）纳税环节。纳税环节是指在商品流转过程中应当缴纳税款的环节。商品从生产到消费要经过许多流转环节，在税收上只选择其中一道环节作为缴纳税款环节。例如，流转税在生产和流通环节纳税，所得税在分配环节纳税，等等。

（8）纳税期限。纳税期限是指纳税人发生纳税义务后，依法应向国家缴纳税款的期限。纳税期限可分为两种：一是按期纳税，二是按次纳税。纳税人不按纳税期限缴纳税款的，应依法加收滞纳金并补缴税款。纳税期限是税收固定性特点在纳税时间上的体现。

（9）减免税。减税是指对应纳税额减征一部分，免税是指对应纳税额全部免征。税的减免是国家对某些纳税人和征税对象给予鼓励和照顾的一种特殊规定。

（10）法律责任。法律责任是指对违反国家税法规定的行为人所采取的处罚措施。纳税人和税务人员违反税法规定，都将依法承担相应的法律责任。

2. 税收的作用

税收的作用是税收职能在一定经济条件下的具体体现。在不同的历史阶段，税收职能发挥着不同的作用。在现阶段，税收的作用主要体现在以下几个方面。

（1）组织财政收入。国家为了行使自己的职能，需要有足够的财力基础，财力基础表现为财政收入有稳定的来源和增长，而税收在保证和实现财政收入方面，起着重要作用。税收组织财政收入的作用主要表现在两个方面：一是由于税收具有强制性、无偿性和固定性，因而能保证其收入的稳定；二是税收的源泉十分广泛，能从多方面筹集财政收入。

（2）调节经济发展。国家通过税种的设置以及在税目、税率、加成征收或减免税等方面的规定，可以调节社会生产、交换、分配和消费，促进社会经济健康发展。

（3）维护国家政权。国家政权是税收产生和存在的必要条件，而国家政权的存在又依赖于税收的存在。没有税收，国家机器就不可能有效运转。同时，税收分配不是按照等价原则和所有权原则分配的，而是凭借政治权利，对物质利益进行调节，体现国家支持什么、限制什么，从而达到巩固国家政权的政治目的。

（4）监督经济活动。国家在征收税款的过程中，一方面要查明情况，正确计算并征收税款；另一方面能发现纳税人在生产经营过程中或是在缴纳税款过程中存在的问题。国家税务征收部门对在征税过程中发现的问题，既可以采取措施纠正，也可以通知纳税人或政府有关部门及时解决。

11.2 增值税暂行条例

11.2.1 增值税的概念及特点

1. 增值税的概念

增值税是以应税货物和应税劳务新增加的价值（增值额）为征税对象的一种税。增值额是纳税人在生产经营活动中所创造的新增价值或商品的附加值，即纳税人在一定时期内销售产品或提供应税劳务所得收入超过其购进商品或进行劳务时所支出的差额部分。

2. 增值税的特点

增值税主要具有以下特点。

（1）排除了对同一产品重复征税的现象。增值税的征收，不论同一产品经过多少环节，国家只对其增值部分征税，这样就排除了原税制中对产品销售金额征税所造成的重复征税的现象。

（2）减轻了纳税人的税收负担。按照流转税的原理，其税收负担实际上是由最终消费者或购买者承受的。原税制中的产品税、营业税都属价内税，税金包含在商品价格之内，交换环节越多，价格就越高，消费者或购买者的最终负担也就越重。而增值税只对增值额征税，税负与商品交换次数无关，实际上减轻了税收负担。

（3）增值税按照生产、销售环节的增值额，每经过一环节征收一次，因此增值税适用广泛，具有普遍性、连续性、合理性的特点。

（4）有利于生产协作化的发展。增值税的税负不受商品流转环节的影响，这样就使企业免去了流转环节越多、税负越高的顾虑。

11.2.2 增值税的纳税义务人与征税范围

1. 增值税的纳税义务人

依照国务院1993年12月13日颁布、1994年1月1日起施行的《中华人民共和国增值税暂行条例》（以下简称《增值税暂行条例》）的规定：凡在我国境内销售货物或者提供加工、修理修配劳务以及进口货物的单位和个人，均应当依照《增值税暂行条例》的规定缴纳增值税。

增值税的纳税义务人具体是指在中国境内销售货物或者提供加工、修理修配劳务以及进口货物的单位和个人，单位包括国有企业、集体企业、私有企业、股份制企业、其他企业和行政单位、事业单位、军事单位、社会团体和其他单位，个人包括个体经营者及其他个人。

为了使增值税的征收管理更加严格和对某些经营规模较小的纳税人简化计税办法，《增值税暂行条例》参照国际惯例，将纳税人按经营规模及会计核算健全与否划分为一般纳税人和小规模纳税人。

（1）一般纳税人。一般纳税人是指年应征增值税销售额（应税销售额）超过财政部规定的小规模纳税人标准的企业和企业性单位。

下列纳税人不属于一般纳税人。

① 年应税销售额未超过小规模纳税人标准的企业。

② 个人。

③ 非企业性单位。

④ 不经常发生增值税应税行为的企业。

增值税一般纳税人必须向税务机关办理认定手续，以取得法定资格。

（2）小规模纳税人。小规模纳税人是指年销售额在规定标准以下，并且会计核算不健全，不能按规定报送有关税务资料的增值税纳税人。会计核算不健全是指不能正确核算增值税的销项税额、进项税额和应纳税额。小规模纳税人的认定标准如下。

① 从事货物生产或提供应税劳务的纳税人，以及以从事货物生产或提供应税劳务为主，并兼营货物批发或零售的纳税人，年应税销售额在100万元以下的。

② 从事货物批发或零售的纳税人，年应税销售额在180万元以下的。年应税销售额超过小规模纳税人标准的个人、非企业性单位、不经常发生应税行为的企业，按小规模纳税人纳税。

对小规模纳税人的确认，由主管税务机关依税法规定的标准认定。

2. 增值税的征税范围

增值税的具体征税范围如下。

（1）销售或者进口的货物。货物是指有形动产，包括电力、热力、气体在内。

（2）提供的加工、修理修配劳务。加工是指受托加工货物，即委托方提供原料及主要材料，受托方按照委托方的要求制造货物并收取加工费的业务；修理修配是指受托对损伤和丧失功能的货物进行修复，使其恢复原状和功能的业务。

一般来讲，增值税的征税范围包括上述两大项，但对于实务中某些特殊项目或行为是否属于增值税征税范围，还需要具体确定。

11.2.3 增值税的税率

增值税税率分为基本税率、低税率和零税率三种。

（1）基本税率。基本税率为17%，指一般纳税人从事销售或者进口货物，提供加工、修理修配劳务。

（2）低税率。低税率为13%。纳税人从事销售或者进口下列货物，按低税率计征增值税。

① 粮食、食用植物油、鲜奶。

② 暖气、冷气、热水、煤气、石油液化气、天然气、沼气、居民用煤炭制品、自来水（不含自来水生产厂）。

③ 图书、报纸、杂志。

④ 饲料、化肥、农药、农机（不包括农机零部件）、农膜。

⑤ 盐（2007 年 9 月 1 日起施行）。

⑥ 音像制品和电子出版物。

⑦ 国务院规定的其他货物。

国家从 1995 年 5 月 1 日起，将农业产品、金属矿采选产品、非金属矿采选产品增值税税率由 17%调整为 13%。

（3）零税率。纳税人出口货物，税率为零（产品报关出口后退还全部税款），国务院另有规定的除外。

另外，纳税人兼营不同税率的货物或者应税劳务，应当分别核算不同税率货物或者应税劳务的销售额。未分别核算销售额的，从高适用税率。纳税人销售不同税率货物或应税劳务，并兼营应属一并征收增值税的非应税劳务的，其非应税劳务应从高适用税率。

11.2.4 增值税应纳税额的计算

计算增值税的应纳税额，应先确定纳税人的销售额、销项税额、进项税额等基本数据，然后才能准确计算出应纳税额。同时应分一般纳税人、小规模纳税人和进口货物三种情况，采取不同的计算方法。增值税以不含增值税税金的价格为计税依据。

1. 销售额、销项税额和进项税额

（1）销售额。销售额是指纳税人销售货物或者应税劳务向购买方收取的全部价款和全部价外费用，但是不包括收取的销项税额。对小规模纳税人来说，其销售额不包括其应纳税额。

（2）销项税额。销项税额是纳税人销售货物或应税劳务，按照销售额和规定的税率计算并向购买方收取的增值税额。纳税义务人的销项税额，必须如实填写在增值税专用发票的“销项税额”栏目内。

（3）进项税额。进项税额是纳税义务人购进货物或接受应税劳务所支付或者负担的增值税额。

2. 纳税人的计税方法

（1）应纳税额的计算。对一般纳税人根据增值税专用发票上注明的税款抵扣制度，即以商品销售额为计税依据，同时允许从税额中扣除一道环节已经缴纳的税款，以实现按增值因素征税的原则，其计算公式为

$$\text{应纳税额} = \text{当期销项税额} - \text{当期进项税额}$$

$$\text{销项税额} = \text{销售额} \times \text{税率}$$

当期销项税额因小于当期进项税额而不足以抵扣时，其不足部分可以结转至下期继续抵扣。

（2）允许抵扣的进项税额。以下增值税扣税凭证上注明的增值税额允许抵扣：从销售方取得的增值税专用发票上注明的增值税额，从海关取得的完税凭证上注明的增值税额。购进免税农业产品准予抵扣的进项税额按照买价的 10%的扣除率计算。

（3）不准抵扣的进项税额。不准抵扣的进项税额包括：购进固定资产的进项税额，用于非应税项目的购进货物或应税劳务的进项税额，用于免税项目的购进货物或应税劳务的

进项税额，用于集体福利或者个人消费购进货物或应税劳务的进项税额，非正常损失的购进货物的进项税额，非正常损失的在产品、产成品所耗用购进货物或应税劳务的进项税额。另外，纳税义务人购进货物或者应税劳务，未按规定取得并保存增值税扣税凭证，或者凭证上未按规定注明增值税及其他有关事项的，其进项税额不准抵扣。

3. 小规模纳税人的计税办法

小规模纳税人销售货物或者应税劳务，按照销售额和《增值税暂行条例》规定的6%或4%的征收率计算应纳税额，不得抵扣进项税额。应纳税额计算公式为

应纳税额＝销售额×征收率

由于小规模纳税人在销售货物或应税劳务时，只能开具普通发票，取得的销售收入均为含税销售额。为了符合增值税作为价外税的要求，小规模纳税人在计算应纳税额时，必须将含税销售额换算为不含税的销售额后才能计算应纳税额。小规模纳税人不含税销售额的换算公式为

不含税销售额＝含税销售额÷（1＋征收率）

4. 自来水公司销售自来水应纳税额的计算

自2002年6月1日起，对自来水公司销售自来水按6%的征收率征收增值税的同时，对其购进独立核算水厂的自来水取得的增值税专用发票上注明的增值税税款（按6%征收率开具）予以抵扣。其他单位或个人如果销售自来水依旧是13%的税率。

5. 进口货物的计税办法

对进口的应税货物按照组成计税价格和税率计算应纳税额，不得抵扣任何税额，其计算公式为

组成计税价格＝关税完税价格＋关税＋消费税

应纳税额＝组成计税价格×税率

11.2.5 出口货物退税

出口货物退税是国际上通行的税收规则，目的在于鼓励本国产品出口，使本国产品以不含税价格进入国际市场，增强本国产品的竞争能力。按照《增值税暂行条例》的规定，我国实行出口货物零税率的优惠政策，即纳税人出口适用税率为零的货物，向海关办理出口手续后，凭出口报关单等有关凭证，可以按月向税务机关申报办理该项出口货物的退税。

除国家明确规定不予退税的出口货物外，其他出口货物都属于出口退税范围。出口货物一般必须具备以下四个条件。

（1）必须属于增值税、消费税征税范围的货物。

（2）必须是报关离境的出口货物。所谓报关离境，就是货物输出海关，这是区别货物是否应退（免）税的主要标准之一。

（3）必须是在财务上作为销售处理的货物。出口货物只有在财务上作为销售处理后，才能办理退税。

（4）必须是出口收汇并已核销的货物。将出口退税与出口收汇核销挂钩可以有效地防止出口企业高报出口价格骗取退税，有助于提高出口收汇率，有助于强化出口收汇核销制度。

11.2.6 增值税的免征

增值税的减免税项目均由国务院统一规定。免税项目主要有以下几类。

（1）农业生产者销售的自产农业产品。

（2）避孕药品和用具。

（3）古旧图书。

（4）直接用于科学研究、科学实验和教学的进口仪器、设备。

（5）外国政府、国际组织无偿援助的进口物资和设备。

（6）来料加工、来件装配和补偿贸易所需进口的设备。

（7）由残疾人组织直接进口供残疾人专用的物品等。

享受直接免税的纳税人，销售免税货物或劳务不得开具增值税专用发票，进项税额也不能抵扣。

此外，纳税人销售额未达到财政部规定的增值税起征点的，也免征增值税。现行增值税起征点的幅度如下。

（1）销售货物的起征点为月销售额2 000～5 000元。

（2）销售应税劳务的起征点为月销售额1 500～3 000元。

（3）按次纳税的起征点为每次（日）销售额150～200元。

具体起征点由省级国家税务局在规定幅度内确定。个人销售额没有达到起征点的，免征增值税；超过起征点的，应按其全部销售额依法计算缴纳增值税。

11.2.7 纳税义务发生的时间与期限

1. 纳税义务发生时间

增值税的纳税义务发生时间，指纳税人发生应税行为应向国家履行纳税义务的开始时间，具体可分为以下几种情况。

（1）采取直接收款方式销售货物，不论货物是否发出，均为收到销售额或取得索取销售额的凭据，并将提货单交给买方的当天。

（2）采取托收承付和委托银行收款方式销售货物，为发出货物并办妥托收手续的当天。

（3）采取赊销和分期收款方式销售货物，为按合同约定的收款日期的当天。

（4）采取预收货款方式销售货物，为货物发出的当天。

（5）委托其他纳税人代销货物，为收到代销单位销售的代销清单的当天。

（6）销售应税劳务，为提供劳务同时收讫销售额或取得索取销售额凭据的当天。

（7）纳税人发生按规定视同销售货物行为（委托他人代销、销售代销货物除外），为货物移送的当天。

2. 纳税期限

增值税的纳税期限分别为1日、3日、5日、10日、15日或者1个月。纳税人的具体纳税期限，由主管税务机关根据纳税人应纳税额的大小分别核定。不能按照固定期限纳税的，可以按次纳税。纳税人以1个月为一期纳税的，自期满之日起10日内申报纳税；以1日、3日、5日、10日或者15日为一期纳税的，自期满之日起5日内预缴税款，于次月1日起10日内申报纳税并结清上月应纳税款；纳税人进口货物，应当自海关填发税款缴纳凭证的次日起15日内缴纳税款；纳税人出口货物，应当按月向税务机关申报办理该项出口货物退税。

11.2.8 增值税专用发票

1. 增值税专用发票制度的建立

为了有效地征收增值税，我国自1994年1月1日起开始征收新增值税的同时，实行增值税专用发票制度。由于增值税实行价外税，因此实行增值税专用发票是增值税的改革中很关键的一部分，其目的是配合新的增值税制度的施行。

增值税专用发票有多种作用。对购买方来说，是其进项税额及其抵扣的依据；对销售方来说，是其确定销售额和销项税额的凭据；对双方来说，则是一种商业和财务凭证；对税务机关来说，又是对纳税义务人征收增值税的依据。

2. 增值税专用发票的领购及使用范围

增值税专用发票只限于一般纳税人领购使用，小规模纳税人和非增值税纳税义务人不得领购使用。但一般纳税人有下列情况之一的，也不得领购使用专用发票。

（1）会计核算不健全，不能向税务机关准确提供增值税销项税额、进项税额、应纳税额数据及其他有关增值税税务资料。

（2）有《中华人民共和国税收征收管理法》规定的税收违法行为，拒不接受税务机关处理。

（3）有以下行为，经税务机关责令限期改正而仍未改正者：虚开专用发票；私自印制专用发票；向个人或税务机关以外的单位买取专用发票；借用他人专用发票；未按规定开具专用发票；未按规定保管专用发票和专用设备；未按规定申请办理防伪税控系统变更发行；未按规定接受税务机关检查。

3. 增值税专用发票的开具

增值税一般纳税人销售货物或提供应征收增值税的应税劳务，必须向购买方开具增值税专用发票，但是属于下列情形之一的，不得开具增值税专用发票。

（1）向消费者销售应税项目。

（2）销售免税项目。

（3）销售报关出口货物，在境外销售应税劳务。

（4）将货物用于非应税项目。

（5）将货物用于集体福利或个人消费。

（6）提供非应税劳务（应当征收增值税的除外），转让无形资产，销售不动产。

向小规模纳税人销售应税项目，可以不开具专用发票。

另外，国家税务总局还规定，自1995年7月1日起对商业零售的烟、酒、食品、服装、鞋帽（不包括劳保专用的部分）、化妆品等消费品不得开具专用发票；对生产经营机器、机车、汽车、轮船、锅炉等大型机械、电子设备的工商企业，凡直接销售给使用单位的，应开具普通发票，如购货方索取增值税专用发票，销货方可开具增值税专用发票。

4. 增值税专用发票各联次的用途

增值税专用发票分为四个联次，各联用途如下：第一联是存根联，由销货方留存备查；第二联是发票联，交购货方作为付款的记账凭证；第三联是税款抵扣联，交购货方作为扣税凭证；第四联是记账联，由销货方留做记账凭证。

11.3 消费税暂行条例

消费税是对特定的消费品和消费行为在特定的环节征收的一种流转税。消费税是1994年1月1日实行的税制改革中新开征的税种，是从原税制的产品税、增值税中分离出来的，取消原产品税后应纳税的产品部分转为增值税，一部分另征消费税。消费税的主要作用是对部分高档消费品和实行增值税后税负下降较多的产品进行再调节。消费税是以需要进行特殊调节的部分最终消费品为课税对象的一种税。

我国现行消费税法律制度的基本规范，是1993年12月13日国务院颁布的、于1994年1月1日起实施的《中华人民共和国消费税暂行条例》（以下简称《消费税暂行条例》），1993年12月25日财政部发布的《中华人民共和国消费税暂行条例实施细则》。

2006年3月20日，财政部、国家税务总局联合下发通知，规定自2006年4月1日起，对我国现行消费税的税目、税率及相关政策进行调整，进一步增强消费税调节功能。我国新消费税政策自2006年4月1日开始实行。这也是自1994年税制改革以来，我国对消费税进行的最大规模的一次比较重要的调整。

1. 消费税的纳税义务人和征税环节

消费税的纳税义务人是指在中华人民共和国境内生产、委托加工和进口《消费税暂行条例》规定的应税消费品的单位和个人。

消费税的纳税环节如下。

（1）纳税人生产的应税消费品，于销售时纳税。纳税人自产自用的应税消费品，用于连续生产应税消费品的不纳税；用于其他方面的，于移送使用时纳税。

（2）委托加工的应税消费品，由受托方在向委托方交货时代收代缴税款。委托加工的应税消费品，委托用于连续生产应税消费品的，所纳税款允许按规定抵扣。

（3）进口的应税消费品于报关进口时纳税。

福利企业和学校校办企业从1994年起，均应按规定依法缴纳增值税、消费税、营业税。

2. 消费税的税目和税率

税目是征税对象的具体化。按照《消费税暂行条例》的规定，自2006年3月调整后，确定征收消费税的只有烟、酒、化妆品等14个税目，其中有的税目还进一步划分了若干子目。消费税属于价内税，并实行单一环节征收，一般在应税消费品的生产、委托加工和进口环节缴纳，在以后的批发等零售环节中，由于价款中已包含消费税，因此不必再缴纳消费税。

从1995年1月1日起，金银首饰由生产销售环节征税改为零售环节征税；从2002年1月1日起，钻石及钻石饰品由生产、进口环节改为零售环节征税。

消费税的具体税目包括：烟；酒及酒精；化妆品；贵重首饰及珠宝玉石；鞭炮、焰火；高尔夫球及球具；高档手表；游艇；木制一次性筷子；实木地板；成品油；汽车轮胎；摩托车；小汽车等。

消费税实行的税率有比例税率和定额税率两种。比例税率分为14档，最高税率为45%，如甲级卷烟；最低税率为3%，如排气量小于1.5升（含）的小汽车。部分产品，如啤酒、黄酒、汽油、柴油等采用定额税率。例如，黄酒每吨征收消费税240元，汽油每升征收消费税0.2元。

2008年8月，财政部、国家税务总局发出通知，决定从2008年9月1日起调整只针对厂家征收的汽车消费税政策，包括提高大排量乘用车的消费税税率，以及降低小排量乘用车的消费税税率。这是国家自2006年4月1日以来第二次调整汽车消费税税率，目的是抑制大排量汽车的生产和消费，鼓励小排量汽车的生产和消费，有利于降低汽（柴）油消耗、减少空气污染，促进国家节能减排工作目标的实现。调整内容具体包括两方面：一方面是提高大排量乘用车的消费税税率，排气量在3.0升以上4.0升（含）以下的乘用车，税率由15%上调至25%，排气量在4.0升以上的乘用车，税率由20%上调至40%；另一方面是降低小排量乘用车的消费税税率，排气量在1.0升（含）以下的乘用车，税率由3%下调至1%。

3. 兼营不同税率应税消费品的税务处理

纳税人兼营不同税率的应税消费品的，应当分别核算不同税率应税消费品的销售额、销售数量。未分别核算销售额、销售数量，或者将不同税率的应税消费品组成成套消费品销售的，从高适用税率。

4. 应纳税额的计算

消费税实行从价定率或者从量定额办法计算应纳税额，其计算公式为

实行从价定率办法计算的应纳税额＝销售额×税率

实行从量定额办法计算的应纳税额＝销售数量×单位税额

实行从价定率办法中的销售额，为纳税人销售应税消费品向购买方收取的全部价款和价外费用，不包括向购买方收取的增值税税款。纳税人应税消费品的销售额中未扣除增值税税款或因不得开具增值税专用发票而发生价款和增值税税款合并收取的，在计算消费税时，应当换算为不含增值税税款的销售额，其计算公式为

应税消费品的销售额＝含增值税的销售额÷（1＋增值税税率或征收率）

5. 自产自用应税消费品的应纳税额

纳税人自产自用的应税消费品，按照纳税人生产的同类消费品的价格计算纳税；没有同类消费品销售价格的，按照组成计税价格计算纳税。应纳税额的计算公式为

组成计税价格 =（成本 + 利润）÷（1 – 消费税税率）

应纳税额 = 组成计税价格 × 消费税税率

6. 进口、出口应税消费品的应纳税额

进口的应税消费品，实行从价定率办法计算应纳税额的，按照组成计税价格计算纳税。应纳税额的计算公式为

组成计税价格 =（关税完税价格 + 关税）÷（1 – 消费税税率）

应纳税额 = 组成计税价格 × 消费税税率

纳税人应税消费品的计税价格明显偏低而又无正当理由的，由主管税务机关核定其计税价格。消费税由税务机关征收，进口的应税消费品的消费税由海关代征。

对纳税人出口应税消费品，除国务院另有规定的外免征消费税。

7. 委托加工应税消费品的税务处理

委托加工的应税消费品，按照受托方同类消费品的销售价格计算纳税；没有同类消费品的销售价格的，按组成计税价格计算纳税。应纳税额的计算公式为

组成计税价格 =（材料成本 + 加工费）÷（1 – 消费税税率）

应纳税额 = 组成计税价格 × 消费税税率

8. 纳税义务发生的时间和纳税期限

1）纳税义务发生的时间

（1）纳税人生产的应税消费品，除金银首饰另有规定外，于销售时纳税。

（2）纳税人自产自用应税消费品，其纳税义务的发生时间，为移送使用的当天。

（3）委托加工的应税消费品，由受托方向委托方交货时代收代缴消费税。纳税人委托个体经营者加工的应税消费品，其纳税义务的发生时间，为受托方向委托方交货的当天。

（4）进口的应税消费品，由报关进口者在报关进口时纳税。其纳税义务的发生时间为报关进口的当天。

（5）除铂金首饰在生产环节纳税外，其他金银首饰消费税在零售环节征收，生产、批发和进口环节均不征收消费税。其纳税义务的发生时间为收取销货款或取得索取销货凭据的当天。

2）纳税期限

消费税的纳税期限为 1 日、3 日、5 日、10 日、15 日或者 1 个月。纳税人的具体纳税期限，由主管税务机关根据纳税人应纳税额的大小分别核定；不能按照固定期限纳税的，可以按次纳税。

纳税人以 1 个月为一期纳税的，自期满之日起 10 日内申报纳税；以 1 日、3 日、5 日、

10日或者15日为一期纳税的，自期满之日起5日内预缴税款，于次月1日起10日内申报纳税，并结清上月应纳税款。

对会计核算不健全的小型业户，税务机关可根据其产销情况，按季或按年核定其应纳税额，分月缴纳。

纳税人进口应税消费品，应当自海关填发税款缴款凭证的次日起7日内缴纳税款。

11.4 营业税暂行条例

营业税是对提供劳务、转让无形资产或销售不动产的单位和个人就其营业额所征收的一种税。为了调节不同行业的盈利水平，实行多环节征税，国务院于1993年11月26日第十二次常务会议通过并发布了《中华人民共和国营业税暂行条例》（以下简称《营业税暂行条例》），并自1994年1月1日起施行；2008年11月5日第三十四次常务会议对其进行修订，2009年1月1日起施行。

1. 营业税的纳税义务人

根据《营业税暂行条例》的规定，凡在我国境内提供应税劳务、转让无形资产和销售不动产的单位和个人，均为营业税的纳税人。营业税纳税义务人的单位，是指发生应税行为，并向对方收取货币、货物和其他经济利益的单位，无论其是否独立核算，均为营业税的纳税义务人。营业税纳税义务人的个人，是指个体工商户以及其他有经营行为的个人。

2. 营业税的征税对象

营业税的征税对象为从事应税行为所取得的营业额。营业税的征税对象可分为三类，即从事提供应税劳务的营业额、转让无形资产的转让额、销售不动产的销售额。

3. 营业税的税目与税率

营业税的税目基本上是按行业类别设置的，同时包含转让无形资产和销售不动产业务，共规定了9个税目，即交通运输业、建筑业、金融保险业、邮电通信业、文化体育业、娱乐业、服务业、转让无形资产及销售不动产。

营业税按照行业、类别的不同分别采用不同的比例税率，具体规定：交通运输业、建筑业、邮电通信业、文化体育业为3%；金融保险业、服务业、转让无形资产及销售不动产为5%；娱乐业执行5%～20%的浮动税率，具体适用的税率由各省、自治区、直辖市人民政府根据当地的实际情况在税法规定的幅度内决定。

从2001年5月1日起，对夜总会、歌厅、舞厅、射击、狩猎、跑马、游戏、高尔夫球、游艺、电子游戏厅等娱乐业一律按20%的税率征收营业税。

从2004年7月1日起，保龄球、台球减按5%的税率征收营业税，税目仍属于“娱乐业”。

纳税人兼职有不同税目应税行为的，应分别核算不同税目的营业额。不分别核算或不能准确提供营业额的，其适用不同税率的应税劳务项目，一并按从高税率征税。纳税人兼营应税劳务项目与减免税项目的，应单独核算减免税项目的营业额，未单独核算或不能准确核算的，不得减税、免税。例如，某酒店在提供住宿的同时，还用自己的汽车从事运输业务，对于所提供的住宿业务和运输业务如果能够分开核算，可以分别按照5%和3%的税率计算缴纳营业税；如果不能分别核算，则就其两项业务的全部营业额按照5%的税率计算缴纳营业税。

4. 营业税应纳税额的计算

营业税的计税依据为纳税人的营业额，具体计算公式为

$$应纳税额=营业额\times 税率$$

纳税人兼有不同税目应税行为的，应当分别核算，没有分别核算营业额的从高不从低适用税率。

5. 营业税的起征点

为了贯彻合理负担原则，照顾低收入的纳税人，同时考虑到税收征收成本，根据《营业税暂行条例》及其实施细则对纳税人个人取得的属于营业税征收范围的收入金额，规定了起征点：按期纳税的起征点为月营业额1 000～5 000元；按次纳税的起征点为每次（日）营业额100元。省、自治区、直辖市财政厅（局）、税务局应当在规定的幅度内，根据实际情况确定本地区适用的起征点，并报财政部、国家税务总局备案。

纳税人营业额未达到起征点的，免征营业税；超过起征点的，应按其全部营业额计算应纳税额。

此外，对于某些与人民群众生活密切相关的行业，如托儿所、幼儿园、养老院、纪念馆、博物馆、展览馆、图书馆以及农业机耕、排灌、病虫害防治业务等，国家实行鼓励发展的税收政策，免征营业税。对符合国家规定的民政福利企业、校办企业和从事社区居民服务业的下岗职工等，可享受一定的免税、减税待遇。

6. 纳税义务发生的时间和纳税期限

1）纳税义务发生时间

营业税的纳税义务发生时间，为纳税人收讫营业收入款项或者取得索取营业收入款项凭据的当天。因纳税结算有多种形式，税法对一些具体项目的规定如下。

（1）纳税人转让土地使用权或者销售不动产，采用预收款方式的，其纳税义务发生时间为收到预收款的当天。

（2）纳税人提供建筑业或者租赁业劳务，采取预收款方式的，其纳税义务发生时间为收到预收款的当天。

（3）将不动产或者土地使用权无偿赠送其他单位或者个人的，其纳税义务发生时间为不动产所有权、土地使用权转移的当天。

（4）有自建行为的，其纳税义务发生时间为销售自建建筑物的纳税义务发生时间。

2）纳税期限

营业税的纳税期限分别为5日、10日、15日、1个月或者1个季度。纳税人的具体纳税期限，由主管税务机关根据纳税人应纳税额的大小分别核定；不能按照固定期限纳税的，可以按次纳税。

纳税人以 1 个月或者 1 个季度为一期纳税的，自期满之日起 15 日内申报纳税；以 5 日、10 日或者 15 日为一期纳税的，自期满之日起 5 日内预缴税款，于次月 1 日起 15 日内申报纳税并结清上月应纳税款。

金融业（不包括典当业）的纳税期限为 1 个季度；保险业的纳税期限为 1 个月。

7. 扣缴义务人与纳税地点

（1）扣缴义务人。扣缴义务人是指税法规定负有扣缴纳税人应纳税款义务的单位和个人。扣缴义务人的纳税义务发生时间，为扣缴义务人代纳税人收讫营业收入款项或者取得索取营业收入款项凭据的当天。

（2）纳税地点。营业税的纳税地点原则上采取属地征收方法，具体情况如下。

① 纳税人提供应税劳务应当向其机构所在地或者居住地的主管税务机关申报纳税。但是，纳税人提供的建筑业劳务以及国务院财政、税务主管部门规定的其他应税劳务，应当向应税劳务发生地的主管税务机关申报纳税。

② 纳税人转让无形资产应当向其机构所在地或者居住地的主管税务机关申报纳税。但是，纳税人转让、出租土地使用权，应当向土地所在地的主管税务机关申报纳税。

③ 纳税人销售、出租不动产应当向不动产所在地的主管税务机关申报纳税。扣缴义务人应当向其机构所在地或者居住地的主管税务机关申报缴纳其扣缴的税款。

11.5 企业所得税法

企业所得税，是指对我国境内的和其他取得收入的组织的生产经营所得和其他所得所征收的一种税收。企业所得税是国家参与企业利润分配的重要手段。

我国现行的企业所得税制度，是随着改革开放和经济体制改革的不断推进而逐步建立、完善起来的。由于历史原因，在 1991 年 4 月 9 日和 1993 年 12 月 13 日，分别由第七届全国人民代表大会第四次会议通过了《中华人民共和国外商投资企业和外国企业所得税法》和国务院发布的《中华人民共和国企业所得税暂行条例》。这两个法规并行于内、外资企业所得税的征收管理，对我国经济的快速发展发挥了重要的作用。随着我国市场经济的不断完善和世界经济一体化的快速发展，内、外资企业再分别实施不同的税收法规已不适应。为了理顺国家与企业的分配关系和内、外资企业的税负公平，以及有利于促进我国经济的稳定发展，于 2007 年 3 月 16 日第十届全国人民代表大会第五次会议通过了《中华人民共和国企业所得税法》（以下简称《企业所得税法》），合并了内、外资企业所得税法，并于 2008 年 1 月 1 日起施行，同时废止《中华人民共和国外商投资企业和外国企业所得税法》和《中华人民共和国企业所得税暂行条例》。

1. 企业所得税的纳税义务人

《企业所得税法》第一条规定，除个人独资企业、合伙企业不适用《企业所得税法》外，凡在我国境内，企业和其他取得收入的组织（以下统称企业）为企业所得税的纳税人，依照《企业所得税法》的规定缴纳企业所得税。

企业分为居民企业和非居民企业，这是根据企业纳税义务范围的宽窄进行的分类方法。不同的企业在向我国政府缴纳所得税时，纳税义务不同。把企业分为居民企业和非居民企业，是为了更好地保障我国税收管辖权的有效行使。税收管辖权是一国政府在征税方面的主权，是国家主权的重要组成部分。根据国际上的通行做法，我国选择了地域管辖权和居民管辖权的双重管辖权标准，最大限度地维护了我国的税收利益。

（1）居民企业。居民企业是指依法在中国境内成立，或者依照外国（地区）法律成立但实际管理机构在中国境内的企业。这里的企业包括国有企业、集体企业、私营企业、联营企业、股份制企业、外商投资企业、外国企业，以及有生产、经营所得和其他所得的其他组织。其中，有生产、经营所得和其他所得的其他组织，是指经国家有关部门批准，依法注册、登记的事业单位、社会团体等组织。由于我国的一些社会团体组织、事业单位在完成国家事业计划的过程中，开展多种经营和有偿服务活动，取得了除财政部门各项拨款、财政部和国家价格主管部门批准的各项规费收入以外的经营收入，具有了经营的特点，应当视同企业纳入征税范围。其中，实际管理机构是指对企业的生产经营、人员、账务、财产等实施实质性全国管理和控制的机构。

（2）非居民企业。非居民企业是指依照外国（地区）法律成立且实际管理机构不在中国境内，但在中国境内设立机构、场所的，或者在中国境内未设立机构、场所，但有来源于中国境内所得的企业。

2. 应纳税所得额

企业所得税的计税依据为应纳税所得额。所谓应纳税所得额是指纳税人每一纳税年度的收入总额减去准予扣除项目金额后的余额。

纳税人的收入总额包括：销售货物收入，提供劳务收入，转让财产收入，股息、红利等权益性投资收益，利息收入，租金收入，特许权使用费收入，接受捐赠收入及其他收入；准予扣除的项目是指与纳税人取得收入有关的、合理的支出，包括成本、费用、税金、损失和其他支出。应纳税所得额的具体计算公式为

应纳税所得额＝应纳税收入总额－准予扣除项目金额

企业所得税应纳税额的计算公式为

应纳税额＝应纳税所得额×税率

3. 税率与免税、减税

1）税率

企业所得税的税率为比例税率。比例税率简便易行，透明度高，不会因征税而改变企业收入分配的比例，有利于促进效率的提高。有关税率的现行规定如下。

（1）基本税率为 25%：适用于居民企业和在中国境内设有机构、场所且所得与机构、场所有关联的非居民企业。

（2）低税率为 20%：适用于在中国境内未设立机构、场所的，或者虽设立机构、场所但取得的所得与其所设机构、场所没有实际联系的非居民企业。但实际征税时适用 10%的税率。

我国现行的企业所得税基本税率设为 25%，与世界其他国家相比是偏低的。据有关资

料介绍，世界上近 160 个实行企业所得税的国家（地区）的平均税率为 28.6%，我国周边 18 个国家（地区）的平均税率为 26.7%。我国现行税率的确定，既考虑了我国财政的承受能力，又考虑了企业的负担水平。

另外，对于西部地区国家鼓励类产业的内资企业，在 2001 年至 2010 年期间，减按 15% 的税率征收企业所得税。

如果企业上一年度发生亏损，可用当年应纳税所得予以弥补，同时按弥补亏损后的应纳税所得额确定适用税率。

2）免税、减税

根据《企业所得税法》的规定，对下列纳税人实行税收优惠政策。

（1）民族自治地方的自治机关对本民族自治地方的企业应缴纳的企业所得税中属于地方分享的部分，可以决定减征或者免征。自治州、自治县决定减征或者免征的，须报省、自治区、直辖市人民政府批准。

（2）对于法律、行政法规和国务院有关规定给予减、免税的企业，依照规定执行。

4. 关联企业业务往来的税务处理

关联企业是指与企业在资金、经营、购销等方面存在直接或间接的拥有或者控制关系；或者直接或间接地同为第三者所拥有或控制；或者有其他在利益上相关联的关系，有其中之一关系的公司、企业和其他经济组织。纳税人与其关联企业之间的业务往来，应当按照独立企业之间的业务往来收取或者支付价款、费用。不按照独立企业之间的业务往来收取或者支付价款、费用，而减少其应纳税所得额的，税务机关有权进行合理调整。

5. 企业所得税的征收管理

1）纳税申报和缴纳

企业所得税采取按年计算，分月或分季预缴，年度终了后 5 个月内汇算清缴，多退少补的办法。分月预缴或分季预缴时，应当按纳税期限的实际数预缴。按实际数预缴有困难的，可以按上一年度应纳税所得额的 1/12 或 1/4，或税务机关认可的其他方法预缴。预缴方法一经确定，不得随意改变。

纳税人缴纳的所得税税款，应以人民币为计算单位。所得为外国货币的，应按规定折合成人民币计算应纳税所得额。纳税义务人取得的收入为非货币资产或者权益的，其收入额应当参照当时的市场价格计算或估定。

纳税人应纳税所得额的计算，以权责发生制为原则。纳税人的下列经营业务的收入可以分期确定，并据以计算应纳税所得额。

（1）以分期收款方式销售商品的，可以按合同约定的购买人应付价款的日期确定销售收入的实现。

（2）建筑、安装、装配工程和提供劳务，持续时间超过 1 年的，可以按完工进度或者完成的工作量确定收入的实现。

（3）为其他企业加工、制造大型机械设备、船舶等，持续时间超过 1 年的，可以按完工进度或者完成的工作量确定收入的实现。

2）纳税义务发生时间

企业所得税以纳税人取得应纳税所得额的计征期终了日为纳税义务发生时间。当实行分月预缴时，每一月份的最后一日为纳税义务发生时间；当实行分季预缴时，每一季度的最后一日为纳税义务发生时间；而在进行年度汇算清缴时，纳税年度的最后一日为纳税义务发生时间。

3）纳税地点

企业所得税由纳税人向其所在地主管税务机关缴纳。其所在地是指纳税义务人的实际经营管理所在地；铁路运营、民航运输、邮电通信企业等，由其负责经营管理与控制的机构缴纳，具体纳税地点按照国家有关规定执行；企业集团分别以核心企业、独立经济核算的其他成员企业为企业所得税的纳税义务人，一律在所在地缴纳所得税；联营企业遵循就地纳税的原则；对实行自收自支、企业化管理的事业单位、社会团体、民办非企业单位等组织，其生产、经营所得和其他所得，一律就地征收所得税。

4）纳税期限

企业所得税的纳税期限为公历1月1日至12月31日，企业在一个纳税年度中间开业，或者终止经营活动，使该纳税年度的实际经营不足12个月的，应以实际经营期为一个纳税年度。企业依法清算时，应当以清算期间为一个纳税年度。

我国企业所得税实行按年计算，分月或者分季预缴的方法。纳税人在纳税年度内无论盈利或亏损，都应当在月份或者季度终了后15日内预缴，年度终了后5个月内汇算清缴，多退少补。

纳税人在年终汇算清缴时，少预缴的所得税税额，应在下一年度内缴纳；多预缴的所得税税额，在下一年度内抵缴；抵缴后仍有结余的，或者下一年度发生亏损的，应及时办理退库。

纳税人在年度中间合并、分立、终止时，应当在停止生产、经营之日起60日内，向当地税务机关办理当期所得税的汇算清缴。

11.6 个人所得税法

个人所得税是对个人所得额征收的一种税。现行个人所得税的基本规范，是1980年9月10日第五届全国人民代表大会第三次会议通过，经过1993年10月、1999年8月、2005年10月、2007年6月、2007年12月、2011年6月共6次修改的《中华人民共和国个人所得税法》（以下简称《个人所得税法》），它是我国目前征收个人所得税的基本法律依据。

1. 个人所得税的纳税义务人和扣缴义务人

（1）个人所得税的纳税义务人。个人所得税的纳税义务人有两类：一类是在中国境内有住所，或者无住所而在境内居住满1年的个人，就其从中国境内和境外取得的所得，应依照税法规定缴纳个人所得税；另一类是在中国境内无住所又不居住，或者无住所而在境内居住不满1年的个人，只就其从中国境内取得的所得缴纳个人所得税。从2000年1月1日起，个人独资企业和合伙企业的投资者也是个人所得税的纳税人。

（2）个人所得税的扣缴义务人。扣缴义务人是指税法规定负有扣缴纳税人应纳税款义务的单位和个人。扣缴义务人，在向个人支付各种应税款项时，必须按照税法规定代扣税款，按时缴库。

2. 个人所得税的税目与税率

个人所得税的计税依据为应纳税所得额。根据个人所得来源不同，个人所得税的税率分为超额累进税率和比例税率，具体规定如下。

（1）工资、薪金所得，适用3%～45%的七级超额累进税率。

（2）个体工商户的生产、经营所得和对企事业单位的承包经营、承租经营所得，个人独资企业和合伙企业投资者生产、经营所得，适用5%～35%的五级超额累进税率。

（3）稿酬所得，适用20%的比例税率，并按应纳税额减征30%，其实际税率为14%。

（4）劳务报酬所得，适用 20%的比例税率，对一次收入畸高的，可以实行加成征收，即个人取得劳务报酬收入的应纳税所得额一次超过 2 万元至 5 万元的部分，按原税法规定计算应纳税额后，再按照应纳税额加征五成，超过 5 万元部分，加征十成。

（5）特许权使用费所得，利息、股息、红利所得，财产租赁所得，财产转让所得，偶然所得和其他所得，适用比例税率，税率为20%。出租居民住房适用10%的税率。

国务院决定，自 2008 年 10 月 9 日起对储蓄存款利息所得暂免征收个人所得税。

3. 所得税的免税、减税

根据《个人所得税法》的规定，下列各项个人所得免征个人所得税。

（1）省级人民政府、国务院部委、中国人民解放军军以上单位以及外国组织、国际组织颁发的科学、教育、技术、文化、卫生、体育、环境保护等方面的奖金。

（2）国债和国家发行的金融债券利息。

（3）按照国家统一规定发给的补贴、津贴。

（4）福利费、抚恤金、救济金。

（5）保险赔款。

（6）军人的转业费、复员费。

（7）按照国家统一规定发给干部职工的安家费、退职费、退休工资、离休工资、离休生活补助费。

（8）依照我国有关法律规定应予免税的各国驻华使馆、领事馆的外交代表、领事官员和其他人员的所得。

（9）中国政府参加的国际公约、签订的协议中规定免税的所得。

（10）按照国家规定，单位为个人缴付和个人缴付的住房公积金、基本医疗保险费、基本养老保险费、失业保险费，从纳税人的应纳税所得额中扣除。

（11）个人转让自用达 5 年以上，并且是唯一的家庭生活用房取得的所得，暂免征收个人所得税。

（12）对个人购买福利彩票、赈灾彩票、体育彩票，一次中奖收入在 1 万元以下（含 1 万元）的暂免征收个人所得税，超过 1 万元的，全额征收个人所得税。

（13）经国务院财政部门批准免税的其他所得。

有以下情形之一的，经批准可以减征个人所得税。

（1）残疾、孤老人员和烈属的所得。

（2）因严重自然灾害造成重大损失的。

（3）其他经国务院财政部门批准减税的。

4. 应纳税所得额的计算

（1）工资、薪金所得，以每月收入额减除费用3 500元后的余额，为应纳税所得额。

（2）个体工商户的生产、经营所得，以每一纳税年度的收入总额减除成本、费用以及损失后的余额，为应纳税所得额。个人独资企业、合伙企业投资者的所得，参照个体工商户的生产、经营所得确定。

（3）对企事业单位的承包经营、承租经营所得，以每一纳税年度的收入总额，减除必要费用后的余额，为应纳税所得额。

（4）劳务报酬所得、稿酬所得、特许权使用费所得、财产租赁所得，每次收入不超过4 000元的，减除800元的费用；4 000元以上的减除20%的费用，其余额为应纳税所得额。

（5）财产转让所得，以转让财产的收入额减除财产原值和合理费用后的余额，为应纳税所得额。

（6）利息、股息、红利所得，偶然所得和其他所得，以每次收入额为应纳税所得额。纳税人从中国境外取得的所得，准予在应纳税额中扣除已在境外缴纳的个人所得税税额。

5. 个人所得税的纳税申报与缴纳期限

1）纳税申报

个人所得税实行代扣代缴和纳税人自行申报两种计征办法，其中以支付所得的单位或者个人为扣缴义务人。

纳税人有下列情形之一的，应当按照规定到主管税务机关办理纳税申报。

（1）年所得12万元以上的。

（2）从中国境内两处或者两处以上取得工资、薪金所得的。

（3）从中国境外取得所得的。

（4）取得应纳税所得，没有扣缴义务人的。

（5）国务院规定的其他情形。

2）缴纳期限

扣缴义务人、自行申报纳税义务人每月应纳的税款，都应当在次月15日内缴入国库，并向税务机关报送纳税申报表。

（1）工资、薪金所得应纳的税款，按月计征，由扣缴义务人或者纳税义务人在次月15日内缴入国库，并向税务机关报送纳税申报表。特定行业的工资、薪金所得应纳税款，可以实行按年计算、分月预缴的方式计征，即工资、薪金所得应纳的税款，按月预缴，年度终了后30日内，合计其全年工资、薪金所得，然后按12个月平均并计算实际应纳税款，多退少补。

（2）个体工商户的生产、经营所得应纳的税款，按年计算，分月预缴，由纳税义务人在次月15日内预缴，年度终了后3个月内汇算清缴，多退少补。

（3）企事业单位的承包经营、承租经营所得应纳的税款，按年计算，由纳税义务人在年度终了后30日内缴入国库。纳税义务人在1年内分次取得承包经营、承租经营所得的，应当在每次取得所得后的15日内预缴，年度终了后3个月内汇算清缴，多退少补。

（4）从中国境外取得所得的纳税义务人，应当在年度终了后30日内，将应纳税款缴入国库，并向税务机关报送纳税申报表。

扣缴义务人和自行申报纳税义务人，应当按照税法规定期限报送个人所得税报告表或纳税申报表。如遇特殊原因，不能按照规定期限报送时，应当在报送期内提出申请，经主管税务机关批准，可以适当延期。

11.7 土地增值税暂行条例

土地增值税是对转让国有土地使用权、地上的建筑物及其附着物（以下简称转让房地产）并取得收入的单位和个人，就其转让房地产所取得的增值额征收的一种税。土地增值税的作用：一是增强国家对房地产开发和房地产市场的调控力度；二是抑制炒买炒卖土地投机获取暴利的行为；三是规范国家参与土地增值收益的分配方式，增加国家财政收入。

1993年12月13日国务院颁布、自1994年1月1日起施行的《中华人民共和国土地增值税暂行条例》，1995年1月财政部印发的《中华人民共和国土地增值税暂行条例实施细则》，1995年5月25日财政部、国家税务总局联合印发的《关于土地增值税一些具体问题规定的通知》，以及之后财政部、国家税务总局陆续发布的一些有关土地增值税的规定、办法，这些构成了我国土地增值税法律制度。

1. 土地增值税的纳税义务人和征税对象

（1）纳税义务人。土地增值税的纳税义务（又称纳税主体）是转让国有土地使用权、地上建筑物及其附着物，以及转让房地产并取得收入的单位和个人。

（2）征税对象。征税对象包括转让国有土地使用权、地上建筑物及其附着物连同国有土地使用权一并转让所取得的增值额。

2. 土地增值税的税率

土地增值税实行四级超额累进税率，具体规定如下。

（1）增值额未超过扣除项目金额50%的部分，税率为30%。

（2）增值额超过扣除项目金额50%，未超过扣除项目金额100%的部分，税率为40%。

（3）增值额超过扣除项目金额100%，未超过扣除项目金额200%的部分，税率为50%。

（4）增值额超过扣除项目金额200%的部分，税率为60%。

3. 应纳税额的计算

土地增值税按照纳税人转让房地产所取得的增值额依率计算征收。所谓增值额是指纳税人转让房地产所取得的收入减除应扣除项目金额后的余额。纳税人转让房地产所取得的收入，包括货币收入、实物收入和其他收入。

计算增值额准予扣除的项目包括：取得土地使用权所支付的金额；开发土地的成本、

费用；新建房及配套设施的成本、费用，或者旧房及建筑物的评估价格；与转让房地产有关的税金以及财政部规定的扣除项目。

4. 免税项目

有下列情形之一的，免征土地增值税。

（1）纳税人建造普通标准住宅出售，增值额未超过扣除项目金额20%的。

（2）因国家建设需要依法征用、收回的房地产。

另外，按照房地产评估价格计算征收的情况如下。

（1）凡有隐瞒、虚报房地产成交价格的或提供扣除项目金额不实的。

（2）转让房地产的成交价格低于房地产评估价格，又无正当理由的。

11.8 税收征收管理法

所谓税收征收管理法，就是国家行使征税权力，指导纳税人正确履行纳税义务，对日常税收活动有计划地进行组织、管理、监督、检查的基本制度和措施的法律规范。1992 年 9 月 4 日，第七届全国人民代表大会常务委员会第二十七次会议通过的《中华人民共和国税收征收管理法》（以下简称《税收征管法》），其中包括总则、税务管理、税款征收、税务检查、法律责任等。这些内容的规定，体现了税收征管的基本程序和要求，增强了税务机关的法律地位和职权，明确了征纳双方的权利和义务。该法自 1993 年 1 月 1 日起施行。1995 年 2 月、2001 年 4 月两次分别对《税收征管法》进行了修订，修订后的《税收征管法》自 2001 年 5 月 1 日起施行。

11.8.1 税务管理

税务管理是《税收征管法》的核心内容，主要包括税务登记，纳税申报，账簿、凭证管理等。

1. 税务登记制度

税务登记是指税务机关依照《税收征管法》的规定，对纳税人的生产、经营活动的基本状况进行登记管理的一项制度。通过这项制度，可建立法定的税收征纳关系。

企业，企业在外地设立的分支机构和从事生产、经营的场所，个体工商户和从事生产、经营的事业单位（以下统称从事生产、经营的纳税人）自领取营业执照之日起 30 日内，持有关证件，向税务机关申报办理税务登记；税务机关审核后发给税务登记证件；税务登记证件不得转借、涂改、损毁、买卖或伪造。

从事生产、经营的纳税人，税务登记内容发生变化的，自工商行政管理机关办理变更登记之日起 30 日内或在向工商行政管理机关申请办理注销登记之前，持有关证件向税务机关申报办理变更或注销税务登记。

2. 纳税申报制度

纳税人必须依照法律、行政法规规定或税务机关依照法律、行政法规的规定确定的申报期限、申报内容如实办理纳税申报，报送纳税申报表、财务会计报表，以及税务机关根据实际需要要求纳税人报送的其他纳税资料。纳税人或扣缴义务人不能按期办理纳税申报或者报送代扣代缴、代收代缴税款报告表的，经税务机关核准，可延期申报。

3. 账簿、凭证管理制度

从事生产、经营的纳税人、扣缴义务人必须按照国务院财政、税务主管部门的规定设置账簿，根据合法、有效凭证记账，进行核算。个体工商户确实不能设置账簿的，经税务机关核准，可以不设账簿。从事生产、经营的纳税人的财务、会计制度或财务、会计处理办法，应报送税务机关备案。财务、会计制度或财会处理办法与国务院财税主管部门的规定抵触的，依国务院财政、税务部门的规定计算纳税。

发票必须由指定的企业印制，未经指定，不得印制。非法印制发票，由税务机关进行销毁、没收违法所得，并处罚款。

纳税人、扣缴义务人必须按规定的保管期限保管账簿、记账凭证、完税凭证及其他有关资料，不得伪造、变造或擅自损毁。

11.8.2 税款征收

1. 税款征收方式

根据我国《税收征管法》及其实施细则的规定，税款征收方式分为以下5种。

（1）查账征收方式。查账征收方式是由纳税人依据账簿记载，先自行计算缴纳，事后经税务机关查账核实，如有不符时，可多退少补的一种征收方式。这种征收方式主要对已建立会计账册，会计记录完整的单位采用。

（2）查定征收方式。查定征收方式是由税务机关根据纳税人的生产设备等情况在正常生产条件下的生产销售情况，对其生产的应税产品查定产量和销售额，然后依税率征收的一种征收方式。这种征收方式主要对生产不固定、账册不健全的单位采用。

（3）查验征收方式。查验征收方式是税务机关对某些难以进行税源控制的征收对象，通过查验证、照和实物，按市场一般销售单价计算其销售收入并据以征税的一种征收方式。这种征收方式适用于对城乡集贸市场的临时经营和机场、码头等场外经销商的课税。

（4）定期定额征收方式。定期定额征收方式是先由纳税人自报生产经营情况和应纳税款，再由税务机关对纳税人核定一定时期的税款征收率或征收额，实行增值税或营业税和所得税一并征收的一种征收方式。这种征收方式主要对一些营业额、所得额难以准确计算的小型纳税人适用。

（5）其他征收方式。其他征收方式有代扣代缴、委托代征、邮寄申报纳税等。

2. 税款征收措施

税款征收措施是指为保证税款及时征收入库所采取的措施，主要有加收滞纳金、核定应纳税额、税收保全措施、税收强制执行措施、出境清税、税款追征等。税款征收中的特殊措施主要有税收保全措施和强制执行措施。

1）税收保全措施

税务机关采取税收保全措施的条件如下。

（1）税务机关有根据认为从事生产、经营的纳税人有逃避纳税义务行为的，可以在规定的纳税期之前，责令限期缴纳应纳税款。

（2）在限期内发现纳税人有明显的转移、隐匿其应纳税的商品、货物及其他财产或者应纳税的收入的迹象的，税务机关可以责成纳税人提供纳税担保。如果纳税人不能提供纳税担保，经县以上税务局（分局）局长批准，税务机关可以采取下列税收保全措施：一是书面通知纳税人开户银行或者其他金融机构暂停支付纳税人的金额相当于应纳税款的存款；二是扣押、查封纳税人的价值相当于应纳税款的商品、货物或者其他财产。

纳税人在规定的期限内缴纳税款的，税务机关必须立即解除税收保全措施。限期期满仍未缴纳税款的，经县以上税务局（分局）局长批准，税务机关可以书面通知纳税人开户银行或者其他金融机构从其冻结的存款中扣缴税款，或者依法拍卖或者变卖所扣押、查封的商品、货物或者其他财产，以拍卖所得抵缴税款。个人及其所抚养家属维持生活必需的住房和用品，不在税收保全措施的范围之内。

2）强制执行措施

从事生产、经营的纳税人、扣缴义务人未按照规定的期限缴纳或者解缴税款，纳税担保人未按照规定的期限缴纳所担保的税款，由税务机关责令限期缴纳，逾期仍未缴纳的，经县以上税务局（分局）局长批准，税务机关可以采取下列强制执行措施：一是书面通知其开户银行或者其他金融机构从其存款中扣缴税款；二是扣押、查封、依法拍卖或者变卖其价值相当于应纳税款的商品、货物或者其他财产，以拍卖或者变卖所得抵缴税款。

税务机关采取强制措施时，对上述纳税人、扣缴义务人、纳税担保人未缴纳的滞纳金同时强制执行。

个人及其所抚养家属维持生活必需的住房和用品，不在强制执行措施的范围之内。

11.8.3 税务检查

税务检查是税务机关根据税法的规定，检查纳税人履行纳税义务的一项监督制度，是税收征管的一个重要环节。《税收征管法》赋予了税务机关检查权，规定了税务机关的检查范围和方式。

税务机关有权检查纳税人、扣缴义务人代扣代缴、代收代缴税款的账簿、记账凭证、报表和有关资料。检查纳税人应纳税的商品、货物或其他财产，检查扣缴义务人与代扣代缴、代收代缴税款有关的经营情况。经县以上税务局（分局）局长批准，凭全国统一格式的检查存款账户许可证明，查核从事生产、经营的纳税人、扣缴义务人在银行或者金融机构的存款账户；查核从事生产、经营的纳税人的储蓄存款，须经银行县、市支行或者分行的区办事处核对，指定所属储蓄所提供资料。纳税人、扣缴义务人必须接受税务机关依法进行的税务检查，如实反映情况，提供有关资料，不得拒绝、隐瞒。

11.8.4 对违反税法行为的处理

1. 纳税人违反税收管理行为的法律责任

根据《税收征管法》和《中华人民共和国税务登记管理办法》的规定，纳税人有下列行为之一的，由税务机关责令限期改正，可以处2 000元以下的罚款；情节严重的，处以2 000元以上1万元以下的罚款。

（1）未按照规定期限办理税务登记、变更税务登记或注销税务登记的。

（2）未按照规定设置、保管账簿或者保管记账凭证和有关资料的。

（3）未按照规定将财产、会计制度或者财务、会计处理办法和会计核算软件报送税务机关备查的。

（4）未按照规定将其全部银行账号向税务机关报告的。

（5）未按照规定安装、使用税控装置，损毁或者擅自改动税控装置的。

（6）纳税人未按照规定办理税务登记证件验证或者换证手续的。

纳税人不办理税务登记的，由税务机关责令限期改正；逾期不改正的，经税务机关提请，由工商行政管理机关吊销其营业执照。

纳税人未按规定使用税务登记证件，或者转借、涂改、损毁、伪造税务登记证件的，处2 000元以上1万元以下的罚款；情节严重的，处1万元以上5万元以下的罚款。

2. 纳税人违反纳税申报规定行为的法律责任

根据《税收征管法》的规定，纳税人未按照税法规定的期限办理纳税申报和报送纳税资料的，由税务机关责令限期改正，可以处以2 000元以下的罚款；情节严重的，可以处以2 000元以上1万元以下的罚款。

（1）纳税人偷税行为的法律责任。根据《税收征管法》的规定，纳税人采取伪造、变造、擅自销毁账簿和记账凭证，或者在账簿上多列支出或者不列、少列收入，或者经税务机关通知申报而拒不申报，或者进行虚假的纳税申报等手段，不缴或者少缴应纳税款的，就是偷税。纳税人偷税的，由税务机关追缴其不缴或少缴的税款、滞纳金，并处不缴或少缴税款50%以上5倍以下的罚款；构成犯罪的，依法追究刑事责任。

（2）纳税人逃避税务机关追缴欠税行为的法律责任。根据《税收征管法》的规定，纳税人欠缴应纳税款，采取转移或者隐匿财产的手段，妨碍税务机关追缴欠缴的税款的，由税务机关追缴其欠缴的税款、滞纳金，并处欠缴税款50%以上5倍以下的罚款；构成犯罪的，依法追究刑事责任。

（3）纳税人骗取出口退税行为的法律责任。根据《税收征管法》的规定，企事业单位采取对所生产或者经营的商品假报出口等欺骗手段，骗取国家出口退税行为的，由税务机关追缴其骗取的出口退税款，并处骗取税款1倍以上5倍以下的罚款；构成犯罪的，依法追究刑事责任。

（4）纳税人抗税行为的法律责任。根据《税收征管法》的规定，以暴力、威胁方法拒不缴纳税款的，就是抗税。抗税情节轻微，未构成犯罪的，由税务机关追缴其拒缴的税款、滞纳金，并处以拒缴税款1倍以上5倍以下的罚款；构成犯罪的，除由税务机关追缴其拒缴的税款、滞纳金外，还要移送司法机关，依法追究刑事责任。

（5）纳税人拖欠税款行为的法律责任。根据《税收征管法》的规定，从事生产、经营的纳税人、扣缴义务人在规定期限内不缴或者少缴应纳或者应解缴的税款，经税务机关责令限期缴纳，逾期仍未缴纳的，税务机关除依法采取强制执行措施追缴其不缴或者少缴的税款外，还可以处以不缴或者少缴税款50%以上5倍以下的罚款。

11.8.5 纳税争议的处理

纳税人、扣缴义务人、纳税担保人同税务机关在纳税上发生争议时，必须先依法缴纳或者解缴税款及滞纳金，然后可以在收到缴款凭证后60日内向上一级税务机关申请复议。对复议决定不服的，可以在接到复议决定书之日起15日内向人民法院起诉。

当事人对税务机关的处罚决定、强制执行措施或税收保全措施不服的，可在15日内向做出决定或采取措施的机关的上一级机关申请复议，对复议决定不服的，可以在接到复议决定书15日内向人民法院起诉。当事人也可以不申请复议，而直接向人民法院起诉。复议期间，强制执行措施和税收保全措施不停止执行。

当事人对税务机关的处罚决定逾期不申请复议也不向人民法院起诉，又不履行的，做出处罚决定的税务机关可以申请人民法院强制执行。

本章小结

税收是国家凭借政治权力，按照法律规定的标准，无偿地征收实物或货币而形成的特定的分配关系。税法是调整税收征纳关系的法律规范的总称。

本章介绍了税法的基本概念和基本知识，并重点介绍了增值税、消费税、营业税、所得税等税种的税目、税率、计税依据、计税方法等。通过学习本章内容，学生应掌握税收的基本理论和主要法律规定，并深刻理解我国实行新税制改革的特点和意义。

思考与练习

一、名词解释

税收　比例税率　增值税　小规模纳税人　偷税

二、判断题

1．从事生产、经营的纳税人因联营而合并，不需要办理变更税务登记手续。（　　）

2．在中国境内无住所又不居住或无住所而在境内居住不满一年的外国人，从中国境内取得的所得，不缴纳个人所得税。（　　）

3．偶然所得也属于个人所得税的征税对象。（　　）

4．纳税人未按规定期限办理纳税申报的，由税务机关责令限期改正，逾期不改的，处以2 000元以下的罚款。（　　）

5．凡是税法规定应当纳税的企业及其分支机构，都必须在领取营业执照之日起30日内，持有关证件向税务机关申请办理税务登记。（　　）

6．从事运输业务的纳税人，发生销售货物并负责运输所售货物的混合销售行为，应缴纳营业税。（　　）

7．增值税6%或4%的征收率，仅适用于小规模纳税人，不适用于一般纳税人。（　　）

8．营业税纳税人兼营增值税应税劳务，不能分别核算的，其应税劳务应一并征收营业税。（　　）

三、单项选择题

1．增值税的基本税率是（　　）。

A．17%　　B．13%　　C．6%　　D．0

2．依税法规定，纳税人出口货物适用税率为（　　）。

A．17%　　B．13%　　C．6%　　D．0

3．税收是国家凭借政治权力，按照法律规定的标准，无偿地征收实物或货币而形成的特定的（　　）。

A．财政关系　　B．财产关系　　C．分配关系　　D．行政经济关系

4．企业所得税采用比例税率，税率为（　　）。

A．15%　　B．25%　　C．33%　　D．40%

5．税法的核心要素是（　　）。

A．税目　　B．税率　　C．纳税主体　　D．征税对象

6．某城市居民买彩票中奖20万元，其所得应依法纳税，依法适用的税率是（　　）。

A．5%　　B．20%　　C．30%　　D．35%

7．一般认为，税收的固有特征是（　　）。

A．自愿性、无偿性、稳定性　　B．固定性、强制性、无偿性

C．广泛性、及时性、灵活性　　D．广泛性、自愿性、无偿性

8．根据我国《个人所得税法》的规定，对下列所得可以实行加成征收的是（　　）。

A．特许权使用费所得　　B．工资、薪金所得

C．劳务报酬所得　　D．因福利彩票中奖所得

9．在下列选项中，属于我国增值税纳税人的是（　　）。

A．从事房屋租赁业务的甲公司　　B．从事服装销售的乙公司

C．转让无形资产的丙公司　　D．从事证券经纪业务的丁公司

10．在下列各项中，采用定额税率征收消费税的是（　　）。

A．香烟　　B．化妆品　　C．玉石　　D．啤酒

四、多项选择题

1．我国税法规定的税率基本形式有（　　）。

A．比例税率　　B．累进税率　　C．定额税率　　D．平均税率

2．在下列各项中，可以作为纳税主体的有（　　）。

A．国家　　B．纳税人　　C．工商局　　D．税务局

3．在下列各项目中，属于增值税征税范围的有（　　）。

A．销售货物　　B．提供劳务　　C．进口货物　　D．加工货物

4．下列项目属于税法构成要素的有（　　）。

A．纳税主体　　B．征税对象　　C．税率　　D．纳税环节

5．消费税适用的商品有（　　）。

A．汽油　　B．小汽车　　C．汽车、轮船　　D．烟酒

6．张某为北方某大学著名学者，在其取得的下列收入中，应当缴纳个人所得税的有（　　）。

A．国务院规定的政府特殊津贴　　B．所在学校发给的特殊岗位津贴

C．撰写科普读物获得的稿酬　　D．所在学校科技公司的红利收入

7．下列税法属于流转税法的有（　　）。

A．增值税法　　B．消费税法　　C．营业税法　　D．房产税法

8．根据我国《个人所得税法》的规定，下列所得免征个人所得税的有（　　）。

A．银行存款利息　　B．教育部颁发的优秀教师奖

C．保险赔款　　D．按照国家统一规定发给的退休工资

9．根据《增值税暂行条例》的规定，下列各项中应缴纳增值税的有（　　）。

A．将自产的货物用于投资　　B．将自产的货物分配给股东

C．将自产的货物用于集体福利　　D．将自建的厂房对外转让

10．某高级工程师，在一定时期内取得下列收入。根据我国《个人所得税法》的规定，应缴纳个人所得税的收入有（　　）。

A．业余时间从事翻译工作取得1 000元

B．单位发给个人的年终奖10 000元

C．购买福利奖券获得奖金100元

D．因重大科研成果获得国家科委奖金1 000元

五、简答题

1．税法的概念和构成要素是什么？

2．增值税专用发票的使用和管理包括哪些内容？

3．简述税收保全措施的主要内容。

4．在计算企业所得税时，不得扣除的项目有哪些？

5．税务管理的主要内容有哪些？

案例分析

案例 1 某零售商店未按规定时间缴税，当地税务所立即查封了商店，扣押了其全部商品。店主对此不服，向人民法院提起诉讼。

案例讨论

（1）纳税人和税务机关的行为是否合法？

（2）纳税人不经行政复议是否可以直接向人民法院起诉？

案例 2 某公司职员华某 2013 年的工资为 50 000 元人民币，1 月份至 12 月份已按规定缴纳了个人所得税。12 月份还有 3 笔收入，一是取得单位集资利息 8 000 元，二是取得特许权使用费 6 000 元，三是获得省政府颁发的科技成果奖 4 000 元。

案例讨论

计算华某 12 月份还应缴纳所得税的数额。

第 12 章　劳动法律制度

学习要点

- 掌握我国劳动争议处理的程序和原则
- 劳动争议调节的特点
- 劳动争议的分类
- 劳动纠纷处理方法

案例导入

赵某从 1998 年起到日清化工厂工作，2007 年患病，经治疗 2 年未见好转。2009 年 4 月医疗期满时，赵某已无法从事原工作，该厂为其调换了两次工作岗位，赵某仍不能胜任。化工厂遂解除了与赵某的劳动合同，且拒绝给赵某任何待遇。赵某认为化工厂不应解除劳动合同，且应给自己相应的待遇。

请分析：日清化工厂的行为是否符合劳动法的规定？为什么？

12.1　劳动法概述

12.1.1　劳动法的概念

劳动法是调整劳动关系以及与劳动关系密切联系的社会关系的法律规范的总称。劳动法概念可分为广义和狭义两种。狭义上的劳动法是指由国家最高权力机关颁布的关于调整劳动关系以及与劳动关系有密切联系的其他关系的、全国性的、综合性的法律。它是国家为了保护劳动者的合法权益，来调整劳动关系，建立和维护适应社会主义市场经济的劳动制度。广义上的劳动法是指调整劳动关系以及与劳动关系有密切联系的法律规范的总称。《中华人民共和国劳动法》、《中华人民共和国劳动合同法》、《中华人民共和国劳动合同法实施条例》、《中华人民共和国劳动争议调解仲裁法》以及大量的劳动部、劳动和社会保障部有关劳动方面的规范性文件构成了我国劳动法体系。在市场经济条件下，劳动关系的变化、劳动争议的日益增加，使调整劳动关系的劳动法成为了我国法律体系中一个重要的独立的法律部门。

12.1.2 劳动法的作用

1. 保护劳动者的合法权益

劳动法明确了宪法规定的劳动者在劳动关系中的各项权利，在就业、休息、休假、安全卫生、获取报酬等各方面落实保护劳动者合法权益。

2. 推动劳动体制改革

劳动法以双向选择的劳动合同制度取代原有的“铁饭碗”劳动用工制度；以工资总额与经济效益挂钩的办法取代原有的工资体制；以覆盖面广、保险程度高的社会保险制度取代原有的封闭、孤立的劳动保险等。劳动法推动了符合社会主义市场经济要求的新型劳动体制的建立。

3. 促进经济发展和社会进步

劳动法在规定劳动者享有劳动权利的同时规定了劳动者应承担的劳动义务，这就促使劳动者努力完成劳动任务，努力提高自身素质，也可促进经济发展和社会进步。

12.1.3 劳动法律制度的概念及主要内容

1. 劳动法律制度

简单地说，劳动法律制度是规范劳动关系的法律制度。所谓劳动关系，是劳动者与用人单位在实现劳动过程中发生的社会关系。其基本内容是劳动者提供劳动，用人单位使用该劳动并支付工资。

2. 劳动法律制度的主要内容

由于劳动法律制度所调整的范围涉及劳动关系的方方面面，因此，其内容也十分丰富，从理论上说，主要包括以下几部分。

（1）劳动基准方面的法律制度。这主要指国家制定的关于劳动者最基本劳动条件的法律法规，包括最低工资法、劳动安全与卫生法、工作时间法等。其目的是改善劳动条件，保障劳动者的基本生活，避免伤亡事故的发生。

（2）劳动关系方面的法律制度。这是调整劳动关系最基础的法律制度，主要是指集体合同法和劳动合同法。在市场经济条件下，劳动关系主要通过劳动者与用人单位订立劳动合同来建立。

（3）社会保险方面的法律制度。此方面的制度主要是对劳动者基本生存条件的保障以及对生活质量的提高进行的规定，具体包括养老保险法、失业保险法、医疗保险法、工伤保险法、生育保险法等。

（4）劳动权利保障与救济方面的法律制度。此方面的制度主要包括劳动监察法和劳动争议处理法。由于劳动关系具有身份属性，劳动者与用人单位之间形成了管理与被管理的关系，用人单位往往会忽视甚至侵犯劳动者的劳动权利。因此，劳动监察对劳动法律制度的实施和劳动者劳动权的实现起着至关重要的作用。目前，我国劳动争议处理包括调解、诉讼和仲裁三种方式。

12.1.4 劳动法的法律属性与特点

劳动法是起源于民法、又最终从民法分离出来的独立法律部门。从法律属性来说，它属于社会法的范畴，具有以下几个特点。

1. 劳动法的基本价值取向是侧重保护劳动者

劳动关系是一种不平等的关系，资本的巨大支配力很容易把劳动者变成它的附属。要保护劳动者，使其获得有尊严的劳动，必须通过法律的强制来弥补劳动者的弱势地位。因此，侧重保护劳动者是劳动法的使命。但一方面，劳动法也规定了劳动者的许多义务；另一方面，资本者或经营者的利益可以通过其他的法律得到保护，如物权法、合同法、公司法、知识产权法等。

2. 强制性规范与任意性规范相结合，以强制性规范为主

劳动法大多属于强制性规范，尤其是劳动基准法，它是国家对用人单位设定的义务，用人单位必须严格遵守，不能降低标准，只能在最低标准之上给予劳动者更好的劳动条件和工资福利待遇。

12.1.5 劳动者的基本权利与义务

1. 劳动者依法享有的基本权利

劳动者的权利是指劳动者依照劳动法律行使的权利和享受的利益，主要包括以下内容。

（1）平等就业和选择就业的权利。

（2）取得劳动报酬的权利。

（3）休息、休假的权利。

（4）获得劳动安全卫生保护的权利。

（5）接受职业技能培训的权利。

（6）享受社会保险和福利的权利。

（7）劳动者有权依法参加和组织工会。

（8）提请劳动争议处理的权利及法律规定的其他权利。

2. 劳动者依法履行的基本义务

劳动者的义务是指劳动法规定的劳动者必须做出一定行为或不得做出一定行为的责任。主要包括以下内容。

（1）劳动者应完成的劳动任务。劳动者应完成的劳动任务是劳动者必须履行的责任，是最基本的义务。

（2）提高职业技能水平。劳动者职业技能的高低直接影响着劳动生产率水平，决定着产品质量的好坏，因此，提高劳动者的职业技能，有利于生产力水平和经济效益的提高。劳动者只有不断提高自己的职业技能，才能在职业中获得更大的收获。

（3）执行劳动安全卫生规程。劳动安全卫生规程，是指关于消除、限制或预防劳动过程中的危险和有害因素，保护职工安全与健康，保障设备、生产正常运行而制定的统一规定。劳动者必须认真遵守和执行。

（4）遵守劳动纪律和职业道德。遵守职业道德是每个劳动者基本的道德准则，是维护社会主义市场经济秩序的保障。劳动者应该做到爱岗敬业、诚实守信。

12.2 劳动合同概述

劳动合同法是规范劳动关系的一部重要法律，重在对劳动者合法权益的保护，为构建与发展和谐稳定的劳动关系提供法律保障。

12.2.1 劳动合同法的立法状况

劳动合同法不属于劳动法的范畴。劳动法是调整劳动关系以及与劳动关系密切联系的其他社会关系的法律规范的总称。早在 1956 年，我国就曾起草劳动法，由于历史原因而未能真正形成法律。1979 年第二次起草劳动法，1983 年 7 月曾由国务院讨论通过了劳动法草案，但因为很多问题难以妥善解决，未提交全国人民代表大会审议。20 世纪 90 年代初期第三次起草了劳动法。1994 年 7 月全国人民代表大会常务委员会第八次会议正式通过了《中华人民共和国劳动法》（以下简称《劳动法》），于 1995 年 1 月 1 日起实施。

国家立法机关和行政机关还根据不同的情况，制定出台多部劳动管理法律法规，形成了劳动管理法律体系。2008 年 1 月 1 日，施行《中华人民共和国劳动合同法》（以下简称《劳动合同法》）。2012 年 12 月 28 日通过新修订的《劳动合同法》，自 2013 年 7 月 1 日起施行。2008 年 9 月 18 日，国务院出台了《中华人民共和国劳动合同法实施条例》（以下简称《劳动合同法实施条例》）。《劳动合同法》及《劳动合同法实施条例》在明确劳动合同双方当事人权利和义务的前提下，更注重对劳动者合法权益的保护，为构建和谐稳定的劳动关系提供法律保障。

12.2.2 劳动合同的概念

劳动合同是指劳动者与用人单位之间确立劳动关系，明确双方权利和义务的书面协议。依照我国法律要求，劳动者与用人单位之间建立劳动关系，应当订立劳动合同。

1. 劳动者

首先，应当满足法定劳动年龄对劳动者的规定，即年满 16 周岁。年满 16 周岁未满 18 周岁的劳动者，法律命之为未成年工，对之施以特殊保护。例如，根据《劳动法》第十五条的规定，特殊行业像文艺、体育和特种工艺单位招用未满 16 周岁的未成年人，必须依照国家有关规定，履行审批手续，并保障其接受义务教育的权利。

其次，劳动者的精神状态与健康水平要符合其所从事的工作要求，这是对劳动者的劳动行为能力做出的限定。如精神病患者和完全丧失劳动能力的残疾人，就被界定为无劳动行为能力人，不具备订立劳动合同、确立劳动关系的适格能力；而部分丧失劳动能力的残疾人，则只能从事其残疾状况允许的工作；患有疾病的劳动者，则必须回避与其疾病相排斥的职业和岗位；妇女的特殊生理条件决定了某些特定职业会对女性劳动者的生理健康造成威胁甚至损害，因此女性劳动者在经期、孕期、哺乳期内，不得被安排禁忌从事的劳动。

再次，劳动者应该保持完全的人身自由状态。如果公民被依法剥夺了行为自由，则其劳动行为能力就会受到影响。

最后，劳动者还要面临职业准入制度的检验，许多技术性职业不仅要求劳动者具备一定的技术水平，甚至还依法规定了严格的职业资格制度，如驾驶员必须经考核后具有驾驶证件方可从事驾驶工作。我国《劳动法》第五十五条就特种作业资格、第六十九条就职业技能资格做出了明确规定。

2. 用人单位

依照《劳动合同法》第二条的规定，用人单位主要可以分为以下几类。

（1）企业：依法设立，以盈利为目的，从事经营性活动、具备法律人格的经济组织，而在此作为用人单位的适格条件并不要求企业的出资人国籍归属或者企业的所有制性质，最关键的条件是在中华人民共和国境内。

（2）个体经济组织：一般雇工在 7 人以下的个体工商户。

（3）民办非企业单位：企事业单位、社会团体和其他社会力量以及（公民）个人利用非国有资产举办的，从事非营利性社会服务活动的社会组织。

（4）国家机关、事业单位、社会团体：这是《劳动合同法》对用人单位的特殊规定，只有当国家机关、事业单位、社会团体为了完成劳动合同或应当实行劳动合同与劳动者建立劳动关系，此时方才适用《劳动合同法》。

3. 劳动合同的特征

（1）劳动合同的主体具有特定性。劳动合同的主体，一方为劳动者，另一方为用人单位。劳动法对劳动合同的主体做出了特别规定，尤其是劳动者在劳动实现的过程中与用人单位并不是完全平等的，而是在身份上、经济上、组织上从属于用人单位，这一点与民事法律关系的主体有鲜明的不同。

（2）劳动合同的内容具有明确性。劳动合同的内容明确双方当事人的权利和义务，在此特指劳动关系建立之后劳动权利和劳动义务的分配方案，突出表现在不仅仅劳动合同双方当事人之间可以约定合同内容，更强调劳动法律、法规对劳动内容和条件的限制性规定。

（3）劳动合同的期限表现出继续性。劳动合同的完成不是一次性交易，而是劳动者持续付出劳动的继续性过程，即便是以完成一定工作任务为期限的劳动合同亦是如此。这种继续性决定了劳动合同难以回溯，即劳动合同即便无效、解除或者终止，其已经完成的劳动内容也不能或者不宜恢复原状，而只能将权利义务指向未来。

12.2.3 劳动合同的订立与解除

1. 劳动合同的订立方法

劳动合同法规定：订立劳动合同，应当遵循合法、公平、平等自愿、协商一致、诚实信用的原则。依法订立的劳动合同具有约束力，用人单位与劳动者应当履行劳动合同约定的义务。

签订劳动合同由用人单位与劳动者协商一致，并经用人单位与劳动者在劳动合同文本上签字或者盖章生效。劳动合同文本由用人单位和劳动者各执一份。

2. 劳动合同的期限

（1）有固定期限的劳动合同。它是指订立劳动合同时约定了一定的期限，期限届满，劳动法律关系即行终止。这种合同适用范围广，应变能力强，可以根据生产需要和工作岗位的不同要求来确定合同期限。

（2）无固定期限的劳动合同。这种合同一般适用于从事技术性较强、需要持续进行工作的岗位。订立这种合同的职工一般可以长期在一个单位或部门从事生产工作。但无固定期限的劳动合同不等于一成不变，如果出现符合法律、法规或者双方约定的条件，也可变更、解除或终止劳动合同。

（3）以完成一定工作为期限的劳动合同。它是指劳动合同当事人双方把完成某项工作的时间约定为合同终止而达成的协议。它与固定期限劳动合同的区别是约定合同终止条件，而不是约定确定的时间期限。

同一用人单位与同一劳动者只能约定一次试用期。以完成一定工作任务为期限的劳动合同或者劳动合同期限不满 3 个月的，不得约定试用期；劳动合同期限 3 个月以上不满 1 年的，试用期不得超过 1 个月；劳动合同期限 1 年以上不满 3 年的，试用期不得超过 2 个月；3 年以上固定期限和无固定期限的劳动合同，试用期不得超过 6 个月。试用期包含在劳动合同期限内。劳动合同仅约定试用期的，试用期不成立，该期限为劳动合同期限。

3. 无效劳动合同的种类

无效劳动合同包括两类：一是违反法律、行政法规的劳动合同；二是采取欺诈、威胁等手段订立的劳动合同。

4. 劳动合同履行的行为

（1）完全履行。

（2）不完全履行。

（3）不履行和单方不履行。

5. 劳动合同变更的条件和程序

（1）劳动合同变更的条件：①订立劳动合同时所依据的法律、法规已修改或废止；②用人单位转产或调整、改变生产任务；③用人单位严重亏损或发生自然灾害，确实无法履行劳动合同规定的义务；④当事人双方协商同意；⑤法律允许的其他情况。

（2）劳动合同变更的程序：①及时提出变更合同的要求；②按期做出答复；③双方达成书面协议。

6. 解除劳动合同的条件

（1）双方自愿。

（2）平等协商。

（3）不得损害一方利益。

7. 终止劳动合同的条件

劳动合同的终止是指劳动合同期满或当事人双方约定的劳动合同终止条件出现，劳动合同即行终止。

如果约定的终止条件是合同生效前就已经发生的事件或行为，则该合同无效。而客观情况下，合同终止情况的发生是自然出现的，不是人为制造的，不能事先预谋。因而用人单位以考核结果的某种等级、层次约定为劳动合同终止的条件，就具有很高的主观因素，不能作为劳动合同终止的条件。用人单位不能将企业并购、外包等主观制造的重大变化约定为终止劳动合同，只能依照规定办理解除劳动合同。

合同的终止权与解除权虽然都表现为依一方当事人的意思使合同关系消灭的权利，但二者在理论上存在不少差别。首先，法律效力不同：合同终止仅使合同关系发生将来消灭的效力，不具有溯及既往的效力，因此不能产生恢复原状的法律后果，而合同解除使合同关系发生既往消灭的效力，具有追溯的效力，因而对已履行的合同将产生恢复原状的后果。其次，适用的条件不同：合同终止既适用于一方违反合同，也适用于没有违反合同的情况，而合同解除主要适用于当事人一方不履行合同的情况。

因此，用人单位约定的作为劳动合同终止的条件包括：①法律规定用人单位可以随时解除，劳动者又没有给用人单位造成经济损失的，如劳动者严重违反劳动纪律或者用人单位规章制度或劳动者因私人事务被依法追究刑事责任等情况。②因劳动者本人原因丧失某种专业资格的，如用人单位所从事的行业有特别禁忌规定，将劳动者患慢性传染病约定为劳动合同终止条件等情况。

8. 违反劳动合同的责任

一般可约定两种形式的违约责任：一是由于一方违约给对方造成经济损失，约定赔偿损失的方式；二是约定违约金，采用这种方式应当注意根据职工一方承受能力来约定具体金额，不要出现显失公平的情形。另外，这里讲的违约，或者称违反劳动合同，不是指一般性的违约，而是指违约程度比较严重，达到致使劳动合同无法继续履行的程度，如职工违约离职，单位违法解除劳动者合同等。

9. **劳动合同的法律特征**

（1）合法性。劳动合同必须依法以书面形式订立，做到主体合法、内容合法、形式合法、程序合法。只有合法的劳动合同才能产生相应的法律效力。任何一方面不合法的劳动合同，都是无效合同，不受法律承认和保护。

（2）协商一致性。在合法的前提下，劳动合同的订立必须是劳动者与用人单位双方协商一致的结果，是双方“合意”的表现，不能是单方意思表示的结果。

（3）合同主体地位平等。在劳动合同的订立过程中，当事人双方的法律地位是平等的。劳动者与用人单位不因为各自性质的不同而处于不平等地位，任何一方不得对他方进行胁迫或强制命令，严禁用人单位对劳动者横加限制或强迫命令的情况。只有真正做到地位平等，才能使所订立的劳动合同具有公正性。

（4）等价有偿。劳动合同明确双方在劳动关系中的地位作用。劳动合同是一种双务有偿合同，劳动者承担和完成用人单位分配的劳动任务，用人单位付给劳动者一定的报酬，并负责劳动者的保险金额。

12.2.4 劳动合同必须约定的事项

（1）用人单位的名称、住所和法定代表人或者主要负责人。

（2）劳动者的姓名、住址和居民身份证或者其他有效证件号码。

（3）劳动合同期限。签订劳动合同主要是建立劳动关系，但建立劳动关系必须明确期限的长短。合同期限不明确则无法确定合同何时终止，如何给付劳动报酬、经济补偿等，引发争议。

（4）工作内容和工作地点。所谓工作内容，是指劳动者具体从事什么种类或者内容的劳动，这里的工作内容是指工作岗位和工作任务或职责。这一条款是劳动合同的核心条款之一。它是用人单位使用劳动者的目的，也是劳动者通过自己的劳动取得劳动报酬的缘由。劳动合同中的工作内容条款应当规定得具体明确，便于遵照执行，否则难以发挥劳动者所长，也很难确定劳动者的劳动报酬，造成劳动关系的不稳定。工作地点是劳动合同的履行地，是劳动者从事劳动合同中所规定的工作内容的地点，它关系到劳动者的工作环境、生活环境以及劳动者的就业选择，劳动者有权在与用人单位建立劳动关系时知悉自己的工作地点。

（5）工作时间和休息休假。工作时间是指劳动时间在企事业、机关、团体等单位中，必须用来完成其所担负的工作任务的时间。一般由法律规定劳动者在一定时间内（工作日、工作周）应该完成的工作任务，以保证最有效地利用工作时间，不断地提高工作效率，因此工作时间成为劳动合同不可缺少的内容。休息休假是指企事业、机关、团体等单位的劳动者按规定不必进行工作，而自行支配的时间。休息休假的权利是每个国家的公民都应享受的权利。《劳动法》第三十八条规定：用人单位应当保证劳动者每周至少休息一日。

（6）劳动报酬。劳动合同中的劳动报酬，是指劳动者与用人单位确定劳动关系后，因其提供了劳动而获取的报酬。劳动报酬是满足劳动者及其家庭成员物质文化生活需要的主要来源，也是劳动者付出劳动后应该得到的回报。因此，劳动报酬是劳动合同中必不可少的内容。劳动报酬主要包括以下几个方面：①用人单位工资水平、工资分配制度、工资标准和工资分配形式；②工资支付办法；③加班、加点工资及津贴、补贴标准和奖金分配办法；④工资调整办法；⑤试用期及病、事假等期间的工资待遇；⑥特殊情况下职工工资（生活费）支付办法；⑦其他劳动报酬的分配办法。劳动合同中有关劳动报酬条款的约定，要符合我国有关最低工资标准的规定。

（7）社会保险。社会保险是政府通过立法强制实施，由劳动者、劳动者所在的工作单位或社区以及国家三方面共同筹资，帮助劳动者及其亲属在遭遇年老、疾病、工伤、生育、失业等风险时，防止收入的中断、减少和丧失，以保障其基本生活需求的社会保障制度。社会保险由国家成立的专门性机构进行基金的筹集、管理及发放，不以盈利为目的，一般包括医疗保险、养老保险、失业保险、工伤保险和生育保险。

（8）劳动保护和职业危害防护。劳动保护是指用人单位为了防止劳动过程中的安全事故，采取各种措施来保障劳动者的生命安全和健康。在劳动生产过程中，存在着各种不安全、不卫生因素，如不采取措施加以保护，将会发生工伤事故，如矿井作业可能发生瓦斯爆炸、冒顶、水火灾害等事故；建筑施工可能发生高空坠落、物体打击和碰撞等。所有这些，都会危害劳动者的安全健康，妨碍工作的正常进行。职业危害是指劳动者在用人单位的职业活动中，因接触职业性有害因素如粉尘、放射性物质和其他有毒、有害物质等而对生命健康所引起的危害。根据《中华人民共和国职业病防治法》第三十四条的规定，用人单位与劳动者订立劳动合同时，应当将工作过程中可能产生的职业病危害及其后果、职业病防护措施和待遇等如实告知劳动者，并在劳动合同中写明，不得隐瞒或者欺骗。《中华人民共和国职业病防治法》中还规定了用人单位在职业病防护中的义务：用人单位应当为劳动者创造符合国家职业卫生标准和卫生要求的工作环境和条件，并采取措施保障劳动者获得职业卫生保护；应当建立、健全职业病防治责任制，加强对职业病防治的管理，提高职业病防治水平，对本单位产生的职业病危害承担责任；必须采用有效的职业病防护设施，并为劳动者提供个人使用的职业病防护用品；应当对劳动者进行上岗前的职业卫生培训和在岗期间的定期职业卫生培训，普及职业卫生知识，督促劳动者遵守职业病防治法律、法规、规章和操作规程，指导劳动者正确使用职业病防护设备和个人使用的职业病防护用品。

（9）法律、法规规定应当纳入劳动合同的其他事项。

12.3 劳动争议纠纷

12.3.1 我国劳动争议的解决程序与原则

1. 我国劳动争议的解决程序

《劳动法》第七十七条规定，用人单位与劳动者发生劳动争议，当事人可以依法申请调解、仲裁、提起诉讼，也可以协商解决。第七十九条规定，劳动争议发生后，当事人可以向本单位劳动争议调解委员会申请调解；调解不成，当事人一方要求仲裁的，可以向劳动争议仲裁委员会申请仲裁。当事人一方也可以直接向劳动争议仲裁委员会申请仲裁。对仲裁裁决不服的，可以向人民法院提起诉讼。

2. 我国劳动争议的解决原则

（1）着重调解、及时处理。“着重调解、及时处理”的原则大致包含四个方面的内容。

第一，调解是处理劳动争议的基本手段，贯穿于劳动争议处理的全过程。企业劳动争议调解委员会完全是运用调解手段，劳动争议仲裁委员会和人民法院也是先行调解，劳动争议处理机构应尽全力采用调解方式化解矛盾，以便双方当事人达到最大和解，维护并发展原有的劳动关系。

第二，调解应在当事人双方自愿的基础上进行。调解应当是双方当事人自愿参加，自愿进行。因此，劳动争议处理工作人员在主持调解工作时，须特别注意遵循自愿原则，不能有丝毫的强制或勉强。否则，调解协议书、仲裁调解书等将不具有约束力和法律效力。

第三，调解应依法进行。首先，调解协议和调解书的内容不得违背国家的法律、法规；其次，调解应按《劳动合同法实施条例》及有关部门规章所规定的程序进行，以提高调解的成功率，确保调解的有效性。

第四，对劳动争议处理要迅速、及时。企业劳动争议调解委员会对案件若调解不成，应在规定的处理时效内及时结案，不要使当事人丧失申请仲裁的权利；仲裁委员会若先行调解不成，应及时裁决，不要超过处理时效；人民法院在调解不成时，应及时判决。

（2）在查清事实的基础上，依法公正处理。“在查清事实的基础上，依法公正处理”的原则主要包括以下三个方面的内容。

第一，调查取证与举证责任相结合，才能查清事实。只有将两者有机地结合起来，才能达到查清事实的目的，为处理争议提供依据。

第二，既要依实体法，又要依程序法，而且要掌握好依法的顺序。所谓依法顺序，就是有法律依法律，没有法律依法规，没有法规依规章，没有规章依政策，没有政策依惯例，也就是依情依理，要使法、理、情融为一体。

第三，既要有原则性，又要有灵活性。在当前劳动法律、法规不健全的情况下，尤其应注意这一点。特别是在调解劳动争议的过程中，只要不违反法律、法规，双方又能接受，即可达成协议。

（3）当事人在适用法律上一律平等。

第一，劳动争议双方当事人处于平等的法律地位，具有平等的权利、义务，任何一方都不得有特权。

第二，应保护双方当事人在实际生活中的平等地位。这主要是靠法律、法规和政策的规定向弱者倾斜，以保护弱者。

12.3.2 劳动争议调节的特点

在我国，劳动争议的解决方式主要有调解、仲裁、诉讼三种。这三种方式分别具有各自的特点。

（1）调解是指在查明事实、分清是非、明确责任的基础上，依照国家劳动法的规定以及劳动合同约定的权利和义务，推动用人单位和劳动者之间相互谅解，解决争议的方式。企业调解委员会是解决劳动争议的第一道防线。劳动争议调解委员会可以设在用人单位内部，也可以由各地方的工会负责组织。劳动争议调解委员会应当由职工代表、用人单位代表和工会代表组成。劳动争议调解委员会主任由工会代表担任。劳动争议的调解应当遵循当事人双方自愿的原则。需注意的是，调解委员会只能起调解作用，它本身并无决定权，不能强迫双方接受自己的意见，也无权做出对双方具有法律约束力的文件。但是如果双方经调解达成了调解协议，调解委员会应当制作调解协议书，对于协议书，双方当事人应当自觉履行。

（2）仲裁是指根据法律规定或者当事人之间的协议，由一定的机构以第三者身份，对双方发生的争议在事实上做出判断，在权利义务上做出裁决。劳动争议仲裁是指劳动争议仲裁委员会以第三者身份为解决劳动争议而做出裁决的劳动执法活动，因此兼有行政和司法的双重性质。劳动争议仲裁委员会不会主动介入劳动争议，发生劳动争议的主体可以向其提出仲裁申请，仲裁委员会在受理案件后，经过开庭审理，在确定事实后，应先进行调解，如调解不成或双方不愿进行调解，可以做出仲裁裁决，该裁决具有强制性。如当事人双方未在法定期限内向法院起诉，则裁决生效，当事人必须履行，如一方不履行仲裁裁决，另一方可以请求强制执行。

（3）诉讼仲裁委员会依法裁决后，如果当事人一方或双方不服，在法定期限内有权向法院起诉。当事人起诉后，原裁决即无约束力，人民法院有权对该劳动争议独立审判并做出判决。在诉讼阶段，如当事人不服一审法院的判决，还可以提出上诉，由二审法院做出最终裁决。

12.3.3 劳动争议的分类

劳动争议根据其主体、客体、性质和内容的不同，可以有不同的分类。

（1）从劳动争议的主体上分，可将劳动争议分为个人劳动争议、集体劳动争议。个人劳动争议指劳动者个人与用人单位发生的劳动争议。集体劳动争议则分为两种：一种是劳动者一方为多人，且发生争议的原因和请求是共同的。这种集体争议劳动者一方应推举代表参加法定的处理程序。在处理程序上与个人劳动争议相同，但根据《劳动争议仲裁委员会办案规则》的规定，职工一方在30人以上的集体劳动争议适用特别程序。另一种为团体争议，即指以工会组织为一方，代表职工与用人单位因签订和执行集体协议而产生的争议。

（2）从劳动争议的客体上分，即从争议涉及的劳动关系上分，可将劳动争议分为因执行劳动法律、法规、劳动合同和集体合同的规定而发生的劳动争议（权利之争）以及因确定或变更劳动者的权利义务而发生的劳动争议（利益争议）。

（3）从劳动争议的性质上分，可将劳动争议分为因参加、组织工会及罢工等行使公民权行为与用人单位产生的劳动争议和因要求增加工资、缩短工时等经济利益产生的争议。

（4）从劳动争议的内容上分，可将劳动争议分为因执行国家有关工资、保险、福利、职业培训、劳动保护的规定等发生的争议；因履行劳动合同发生的争议；因用人单位开除、除名、辞退职工和职工辞职、自动离职发生的争议等。还可从内容的难易程度上分为简单的劳动争议和复杂的劳动争议。对简单的劳动争议，在处理程序上依法可以简化。

12.3.4 当事人劳动纠纷处理办法

《劳动法》规定：用人单位与劳动者发生劳动争议，当事人可以依法申请调解、仲裁、提起诉讼，也可以协商解决。如果与单位或老板发生了劳动争议，首先应与单位或老板进行协商，找出解决争议的方法。协商虽然不是法定程序，但却是解决一般争议最常用的方法。不愿协商或协商不成的，可以向劳动争议调解委员会申请调解。调解也不是法律规定的必经程序，但对解决劳动争议有很大作用。特别在并不想炒老板鱿鱼时，还是尽量通过调解解决争议为好。调解不成，就得申请仲裁了。根据规定，当事人从知道或应当知道自己的权利被侵害之日起 60 日内，要以书面形式向仲裁委员会申请仲裁。仲裁委员会应当自收到申诉书之日起 7 日内做出受理或不予受理的决定。仲裁庭处理劳动争议应当自组成仲裁庭之日起 60 日内结束。案情复杂需要延期的，经报仲裁委员会批准，可以适当延期，但延期不得超过 30 日。当事人对仲裁裁决不服可以向人民法院起诉。起诉也要注意时限，必须是在收到仲裁书之日起 15 日内。法院民事审判庭受理或审理劳动争议案件，其审理期限为 6 个月。

劳动合同是企业与职工之间为明确双方在劳动关系中的权利和义务而订立的协议。劳动合同是否订立和如何订立，对于预防和减少劳动纠纷的发生，保护劳资双方的合法权益有重大影响。所以，劳资双方在招聘或受聘进入劳动关系时，应该考虑将签订劳动合同作为头等大事来付诸实施，认真看清和理解合同条例，以免留下隐患。

本章小结

本章内容共分三部分，即劳动法概述、劳动合同概述和劳动争议纠纷的处理。阐述了劳动法律制度的主要内容、劳动者的基本权利与义务、劳动合同必须约定的事项、劳动纠纷的解决程序和原则及劳动争议的调节特点。通过学习，使学生能运用相关法律规定解决实际问题。

思考与练习

一、名词解释

劳动合同　劳动合同的终止　劳动争议仲裁　有固定期限的劳动合同　劳动保护

二、单项选择题

1. 订立劳动合同，应当遵循合法、（　　）、平等自愿、协商一致、诚实信用原则。

　A. 公道　　B. 公认　　C. 公开　　D. 公平

2. 建立劳动关系，应当订立（　　）。

　A. 书面劳动合同　　B. 口头劳动合同

C．书面或口头劳动合同　　　　　　D．书面和口头劳动合同

3．用人单位未在用工的同时订立书面劳动合同，与劳动者约定的劳动报酬不明确的，新招用的劳动者的劳动报酬的支付标准是按集体合同规定的标准执行，没有集体合同或者集体合同未规定的，（　　）。

A．按最低工资标准支付

B．按本单位同岗位劳动者工资的80%支付

C．实行同工同酬

D．按本单位同岗位劳动者工资的2倍支付

4．固定期限劳动合同是指（　　）。

A．用人单位与劳动者约定以某项工作的完成为合同期限的劳动合同

B．用人单位与劳动者约定合同终止时间的劳动合同

C．用人单位与劳动者约定无确定终止时间的劳动合同

D．用人单位与劳动者约定固定时间的劳动合同

5．不是劳动合同的必备条款的是（　　）。

A．工作内容和工作地点　　　　　　B．劳动纪律

C．劳动报酬　　　　　　　　　　　D．社会保险

6．试用期最长不得超过（　　）。

A．3个月　　B．6个月　　C．12个月　　D．18个月

三、多项选择题

1．劳动合同的类型有（　　）。

A．固定期限劳动合同

B．无固定期限劳动合同

C．以完成一定工作任务为期限的劳动合同

D．以一定终止时间为期限的劳动合同

2．劳动者合法权益受到侵害时，可以（　　）。

A．要求有关部门依法处理　　　　　B．依法申请仲裁

C．提起诉讼　　　　　　　　　　　D．协商解决

四、简答题

1．我国劳动争议的解决方式有哪几种？

2．在我国，劳动合同必须约定哪些事项？

3．劳动合同具有哪些特征？

4．简述我国劳动争议的解决程序与原则。

案例分析

案例1　王倩大学毕业后应聘到一家出版公司工作，与公司订立了一份为期1年的劳动

合同，其中约定试用期为3个月（2010年1月1日至2010年3月31日）。签订合同后，王倩按要求向公司交了500元的抵押金。2010年3月15日，公司突然向王倩发出了辞退通知，告知王倩工作表现不理想，不符合录用条件，发给她半个月工资，要求其立刻办理交接手续。

案例讨论

请根据《劳动合同法》的有关规定，指出案例中存在的错误。

案例2 某企业招用了一批合同制工人，其中有两名刚满15岁。劳动合同中约定，工人入厂时，需交身份证作为抵押，合同期限为5年，其中试用期为1年，在履行合同的过程中，若发现不能胜任工作，企业可以随时解除劳动合同。法定节日需照常工作，工资不变。每3个月发放一次工资。

案例讨论

（1）企业的招工行为中有哪些违反了《劳动法》的有关规定？

（2）劳动合同的内容有哪些违反了《劳动合同法》的规定？

案例3 2011年，李华入职于某国际货运公司任操作员。2011年6月，公司与李华签订无固定期限劳动合同，约定工作岗位及劳动报酬不变，工作地点变更至浦东机场附近。之后，李华接连请病假，如腰部扭伤、耳痛、睡眠障碍等。7月下旬，公司提出派行政人员陪同李华到指定医院复查，以确定病情的真实性，李华不同意。公司遂于8月10日致函李华，确认其于7月23日至8月10日连续旷工13天，决定自8月11日起解除双方劳动合同。9月7日，李华向长宁区劳动争议仲裁委员会申请仲裁请求赔偿。

案例讨论

劳动争议仲裁委员会会做出怎样的裁决？

第 13 章　经济仲裁与民事诉讼

学习要点

- 仲裁法概况
- 仲裁协议与仲裁程序
- 民事诉讼与民事诉讼法概况
- 民事审判的基本制度
- 管辖、民事审判程序

案例导入

2013 年 7 月，石家庄市奥龙健身房与广州市健身器械公司签订了一份购销合同。合同中的仲裁条款规定：“因履行合同发生的争议，由双方协商解决；无法协商解决的，由仲裁机构仲裁。”2013 年 9 月，双方发生争议，奥龙健身房向其所在地的石家庄市仲裁委员会递交了仲裁申请书，但健身器械公司拒绝答辩。同年 11 月，双方经过协商，重新签订了一份仲裁协议，并商定将此合同争议提交该健身器械公司所在地的广州市仲裁委员会仲裁。

事后奥龙健身房担心广州市仲裁委员会实行地方保护主义，偏袒健身器械公司，故未申请仲裁，随后向合同履行地人民法院提起诉讼，且起诉时说明此前两次仲裁的情况，法院受理此案，并向健身器械公司送达了起诉状副本，该健身器械公司向法院提交了答辩状。法院经审理判决被告健身器械公司败诉，被告不服，理由是双方事先有仲裁协议，法院判决无效。

请分析：

（1）购销合同中的仲裁条款是否有效？请说明理由。

（2）争议发生后，双方签订的协议是否有效？为什么？

（3）原告奥龙健身房向法院提起诉讼正确与否？为什么？

（4）人民法院审理本案是否正确，为什么？

13.1 经济仲裁

13.1.1 仲裁法概述

1. 经济仲裁的概念

仲裁又称公断，是指双方当事人之间发生纠纷时，由第三人做出对双方当事人均具约束力裁决的活动。

经济仲裁，是指公民、法人和其他组织之间根据合同中订立的仲裁条款或事后达成的仲裁协议，将他们之间因合同或其他财产权益发生的纠纷，提交仲裁机构做出裁决的活动。

2. 仲裁法简介

仲裁法是专门调整在仲裁过程中发生的各种关系的法律规范的总称。广义的仲裁法包括《中华人民共和国仲裁法》（以下简称《仲裁法》）、《中华人民共和国民事诉讼法》（以下简称《民事诉讼法》）等法律法规中有关仲裁的规定以及我国同其他国家缔结的双边或多边条约中涉及的通过仲裁解决投资争议及相互承认与执行仲裁裁决的有关规定；狭义上的仲裁法则仅指1994年8月31日第八届全国人民代表大会第九次会议通过、自1995年9月1日起施行的我国第一部专门调整仲裁关系的法律。它包括总则、仲裁委员会和仲裁协会、仲裁协议、仲裁程序、申请撤销裁决和执行等内容。《仲裁法》的制定和实施，对于进一步完善我国仲裁制度，维护正常的社会经济秩序，促进国际经济交往有着重要的意义。

13.1.2 仲裁协议

1. 仲裁协议的概念和特征

仲裁协议是指当事人各方同意将他们之间已经发生的或将来可能发生的争议提交仲裁解决的协议。概括起来，仲裁协议具有下列法律特征。

（1）仲裁协议是特定的法律关系的当事人之间同意将他们的争议提交仲裁解决的共同的意思表示，而不是一方当事人的意思表示。

（2）仲裁协议是使某一特定的仲裁机构取得对协议下的案件的管辖权的依据，同时也是排除法院对该特定案件实施管辖的主要的抗辩理由。

（3）一项有效的仲裁协议，是仲裁裁决得以承认与执行的基本前提。对于仲裁庭做出的仲裁裁决，如果败诉方未能自动执行，另一方当事人可请求法院强制执行。但法院在执行此项裁决时，如果认定该项裁决根据无效的仲裁协议做出，按照规定，被请求执行该裁决的法院也会拒绝承认与执行此项裁决。

2. 仲裁协议的表现形式和主要内容

1）仲裁协议的表现形式

仲裁协议有两种表现形式：合同中的仲裁条款和专门的仲裁协议书。

（1）合同中的仲裁条款。合同中的仲裁条款是合同双方当事人在争议发生之前订立的将合同执行过程中可能发生的争议提交仲裁解决的协议。它有两个特点：第一，它是当事人之间在争议发生之前所达成的约定；第二，它不是一个独立的文件，而是主合同的一个条款。

（2）仲裁协议书。仲裁协议书一般是指当事人之间订立的将已经发生的争议提交仲裁解决的协议。它有两个特点：第一，它是当事人之间在争议发生之后达成将争议提交仲裁解决的约定；第二，它是一个独立的文件，其内容是将特定的争议提交仲裁解决的单独的一项协议。

2）仲裁协议书的主要内容

无论是合同中的仲裁条款，还是当事人之间就已经发生的争议所订立的单独的仲裁协议书，都必须包括以下内容。

（1）将争议提交仲裁解决的意思表示，即双方当事人同意将争议通过仲裁的方式，而不是通过司法诉讼的方式解决的约定。这是仲裁协议最为重要的内容。如无此约定，便不可能有仲裁的发生。

（2）提交仲裁的事项，即将什么样的争议提交仲裁解决。这是对仲裁庭的管辖权做出界定的依据。如果仲裁庭解决的事项超出了该项协议的范围，则该裁决就不能得到法院的承认与执行。

（3）仲裁庭组成或仲裁机构，即确定由谁来充当仲裁员组成仲裁庭。仲裁庭可以是临时仲裁庭，也可以是常设仲裁机构下的仲裁庭。

此外，当事人还可以就其他与仲裁有关的事项做出决定，如仲裁地点、仲裁应当适用的规则等。

3. 仲裁协议的效力

尽管各国法律对仲裁协议的效力应当具备的条件规定各异，但就一般情况而言，一项有效的仲裁协议，至少应当具备以下条件。

（1）仲裁协议必须是双方当事人真实的意思表示。

（2）订立协议的双方当事人依照应当适用的法律，必须具有合法的资格和能力。

（3）仲裁协议的内容应当合法，即当事人约定的仲裁事项必须是按照有关国家的法律，可以通过仲裁方式解决的事项。这些法律一般为裁决地或裁决执行地国的法律。此外，协议的内容也不得违反仲裁地国或执行地国的法律中有关强制性的规定，不得与这些国家的公共政策相抵触。

（4）仲裁协议的形式必须合法。仲裁协议必须采用书面形式。

13.1.3 仲裁庭

1. 仲裁庭的组成

根据组成仲裁庭的仲裁员人数的不同，可以分为由 1 名仲裁员组成的独任仲裁庭、由 2 名仲裁员组成的二人仲裁庭和由 3 名或 3 名以上的仲裁员组成的仲裁庭。在国际商事仲裁实践中，常见的仲裁庭多为独任仲裁庭和由 3 名仲裁员组成的仲裁庭。

2. 仲裁员的资格

我国仲裁法对仲裁人员的资格做了比较严格的限制。按照《仲裁法》第十三条的规定，仲裁委员会应当从公道正派的人员中聘任仲裁员。仲裁员应当符合下列条件之一：从事仲裁工作满8年的；从事律师工作满8年的；曾任审判员满8年的；从事法律研究、教学工作并具有高级职称的；具有法律知识，从事经济贸易等专业工作并具有高级职称或者具有同等专业水平的。

13.1.4 仲裁程序

仲裁程序是有关仲裁机构、仲裁庭、仲裁员、申诉人、被诉人、其他关系人在仲裁案件过程中的相互关系和活动方式的规定的总称。它包括仲裁申请与受理、组成仲裁庭、开庭与裁决等事项。

1. 申请与受理

仲裁申请是仲裁机构立案受理的前提。我国《仲裁法》规定仲裁不实行级别管辖和地域管辖，当事人可以向双方约定的仲裁机构申请仲裁。根据《仲裁法》第二十一、第二十二条规定，当事人申请仲裁的条件如下。

（1）有仲裁协议。这是当事人申请仲裁和仲裁庭受理申请从而排斥诉讼管辖的依据。

（2）有具体的仲裁请求和事实、理由。所谓具体的仲裁请求，是指申诉人请求裁决的具体内容和事项；所谓事实和理由是指仲裁请求的依据是什么，它包括申诉人和被诉人之间法律关系产生、变更、消灭的事实以及证明这种事实的有关证据。

（3）属于仲裁委员会的受理范围，即根据《仲裁法》第二、第三条的规定属于可仲裁事项和不是不能仲裁的事项并且是仲裁协议所约定的仲裁机构。

（4）申诉人向仲裁委员会递交仲裁协议、仲裁申请书及副本，并预付规定的仲裁费。

仲裁委员会收到仲裁申请书之日起5日内，认为符合受理条件的，应当受理，并通知当事人；认为不符合受理条件的，应当书面通知当事人不予受理，并说明理由。申请是当事人的行为，受理是仲裁庭的行为，是仲裁程序的第一关，它关系到仲裁庭管辖权的正确行使和当事人合法权益的保护。仲裁委员会受理仲裁申请后，应当在仲裁规则规定的期限内将仲裁规则和仲裁员名册送达申请人，并将仲裁申请书副本和仲裁规则、仲裁员名册送达被申请人。被申请人收到仲裁申请书副本后，应当在仲裁规则规定的期限内向仲裁委员会提交答辩书。仲裁委员会收到答辩书后，应当在仲裁规则规定的期限内将答辩书副本送达申请人。被申请人未提交答辩书的，不影响仲裁程序的进行。

2. 组成仲裁庭

仲裁庭是具体负责审理和裁决所提交仲裁的案件的组织，通常在争议案件审理终结并做出裁决后，即告解散，可以由3名仲裁员或者1名仲裁员组成。由3名仲裁员组成的，设首席仲裁员。

根据《仲裁法》的规定，我国指定仲裁员的方法如下。

（1）3名仲裁员的，双方当事人各自选定或者各自委托仲裁委员会主任指定。

（2）1名仲裁员的，双方当事人共同选定或者共同委托仲裁委员会主任指定。

（3）当事人没有在仲裁规则规定的期限内约定仲裁庭的组成方式或者选定仲裁员的，由仲裁委员会主任指定。

仲裁庭组成后，仲裁委员会应当将仲裁庭的组成情况书面通知当事人。《仲裁法》第三十四条规定了仲裁员的回避制度。仲裁员有下列情形之一的，必须回避，当事人也有权提出回避申请。

（1）是本案当事人或者当事人、代理人的近亲属。

（2）与本案有利害关系。

（3）与本案当事人、代理人有其他关系，可能影响公正仲裁的。

（4）私自会见当事人、代理人，或者接受当事人、代理人的请客送礼的。

3. 开庭、裁决与裁决的执行

（1）开庭。仲裁应当开庭进行。当事人协议不开庭的，仲裁庭可以根据仲裁申请书、答辩书以及其他材料做出裁决。

仲裁不公开进行。当事人协议公开的，可以公开进行，但涉及国家秘密的除外。

仲裁委员会应当在仲裁规则规定的期限内将开庭日期通知双方当事人。当事人有正当理由的，可以在仲裁规则规定的期限内请求延期开庭。是否延期，由仲裁庭决定。

申请人经书面通知，无正当理由不到庭或者未经仲裁庭许可中途退庭的，可以视为撤回仲裁申请。

被申请人经书面通知，无正当理由不到庭或者未经仲裁庭许可中途退庭的，可以缺席裁决。

（2）裁决。仲裁庭在做出裁决前，可以先行调解。当事人自愿调解的，仲裁庭应当调解。调解达成协议的，仲裁庭应当制作调解书或者根据协议的结果制作裁决书。调解书与裁决书具有同等法律效力。调解书经双方当事人签收后，即发生法律效力。调解不成或者在调解书签收之前当事人反悔的，仲裁庭应当及时做出裁决。裁决应当按照多数仲裁员的意见做出，少数仲裁员的不同意见可以记入笔录。仲裁庭不能形成多数意见时，裁决应当按照首席仲裁员的意见做出。裁决书自做出之日起发生法律效力。

（3）裁决的执行。当事人应当履行裁决。一方当事人不履行的，另一方当事人可以依照《民事诉讼法》的有关规定向人民法院申请执行。受申请的人民法院应当执行。但被申请人提出证据证明裁决有《民事诉讼法》第二百三十七条第二款规定的情形之一的，经人民法院组成合议庭审查核实，裁定不予执行。

一方当事人申请执行裁决，另一方当事人申请撤销裁决的，人民法院应当裁定中止执行。

人民法院裁定撤销裁决的，应当裁定终结执行。撤销裁决的申请被裁定驳回的，人民法院应当裁定恢复执行。

13.2 民事诉讼法律制度

13.2.1 民事诉讼与民事诉讼法

民事诉讼是指人民法院在当事人和全体诉讼参与人的参加下，依法审理和解决民事纠纷的活动。民事诉讼是解决民事纠纷具有最后一道防线性质的机制。人民法院依照法律规定独立行使审判权，不受行政机关、社会团体和个人的干涉。

民事诉讼法是指由国家立法机关制定的，规定法院、当事人及当事人之外的所有参与人进行民事诉讼活动和执行活动的法律规范。它规定了当事人如何起诉、进行诉讼，法院解决纠纷、平息矛盾的程序，其他诉讼参与人如何为诉讼行为等。

民事诉讼是民事诉讼法调整的对象，民事诉讼法是调整民事诉讼活动的法律规范。

13.2.2 民事诉讼法的基本原则

民事诉讼法的基本原则是指在民事诉讼的整个过程中，对民事诉讼法律关系主体的相互作用关系以及民事诉讼活动起指导作用的根本性准则。民事诉讼法的基本原则主要有平等原则、法院调解原则、辩论原则、处分原则。

1. 平等原则

平等原则主要包括以下内容：双方当事人的诉讼地位平等；双方当事人有平等的行使诉讼权利的手段；人民法院平等地保障双方当事人行使诉讼权利；对当事人适用法律上一律平等。

在司法实践中，人民法院应当为当事人行使诉讼权利提供司法保障。例如，当事人文化水平不高书写诉状有困难，不通晓当地的语言和文字，生活存在困难等，法院应尽可能提供条件帮助其指定代书人，提供翻译服务，给予法律帮助，为当事人行使诉讼权利提供和创造条件。

2. 法院调解原则

法院调解，是指在人民法院审判人员的主持下，诉讼当事人就争议的问题，通过自愿协商，达成协议，解决民事纠纷的活动。一般来讲，凡是属于民事权益争议性质，存在调解可能的案件，人民法院都可以用调解的方式解决。法院调解适用于审判程序的全过程，包括第一审程序、第二审程序以及审判监督程序。在第一审程序，无论是普通程序还是简易程序都可适用。

（1）不适用调解的案件：根据《最高人民法院关于人民法院民事调解工作若干问题的规定》第二条的规定，下列三类案件不适用调解。

① 适用特别程序、督促程序、公示催告程序、破产还债程序审理的案件。

② 确认婚姻关系、身份关系确认案件。

③ 其他依案件性质不能进行调解的民事案件。

（2）法院在适用调解方式审理民事案件时，应当遵循以下两个原则。

① 自愿原则。自愿原则是指调解必须在当事人自愿的基础上进行，调解活动的进行和调解协议的达成，都必须以当事人自愿为前提。人民法院既不能在未经当事人同意的情况下自行调解，也不能强迫当事人接受调解，调解所达成的调解协议内容也必须是双方当事人真实的意思表示。

② 合法原则。合法原则是指人民法院进行调解必须依法进行，调解的过程和达成的调解协议的内容，应当符合法律规定，包括程序上合法和实体上合法。程序上合法，是指人

民法院的调解活动应当严格按照法律规定的程序进行，包括调解的开始，调解的方式、步骤，调解的组织形式，调解协议的形成以及调解书的送达等，都要符合《民事诉讼法》的规定。实体上合法，是指经调解达成的协议的内容要合法，即调解协议的内容不违反法律、法规的规定，不损害国家、社会、他人的合法权益。

3. 辩论原则

辩论原则是指在人民法院主持下，当事人有权就案件事实和争议问题，各自陈述自己的主张和根据，互相进行反驳和答辩，从而查明案件事实，以维护自己的合法权益。辩论是当事人的诉讼权利，又是人民法院审理民事案件、经济纠纷案件的准则。当事人双方就有争议的问题，相互进行辩驳，通过辩论揭示案件的真实情况。辩论既可以通过口头形式辩论，也可以运用书面形式辩论。辩论权的行使贯穿于第一审程序、第二审程序以及再审程序的全过程，贯穿于各程序的开庭审理阶段、开庭前的准备阶段、法院审理阶段。当事人辩论的内容既可以是程序方面的问题，也可以是实体方面的问题。作为裁判根据的证据，必须经当事人辩论、质证，凡是未经当事人辩论、质证的证据，不能作为法院裁判的根据。

例如，A 市区法院对甲诉乙合同纠纷一案未经开庭审理即做出了判决，该审判行为由于没有开庭审理，当事人不能进行充分的辩论，违反了辩论原则。

4. 处分原则

民事诉讼法中的处分原则，是指民事诉讼当事人有权在法律规定的范围内，处分自己的民事权利和诉讼权利。当事人行使处分权处置的权利，既可以是实体权利，也可以是诉讼权利。一般情况下，当事人对实体权利的处分，是通过对诉讼权利的处分来实现的。在民事诉讼中，当事人享有处分权，法院享有审判权。处分权和审判权的关系如下：处分权制约审判权，审判权监督处分权。处分原则贯穿于民事诉讼的全过程，具体体现：①民事纠纷发生后，是否起诉，以及在什么范围内起诉，由当事人自行决定；②诉讼程序开始后，原告可以变更或者放弃诉讼请求，被告可以承认或者反驳原告提出的诉讼请求，也可以对原告提出反诉；③双方当事人可以自行和解，也可以请求法院调解；④一审判决后，可以提起上诉；⑤裁判生效后，可以申请强制执行；⑥在诉讼过程中，当事人可以撤回起诉、撤回上诉、撤回执行申请。处分即自由支配，对于权利，当事人可以行使，也可以放弃。

13.2.3 民事审判的基本制度

民事审判的基本制度，是指人民法院审判民事案件所必须遵循的关键性作用的审判制度。根据《民事诉讼法》的规定，民事审判的基本制度包括合议制度、回避制度、公开审判制度和两审终审制度。

1. 合议制度

合议制度，是指由 3 名以上的审判人员组成审判集体，代表人民法院行使审判权，对案件进行审理并做出裁判的制度。合议制度的组织形式为合议庭。

合议庭的组成因审级和案件的性质不同而不同，包括以下几种情况：第一，人民法院审理第一审民事案件，由审判员、陪审员共同组成合议庭或者由审判员组成合议庭。第二，人民法院审理第二审民事案件，由审判员组成合议庭。第三，发回重审的案件，原审人民法院应当按照第一审程序另行组成合议庭。第四，人民法院审理再审案件，原来是第一审的，按照第一审程序另行组成合议庭；原来是第二审的或者是上级人民法院提审的，按照第二审程序另行组成合议庭。但不论上述哪种组成形式，合议庭的人数都必须是 3 人以上的单数，并且要由其中 1 人担任审判长，主持审判活动。合议庭的审判长由院长或者庭长指定审判员一人担任；院长或庭长参加审判的，由院长或者庭长担任。合议庭的职能是代表人民法院行使审判权，对具体案件进行审理并做出裁判。但合议庭应当接受审判委员会的指导和监督，并执行审判委员会的决定。合议庭成员地位平等，享有同等的权利；陪审员在履行陪审职务时，与审判员有同等的权利和义务。合议庭评议案件，实行少数服从多数的原则。评议应当制作笔录，由合议庭成员签名。

2. 回避制度

回避制度是为了案件的公正审判，审判人员或其他有关人员遇有法律规定不宜参加案件审理的情形，应当自行退出本案的审理，当事人及其法定代理人也有权要求他们回避的审判制度。适用回避的人员包括审判人员、书记员、翻译人员、鉴定人、勘验人等。

根据《民事诉讼法》第四十四条的规定，审判人员有下列情形之一的，应当自行回避，当事人有权用口头或者书面方式申请他们回避：①是本案当事人或者当事人、诉讼代理人近亲属的；②与本案有利害关系的；③与本案当事人、诉讼代理人有其他关系，可能影响对案件公正审理的。前款规定，适用于书记员、翻译人员、鉴定人、勘验人。

当事人提出回避申请，应当说明理由，在案件开始审理时提出；回避事由在案件开始审理后知道的，也可以在法庭辩论终结前提出。院长担任审判长时的回避，由审判委员会决定；审判人员的回避由院长决定；其他人员的回避，由审判长决定。

3. 公开审判制度

公开审判制度，是指人民法院审理案件和宣告判决一律公开进行的制度。

(1) 公开审判制度的内容。公开审判制度包括三项内容：第一，开庭前公告当事人姓名、案由和开庭的时间、地点；第二，开庭时允许群众旁听和允许新闻记者采访报道；第三，公开宣告判决。

（2）公开审判制度的例外规定。公开审判制度不是绝对的，也有不公开审理的例外情况。根据我国《民事诉讼法》的规定，不公开审理的案件有以下三种：第一，涉及国家秘密的案件；第二，涉及个人隐私的案件；第三，法律另有规定的案件。这是指除上述两种案件外，凡是法律另有专门规定不公开审理的案件，均应当不公开审理。

4. 两审终审制度

两审终审制度，是指一个民事案件经过两级法院的审理就告终结的制度。根据《民事诉讼法》的规定，当事人不服一审人民法院的裁判的，在上诉期内，可以向上一级人民法院上诉，上一级人民法院对案件的裁判为终审裁判，当事人不得再行上诉。两审终审制度也有例外：最高人民法院作为一审法院做出的裁判为终审裁判；人民法院按照特别程序以及督促程序、公示催告程序、破产还债程序审理案件所做出的裁判以及《民事诉讼法》规定不准上诉的裁定，当事人均不得提出上诉。

13.2.4 管辖

管辖是指法院系统内各级法院之间以及同级法院之间受理第一审案件的分工与权限。管辖包括级别管辖、地域管辖、移送管辖、指定管辖。

1. 级别管辖

级别管辖是指人民法院系统内上下级法院之间受理第一审案件的分工与权限。

（1）基层人民法院的管辖。基层人民法院管辖除上级人民法院管辖外的所有第一审民事案件，法律另有规定的除外。

（2）中级人民法院的管辖。

第一，重大涉外案件。只有重大涉外案件才属于中级人民法院管辖，一般的涉外案件属于基层人民法院管辖。重大是指：①争议标的额大；②案情复杂；③居住在国外的当事人众多的涉外案件。满足上述三个条件之一即可。重大的涉中国港澳台民事案件的涉外案件，也属于中级人民法院管辖。

第二，在本辖区内有重大影响的案件。在本辖区内有重大影响是指其影响范围超过了基层法院的辖区。

第三，最高人民法院确定由中级人民法院管辖的案件。根据相关司法解释的规定，这类案件主要有海事海商案件、专利纠纷案件、著作权民事纠纷案件、商标民事纠纷案件、涉及域名的侵权纠纷案件、虚假陈述证券民事赔偿案件、与仲裁相关的案件等。

（3）高级人民法院的管辖。高级人民法院管辖在本辖区内有重大影响的第一审民事案件。

（4）最高人民法院的管辖。最高人民法院管辖在全国有重大影响的案件，以及它认为应当由其审理的第一民事案件。最高人民法院的判决和裁定为最终判决和裁定。

2. 地域管辖

地域管辖是指按照各人民法院的辖区和民事案件的隶属关系来划分同级人民法院受理第一审民事案件的职权范围。

（1）一般地域管辖。一般地域管辖是指根据当事人住所地确定行使管辖权的法院。根据《民事诉讼法》的规定，一般情况下，管辖的确定采用“原告就被告”的原则，对公民提起民事诉讼，由被告住所地人民法院管辖，被告住所地与经常居住地不一致的，由常居住地人民法院管辖。对法人或者其他组织提起的民事诉讼，由被告住所地人民法院管辖。就公民而言，住所地是指其户籍所在地。经常居住地，是指公民离开住所地至起诉时已连续居住一年以上的地方，但住院就医的地方除外。就法人而言，住所地是指其主要营业地或主要办事机构所在地。但对不在中华人民共和国领土内居住的人提起的有关身份关系的诉讼，对下落不明或者宣告失踪的人提起的有关身份关系的诉讼，对被劳动教养的人提起的诉讼，对被监禁的人提起的诉讼，由原告住所地人民法院管辖，原告住所地与经常居住地不一致的，由原告经常居住地人民法院管辖。追索赡养费案件的几个被告住所地不在同一辖区的，可以由原告住所地人民法院管辖。

（2）特殊地域管辖。特殊地域管辖是指法律对某些案件的管辖所做出的特殊规定。我国《民事诉讼法》规定的特殊地域管辖是以诉讼标的或标的物所在地、法律事实所在地、被告住所地为标准确定的管辖。以下9种案件适用特殊地域管辖。

① 因合同纠纷提起的诉讼，由被告住所地或者合同履行地人民法院管辖。

② 因保险合同纠纷提起的诉讼，由被告住所地或者保险标的物所在地人民法院管辖。

③ 因票据纠纷提起的诉讼，由票据支付地或者被告住所地人民法院管辖。

④ 因铁路、公路、水上、航空运输和联合运输合同纠纷提起的诉讼，由运输始发地、目的地或者被告住所地人民法院管辖。

⑤ 因侵权行为提起的诉讼，由侵权行为地或者被告住所地人民法院管辖。

⑥ 因铁路、公路、水上和航空事故请求损害赔偿提起的诉讼，由事故发生地或者车辆、船舶最先到达地、航空器最先降落地或者被告住所地人民法院管辖。

⑦ 因船舶碰撞或者其他海事损害事故请求损害赔偿提起的诉讼，由碰撞发生地、碰撞船舶最先到达地、加害船舶被扣留地或者被告住所地人民法院管辖。

⑧ 因海难救助费用提起的诉讼，由救助地或者被救助船舶最先到达地人民法院管辖。

⑨ 因共同海损提起的诉讼，由船舶最先到达地、共同海损理算地或者航程终止地的人民法院管辖。

（3）专属管辖。专属管辖是指法律规定某些特殊类型的案件专门由特定的人民法院管辖，其他人民法院无权管辖，也不允许当事人协议变更管辖。专属管辖有以下3种情况。

① 因不动产纠纷提起的诉讼，由不动产所在地人民法院管辖。

② 因港口作业中发生纠纷提起的诉讼，由港口所在地人民法院管辖。

③ 因继承遗产纠纷提起的诉讼，由被继承人死亡时住所地或者主要遗产所在地人民法院管辖。根据以上规定，两个以上人民法院都有管辖权的诉讼，原告可以向其中一个人民法院起诉；原告向两个以上有管辖权的人民法院起诉的，由最先立案的人民法院管辖。

（4）协议管辖。协议管辖是指合同当事人在纠纷发生之前或之后，以书面方式约定特定案件的管辖法院。我国《民事诉讼法》第三十四条规定：合同或者其他财产权益纠纷的当事人可以书面协议选择被告住所地、合同履行地、合同签订地、原告住所地、标的物所在地等与争议有实际联系的地点的人民法院管辖，但不得违反本法对级别管辖和专属管辖的规定。

3. 移送管辖

移送管辖是指人民法院在受理民事案件后，发现自己对案件并无管辖权而依法将案件移送到有管辖权的人民法院审理。根据《民事诉讼法》第三十六条和第一百二十七条之规定，人民法院发现受理的案件不属于本院管辖的，应当移送有管辖权的人民法院，受移送的人民法院应当受理。人民法院受理案件后，当事人对管辖权有异议的，应当在提交答辩状期间提出。人民法院对当事人提出的异议，应当审查。异议成立的，裁定将案件移送有管辖权的人民法院；异议不成立的，裁定驳回。

4. 指定管辖

指定管辖是指在特殊情况下，上级人民法院指定某一下级人民法院对某一案件行使管辖权。根据《民事诉讼法》第三十六条和第三十七条之规定，指定管辖适用于以下3种情形。

（1）有管辖权的人民法院由于特殊原因，不能行使管辖权的，由上级人民法院指定管辖。

（2）人民法院之间因管辖权发生争议，由争议双方协商解决；协商解决不了的，报请它们的共同上级人民法院指定管辖。

（3）受移送的人民法院认为受移送的案件依照规定不属于本院管辖的，应当报请上级人民法院指定管辖，不得再自行移送。

13.2.5 民事审判程序

1. 第一审程序

第一审程序包括普通程序和简易程序。

1）普通程序

普通程序是指人民法院审判第一审民事案件通常所适用的最基本程序。普通程序适用于各级人民法院审理第一审民事诉讼案件。对基层人民法院来讲，除了简单的民事诉讼案件适用简易程序审理以外，其他民事案件都要适用普通程序加以审理。二级人民法院、高级人民法院、最高人民法院审理第一审民事案件时，必须适用普通程序。

普通程序主要包括起诉与受理、审理前的准备、开庭审理等几个阶段。

（1）起诉。起诉是指公民、法人及其他组织认为自己的或依法由自己管理、支配的民事权益受到侵害或与他人发生了争议，以自己的名义向人民法院提出诉讼请求，要求人民法院通过审判予以保护的诉讼行为。

当事人起诉必须符合下列实质要件。

① 原告是与本案有直接利害关系的公民、法人和其他组织。所谓利害关系，是指请求人民法院保护的利益是提起诉讼当事人自己的利益或者受其管理或支配的利益。直接的利害关系实际上是一种民事权利义务关系，只有与被起诉的案件具有这种利益关系，才有起诉的资格。

② 有明确的被告。原告在起诉时必须在起诉状中载明是谁侵害了自己的民事权益或者与谁发生了争议。被告不明确，人民法院就无法确定民事权利、民事义务的承担者，诉讼也就无法进行。

③ 有具体的诉讼请求、事实和理由。所谓具体的诉讼请求，是指原告提起诉讼要求人民法院通过审判予以保护的民事权益的具体内容。原告起诉时必须明确提出请求人民法院以什么形式、保护何种权利，要求法院判令被告履行什么义务，或者要求人民法院确认某种法律关系的存在与否，或者要求人民法院变更某项已存在的法律关系。所谓事实和理由，是指原告起诉时向人民法院提出的诉讼请求的案件事实、证据和法律依据。

④ 属于法院受理民事诉讼的范围和受诉法院管辖。首先，原告提起的诉讼要求解决的纠纷，必须属于人民法院受理民事案件的范围。其次，当事人起诉应当向对具体民事案件有管辖权的人民法院提起。

当事人起诉还必须符合下列形式要件。

① 一般应当递交起诉状。根据《民事诉讼法》的规定，起诉应当向人民法院递交起诉状，并按照被告人数提出副本。书写诉状确有困难的，可以口头起诉，由人民法院记入笔录，并告知对方当事人。

② 预交案件受理费。依据《诉讼费用交纳办法》，原告起诉应当向法院预交案件受理费。原告交纳案件受理费确有困难的，可以依法向法院申请缓交、免交或减交。如果原告在预交案件受理费期限内没有预交，人民法院应裁定按原告自动撤回起诉处理。

（2）受理。受理是指人民法院经过审查，认为原告的起诉符合《民事诉讼法》规定的条件，而决定予以审理的行为。

人民法院对原告的起诉，应当在收到起诉状之日起 7 日内做出是否受理的裁定。认为符合起诉条件受理的，应当通知当事人；认为不符合起诉条件的，裁定不受理；人民法院受理后才发现原告的起诉不符合法律规定的条件的，裁定驳回起诉；原告对人民法院做出的不予受理、驳回起诉的裁定不服的，可以提起上诉。原告再次起诉的，如果符合起诉条件，人民法院应当受理。

（3）审理前的准备。审理前的准备，是指人民法院受理案件以后至开庭审理之前，为保证庭审的正常进行，法院的案件承办人员依法进行的一系列的准备工作。

根据我国《民事诉讼法》的规定，审理前的准备主要有以下几项工作。

① 人民法院决定受理的民事案件，立案 7 日后属于正式进入审理程序，法律依据是《民事诉讼法》第一百二十三条之规定：符合起诉条件的，应当在 7 日内立案，并通知当事人；不符合起诉条件的，应当在 7 日内裁定不予受理；原告对裁定不服的，可以提起上诉。

② 告知当事人诉讼权利和义务以及合议庭的组成人员。法院受理案件后，应当分别向原告发送受理案件通知书和向被告发送应诉通知。一般来讲，这是法院分别向双方当事人发送的首份法院方面的诉讼文件。该份文件中法院将《民事诉讼法》所规定的当事人的诉讼权利和义务告知当事人，以便其依法行使诉讼权利和履行诉讼义务，同时也会将其他相关诉讼事项如提交当事人身份证明、提交授权委托书等通知当事人。如果合议庭成员已经确定，受理或应诉通知书中还应当告知当事人合议庭组成人员包括书记员的名单，以及法院的通信联络方式，同时告知当事人对于合议庭成员或书记员等认为有法定回避情形的，可依法提出回避申请。

③ 审核诉讼材料，调查搜集必要的证据。审理前诉讼阶段的诉讼材料主要包括双方当事人向法院提交的起诉状、答辩状及其相关的证据材料。在此阶段，法律要求承办案件的人员认真审核当事人提交的诉讼材料和调查搜集必要的证据，以便归纳、明确当事人争议的焦点以及确定应当由人民法院自己搜集、调查的证据的范围。对案件中所涉及的专门性问题，合议庭认为需要鉴定、审计的，应及时交由法定鉴定部门或指定有关鉴定部门鉴定，委托审计部门审计。

④ 追加当事人。法院通过审核诉讼材料，发现有些案件中必须共同进行诉讼的当事人或者第三人没有参加诉讼的，应当通知其参加诉讼。根据法律规定，在任何时候，当事人均可以提出自己的主张，但能否被采纳是由法官决定的。

根据《民事诉讼法》的规定，追加当事人是指法官在诉讼中认为必须参加诉讼的当事人没有参加诉讼的，可以裁定追加。在这种情况下，追加当事人的职权是法院的职权。当事人可以提出追加的请求，但能否被采纳还是由法官根据《民事诉讼法》的规定确定。

（4）开庭审理。开庭审理，是指法院于确定的日期，在双方当事人和其他诉讼参与人的参加下，依照法定的形式和程序，在法庭上对民事案件进行审理和裁判的诉讼活动。开庭审理的主要任务是，通过法院合议庭主持和当事人直接参加下的法庭调查和法庭辩论，审查确定案件事实，分清是非责任，并在此基础上，合议庭依据《民事诉讼法》和民事实体法进行评议，从而做出裁判以确认当事人之间的权利义务关系，解决当事人之间的纠纷，保护当事人的合法权益，制裁民事违法行为。

围绕着案件的实质性问题，开庭审理的主要程序和内容如下。

① 庭审准备。庭审准备主要工作包括：告知当事人及其他诉讼参与人出庭日期，人民法院在确定了开庭日期后，应当在开庭3日前告知当事人和其他诉讼参与人；人民法院对于公开审理的案件，应当在开庭3日前发布公告，公告当事人的姓名、案由及开庭的时间、地点。

② 宣布开庭。这一阶段的活动主要由书记员和审判长进行。由书记员查明当事人和其他诉讼参与人是否到庭，并向全体诉讼参与人和旁听群众宣布法庭纪律；由审判长宣布开庭，核对当事人身份，宣布案由，宣布审判人员、书记员名单，并询问当事人是否提出回避申请。

③ 法庭调查。法庭调查是指审判人员在法庭上对案件事实、证据材料进行全面审查、核实的诉讼活动。通过当事人对案件事实的陈述、证人作证以及各种证据的出示、质证，人民法院审查、核实、认证，为查清案件事实和正确适用法律提供客观依据。

④ 法庭辩论。这一阶段是在审判人员主持下，各方当事人根据法庭调查的情况，围绕双方争议的焦点问题而展开辩论，就有关证据和案件事实的认定以及法律适用而阐述和论证己方的观点，反驳对方的观点。其目的在于通过辩论而进一步核实有关证据，确定证据的证明力，从而确定案件事实，分清是非责任，并为裁判案件奠定基础。

⑤ 宣告判决。宣告判决，是人民法院将案件的审判结果向案件的当事人、诉讼参与人以及社会公开宣告的活动。根据法律的规定，宣判包括当庭宣判和定期宣判两种方式。当庭宣判的，是在合议庭评议结束后，由审判长宣布继续开庭并宣读判决结果。宣判的内容包括：认定的事实，适用的法律，判决的结果和理由，诉讼费用的负担，以及当事人上诉的权利、期限和上诉法院等。当庭宣判的，法院应当在10日内发送判决书。不能当庭宣判的，审判长应当宣布另定日期宣判。与当庭宣判所不同的是，定期宣判后，立即发送判决书。

宣判后，由审判长宣布闭庭，法庭审理全部结束。人民法院适用普通程序审理的案件，应当在立案之日起 6 个月内审结。有特殊情况需要延长的，由本院院长审批，可以延长 6 个月；还需要延长的，报请上级人民法院批准。

2）简易程序

简易程序是指基层人民法院及其派出法庭审理简单民事案件所适用的简便易行的诉讼程序。根据现行相关法律的规定，对于事实清楚、权利义务关系明确、争议不大的简单的民事案件一般应当适用简易程序。简易程序的特点：①起诉方式和受理案件的程序简便（可口头起诉；双方当事人同时到庭的，可当即审理）；②传唤方式简便；③独任审判；④开庭审理程序简便；⑤审理期限短（应当在立案之日起3个月内审结）。

2. 第二审程序

第二审程序是指因当事人不服地方各级人民法院尚未生效的一审判决或裁定而向上一级人民法院提起上诉，上一级人民法院据此对案件进行审判所适用的程序。第二审程序又称上诉审程序、终审程序，法院适用二审程序对案件进行审理并做出裁判后，诉讼即告终结。

当事人不服地方人民法院第一审判决的，可在判决书送达之日起 15 日内向上一级人民法院提起上诉。当事人不服地方人民法院第一审裁定的，有权在裁定书送达之日起 10 日内向上一级人民法院提起上诉。二审人民法院对上诉案件应当由审判员组成合议庭进行审理。审理可视情况分别采用直接审理或书面审理。上诉案件经过审理后，二审法院按照不同情况，分别做出判决或裁定：①原判决、裁定认定事实清楚、适用法律正确的，驳回上诉，维持原判；②原判决、裁定认定事实错误或者适用法律错误的，依法改判、撤销或者变更；③原判决认定基本事实不清的，裁定撤销原判决，发回原审人民法院重审，或者查清事实后改判；④原判决遗漏当事人或者违法缺席判决等严重违反法定程序的，裁定撤销原判，发回原审人民法院重审。原审人民法院对发回重审的案件做出判决后，当事人提起上诉的，第二审人民法院不得再次发回重审。

13.2.6 审判监督程序

审判监督程序是指人民法院对已经发生法律效力的判决、裁定和调解书，当其具备某种法定情形时，对案件进行再审的程序。

（1）人民法院启动的再审。各级人民法院院长对本院已经发生法律效力的判决、裁定，发现确有错误，认为需要再审的，有权将案件提交审判委员会讨论，以决定是否再审；最高人民法院对地方各级人民法院的生效裁判，上级人民法院对下级人民法院的生效裁判，当发现其确有错误时，有权启动审判监督程序。

（2）人民检察院启动的再审。最高人民检察院对各级人民法院已经发生法律效力的判决、裁定，上级人民检察院对下级人民法院已经发生法律效力的判决、裁定，可以按照审判监督程序提出抗诉。人民法院审理再审案件，应当另行组成合议庭。人民检察院提出抗诉的案件，人民法院再审时应当通知人民检察院派员出席法庭。

（3）当事人申请的再审。当事人对已经发生法律效力的判决、裁定，认为有错误的，可以向上一级人民法院申请再审，但不停止判决、裁定的执行。当事人申请再审，应当在判决、裁定发生法律效力后 2 年内提出；2 年后据以做出原判决、裁定的法律文书被撤销或者变更，以及发现审判人员在审理该案件时有贪污受贿，徇私舞弊，枉法裁判行为的，自知道或者应当知道之日起 3 个月内提出；对生效的调解书违反自愿原则或者调解协议内容违反法律的，可以申请再审。但对生效的解除婚姻关系的判决，不得申请再审；按照督促程序、公示催告程序审理的案件以及依照审判监督程序审理后维持原判的案件，当事人不得申请再审。

人民法院按照审判监督程序再审的案件，发生法律效力的判决、裁定是由第一审法院做出的，按照第一审程序审理，对所做的判决、裁定，当事人可以上诉；发生法律效力的判决、裁定是由第二审法院做出的，按照第二审公示催告程序审理，所做的判决、裁定是发生法律效力的判决、裁定。

13.2.7 特别程序、督促程序、公示催告程序、执行程序

（1）特别程序是指人民法院审理选民资格案件、宣告失踪或者宣告死亡案件、认定公民无民事行为能力或者限制民事行为能力案件、认定财产无主案件、确认调解协议案件和实现担保物权案件所适用的程序。

特别程序审理案件的特别之处在于：特别程序实行一审终审制，依照特别程序审理案件后一律判决结案，利害关系人对该判决一律不能上诉，判决一经做出就是终审判决，一经宣告即产生法律上的效力；经特别程序审理的案件，一律不收诉讼费；依特别程序审理的案件，《民事诉讼法》规定，审理选民资格案件必须在选举日前审结，审理其他非诉讼案件应当从立案之日起30日内或公告期满后30日内审结。

（2）督促程序是指人民法院接受债权人的申请，督促债务人履行义务的非诉讼程序。根据《民事诉讼法》的规定，债权人请求债务人给付金钱、有价证券，在债权人与债务人没有其他债务纠纷而支付令又能够送达债务人的情况下，可以向有管辖权的基层人民法院申请支付令。债权人提出申请后，人民法院应当在 5 日内通知债权人是否受理。人民法院应当在受理之日起 15 日内向债务人发出支付令；申请不成立的，裁定予以驳回。债务人应当自收到支付令之日起 15 日内清偿债务，或向人民法院提出书面异议。人民法院收到债务人提出的书面异议后，应当裁定终结督促程序，支付令自行失效，债权人可以起诉。

（3）公示催告程序是指人民法院公开告示，要求不确定的或者不明确的权利人在法律规定的期间内申报权利，如不申报即丧失其权利的程序。在法定期间内申报权利，如果逾期无人申报权利，根据申请人的申请，依法做出判决的程序。根据《民事诉讼法》的规定，可以背书转让的票据持有人，因票据被盗、遗失或者灭失，可以向票据支付地的基层人民法院申请公示催告。人民法院决定受理申请的，应当同时通知支付人停止支付，并在 3 日内发出公告，催促利害关系人申报权利。公示催告的期间由人民法院根据情况决定，但不得少于60日。支付人收到人民法院停止支付的通知，应当停止支付直至公示催告程序终结。公示催告期间，转让票据权利的行为无效。利害关系人应当在公示催告期间向人民法院申报。无人申报的，人民法院应根据申请人的申请，做出判决，宣告票据无效。判决应当公告，并通知支付人。自判决公告之日起，申请人有权向支付人请求支付。利害关系人因正当理由不能在判决前向人民法院申报的，自知道或者应当知道判决公告之日起 1 年内，可以向做出判决的人民法院起诉。

（4）执行程序。民事执行是国家执行机关根据生效的法律文书，运用国家强制力强制债务人履行生效法律文书所确定的义务，实现或满足债权人民事权利的行为。根据《民事诉讼法》的规定，发生法律效力的民事判决、裁定，以及刑事判决、裁定中的财产部分，由第一审人民法院执行或者与第一审人民法院同级的被执行的财产所在地人民法院执行。法律规定由人民法院执行的其他法律文书，由被执行人住所地或者被执行的财产所在地人民法院执行。执行工作由执行员进行。申请执行的期间为 2 年，从法律文书规定履行期间的最后一日起计算，法律文书规定分期履行的，从规定的每次履行期间的最后一日起计算；

法律文书未规定履行期间的，从法律文书生效之日起计算。申请执行时效的中止、中断，适用法律有关诉讼时效中止、中断的规定。执行员接到申请执行书或者移交执行书，应当向被执行人发出执行通知，责令其在指定的期间履行，逾期不履行的，强制执行。被执行人不履行法律文书确定的义务，并有可能隐匿、转移财产的，执行员可以立即采取强制执行措施。

本章小结

本章内容共分两节，即经济仲裁和民事诉讼。本章根据《仲裁法》和《民事诉讼法》的规定，阐述了仲裁制度、民事诉讼制度的主要内容；要求学生了解仲裁法的立法概况及经济司法的基本内容，理解并掌握经济仲裁和民事诉讼的基本原则和基本制度、程序以及案件的管辖和审判程序，并能运用相关法律规定解决实际问题。

思考与练习

一、名词解释

仲裁　仲裁协议　级别管辖　地域管辖　移送管辖　指定管辖　督促程序　审判监督程序

二、判断题

1．我国《仲裁法》明确规定，平等主体的法人和其他组织之间发生的合同纠纷和其他财产权益纠纷，可以仲裁；婚姻、收养、监护纠纷不能仲裁。（　　）

2．仲裁裁决做出后，当事人不服并就同一纠纷再次向人民法院起诉的，人民法院应当受理。（　　）

3．仲裁一般不公开进行，但当事人协议公开的，可以公开进行，涉及国家秘密的除外。（　　）

4．仲裁调解书与仲裁裁决书具有同等法律效力。（　　）

三、单项选择题

1．设立仲裁委员会，应当经省、自治区、直辖市的（　　）登记。

A．工商行政管理局　　B．司法行政部门

C．商会　　D．人民政府

2．仲裁委员会的组成人员中，法律、经济贸易专家不得少于（　　）。

A．1/3　　B．1/2　　C．2/3　　D．3/4

3．当事人提出回避申请，应当说明理由，在（　　）提出。

A．首次开庭前　　B．最后一次开庭前

C．仲裁裁决送达前　　D．仲裁裁决做出前

4．人民法院应当在受理撤销裁决申请之日起（　　）内做出撤销裁决或者驳回申请的裁定。

A．1个月　　B．2个月　　C．3个月　　D．6个月

5．关于民事案件的级别管辖，下列选项正确的是（　　）。

A．第一审民事案件原则上由基层法院管辖

B．涉外案件的管辖权全部属于中级法院

C．高级法院管辖的一审民事案件包括在本辖区内有重大影响的民事案件和它认为应当由自己审理的案件

D．最高法院仅管辖在全国有重大影响的民事案件

四、多项选择题

1．根据我国《仲裁法》的规定，下列纠纷不可以仲裁的有（　　）。

A．平等主体之间的合同纠纷　　B．继承纠纷

C．行政争议　　D．抚养纠纷

2．我国仲裁法的基本原则主要包括（　　）。

A．意思自治原则　　B．仲裁独立原则

C．协议仲裁原则　　D．或裁或审原则

3．我国仲裁法的基本制度主要包括（　　）。

A．一裁终局制度　　B．仲裁独立制度

C．协议仲裁制度　　D．或裁或审制度

4．仲裁决议应当包括（　　）。

A．请求仲裁的意思表示　　B．仲裁事项

C．选定的仲裁委员会　　D．对仲裁裁决不服可以向法院起诉的约定

5．民事起诉应具备（　　）条件。

A．原告是与本案有直接利害关系的公民、法人和其他组织

B．有明确的被告

C．有具体的诉讼请求和事实、理由

D．属于人民法院受理民事诉讼的范围

6．当事人申请仲裁的条件有（　　）。

A．有仲裁协议　　B．有具体的仲裁请求和事实、理由

C．属于仲裁委员会的受理范围　　D．当事人一方为外国组织或个人

五、简答题

1．仲裁的适用范围是什么？如何理解仲裁意思自治原则和仲裁独立原则？

2．简述仲裁的程序。

3．什么是普通审判程序？它分为几个阶段？

4．什么是专属管辖和协议管辖？

5．我国民事审判的基本制度是什么？

案例分析

案例 1 李某的父亲生前是一个集邮爱好者，去世后留有几本邮票。李某对邮票从来不感兴趣。一日，李某的朋友刘某来吃饭，谈话中无意间提到了这几本邮票，刘某也是一个集邮爱好者，看到这些邮票后，他随即表示愿意全部购买，最后以 9 000 元的价格将邮票全部拿走，李某对这一价格也比较满意。事过不久，李某从父亲生前的一个朋友处得知，他父亲所留的邮票中，有 5 张相当珍贵，可能每张都值 7 000 元以上；同时另一个同事告诉他，刘某正在寻找买主。李某立即找到刘某，要求退还 9 000 元钱并取回邮票，但刘某坚决不同意。双方协商不成，李某起诉至法院，要求撤销合同，返还邮票。

案例讨论

（1）李某与刘某买卖邮票的行为的效力如何？

（2）法院应如何对待李某的请求？

案例 2 2012 年 3 月，王某因经营需要，向胡某借款 4 万元并订有借款合同。合同约定还款期为两年，丁某为王某还款的保证人。同年 4 月，王某还给胡某 2 万元。同年 6 月，王某因急需资金，又向胡某借款 4 万元，并约定与前次未还借款到期一并还清，双方均未告知丁某。两年期满，王某无力偿还 6 万元欠款。因此，胡某请求丁某偿还借款。

案例讨论

（1）丁某是否负有偿还借款的责任？

（2）丁某应偿还多少借款？

（3）丁某偿还借款后能否向王某追偿？

案例 3 2011 年 8 月，甲食品公司与乙公司签订了一份鸭梨购销合同，合同规定：“由甲公司供应果品鸭梨 40 吨，每吨 3 000 元，每只 3 两（1 两=0.05 千克）以上，完好率为 98%；交货时间为 2011 年 10 月 15 日；交货地点为丙县某仓库，由需方自提，并规定如一方违约，按价款的 10%向对方支付违约金。”2011 年 10 月 15 日上午 7 时，甲公司派人到丙县某仓库将 40 吨鸭梨从冷库提出，等待乙公司提货，同日下午，乙公司因事，要求延迟 10 天提货。甲公司因已将鸭梨提出，运回冰库会加速变质，故答复不同意延迟提货，乙公司置之不理。10 天后，乙公司派车前往提货，发现鸭梨的 30%左右已有不同程度变质，提出要求甲公司削价处理，否则拒绝提货，双方发生纠纷，经有关部门调解，未成。在乙公司拒绝提货的情况下，甲公司为防止鸭梨继续变质，对这批鸭梨做了处理，由此造成的实际损失为人民币 30 000 元，甲公司在乙公司所在地人民法院提起诉讼。9天后，乙所在地人民法院通知其同意受理，并让其交了诉讼费。一周后甲公司担心在乙公司所在地打官司会吃亏，又向丙县所在地人民法院提出诉讼。

案例讨论

（1）哪些法院对此案有管辖权？为什么？

（2）本案应由哪个法院审理？为什么？

第 14 章　保险法律制度

学习要点

- 掌握保险的概念及构成要素
- 了解保险法的概念与基本原则
- 初步掌握保险合同的相关内容
- 了解保险业的监督管理

案例导入

2011 年 4 月 1 日，生病在家的李小姐与上门推销保险的业务员签订了保险合同。李小姐请业务员代填投保书。投保书健康询问栏的事项包括：①健康；②残疾；③低能；④癌症、肝硬化、严重脑震荡、精神病、心脏病、高血压。业务员觉得这些与李小姐情况不符，就留了空白，没有填写。李小姐阅读后，没有异议，签了字。保险公司在核对时，也没有注意这点，就签发了保险单。2012 年 3 月 17 日，李小姐因病亡故。受益人向保险公司申请给付保险金。保险公司在审核时发现，李小姐在投保时就已经重病在家，而李小姐没有将真实情况告知保险公司。保险公司拒付。受益人要求未果，于是起诉至法院。法院审理后，裁判保险公司给付保险金。

请分析：

（1）请说明本案的保险当事人。

（2）保险当事人有何种说明与告知义务？

（3）从保险法的最大诚信原则分析，保险人是否应当承担赔付责任？

14.1　保险法概述

14.1.1　保险的概念与构成要素

1. 保险的概念

《中华人民共和国保险法》第二条规定：“本法所称保险，是指投保人根据合同约定，向保险人支付保险费，保险人对于合同约定的可能发生的事故因其发生所造成的财产损失承担赔偿保险金责任，或者当被保险人死亡、伤残、疾病或者达到合同约定的年龄、期限等条件时承担给付保险金责任的商业保险行为。”从整个社会来看，保险是一种通过保险基金弥补社会个体意外损失从而消化风险的经济制度；从保险当事人来看，保险是一种法律关系，即投保人向保险人交纳一定的保险费，而保险人则对合同所约定的风险予以经济保障。

2. 保险的构成要素

（1）保险以风险的存在为前提。保险制度建立的初衷是弥补风险可能造成的损失，如果不存在风险，就没必要建立补偿损失的保险制度了。风险通常是指损失的不确定性。如果灾害必然发生，损失预先能够确定，不能构成风险；相反，如果灾害肯定不会发生，也不构成风险。一般认为风险是某种不幸事件发生的概率，概率越高，危险程度就越大。

“无风险，无保险”。风险的客观存在是保险产生的前提条件，但是并非一切风险保险人都可承保，保险人承保的风险必须是具备一定条件的特定风险。符合保险人承保条件的特定风险即保风险。

（2）保险以弥补损失为目的。保险的作用在于对风险所造成的损失进行补偿。只有存在损失，保险人才能对被保险人进行相应的赔偿。对于财产保险而言，损失为事故造成的财产价值减少的数额；对人身保险而言，损失为死亡、伤残和疾病等给被保险人及其亲属所造成的经济和精神上的损害。

（3）保险以多数人交纳的保险费为基础。只有多数人参加，才能在个体交纳较少保险费的情况下，保障被保险人的意外损失获得足额的补偿。因为保险的目的是以多数人支付的小额保费，赔付少数人遭遇的大额损失。这也是保险区别于自保的主要特征。

14.1.2 保险法的概念与基本原则

1. 保险法的概念

保险法是调整保险法律关系的法律规范的总称。保险法有广义和狭义之分。广义的保险法是指以保险关系为调整对象的一切法律规范的总称，包括刑法、海商法和相关的保险方面的规章；狭义的保险法是指《中华人民共和国保险法》（以下简称《保险法》）。1995年6月30日，第八届全国人民代表大会常务委员会第十四次会议通过了《保险法》。新的《保险法》于2009年2月28日修订通过，自2009年10月1日起施行。

2. 保险法的基本原则

保险法的基本原则是指贯穿于保险法之中的、在保险活动中必须遵循的根本准则。保险法的各项具体规则，不得与保险法基本原则相违背。

（1）保险利益原则。保险利益是指投保人或被保险人对保险标的具有法律上承认的利益。对于财产保险来说，保险利益源于投保人或被保险人对保险标的所享有的经济利益，如享有所有权、经营权。对于人身保险来说，投保人对自己的寿命或者身体拥有保险利益，而对他人的保险利益则来源于投保人与被保险人之间的血缘、家庭、信任关系以及劳动关系，如子女、配偶、员工。保险利益原则的目的在于：①防止保险成为一种赌博行为。如果投保人可以对任何人的财产和人身进行保险，当保险事故发生后，他就可以在无损失的情况下获得赔偿，这样保险就成了单纯的赌博；②防止道德风险的发生。道德风险是指投保人、被保险人及受益人为贪图保险金，故意造成或扩大危险，从事图财害命等不法行为。贯彻保险利益原则可最大限度地消除违法行为，防止道德风险。

（2）损失补偿原则。损失补偿是指在约定的保险事故发生后，被保险人或者受益人可以从保险人处获得所受实际损失的补偿。赔偿应当以保险利益的存在为前提，赔偿金额是实际损失、保险金额和保险价值三者中最小的一个数额。凡是不符合最小数额原则的，即可构成道德风险。其中实际损失是指保险标的因保险事故而减少的价值或者利益；保险金额是指投保人投保保险标的的财产价值，也就是保险合同中约定由保险人最大赔偿额的财产价值；保险价值是指投保人拥有的对保险标的合法处分权或者合法占有权的财产价值及其体现的市场价值。

（3）近因原则。保险关系上的近因并非指在时间上或空间上与损失最接近的原因，而是指造成损失的最直接、最有效的起主导作用或支配性作用的原因。近因原则是指只有在约定保险事故的发生与损失结果的形成之间具有直接的因果关系，保险人才对损失承担赔付责任。其含义为只有在导致保险事故的近因属于保险责任范围内时，保险人才应承担保险责任。也就是说，保险人承担赔偿责任的范围应限于以承保风险为近因造成的损失。对于单一原因造成的损失，单一原因为近因；对于多种原因造成的损失，持续地起决定或有效作用的原因为近因。如果该近因属于保险责任范围，保险人就应当承担保险责任。近因原则可以避免保险人赔付责任的无限扩大。

（4）最大诚信原则。诚信原则是民法的基本原则。最大诚信原则保证保险合同当事人双方能够诚实守信，对自己的义务善意履行。最大诚信原则包括以下内容。

① 保险人的告知义务。保险人应该对保险合同的内容即术语、目的进行明确说明。《保险法》第十七条规定：对保险合同中免除保险人责任的条款，保险人在订立合同时应当在投保单、保险单或者其他保险凭证上做出足以引起投保人注意的提示，并对该条款的内容以书面或者口头形式向投保人做出明确说明；未做提示或者明确说明的，该条款不产生效力。

② 投保人的如实告知义务。投保人应该对保险标的的状况如实告知。《保险法》第十六条规定：订立保险合同，保险人就保险标的或者被保险人的有关情况提出询问的，投保人应当如实告知。投保人故意或者因重大过失未履行前款规定的如实告知义务，足以影响保险人决定是否同意承保或者提高保险费率的，保险人有权解除合同。

③ 投保人或者被保险人的保证义务，指投保人或者被保险人对于作为或不作为、某种状态存在或不存在的担保。保证较明确的一种是保险合同上明确规定的保证，比如盗窃险中保证安装防盗门、人身保险中驾驶车辆必须有有效的驾驶证。

④ 弃权和禁止反言。弃权是当事人放弃在合同中的某种权利。例如投保人明确告知保险人保险标的的危险程度足以影响承保，保险人却保持沉默并收取了保险费，这时构成保险人放弃了拒保权。再如保险事故发生，受益人在合同规定的期限内不索赔，构成受益人放弃主张保险金的权利。禁止反言指既然已经放弃某种权利，就不得再主张该权利。如在明知保险标的的危险程度增加，保险人仍收取保险费的，保险人不能在承保后再向投保人主张拒保。

14.2 保险合同

14.2.1 保险合同的概念及特征

1. 保险合同的概念

保险合同是投保人与保险人约定保险权利与义务的协议。保险合同所约定的权利义务是指投保人向保险人支付保险费，保险人在合同约定的保险事故发生或约定的人身保险事件出现时，履行赔偿或给付保险金的义务。

2. 保险合同的特征

（1）保险合同是射幸合同。射幸合同是指以机会利益为标的的合同，当事人的义务是否履行取决于机会的发生或者不发生。在保险期限内，如果发生保险事故，保险人或者受益人可以获得千万倍于保险费的保险赔付；如果不发生保险事故，保险人则取得保险费的利益，并可以不支付保险金，这一点在财产保险合同中尤为突出。

（2）保险合同是特殊的有偿合同。保险合同是一种特殊的有偿合同，表现在以下几个方面。

① 给付保险费是投保人必须履行的义务，在保险合同中，无给付保险费的约定或约定免除投保人给付保险费义务的，保险合同无效。

② 有偿合同一般要求对价履行，但保险合同的有偿性不完全表现为对价履行：保险合同的对价并不表现为保险费数额与保险标的价值的对等。

③ 保险合同有效期内保险的赔偿金额根据保险标的损失程度确定，而不取决于投保人交纳的保险费数额。

（3）保险合同是格式合同。格式合同是指合同的基本条款由一方当事人预先拟定，在订立合同前未与对方协商的合同。保险合同的订立，并非投保人与保险人自由协商的结果，而是投保人对保险人事先确定的合同内容条款表示“同意”，即投保人对保险单的内容不能自行拟定，也不能对其修改。在某些情况下，若需要变更保险合同的内容，投保人也只能采用保险人事先拟定的附加条款或附属单据。格式合同降低了签订合同的成本，但却存在损害投保人利益的可能。为此，《保险法》规定，保险条款由保险公司报送保险监督管理机构批准或备案；同时，在合同条款不明确时，应做出不利于保险人的解释。

14.2.2 保险合同的当事人与关系人

1. 保险合同的当事人

保险合同的当事人是指因订立保险合同而享有保险权利和承担保险义务的人，包括投保人和保险人。投保人，或称要保人，是指与保险人订立保险合同，并按照保险合同负有支付保险费义务的人。投保人应当具有法律所要求的相应的民事行为能力；必须与保险标的之间具有保险利益。保险人，或称承保人，是指与投保人订立保险合同，收取保险费，在保险事故发生时，对被保险人承担赔偿或给付保险金责任的人。

2. 保险合同的关系人

保险合同的关系人包括被保险人和受益人。被保险人是指其财产或者人身受保险合同保障，享有保险金请求权的人，投保人可以为被保险人。被保险人必须与保险标的之间具有保险利害关系。受益人是指人身保险合同中由被保险人或者投保人指定的享有保险金请求权的人，投保人、被保险人可以为受益人。受益人基于被保险人的指定行为产生，不要求具有民事行为能力，也不要求与保险利益之间有利害关系。

3. 保险利益

保险利益是指投保人或被保险人对保险标的具有的法律上承认的利益。《保险法》第十二条规定："人身保险的投保人在保险合同订立时，对被保险人应当具有保险利益。财产保险的被保险人在保险事故发生时，对保险标的应当具有保险利益。"一般认为，在财产保险合同中，凡是因财产发生危险事故而可能遭受损失的人，均为对该项财产具有一定的保险利益的人，包括财产所有人、经营管理人或对某项财产有直接利害关系的人。而在人身保险合同中，凡一方的继续生存对他方具有现实的或预期的经济利益，即认为具有保险利益。在人身保险中，投保人对下列人员具有保险利益。

（1）本人。

（2）配偶、子女、父母。

（3）前项以外与投保人有抚养、赡养或者扶养关系的家庭其他成员、近亲属。

（4）与投保人有劳动关系的劳动者。同时，被保险人同意投保人为其订立合同的，视为投保人对被保险人具有保险利益。

14.2.3 保险合同的订立

1. 保险合同的订立程序

保险合同的订立程序如下。

（1）投保人提出投保申请、填具投保单。

（2）保险人审核并同意承保。

（3）保险人出具保险单等凭证。

投保人填具投保单为发出要约，保险人审核同意为承诺，保险人签发的保险单等凭证则是保险合同成立的证明。保证合同自保险人承诺时生效，而不以签发保险单或者交纳保险费为成立要件，但另有约定的除外。

订立保险合同时，保险人就保险标的或者被保险人的有关情况提出询问的，投保人应当如实告知；投保人未如实告知，足以影响保险人决定是否同意承保或者提高保险费率的，保险人有权解除合同。不过，保险人的合同解除权是受以下限制的。

（1）投保人未如实告知的，保险人的合同解除权自保险人知道有解除事由之日起，超过30日不行使而消灭；自合同成立之日起超过 2 年的，保险人不得解除合同。

（2）保险人在合同订立时已经知道投保人未如实告知情况的，保险人不得解除合同；发生保险事故的，保险人应当承担赔偿或者给付保险金的责任。

为了防止投保人在投保之后才能看到完整的保险条款，保护投保人在缔约时的知情权，《保险法》第十七条规定：订立保险合同，采用保险人提供的格式条款的，保险人向投保人提供的投保单应当附格式条款，保险人应当向投保人说明合同的内容。

2. 保险合同的内容

《保险法》第十八条规定，保险合同的内容包括：保险人名称和住所；投保人、被保险人的姓名或者名称、住所，以及人身保险的受益人的姓名或者名称、住所；保险标的；保险责任和责任免除；保险期间和保险责任开始时间；保险金额；保险费以及给付办法；保险金赔偿或者给付办法；违约责任和争议处理；订立合同的年、月、日；投保人和保险人可以约定与保险有关的其他事项。

（1）保险标的。保险标的是指作为保险对象的财产及其有关利益或者人的寿命和身体。保险标的必须明确记载于合同，据以判断投保人对其有无保险利益，并确定保险人的保险责任范围。

（2）保险金额。保险金额是保险合同当事人约定，并在保险单中载明的保险人应当赔偿的货币额。保险金额是保险人在保险事故发生时应当承担的损失补偿或给付的最高限额，同时也是计算保险费的标准。保险金额不得超过保险标的的价值，当保险财产遭受损失时，保险人只能按照实际损失负责赔偿，超过保险价值的保险金额就得不到赔付。在人身保险中，由于人的生命无法用价值来衡量，因此，不存在保险价值的问题。保险金额是在订立保险合同时，由当事人双方协议确定的，它一般只受到投保人本身支付保险费的能力和被保险人健康状况的限制。

（3）保险费。保险费是投保人向保险人支付的费用。保险费的多少，取决于保险金额的大小、保险费率的高低和保险期限的长短。

（4）保险期限。保险期限即保险合同的有限期限，也就是保险合同从开始生效到终止这一期间。保险期限既是计算保费的依据，也是保险人履行其赔偿或给付义务的根据。保险合同是承担风险的合同，风险的不确定性决定了保险合同明确规定期限的特殊性。只有在保险期限内发生保险事故，保险人才承担赔偿或给付的责任。计算保险期限通常有两种方法。

① 按日历年、月计算。如财产保险通常为 1 年，期满后可以续订新合同；人身保险的存续期间较长，有 5 年、10 年、15 年、20 年甚至终身等。

② 以一项事件的始末为存续期间。如货物运输险、运输工程险等以一个航程为有效期。

（5）免责条款。免责条款是保险人在合同中规定，对一些特殊原因导致的损失不承担保险责任。对保险合同中免除保险人责任的条款，保险人在订立合同时应当在投保单、保险单或者其他保险凭证上做出足以引起投保人注意的提示，并对该条款的内容以书面或者口头形式向投保人做出明确说明；未做提示或者明确说明的，该条款不产生效力。

3. 保险合同格式条款的特别规定

保险合同为格式合同，为了防止保险人在提供的格式条款中设下不利于保险消费者的

“陷阱”，《保险法》第十九条规定，采用保险人提供的格式条款订立的保险合同中的下列条款无效。

（1）免除保险人依法应承担的义务或者加重投保人、被保险人责任的。

（2）排除投保人、被保险人或者受益人依法享有的权利的。也就是说，即使双方订立的合同包含了这样的条款，这些条款在法律上也不发生效力，以更好地保护相对弱势的保险消费者一方的利益。

当保险合同发生争议时，《保险法》第三十条规定，采用保险人提供的格式条款订立的保险合同，保险人与投保人、被保险人或者受益人对合同条款有争议的，应当按照通常理解予以解释。对合同条款有两种以上解释的，人民法院或者仲裁机构应当做出有利于被保险人和受益人的解释。

14.2.4 保险合同的成立与生效

1. 保险合同的成立

我国《保险法》第十三条规定，投保人提出保险要求，经保险人同意承保，保险合同成立；依法成立的保险合同，自成立时生效。保险合同的成立要件是单一的，即当事人达成合意，保险合同即成立。因此，保险合同是诺成合同，不以保险费的交付为合同成立要件。

2. 保险合同的生效

保险合同成立后是否生效，应视该合同是否具备生效要件和法律是否有特别规定以及当事人是否有特别约定而定。按照合同法的一般理论，保险合同的生效要件一般应当包括以下四项。

（1）主体合格。对投保人而言，主体合格首先要求其应当具有民事行为能力，并对保险标的具有保险利益；对保险人而言，主体合格首先要求保险人是依法成立的保险公司。

（2）意思表示真实。投保人和保险人的订立保险合同行为均出于自愿，外在的签约行为和内心意愿一致。如果当事人的意思表示不真实，也就是存在意思表示瑕疵，如在欺诈、胁迫等情形下签订保险合同，就会影响到已经签订的保险合同的效力。

（3）内容合法。内容合法要求保险合同的内容不得违反法律的强制性规定和社会公共利益。例如，保险标的应当合法，禁止流通物不得成为保险标的；又如，投保人不得以无民事行为能力人为被保险人投保死亡保险，父母为未成年子女投保是例外，此时保险金额不得超过保监会规定的限额，如果超过，超过部分无效。

（4）保险标的存在、确定。保险标的在订立保险合同时必须存在、确定，否则，保险合同无效。

除上述生效要件外，法律或当事人对保险合同生效有特别规定时，从其规定。

14.2.5 保险合同的履行

保险合同的履行，是指保险合同依法成立并生效后，合同主体全面、适当完成各自义务的行为。从内容上看，履行包括投保人、被保险人和保险人的合同义务的履行。从程序上看，履行包括索赔、理赔、代位求偿三个环节。

1. 投保人、被保险人和保险人的义务

1）投保人、被保险人的义务

（1）交付保险费的义务。保险合同成立后，投保人有义务按合同约定交付保险费，这是投保人最基本的义务。

（2）通知义务。投保人的通知义务包括：第一，危险增加的通知义务。危险的增加会导致保险费及双方当事人权利义务的变化，投保人对此有通知的义务，保险人有权要求增加保险费或者解除合同。第二，出险通知义务。发生保险事故时，投保人、被保险人或受益人应及时通知保险人，以利于保险人及时调查和防止损失扩大。

（3）防灾减损的义务。投保人或被保险人应尽到合理谨慎的注意，防止意外事故发生；当保险事故发生时，应采取一切必要措施防止损失扩大。

2）保险人的义务

（1）订约说明义务。保险人的说明义务是指保险人在与投保人订立保险合同时，须对合同内容做确定的解释和说明，使投保人能够了解合同的内容。对保险合同中免除保险人责任的条款，保险人在订立合同时应当在投保单、保险单或者其他保险凭证上做出足以引起投保人注意的提示，并对该条款的内容以书面或者口头形式向投保人做出明确说明；未做提示或者明确说明的，该条款不产生效力。

（2）承担合理费用的义务。保险人承担的赔偿或给付保险金的义务，是基于保险产生的基本义务；而在财产保险合同中，保险人除了承担基本义务以外，在某些情况下还要承担支付必要合理费用的义务，如施救费用，为查明和确定保险事故的性质、原因和保险标的损失程度所支付的必要的、合理的费用，责任保险的仲裁或者诉讼费用。

2. 索赔、理赔与代位求偿

（1）索赔与理赔。索赔是被保险人或受益人在保险事故发生后或保险合同中约定的事项出现后，按照保险合同的规定，在法定期限内向保险人要求赔偿损失的行为。理赔是保险人在被保险人或受益人提出索赔后，根据保险合同的规定，对保险财产的损失或人身伤害进行调查并处理有关保险赔偿责任的活动。

投保人、被保险人或者受益人请求保险人赔偿或者给付保险金时，应当提供其所能提供的有关的证明和资料；当上述证明和资料不完整时，保险人应当及时一次性通知对方补充提供。材料齐全后，保险公司应当及时做出核定，情形复杂的，应当在30日内做出核定，并将核定结果书面通知对方；对属于保险责任的，保险公司在赔付协议达成后10日内支付赔款；对不属于保险责任的，应当自做出核定之日起 3 日内发出拒绝赔偿或者拒绝给付保险金通知书，并说明理由。

（2）代位求偿权。代位求偿权只存在于财产保险中，人身保险中不存在代位求偿权。我国《保险法》第六十条规定：因第三者对保险标的的损害而造成保险事故的，保险人自向被保险人赔偿保险金之日起，在赔偿金额范围内代位行使被保险人对第三者请求赔偿的权利。

14.3 人身保险合同与财产保险合同

14.3.1 人身保险合同

1. 人身保险的概念与特点

（1）人身保险的概念。人身保险是以人的寿命和身体作为保险标的的一种保险。这是投保人与保险人通过订立人身保险合同，约定投保人按时交纳一定的保险费，在被保险人或受益人因疾病或遭受意外事故而致伤残或死亡时，或在保险期满时，保险人一次或按期向其支付医疗费或保险金的一种法律制度。

（2）人身保险的特点。

① 人身保险合同是定额保险。人身保险合同中的生命或健康是不能用金钱来衡量的，只能根据投保人要求投保的保险金额来确定。因此，人身保险合同不是补偿性合同，而是保险金定额给付合同，这是与财产保险合同的最显著区别。但是，人身保险中的医疗保险和收入保障保险，通常适用损失补偿原则。保险人只对保险金额限度内的被保险人实际医疗费用支出或收入损失给予补偿。

② 人身保险合同的保险费具有储蓄性。除了意外伤害保险和少数定期死亡保险外，人身保险的投保人可以享受财产保险所没有的储蓄权利。

③ 人身保险合同具有长期性。财产保险合同的保险期限一般都比较短，如一个年度或一个航程。而人身保险合同的保险期限则较长，少则几年，多则几十年直至被保险人的终生。

④ 人身保险所承保的危险具有稳定性和有规律的变动性。保险费在初期年份较多，以后逐年减少，以避免健康者不愿投保，弱者想投保却又交不起保险费的这种不稳定的情形，从而呈现出相对的稳定性和有规律的变动性。

⑤ 人身保险合同不存在超额保险、重复保险和代位求偿的情形。

2. 人身保险的分类

（1）人寿保险。人寿保险是指以保险人在一定时期或终生的死亡或生存为给付条件的一种保险。人寿保险可以因保险内容（生存或死亡）、保险期限、保险金额、交费方式、给付方式等条件的不同组合而成多种保险合同。人寿保险可以分为死亡保险、生存保险、年金保险和两全保险四种形式：①死亡保险是指以被保险人在保险有效期内死亡为给付条件，此险种可分为定期死亡和终生死亡两种保险方式，其中定期死亡保险合同约定如果被保险人在合同有效期间死亡可获得保险金，如果仍然生存，保险人就不再承担保险责任，也不退还保险费；②生存保险是指以被保险人到约定的保险期满仍然生存为给付条件，如果被保险人在此期间死亡，保险责任即告终止，也不退还保险费；③年金保险是指以年金的方法来给付保险金的一种人身保险业务，分定期年金和终生年金两种，其中终生年金的年金给付期间是年金受领人的整个生存期间；④两全保险是指投保人在保险期间内分期交付保险费，被保险人在保险期间内死亡或期满生存都可给付保险金。

（2）人身意外伤害险。人身意外伤害险是指保险人与投保人约定人身伤害的范围，明确意外伤害只是一种偶然事件，在保险期间内，只要发生了意外伤害，被保险人就可按规定获得保险金的一种保险制度。人身意外伤害的保险期为 1 年，期满时须续办保险手续。

（3）疾病保险。疾病保险是指保险人承担被保险人患病、分娩以及所致残废或死亡时的保险金，疾病保险不包括意外伤害引起的损失。

（4）团体人身保险。团体人身保险是指以团体为投保人，与保险人订立一份总保险单，该团体的成员为被保险人的一种人身保险。其保险范围是死亡和残废保险。特点是以集体选择代替个人选择，保险人也不能对团体成员中的个别人做选择，团体被保险人免除体检责任，其手续简单，保险费较低。团体人身保险的期限为 1 年。

（5）简易人身保险。简易人身保险的保险期限、保险费和保险金额标准化，其特点是低保费、低保额、交费频繁，免体检，保险量次不限。

3. 人身保险合同的特别条款

由于人身保险合同的性质与一般财产保险合同不同，保险人在保险单中通常使用一些条款来扩展或限制当事人的权利和义务。人身保险合同常见的特别条款有下列几种。

（1）可保利益条款。可保利益是人身保险合同的核心。投保人可以以本人为保险标的，也可以以第三人为保险标的，投保人身保险，在前者情况下，投保人即被保险人。订立合同时，投保人对被保险人不具有保险利益的，合同无效。根据《保险法》第三十一条的规定：投保人对下列人员具有保险利益：①本人；②配偶、子女、父母；③前项以外与投保人有抚养、赡养或者扶养关系的家庭其他成员、近亲属；④与投保人有劳动关系的劳动者；⑤除前款规定外，被保险人同意投保人为其订立合同的，视为投保人对被保险人具有保险利益。

（2）受益人条款。受益人是指保险合同中载明的被保险人死亡后，享受保险合同利益的人。受益人的资格在法律上并无限制，法人或自然人均可以作为受益人。我国《保险法》第三十九条至第四十三条对受益人的指定、顺序以及受益权的行使和撤销做了规定。

人身保险的受益人由被保险人或者投保人指定，投保人指定受益人时须经被保险人同意。受益人为数人的，被保险人或者投保人可以确定受益顺序和受益份额；未确定受益份额的，受益人按照相等份额享有受益权。投保人变更受益人时须经被保险人同意。

（3）年龄不实条款。被保险人的年龄是保险人计算保险费率的重要依据，因此填报年龄也属如实告知事项之一。投保人申报的被保险人年龄不真实，并且其真实年龄不符合合同约定的年龄限制的，保险人可以解除合同，并按照合同约定退还保险单的现金价值。

（4）不可抗辩条款。不可抗辩条款是指保险人对投保人违反告知义务行为的抗辩权，在保险合同生效 2 年后不得行使的合同约定。

（5）不丧失价值条款。不丧失价值条款是指人身保险单的现金价值不得由保险人在合同解除或终止时予以没收，该利益归投保人或被保险人享有。这是由于人身保险合同的保险费带有储蓄性的特点，保险人所收取的保险责任准备金，虽由保险人保管并运用，但保险单留有相当的现金价值仍应为被保险人所有，即这种累积的保险责任准备金并不因保险效力的变化而丧失其价值，保险人应通过各种形式返还给投保人。

在人寿保险中，合同效力中止之日起满 2 年双方未达成协议的，保险人有权解除合同，但是，保险人应当按照合同约定退还保险单的现金价值；当被保险人死亡属于除外责任时，保险人虽然不承担给付保险金的责任，但是对已经产生现金价值的保险单，也不能没收，而应当退还。这就是终止合同时的现金价值退还。然而，绝大多数健康保险单和意外伤害保险单，保险期间不超过1年的短期保险，没有储蓄性，也无现金价值。

（6）中止和复效条款。由于人身保险合同具有长期性的特点，为了使保险单不致因投保人偶然遗忘或经济困难未能按期交费而导致合同失效，人身保险合同一般订有宽限期条款和复效条款。宽限期条款是指对到期未支付保险费的投保人，法律上提供一定的宽限期让其补交保险费，否则合同效力中止。合同约定分期支付保险费，投保人支付首期保险费后，除合同另有约定外，投保人自保险人催告之日起超过30日未支付当期保险费，或者超过约定的期限60日未支付当期保险费的，合同效力中止。

在保险合同中止后，投保人希望恢复合同效力的，应在规定的期间内补交保费，则保险单恢复效力，此即复效条款。合同中止的，经保险人与投保人协商并达成协议，在投保人补交保险费后，合同效力恢复。但是，自合同效力中止之日起满2年双方未达成协议的，保险人有权解除合同。

复效必须具备一定的条件，一般包括以下内容：①必须由投保人向保险人正式提出申请并达成协议；②复效申请的时间不得超过复效申请的 2 年的保留期限；③被保险人须符合投保条件；④被保险人应一次交清失效期间的保险费；⑤在申请复效时适用投保的有关规定，包括如实告知条款、不可抗辩条款等；⑥复效申请须经保险人同意。

（7）自杀条款。《保险法》第四十四条规定，以被保险人死亡为给付保险金条件的合同，自合同成立或者合同效力恢复之日起 2 年内，被保险人自杀的，保险人不承担给付保险金的责任，但被保险人自杀时为无民事行为能力人的除外。保险人依照前款规定不承担给付保险金责任的，应当按照合同约定退还保险单的现金价值。

（8）保险单转让条款。由于人身保险合同具有现金价值，并且逐年递增，因此它与所有的有价证券一样，投保人可按有价证券转让给他人，但非经书面通知保险人不产生效力。对此，我国《保险法》规定，依照以死亡为给付保险金条件的合同所签发的保险单，未经被保险人书面同意，不得转让或者质押。

14.3.2 财产保险合同

1. 财产保险合同的概念和特征

（1）财产保险合同的概念。财产保险合同是以财产及其有关利益为保险标的的保险合同。早期的财产保险只承保财产的直接损失，后来将由于发生财产危险事故造成损失而带来的其他危险损失也包括在内，成为一种范围广泛的综合性保险。财产保险的对象既包括有形的物质财产本身，也包括与物质财产有关的各种利益。

（2）财产保险合同的特征。

① 保险标的为财产或有关财产利益，不涉及人身财产。保险的保险标的是财产或有关财产利益。此处所称的“财产”指实物财产，有一定形体；对于“财产的有关利益”，可以界定为基于财产可获得的收益以及以财产承担的赔偿责任，如租金收益、侵权赔偿责任。

实务中对财产保险的认定可以采用“凡不属于人身保险的保险，即财产保险”的原则。

② 保险标的具有确定的货币价值。财产保险的标的为实物财产或有关财产利益，性质上可以一定方式来确定其货币价值。凡是以实物财产为保险标的的财产保险，保险标的本身是有实际价值的，可以用货币计量、表现。在确定保险金额时，应以保险标的本身的实际价值为基础。以有关财产利益为保险标的的财产保险，在订立保险合同时，保险标的本身不一定可直接以货币估价，如订立机动车辆第三者责任保险时，不可能直接估计出某一具体责任的金额，但是，这类保险中的保险事故发生后，被保险人的实际经济损失是确定的，完全可以用货币计算。这与人身保险的保险标的在性质上不能以货币估价、保险事故发生后的经济损失通常也难以用货币计算有显著差别。

③ 严格适用损失补偿原则。损失补偿原则要求被保险人在保险事故发生后，按其实际损失请求保险人补偿，不得获取超过损失的额外利益。财产保险中保险事故发生所造成的后果，表现为被保险人遭受可以货币估价定量的经济损失；保险人赔偿的保险金仅用以填补该损失。因此，财产保险严格适用损失补偿原则。

2. 财产保险的分类

根据《保险法》的规定和保险实务情况，我国通常以保险标的为标准，将财产保险分为如下四类。

（1）财产损失保险。财产损失保险是指以各种有形财产为保险标的的财产保险。其保险标的本身有一定物质形体的存在，可以用货币估价，如房屋、桥梁等不动产以及汽车、家具、计算机等动产。财产损失保险中的财产损失，是指某一财产的毁损、灭失所导致的财产价值的减少或丧失，包括直接的物质损失以及因采取施救措施等引起的必要、合理的费用支出。

（2）责任保险。责任保险是指以被保险人对第三人依法应负的赔偿责任为保险标的的保险。传统上，作为责任保险标的的赔偿责任仅限于一定范围内的侵权损害赔偿责任。但如今，违约损害赔偿责任也可作为责任保险之保险标的。责任保险以第三人请求被保险人赔偿为保险事故，以被保险人应向第三人赔偿的损失金额为实际损失。责任保险不仅可以保障被保险人因为履行损害赔偿责任所受到的利益减损，而且可以保护被保险人的侵权行为的直接受害者，使受害者可以获得及时的赔偿。责任保险主要有机动车辆第三者责任保险、产品责任保险、职业责任保险、公众责任保险、雇主责任保险等。由于责任保险具有保障第三人人身与财产安全、减轻被保险人赔偿责任的特性，可以维护社会安定，因而具有一定的公益性。公益性决定了某些责任保险险种在许多国家强制推行。

（3）保证保险。保证保险是指由保险人为被保证人向权利人提供担保，当被保证人违约或者不忠诚而使权利人遭受经济损失时，由保险人向权利人支付保险金的保险。保证保险的目的在于通过保险人负担给付保险赔偿金的责任形式来填补被保证人给被保险人造成的损失。保证保险包括诚实保证保险和确实保证保险。诚实保证保险是指投保人向保险人支付保险费，在因为被保险人的雇员的不诚实行为而使其受到损失时，保险人承担赔偿保险金责任的保险。诚实保证保险的责任范围一般限于被保险人因其雇员盗窃、侵占、贪污、伪造证件或者票据、私用、非法挪用、非法转移等行为所造成的财产损失。确实保证保险是指投保人向保险人支付保险费，在被保证人因不履行合同义务而使被保险人受到损失时，作为保证人的保险人承担赔偿保险金责任的保险。

（4）信用保险。信用保险是指保险人根据权利人的要求而担保义务人信用的保险。在信用保险中，保险人对被保险人的借款和信用售货（赊销商品）提供担保，在借款人或赊货人不能偿付其所欠款项或投资接受国（东道国）发生政治动荡导致投资损失时，由保险人向被保险人赔偿保险金。在广义上，信用保险是保证保险的一种，原理相同，但在实务中均将其列于保证保险之外。信用保险主要有商业信用保险、投资信用保险和出口信用保险。

3. 财产保险合同的履行

1）投保人、被保险人义务的履行

（1）交纳保险费义务。财产保险合同成立后，投保人应当按照约定的时间、地点、数额和方法交付保险费。如果财产保险合同无特别约定，投保人应当以现金形式在合同成立时一次性交清全部保险费。如果投保人不依照财产保险合同的约定交纳保险费，保险人可以催告投保人交纳保险费及相应利息。在投保人不交纳保险费的情况下，一般认为，保险人不得解除保险合同，对发生的保险事故也应承担赔偿保险金的责任，但可以从保险金中扣除未交纳的保险费及其利息。

（2）维护保险标的安全的义务。被保险人在保险标的投保后，仍然有义务维护保险标的的安全，须谨慎管理和保管保险财产。保险人对被保险人该义务的履行，有权监督并提出建议。对于不履行维护保险标的安全义务的，保险人有权要求增加保险费或者解除合同。

（3）危险增加的通知义务。在合同有效期内，保险标的的危险程度显著增加的，被保险人应当按照合同约定及时通知保险人，保险人可以按照合同约定增加保险费或者解除合同。保险人解除合同的，应当将已收取的保险费，按照合同约定扣除自保险责任开始之日起至合同解除之日止应收的部分后，退还投保人。被保险人未履行前款规定的通知义务的，因保险标的的危险程度显著增加而发生的保险事故，保险人不承担赔偿保险金的责任。

（4）事故通知与施救义务。事故通知义务，又称出险通知义务，是指保险事故发生后，被保险人或投保人应及时通知保险人。事故通知的目的是使保险人及时调查事故发生的原因和损失范围，并准备必要的赔偿金额，不致因时间流逝而丧失证据，影响对事故、损失的查核及责任的确定。一般而言，除非法律或保险合同另有规定，被保险人、投保人迟延进行事故通知的，保险人不得拒绝赔偿，也不得解除合同，只能就因通知迟延而扩大的损失部分拒赔。施救义务，又称救助义务，是指保险事故发生时，被保险人应当尽力采取必要的措施，防止或者减少损失。没有采取适当措施致使损失扩大的，不得就扩大的损失要求赔偿。

（5）证据提供和协助义务。保险事故发生后，按照保险合同请求保险人赔偿或者给付保险金时，投保人、被保险人或者受益人应当向保险人提供其所能提供的与确认保险事故的性质、原因、损失程度等有关的证明和资料。协助义务是指被保险人、投保人对于保险人勘察保险事故现场、确定保险事故发生的原因及损失程度、行使保险代位权等与保险赔偿有关的活动，应当予以必要的协助。

2）保险人义务的履行

（1）赔偿保险金义务。财产保险合同中，保险人在保险合同约定的保险事故发生时，向被保险人赔偿保险金是其最主要的义务。

各国保险法和保险惯例对财产保险合同中保险人承担赔偿责任的范围，通常规定由三部分组成。

① 保险标的实际损失。保险标的因发生保险事故而导致损失时，保险人只能按实际损失赔偿，且最高不得超过保险金额，并且保险金额超过出险时保险标的保险价值的，除定值保险外，超过部分无效。同时，如果是不足额保险，除合同另有约定外，保险人仅按保险金额与保险价值的比例承担保险标的的实际损失。

② 施救费用。为了减少保险事故发生后保险标的的损失，鼓励被保险人抢救、保护保险标的的积极性，财产保险法律和惯例均要求保险人承担被保险人的施救费用。《保险法》第五十七条规定，保险事故发生后，被保险人为防止或者减少保险标的的损失所支付的必要的、合理的费用，由保险人承担；保险人所承担的费用数额在保险标的损失赔偿金额以外另行计算，最高不超过保险金额的数额。

③ 核损费用。核损费用作为保险金的组成部分，是指被保险人为查明和确定保险事故的性质、原因和保险标的损失程度所支付的合理、必要费用。

（2）签发保险单及其他保险凭证义务。保险人承保后，应当及时向投保人签发保险单或者其他保险凭证，并在保险单或者其他保险凭证中载明当事人双方约定的合同内容。如果先签发暂保单的，除保险人在暂保单有效期内通知终止暂保单的效力以外，保险人应当在暂保单的有效期内签发保险单。保险人承保后的法定或约定期间内或者合理期间内，未签发保险单的，保险合同有效，投保人可以按照合同约定和法律规定，要求保险人承担违约责任，发生保险事故的，保险人也应承担赔偿保险金责任，不得以未签发保险单为由加以拒绝。

14.4 保 险 业 法

14.4.1 保险公司的设立

1. 保险公司的概念

保险公司是专门经营保险业务的、以盈利为目的的企业法人。随着保险市场上各类主体日益多样，合作保险机构、互保机构等陆续出现，《保险法》承认了保险公司以外的其他依法设立的保险组织的合法地位，这些机构经营商业保险的行为也受《保险法》的调整。

2. 保险公司的设立

保险业面向的是非特定的社会公众，对人民生活和稳定有相当大的影响。保险公司的质量直接涉及广大投保人、被保险人和受益人的利益，为此，《保险法》严格设定了保险市场的准入条件。

（1）设立条件。

① 主要股东。由于保险公司主要股东对公司的管理模式、经营的安全性和有效性影响甚大，为此，《保险法》要求主要股东具有持续盈利能力，信誉良好，最近 3 年内无重大违法违规记录，净资产不低于人民币 2 亿元。

② 公司章程。必须有符合《保险法》和《公司法》规定的章程。

③ 注册资本。保险公司注册资本的最低限额为人民币2亿元，必须为实缴货币资本。

④ 董事、监事和高级管理人员。保险公司的董事、监事和高级管理人员，应当正直诚实，品行良好，熟悉与保险相关的法律、行政法规，具有履行职责所需的经营管理能力，并在任职前取得保险监管机构核准的任职资格；有《公司法》规定不得担任公司董事、监事和高级管理人员的情形，以及因违法、违纪被取消任职资格或者被吊销执业资格未逾5年的专业人员，不得担任保险公司的董事、监事和高级管理人员。

⑤ 健全的组织机构和管理制度。

⑥ 符合要求的营业场所和与经营业务有关的其他设施。

⑦ 法律、行政法规和国务院保险监督管理机构规定的其他条件。

（2）申请、审批、办理工商登记申请。设立保险公司，应当提交下列文件、资料。

① 设立申请书，载明拟设立的保险公司的名称、注册资本、业务范围等。

② 可行性研究报告。

③ 筹建方案。

④ 投资人的营业执照或者其他背景资料，经会计师事务所审计的上一年度财务会计报告。

⑤ 投资人认可的筹备组负责人和拟任董事长、经理名单及本人认可证明。

⑥ 国务院保险监督管理机构规定的其他材料。

设立保险公司的申请经初步审查合格后，申请人应当依照《保险法》和《公司法》的规定进行保险公司的筹建。具备《保险法》规定的设立条件的，可以向国务院保险监督管理机构提出开业申请。国务院保险监督管理机构应当自受理开业申请之日起60日内，做出批准或者不批准开业的决定。决定批准的，颁发经营保险业务许可证。保险公司凭经营保险业务许可证向工商行政管理机关办理设立登记，领取营业执照。

14.4.2 保险经营规则

1. 保险公司的业务范围

保险公司的业务范围包括财产保险业务、人身保险业务和再保险业务。保险人不得兼营人身保险业务和财产保险业务。但是，经营财产保险业务的保险公司经国务院保险监督管理机构批准，可以经营短期健康保险业务和意外伤害保险业务。

在适应社会经济和保险行业发展的实际需要中，保险公司的业务范围有所拓展，如从事企业年金受托管理业务，参与失地农民养老保险、新型农村合作医疗制度改革试点工作等。为了拓展保险公司的业务范围，并为其发展预留空间，《保险法》第九十五条规定，保险公司应当在国务院保险监管机构依法批准的业务范围内从事保险经营活动。

2. 保险资金运用

（1）保险资金的定义。保险资金一般是指保险公司的资本金、保证金、营运资金、各种准备金、公积金、公益金、未分配盈余、保险保障基金及国家规定的其他资金。

（2）保险资金运用的原则。

① 安全性原则。安全性原则是保险资金运用的最基本原则，这是因为保险公司运作资金的 90%均来自投保人交纳的保险费，这种高负债经营的特点决定了保险公司在进行资产运作时，必须将资金安全性放在第一位，避免被保险人遭受经济损失。

② 盈利性原则。在资金安全的前提下，力求最大化资金收益是保险企业资金运用的重要目标。

③ 流动性原则。资金运用的流动性，是指用于各项投资的资金，既能及时变为现金，又使这种资金及时掌握在保险人手中。流动性的要求一方面是由保险事故发生的偶然性和保险人随时赔付、迅速履行约定义务决定的；另一方面，保险资金运用的流动性也为运用资金收益性提供了条件，流动性越强，可运用资金数额越大，其收益也就会越高。

（3）保险公司资金运用的范围。

① 银行存款。

② 买卖债券、股票、证券投资、基金份额等有价证券。

③ 投资不动产。

④ 国务院规定的其他资金运用形式。

保险公司资金运用的具体管理办法，由国务院保险监督管理机构依照《保险法》的规定制定。

1995 年《保险法》禁止保险资金用于设立证券经营机构，以避免保险业与证券业的混业经营；在对企业投资上，仅允许保险公司投资设立保险业范围内的企业。然而，新《保险法》删除了以上限制，并明确规定，经国务院保险监督管理机构会同国务院证券监督管理机构批准，保险公司可以设立保险资产管理公司，可以从事证券投资活动。

（4）保险公司偿付能力的保障。保险公司的偿付能力是指保险公司对承担的保险责任所应具备的给付能力。保险公司将保险基金用于投资，获得收益，但也时刻面临着支付保险金的可能，为此法律要求保险公司必须维持一定程度的偿付能力。

① 提取保证金。保险公司应当按照其注册资本总额的 20%提取保证金，存入国务院保险监督管理机构指定的银行，除公司清算时用于清偿债务外，不得动用。

② 提取未到期责任准备金，即保险公司为承担未了结的预期保险责任而依法律规定从保险费收入中提取的准备资金。

③ 提取未决赔款准备金，即保险公司在赔款前预先提取的准备资金。保险公司应当按照已经提出的保险赔偿或者给付金额，以及已经发生保险事故但尚未提出的保险赔偿或者给付金额，提取未决赔款准备金。

④ 提取公积金，即公司为增强自身的资产实力、扩大经营规模以及预防亏损，依照法律和公司章程的规定，从公司的每年税后利润中提取的累积资金。

⑤ 缴纳保险保障基金。为了保障被保险人的利益，保险公司在应付正常赔付之外，必须按照国务院保险监督管理部门的规定缴纳保险保障基金。保险保障基金应当集中管理，并按规定统筹使用。

⑥ 具有最低偿付能力。最低偿付能力是指保险公司的实际资产减去实际负债后的差额，应不低于国务院保险监督管理部门规定的金额。如果保险公司的实际资产减去实际负债达不到保险监督管理部门规定的数额，就应当增加资本金，补足差额。

⑦ 自留保险费的限制。为确保保险公司的偿付能力，《保险法》第一百零二条规定，经营财产保险业务的保险公司当年自留保险费，不得超过其实有资本金加公积金总和的 4 倍。

⑧ 单一危险的限制。《保险法》第一百零三条规定，保险公司对每一危险单位，即对一次保险事故可能造成的最大损失范围所承担的责任，不得超过其实有资本金加公积金总和的 10%。

14.4.3 保险代理人与保险经纪人

1. 保险代理人和保险经纪人的概念

保险代理人是根据保险人的委托，向保险人收取佣金，并在保险人授权的范围内代为办理保险业务的机构或者个人，包括专业代理人、兼业代理人和个人代理人。保险经纪人是基于投保人的利益，为投保人与保险人订立保险合同提供中介服务，并依法收取佣金的机构。

2. 保险代理人、保险经纪人的从业条件及责任承担

（1）从业条件。保险代理机构、保险经纪人应具备国务院保险监督管理机构规定的条件，取得经营保险代理业务许可证、保险经纪业务许可证。个人保险代理人、保险代理机构的代理从业人员、保险经纪人的经纪从业人员，应具备国务院保险监督管理机构规定的资格条件，取得保险监督管理机构颁发的资格证书。

（2）责任承担。保险代理人行为的实质是委托代理，保险代理人根据保险人的授权代为办理保险业务的行为，由保险人承担责任；超越代理权限行为，如果投保人有理由相信其有代理权，并已订立保险合同的，保险人应当承担保险责任，但是保险人可以依法追究越权的保险代理人的责任。保险经纪人所从事的只是中介服务，并不能代理签订保险合同。保险经纪人因其过错，给投保人、被保险人造成损失的，应承担赔偿责任。为了保证投保人、被保险人的利益，《保险法》规定，保险代理机构、保险经纪人应当按照国务院保险监督管理机构的规定缴存保证金或者投保职业责任保险。

14.4.4 保险业的监督管理

保险业是以风险为经营对象的特殊行业，保险机构与保险业的正常发展，不仅关系到被保险人的利益，还对维护社会稳定有重大意义。在我国，中国保险监督管理委员会是全国商业保险的主管部门，根据国务院授权履行行政管理职能，依法统一监督管理全国保险市场。其监督管理职能主要包括以下内容。

1. 保险条款和保险费率的审批与备案

保险条款为格式条款，为了保护社会公众利益和防止不正当竞争，也为了便于保险公司对保险产品和服务创新，保险监督管理机构对保险条款和保险费率实行审批或者备案制度。

（1）审批制。对依法实行强制保险的险种和新开发的人寿保险险种以及关系社会公众

利益的保险险种的保险条款和保险费率，实行审批制。

（2）备案制。除了要审批的以外，其他的保险条款和保险费率则实行备案制。保险公司对已经获得批准或者备案的保险条款和保险费率进行变更的，应当按照规定重新申报审批或者备案。

2. 对保险公司的业务状况、财务状况和资金运用状况的监督

对保险公司业务状况的监督包括核定保险单的内容、核定保险费率及再保险等业务的监督；财务状况的监督包括对资本金额、责任准备金的核定，对保险公司财务报表、单据、账册的监督；资金运用状况的监督主要是监督保险公司是否按法定的方式经营资金，即主要对资金运用的安全性进行监督。

3. 对保险公司责令限期改正与整顿

（1）责令限期改正。保险公司发生以下情况的，保险监督管理机构可责令限期改正：①保险公司使用的保险条款和保险费率违反法律、行政法规或者国务院保险监督管理机构的有关规定；②保险公司未依法提取或者结转各项责任准备金；③保险公司未依法办理再保险；④严重违反《保险法》关于资金运用的规定。

（2）整顿。保险监督管理机构做出限期改正的决定后，保险公司在限期内未予改正的，由保险监督管理机构选派保险专业人员和指定该保险公司的有关人员，组成整顿组，对该保险公司进行整顿。整顿组有权监督被整顿保险公司的日常业务。被整顿公司的负责人及有关管理人员应当在整顿组的监督下行使职权。整顿过程中，被整顿保险公司的原有业务继续进行。但是，保险监督管理机构可以责令被整顿公司停止部分原有业务、停止接受新业务，调整资金运用。被整顿保险公司经整顿已纠正其违反《保险法》规定的行为的，经保险监督管理机构批准，结束整顿。

4. 对保险公司的接管

保险公司偿付能力严重不足，或者违反《保险法》规定的，损害社会公共利益，可能严重危及或者已经危及保险公司的偿付能力的，保险监督管理机构可以对该保险公司实行接管。接管的目的是对被接管的保险公司采取必要措施，以保护被保险人的利益，恢复保险公司的正常经营。

接管是比整顿更为严厉的一种保险监管方式。整顿只是对被整顿对象的一种监督，整顿组并不直接介入保险公司的日常业务；而接管组织则可以直接介入保险公司的日常经营，负责其全部经营活动的开展。同时，接管也不是兼并，被接管的保险公司的债权债务关系不因接管而变化。

接管的期限由保险监督管理机构决定，期限届满保险公司未能恢复正常经营能力的，可以延期，但接管的最长期限不能超过 2 年。接管期限届满，被接管的保险公司已恢复正常经营能力的，可以决定接管终止。

被整顿、被接管的保险公司具有《中华人民共和国企业破产法》规定情形的，保险监督管理机构可以依法向人民法院申请对该保险公司进行重整或者破产清算。

本章小结

保险法有广义和狭义之分。广义的保险法指以保险关系为调整对象的一切法律规范的总称，包括刑法、海商法和相关的保险方面的规章；狭义的保险法是指《中华人民共和国保险法》。保险合同当事人是指因订立保险合同而享有保险权利和承担保险义务的人，包括投保人和保险人。

我国《保险法》承认保险公司以外的其他依法设立的保险组织的合法地位。保险公司的业务范围包括财产保险业务、人身保险业务和再保险业务。保险人一般不得兼营人身保险业务和财产保险业务。中国保险监督管理委员会是全国商业保险的主管部门，根据国务院授权履行行政管理职能，依法统一监督管理全国保险市场。

思考与练习

一、名词解释

保险　保险合同的当事人　保险利益　财产保险合同　人身保险合同

二、判断题

1．人身保险的被保险人因第三人的行为而发生死亡、伤残或者疾病等保险事故的，保险人向被保险人或者受益人给付保险金后，享有向第三者追索的权利。（　）

2．未经保险监督管理机构批准，保险公司不得自行承保新的险种。（　）

3．同一保险人不得同时兼营财产保险和人身保险业务。（　）

4．受益人是指人身保险合同中由被保险人或者投保人指定的享有保险金请求权的人，投保人、被保险人可以为受益人。（　）

5．复保险的保险金额超过保险价值的，各保险人所应支付的赔偿总额必须限制在保险价值的范围内。（　）

三、单项选择题

1．依据保险的标的进行分类，保险可分为（　）。

A．财产保险与人身保险　B．寿险与非寿险

C．陆上保险与海上保险　D．商业保险与社会保险

2．因第三者对保险标的的损害而造成保险事故的，保险人自向被保险人赔偿保险金之日起，在（　）范围内代位行使被保险人对第三者的代位求偿权。

A．赔偿金额　B．保险价值　C．保险金额　D．实际损失额

3．李某为其子投了以死亡为给付保险金条件的人身保险，期限5年，保费已一次缴清。两年后其子因抢劫罪被判处死刑并已执行。李某要求保险公司履行赔付义务。对此，保险

公司应（　　）。

A. 依照合同规定给付保险金

B. 根据李某已付保费，按照保单的现金价值予以退还

C. 可以不承担给付保险金的义务，也不返还保险费

D. 可以解除合同，但应全额返还保险费

4. 保险合同成立后，除法律另有规定或者保险合同另有约定外，（　　）不得解除保险合同。

A. 投保人　　B. 受益人　　C. 被保险人　　D. 保险人

5. 某企业购进一台价值100万元的机器设备，并在保险公司对该设备投保了50万元后不久即发生保险事故，致该设备严重毁损，经有关部门估价，实际损失共60万元。另外该厂为防止损失的扩大，还投入了5万元。保险公司应当赔偿该企业（　　）。

A. 60万元　　B. 55万元　　C. 35万元　　D. 50万元

6. 根据《保险法》的规定，下列关于保险代理人的表述，不正确的是（　　）。

A. 保险代理人既可为单位，也可为个人

B. 保险代理人在代为办理人寿保险业务时，不得同时接受两个以上保险人的委托

C. 保险代理人不得承诺向投保人、被保险人或者受益人给予保险合同规定以外的其他利益

D. 保险代理人为保险人代为办理保险业务

7. 王某于2010年8月与保险公司签订一份人身保险合同，被保险人为其8周岁的儿子王强，未指定受益人。至2013年8月，王某已支付了3年的保险费。当年9月，王强患病住院，由于医院的重大失误致王强终身残废。依照法律规定，下列有关本案的表述中不正确的是（　　）。

A. 保险公司应向王某支付保险金，并且不得向医院追偿；但王某仍有权向医院请求赔偿

B. 王某可以用诉讼方式要求保险公司支付保险金

C. 王某须先向医院索赔，若医院拒绝赔偿，再要求保险公司支付保险金

D. 若王强不幸身故，则保险金由王某及其配偶受领

8. 下列关于保险合同特征的说法错误的是（　　）。

A. 保险合同是射幸合同　　B. 保险合同是最大诚信合同

C. 保险合同是双务有偿合同　　D. 保险合同是要式合同

9. 下列保险合同保险标的的转让无须通知保险人的是（　　）。

A. 货物运输保险合同　　B. 家庭财产保险合同

C. 运输工具航程保险合同　　D. 企业财产保险合同

四、简答题

1. 简述保险法的基本原则。
2. 简述投保人（被保险人和受益人）的主要义务。
3. 简述财产保险利益的构成条件。
4. 简述人身保险利益的构成条件。
5. 简述保监会对保险公司的监督管理职能。

案例分析

案例1 甲以自己为被保险人，以其妻乙为受益人，向某保险公司投保终身寿险，甲在填写投保单内之告知事项时，因疏忽未将自己多年高血压之症状据实说明。该保险公司的特约医师丙体检甲时，也因过失未能发现甲之高血压症状。事隔半年，甲突患急性肝炎死亡。该保险公司于接受乙申请给付保险金时，发现甲有违反如实告知义务之事实。

案例讨论

（1）就上述事实，该保险公司可否以甲违反如实告知义务而拒绝乙之请求？

（2）就上述事实，该保险公司认为“投保人知道危险已发生的，保险人不受契约之约束”，是否有理？

案例2 2013年3月，某厂45岁的机关干部龚某因患胃癌（亲属因怕其情绪波动，未将真实病情告诉本人）住院治疗，手术后出院，并正常参加工作。8月24日，龚某经吴某推荐，与之一同到保险公司投保了简易人身险，办妥了有关手续并在填写投保单时没有申报身患癌症的事实。2013年5月，龚某旧病复发，经医治无效死亡。龚某的妻子以指定受益人的身份，到保险公司请求给付保险金。保险公司在审查提交的有关证明时，发现龚某的病史上载明其曾患癌症并动过手术，于是拒绝给付保险金。龚妻以丈夫不知自己患何种病，未违反告知义务为由抗辩，双方因此发生纠纷。

案例讨论

保险公司应如何处理？

案例3 2012年4月，某乡政府为该乡农户向当地保险公司投保了家庭财产保险，保险费为每户7.5元，保额为每户2 500元，并且保险双方特别约定：保险费分两次交付，11月份交清。保险公司遂向乡政府签发了保险单并加盖了公章。后来，保险公司曾多次向乡政府催讨保险费未果。当年7月，一场历史罕见的特大洪灾冲垮了该乡的防洪大堤，淹没了全乡的农田和房屋，农户损失惨重。灾情发生后，乡政府迅速向保险公司索赔，而保险公司则以该乡未交保险费为由予以拒赔。由于事关重大，乡政府上诉到法院。

案例讨论

（1）请分析本案的保险当事人。

（2）从保险法的最大诚信原则分析，保险人是否应当承担赔付责任？

（3）法院最终该如何判决？

参 考 文 献

[1] 屈广清．新编经济法概论．大连：东北财经大学出版社，2012.
[2] 李洁．经济法教程．武汉：武汉大学出版社，2012.
[3] 顾功耘．公司法．北京：北京大学出版社，2004.
[4] 董宝琪．经济法案例教程．北京：高等教育出版社，2000.
[5] 吕勇．经济法基础．北京：高等教育出版社，2000.
[6] 曲振涛．经济法概论．北京：中国财政经济出版社，2000.
[7] 财政部注册会计师考试委员会办公室．经济法．北京：经济科学出版社，2007.
[8] 王利明，崔建远．合同法．北京：北京大学出版社，2003.
[9] 刘天善，张力．经济法教程．北京：清华大学出版社，北方交通大学出版社，2004.
[10] 孟建华．新编实用经济法．北京：清华大学出版社，2005.
[11] 吕景胜．经济法实务．北京：中国人民大学出版社，2000.
[12] 吴广海，付坚强，梁亚荣．新编经济法教程．南京：东南大学出版社，2004.
[13] 戴凤歧，张京萍．经济法．北京：首都经济贸易大学出版社，2004.
[14] 杨紫烜，徐杰．经济法学．北京：北京大学出版社，2001.
[15] 黄河．经济法．北京：中国人民大学出版社，2003.
[16] 徐杰．经济法概论．北京：首都经济贸易大学出版社，2000.
[17] 谢良权．合同法解释与例解．北京：同心出版社，2000.
[18] 崔秀仲．国际商法．北京：对外经济贸易大学出版社，2002.
[19] 张德实．经济法．北京：高等教育出版社，2005.
[20] 国家司法考试中心．2007 司法考试辅导用书．北京：法律出版社，2007.
[21] 曲振涛．经济法习题集．北京：高等教育出版社，2004.
[22] 叶朱．经济法概论（第二版）．上海：上海财经大学出版社，2007.
[23] 冯丽华，杨晓林．经济法．北京：电子工业出版社，2005.

反侵权盗版声明

举报电话：（010）88254396；（010）88258888
传　　真：（010）88254397
E-mail：dbqq@phei.com.cn
通信地址：北京市万寿路 173 信箱
电子工业出版社总编办公室
邮　　编：100036